VIDA Y FORMA

VIDA Y FORMA

por
RICHARD NEUTRA

Atara Press

Reservados todos los derechos. Ninguna parte de este libro que exceda de 500 palabras puede ser reproducida por cualquier medio sin autorización expresa de la editorial.

Título del original en inglés:
Life and Shape: The Autobiography of Richard Neutra

Traducción directa del inglés:
Anibal Leal

Editado por Atara Press, Los Ángeles (California)
Copyright © 2013 Atara Press
Bocetos: Departamento de Colecciones Especiales, Biblioteca Charles E. Young, Universidad de California, Los Ángeles
Traducción del Prólogo de Dion Neutra y de los textos de contraportada por José Vela Castillo
Revisión tipográfica: Diego Bernalte Arenas
Publicado por primera vez en 1972 por Ediciones Marymar, Buenos Aires
El papel empleado proviene de bosques gestionados de forma sostenible
www.atarapress.com
ISBN 978-0-9822251-8-9
EDICIÓN IMPRESA EN LOS ESTADOS UNIDOS Y EN EL REINO UNIDO

A DIONE NEUTRA

Reconocimientos

Richard Neutra desea agradecer cordialmente a Diana Amussen, Ted Purdy y Eleanor Crain, a su hijo Raymond y a su fiel colaborador John Blanton las sugerencias sobre la redacción y presentación de este libro. Muchos otros que han demostrado un interés cordial y profundo, y que lamentablemente no pueden ser mencionados en una lista completa que señalara los sugestivos comentarios aportados por cada uno, leyeron el manuscrito en distintas etapas de su preparación y contribuyeron al lento desarrollo de su forma y de su espíritu.

El editor desea agradecer a José Vela Castillo su inestimable colaboración para hacer posible esta nueva edición.

Índice

"El ojo *desigual* de Neutra", por José Vela Castillo ... ix
Prólogo a la edición de 2013, por Dion Neutra ... xii

DESCONCIERTO DE VIDA ... 1
    Aparición y desarrollo ... 11

BOCETOS A MANO ... 17
    Imágenes de un mundo multifacético ... 17

INFLUENCIAS TEMPRANAS ... 36
    De la Tierra a las nubes ... 36
    Padres y hermanos ... 47
    El médico y el arquitecto ... 68
    Un clínico notable ... 70
    El reformista y su comunidad ... 75
    Los ojos desiguales ... 81
    El maestro y el aprendiz ... 95

EDUCACIÓN EXÓTICA ... 112
    En una fortaleza lejana ... 112
    Silueta del poder marítimo ... 123
    La Europa desconocida ... 132
    La Malaria tropical ... 142

UN CAMARADA ... 147
    De Albania y Eslovaquia a Suiza ... 148

Encuentro y reanudación en Viena	167
Brandenburgo, una boda y un hogar	171
Berliner Tageblatt	175

ESTADOS UNIDOS, ¿UN PAÍS PROMISORIO? 184
    Loos, Sullivan, Wright 184
    La Pradera de Wright en Chicago 199
    Cómo construye Estados Unidos 216
    "California lo invita" 237
    La Casa de la Salud, cosecha de 1927 253
    Recorriendo Asia y Africa 260
    Retorno a Europa por Oriente 279
    Europa —Estados Unidos— 1929 291
    La casa de Van der Leeuw 303

PROGRAMAS Y PROBLEMAS 318
    El presupuesto, espejo de un destino 328
    Dolor a pesar del éxito 336
    De un antiguo campo de batalla a una escena cosmopolita 350

NUESTRO FATÍDICO MEDIO 365
    Las ciudades humanas 365
    Epílogo para un preludio 412

BIBLIOGRAFÍA 426

El ojo *desigual* de Neutra

V*ida y forma* se publicó en español por primera vez en 1972. Al igual que en la edición original en inglés de 1962, tras el prólogo del propio Neutra, y antes del comienzo de la autobiografía misma, encontramos una heterogénea sección de dibujos a mano, la mayoría bocetos de viaje. En ninguna de las dos ediciones se reproduce el autorretrato que Neutra hizo en 1917, un denso y expresionista carboncillo en el que destaca, sin lugar a dudas, la intensa mirada del protagonista. Sus ojos. Un dibujo que sí se incluye en las nuevas ediciones de la obra. No es, quizás, detalle menor.

Un poco más adelante en el libro, al relatar su infancia, Neutra nos informa de una anomalía de nacimiento en sus ojos: eran "completamente desiguales y no funcionaban armónicamente". Su ojo derecho provee el detalle fino, el izquierdo la imagen de conjunto. Pero no hay visión unitaria. ¿Es éste el secreto que guarda su fiera mirada al carbón de 1917? Dos ojos cuya mirada a la vez se excluye y se complementa. Una mirada ciega en su conjunto, peligrosamente penetrante en sus partes. Quizá sea esa oscilación la que mejor define la vida y la arquitectura (si no son lo mismo) de Richard Neutra. El constante movimiento, nunca resuelto, entre dos mundos.

La misma *desigualdad* de la mirada está presente en la prosa de *Vida y forma*. Escrita en inglés directamente, idioma que dominó en su edad adulta, y no en su alemán nativo, su escritura traiciona su origen escindido, una misma oscilación productiva. Su inglés es preciso, detallado, pero imperfecto. La impresión global evidencia la extrañeza de su origen y, quizás por ello, lo hace más impactante. El ligeramente descentrado uso de palabras comunes les confiere una potencia significante nueva. En la traducción española suena, así, difícil a la vez que natural, deja oír las varias voces que componen el original, muestra sus costuras. Y nos seduce por ello.

El propio título español es ambiguo: *Life and Shape* dice el original; *Vida y forma* dice la traducción. *Shape* es mucho más, y mucho menos, que forma.

Richard Neutra tuvo una relación constante, aunque desigual, con España y con los países de habla hispana desde el inicio de su carrera como arquitecto. Desde sus primeras obras publicadas en los años treinta del pasado siglo en la revista A.C. (la revista del GATEPAC) hasta la intensa relación con el Instituto Eduardo Torroja en los años cincuenta y sesenta o el concurso que realizó para las bases americanas de 1956 en España pasando por sus estudios y prototipos para escuelas y centros de salud en Puerto Rico en 1944, las lujosas residencias en Cuba o Venezuela de los cincuenta o los planes urbanos para Venezuela, los puntos de contacto se acumulan. Sus viajes por España e Hispanoamérica fueron constantes, su mirada particular plasmada en un sinfín de dibujos, productiva.

En esta relación desigual, algunos paralelismos pueden trazarse, algunas relaciones delimitarse. Por ejemplo con la arquitectura árabe, especialmente con la Alhambra de Granada que llegó a visitar: la exquisita gradación de atmósferas, la presencia constante del agua, el delicado trabajo de jardinería. Por ejemplo con la tradición de la "casa española", la casa con patio de herencia colonial que podía encontrarse en California, en sus varios revival, en la década de 1920 cuando llegó a Los Ángeles. Sin embargo, si la casa patio o la arquitectura árabe se protegen del exterior, del paisaje, del mundo (para reducirlo y conocerlo mejor), las obras de Neutra se abren al mundo, se extienden en él, lo hacen transparente. La mirada cercana al detalle fenomenológico se une a la mirada lejana, de conjunto, que une el interior de cualquiera de sus edificaciones con el paisaje distante, haciendo coexistir los dos ámbitos sin que se anulen. Como en su mirada desigual. Bienestar psicofisiológico, lo llamaba.

De todas maneras, el mayor mérito de este libro no es hablar de arquitectura. No es meramente la biografía de un arquitecto contando su arquitectura, o no solo. Es el libro de una vida, a la vez particular y ejemplar, una vida abierta a todo lo que ocurría en el mundo y a cómo la mirada del hombre se funde con su alma para dar cuenta de él. Una mirada doble, ya lo hemos visto, y por ello tan seductora. Una mirada de arquitecto. Merece ser disfrutado por un público amplio. Disponer de nuevo de este libro en español es una gran noticia, sin duda.

José Vela Castillo
Madrid, Febrero, 2013

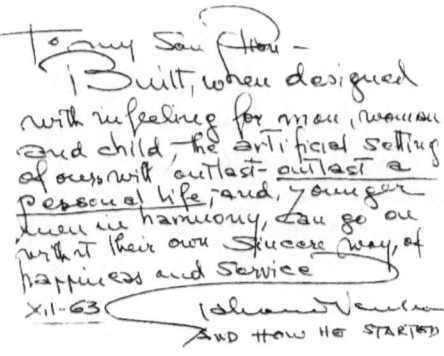

Prólogo
a la edición de 2013

Han transcurrido casi treinta años desde que escribí el prólogo, en 1984, para la reimpresión de *Survival Through Design*[1] y otros tres más desde el prólogo para la reimpresión de la edición inglesa de este libro, *Life and Shape*, en 2009. Por ello, parece un buen momento para revisar, en este caso para el público de habla hispana, uno de los libros fundamentales escritos por mi padre, su autobiografía.

Publicado originalmente en 1962, aproximadamente ocho años antes de su muerte, de *Vida y forma* se publicó solo una edición, si bien fue traducido a media docena de lenguas. En 2009 se acabaron las últimas copias de la primera edición por lo que pareció interesante hacer de nuevo accesible el texto en inglés en un formato económico. Para dicha edición se actualizó la bibliografía y se imprimieron los bocetos de viaje que lo acompañaban en papel estucado para su mejor reproducción.

En mi ejemplar de la primera edición se encuentra la siguiente dedicatoria, fechada el 1 de octubre de 1963 (¿tal vez un regalo de cumpleaños?[2]):

---

[1] Se refiere a la edición inglesa. Edición castellana: *Planificar para sobrevivir*, México: FCE, 1954.
[2] Dion Neutra nació un 8 de octubre.

A mi hijo Dion-

Los edificios, cuando se diseñan con atención y cuidado para hombres, mujeres y niños, nuestro entorno artificial trascenderán – <u>trascenderán la vida de una persona</u>, y así los jóvenes en armonía, podrán continuar de forma sincera su vida de felicidad y servicio

Firmado Richard Neutra, "y cómo empezó".

Creo que ésta fue su manera de decirme que esperaba que yo hiciera exactamente eso, continuar desde el punto donde él lo dejó.

Para esta nueva edición se decidió mantener la imagen de la portada original. Me gustaba la superposición de un objeto artificial sobre el boceto de una secuoya como símbolo del espíritu de vida y forma. Me sentía además reconfortado al saber que esta escalera, que habíamos diseñado en 1955 para el Instituto Gemológico, aún se mantenía en pie. En 1968 yo había proyectado su ampliación. Fue triste saber que en los años ochenta se habían trasladado a otro edificio en Santa Mónica, para cuyo diseño habían contado con otros arquitectos. Años más tarde la antigua sede fue drásticamente remodelada y dudaba de que la escalera siguiera aún en pie. Para mi sorpresa hace poco me dijeron que todavía sobrevive, escondida en un patio interior de difícil acceso.

Tal vez esta historia simbolice mi esperanza de que otras obras nuestras sobrevivan a la inevitable entropía que parece ser la regla.

Según escribo esto, trato de recuperarme de la conmoción y de la tristeza que me ha producido ver cómo se ha perdido uno de nuestros proyectos más importantes. En marzo de 2013 el Monumento a Lincoln, en Gettysburg (Pensilvania), de 1962, fue destruido. Había trabajado como arquitecto de proyecto en este edificio excepcional que realizamos para el Servicio de Parques Nacionales, quienes pasados cincuenta años ¡decidieron que había sido ubicado en el lugar equivocado! Actualmente estoy trabajando en un libro monográfico que recupere la memoria de este edificio, que ha sido visitado por más de 10.000.000 personas a lo largo de su insigne vida. También he tratado sobre él en mi nuevo libro *The Neutras, Then & Later, Vol. 1*. Léanlo, y lloren.

Hojeando este libro una vez más después de tantos años, me sorprende de nuevo la amplitud intelectual y artística de este hombre, que quedó reflejada de tan variadas maneras en su obra. Su prosa no siempre es fácil, pero no hay duda de su sincero deseo de ser útil a nuestros clientes y de su preocupación constante por las personas que iban a habitar cada proyecto, desde la vivienda unifamiliar más sencilla a los grandes proyectos para cientos de clientes desconocidos.

Incluso hoy, cuando la apreciación por nuestra obra va en aumento, sigo pensando que la contribución de Neutra todavía debe ser plenamente comprendida y valorada. Así, con esta edición en español de su vida, nos podemos dirigir a un público nuevo.

Disfruten ustedes de esta oportunidad de entrar en contacto con uno de los talentos más notables de nuestro campo en siglo veinte.

Dion Neutra AIA, FISD, hijo y socio
Los Ángeles, agosto de 2009;
revisado en marzo de 2013.

VIDA Y FORMA

INTRODUCCIÓN

> La vida es tan breve... uno puede perder el barco.
> O bien: La vida es tan breve...¿A qué preocuparse?
> Preocuparse o no preocuparse, ésa la cuestión.

Desconcierto de vida

En el transcurso de la vida la gente procura trazar planes. Gracias a ello yo mismo me gano la vida. ¿Acaso planear es condición imperativa de nuestra existencia? ¿O se trata de una ilusión? A la larga, las cosas suelen deparar resultados tan distintos y continúan dando vueltas y revueltas mientras la vida se desliza. Quizás, aparte de quejarse, ¿*hay* otro modo de concebir la cosa... después de considerarla tanto tiempo según el modo establecido y disconformista?

Hace poco realicé un viaje profesional por Grecia. Las personas que me llevaron en su automóvil me mostraron, en lo profundo de un hermoso valle, una antigua encrucijada. Hace mucho tiempo, al igual que otros miles de individuos, un hombre recorría este camino en busca del oráculo de Delfos: su intención era informarse acerca de cómo evitar el destino de una manera planificada. En ese mismo sitio tropezó con un viajero que venía en dirección contraria y que ya había recibido su oráculo e interpretado erróneamente el anuncio. En todo caso, ambos se equivocaron. Tuvieron una disputa y las cosas salieron muy mal, como según parece suele ocurrirles típicamente a los buscadores de oráculos.

2

¿Es posible organizar la propia vida? Para quienes lo creen viable, esta antigua leyenda del inteligente rey Edipo resulta desconcertante y concluye con una descripción de horrendos detalles. No cabe la menor duda de que este joven tenía el más elevado cociente de inteligencia de la ciudad: se lo había admirado mucho cuando ganó la partida a la Esfinge resolviendo en un abrir y cerrar de ojos el enigma más desconcertante. En brevísimo lapso había hecho una carrera brillante y comprobó complacido que era un eficiente administrador del reino. Pero al final se arrancó los ojos, impulsado por la desesperación.

¿Dónde comenzó el problema? ¿Acaso la ignorancia es nuestro destino, y ningún oráculo puede repararlo? Tal vez el intelecto de poco sirve y el consejo no alcanza su objetivo? En un fatídico juego de "desconocimiento", sin quererlo, el inteligente joven mató a su propio padre, aunque había sido prevenido sobre ello y a pesar de haber hecho aquel viaje precisamente para evitarlo.

Mientras uno avanza despreocupadamente, la vida parece tolerable; pero cuando se llega a una intersección de tráfico enmarañado, se afronta un dilema. Precisamente en esos lugares prevalecen la emoción, la ignorancia y el azar acerca de quién es quién, de lo que conviene hacer y de quién tiene prioridad de paso. Los cruces son los lugares clásicos donde se suscitan diferencias de opinión y se adoptan decisiones erróneas, los lugares donde uno se irrita y se contradice.

Pero en la antigua leyenda muy pronto pareció perfilarse claramente una cosa. Para alcanzar el trono, un hombre debe desposar a la reina viuda. Según las reglas del juego, había que aceptar las cosas como venían; pero cuando se las examinó más de cerca, y cuando Edipo de pronto se dio cuenta de que se había casado con su propia madre, dejó de ser el sagaz descifrador de enigmas: *perdió la cabeza*. Cumple al destino y a la estructura del ser humano cambiar por dentro e inmediatamente creer que las cosas son distintas, ahora y en el momento siguiente.

Todo el caso, de la A a la Z, no fue producto del azar. Los dioses lo habían preparado de antemano. Era sabido que perseguían sus propios designios insondables. Pero parece que una parte significativa de su plan era habernos creado como seres que sufren altibajos, que avanzan a los tropezones entre planes de largo y corto alcance, a los cuales en último análisis realmente no nos acomodamos bien, del mismo modo que no podemos hacerlo con nuestro propio cambiante yo. En cada uno de nosotros hay miles de millones de inquietas células cerebrales que forman la mente y la voluntad. Pero los dioses entremezclan con toda nuestra percepción un poco de ceguera. En una bebida embriagadora, y después de un par de tragos, perdemos nuestro orgulloso equilibrio. En un momento imprevisible, y con gesto de sutil ironía, quienes nos ofrecieron el vaso de la vida pueden arrancarnos, debajo de nuestra propia nariz, el éxito y la felicidad que presuntamente forjamos nosotros mismos... y aun inducirnos a creer que todo ocurrió por nuestra propia culpa.

Humillaron a aquel joven valentón nacido y dotado para la realeza, a fin de humillar a todos los que contemplamos sobrecogidos el espectáculo. No se trata, en absoluto, del castigo de una fechoría, a menos que aludamos a la fechoría general de la confianza del ser humano en sí mismo en cuanto a su propia permanencia, y de la exagerada confianza en cuanto cree que ejerce poder sobre la vida, sobre nuestra vida.

A muchos hombres se les bajaron los humos. Hay un nutrido "grupo de control", como lo denominan los hombres de ciencia, que aporta material acerca de este tipo de cosas, y circulan numerosas anécdotas acerca de las sorprendentes vueltas de la fortuna y los conmovedores fracasos, por supuesto, con las consiguientes explicaciones retrospectivas.

La historia de Edipo no es más que una saga; pero trasunta algo que no puede refutarse fácilmente. No es fácil reemplazarla; la hemos escuchado muchas veces, sopesando y meditando su contenido. No es posible pormenorizar una sola vida, con todos los detalles, paso por paso, y tampoco es posible hacerlo con el destino humano; en verdad, no es concebible un plan de la civilización humana sin reveses.

¿Cuán estable es la inteligencia? ¿Cuán perdurables nuestros apetitos?

Pese a todo, debemos proseguir desarrollando esta grandiosa demostración tan publicitada que se llama nuestro plan, que ha tenido tantas representaciones y que tan a menudo fracasó estrepitosamente.

Tenemos la historia satánicamente contradictoria de nuestra serie interminable de "progresos" e invenciones en apariencia racionales. Con frecuencia suscitan en nosotros un sentimiento de orgullo, aun cuando en el embrollo que originan se arrancan mutuamente algunos pedazos. ¿Tienden realmente a asegurar la supervivencia y una mayor felicidad a nuestra endeble especie? ¿O quizás estamos echando a perder nuestro trasfondo natural o *subsuelo básico*, agitándonos cada vez más y soportando una presión frenética que acabará en una explosión final y espectacular? ¿Acaso es *ésta* la naturaleza de la bestia, y nosotros somos superbestias? ¿Puede afirmarse que toda esta perturbación proviene del sutil cerebro humano, éxito de la creación, o acaso una prueba de la duda diabólica que anida en él? ¿Tal vez Lucifer, de quien se afirma que enarcó el ceño y meneó la cabeza ante el espectáculo de la humanidad, no dejaba de tener cierto grado de razón?

El sexto día de la creación, lo mismo que los demás, primero pareció muy concluyente. ¿Pero por fortuna la Deidad no se sintió decepcionada por nuestra conducta muy poco después, y muchas veces más tarde?

En el curso de la historia escrita *los propios seres humanos* hemos cavilado constantemente sobre esta irritante pequeña cosa que es nuestra inestabilidad, la inseguridad de la vida terrenal. Y ahora mismo se acumulan sin cesar las pruebas de dudosa interpretación. En definitiva, con la materia del antiguo hormiguero se ha construido un megatón.

Abriguemos la esperanza de no haber llegado al final del proceso evolutivo. Es lo mejor que tenemos. En verdad, ¿hemos logrado *algo* saludable que funcione automáticamente y que se aplique como un mecanismo seguro? ¿O el error es nuestro eterno compañero y nuestro perpetuo incentivo?

Cuando quienes confiaban en mi profesión de planificador ponían sobre la mesa todo lo que tenían, ávidos de alcanzar la felicidad, y luego testimoniaban que ello les había aportado cierta satisfacción, el resultado debió ser tal vez que yo acrecentase mi propia confianza como creador de las casas donde transcurre la vida de otros, como constructor de casas que yo les entregaba para que durasen. Y, en efecto, durante un tiempo fue ésa mi actitud. Pero luego, precisamente cuando mi propia vida parecía cobrar sentido en ese juego de anticipación, mi auto examen cobró perfiles más agudos y me llevó a ver que todo podía derrumbarse, y que aun los planes más seguros podían fracasar no obstante las más sagaces precauciones. ¿Quizá la causa de todo se debe a que la indeterminación arranca del corazón mismo del átomo?* Lo inesperado puede llamar repentinamente a la puerta; es probable.

Una cosa es segura y, en materia de planes, es siempre un feliz punto de partida y de retorno: *Los seres humanos no trascenderían su propia naturaleza*, ni —durante mucho tiempo— *sus límites innatos*. De todos modos, no son consumidores "estables". Llamarlos volubles demostraría malicia; pero a causa de su tremenda complejidad, es inevitable que los deseos humanos sean más variables que los de una vaca o un cormorán, o de cualquier ser de la naturaleza orgánica anterior a nosotros.

Primero y ante todo, llevamos bajo la piel y en nuestra estructura los enigmas que merecen respeto. Ni siquiera podemos anticipar nuestras múltiples *constelaciones internas*, sin hablar de las externas. El hombre no es una cantidad dada fija, ni un cohete autodeterminado que atraviesa el cielo y el infierno con su propia e inagotable provisión de combustible.

---

* Werner Heisenberg, que dijo esto antes que nadie, es un hombre cuya compañía y conversación irradian una bella serenidad. Pero su observación nos sumió a todos en una inquietante incertidumbre.

Tampoco puede recorrer incansable los cielos, guiado sólo por sus propios controles de navegación. Al parecer, desde el principio hubo siempre una mano que guió desde lejos el movimiento de los genes que se organizan y convierten al hombre en un buen viajero celeste. Esta fuerza puede reducir o ampliar nuestros límites, o manipular la provisión de combustible que embarcamos para realizar nuestra excursión a niveles superiores. Puede provocar repentinas variaciones que modifiquen la ruta trazada o incluso cambios sorprendentes en el metabolismo profundo del viajero, cuando de pronto se encuentra éste separado de su elemento y fracasan todos los artefactos complejos que preparó para sobrevivir en las alturas.

Pero, en general, nuestra dinámica natural interior es asombrosamente segura. ¡Por lo menos, es una base mucho más segura que las simples verbalizaciones intelectuales y la especulación nerviosa!

Al margen de la astronáutica, fruto del cálculo y la desmesura, con respecto a la vida sobre la tierra pasamos de una encrucijada a otra, a menudo en situación de conflicto con nosotros mismos durante toda nuestra vida. ¿Seremos y podremos ser los arquitectos autorizados de la vida, o cabe afirmar que las palabras y las modas nos empujan de un lado para el otro? (Aunque, después de todo, también es posible manejar a un arquitecto; en tal sentido ¡los ejemplos abundan!)

Pero antes de que intentemos extraer una conclusión más alentadora acerca de la situación actual, es necesario que algunas ideas más claras acallen o moderen a quienes intentan con sus palabras destruir nuestra paz interior. Tienden a ignorar nuestra necesidad urgente del momento, porque en el caso dado no comparten la misma situación que afrontamos; ocurre precisamente que están atravesando una fase distinta. Pero *ello no significa necesariamente que sean más sabios;* no les confiere mayor sensatez el hecho de que quizá les irrite un tanto nuestro celo, o tal vez nuestra satisfecha somnolencia, según el caso.

De todos modos, no faltan los buenos consejos: los hay de dos clases, según la fase por la cual está pasando el consejero, y que se ajustan a su propio estado de ánimo. ¡Tome las cosas con calma! o ¡Trabaje duro! ¡No se preocupe! o ¡Preste atención! ¡Tome las cosas como vengan! ¡Mire dónde pone el pie! ¡Sí, mire y piense! Compórtese como un ser humano y reflexione. Pero en ese caso, después de todo, ¿no podría ser un poco *más* humano, y relajarse? ¡Y, por Dios, gozar de la vida!

Podríamos continuar examinando todos los "virajes filosóficos", fracasados o no, que hemos dado en el curso de milenios, y también esos fastidiosos reproches cotidianos a los que todos somos aficionados, y de los que ya estamos mortalmente cansados: ¿Por qué no lo pensó antes? ¿Por qué no me lo dijo, o no hizo algo en el momento oportuno? Vea, usted no me había dicho ayer...

Repetimos ¿de qué sirve llorar por la leche derramada? ¿No ve que su interminable cavilación carece de sentido, no arregla nada, y me irrita y lo irrita también a usted?

En esencia, el problema es siempre el mismo: ¿Equivocamos algo? ¿O puede hablarse siquiera de acierto o error? *¿Es necesario trazar planes, o conviene dejarse llevar a la deriva? ¿Deriva o dirección? ¿Deriva o plan?*

A menudo se cree que la incapacidad de usar nuestro propio cerebro PARA DAR FORMA A LA VIDA es una posición *moral*. Pero la antigua historia de Edipo no se refiere al castigo "injusto" ni a la prueba de un ser humano, como en el caso de Job. En el caso de Edipo no se trató de poner a prueba la fibra moral.

Ahora, consideremos el problema desde el punto de vista de un naturalista. No se trata de discutir si un ave *debería* volar, puesto que ha nacido con alas. Y en lo que a nosotros se refiere, tenemos un cerebro capaz de anticipar; ocurre simplemente que no podemos suspender su funcionamiento y "vivir para el instante" —aunque Horacio y Ornar Khayyám lo hayan sugerido—, excepto, quizá, recurriendo al vino, algo que ellos también recomendaron. Por supuesto, el alcohol puede paralizar o amortiguar por un momento la actividad dinámica y maravillosa de nuestro cerebro. Tal vez aquella antigua fábula venga a demostrar las limitaciones, los extravíos intrínsecos y la inestabilidad del hombre. Son características; representan su naturaleza, cuya índole real debemos percibir. En efecto, no es una cosa estática, sino algo que esencialmente *fluctúa* al impulso de la vida.

PERO MÁS ALLÁ DE ESE MOVIMIENTO INTERIOR —QUE NO SE HA MANIFESTADO EN UNA ABEJA EN EL CURSO DE TRESCIENTOS MILLONES DE AÑOS— Y A RAÍZ DE NUESTRO DINAMISMO CEREBRAL EXISTE LA GRAN OPORTUNIDAD DE DEVENIR, DE DESARROLLARNOS: ESPECIALMENTE ESTA NUEVA OPORTUNIDAD DE DESARROLLAR NUESTRO PROPIO MEDIO. ES UNA ESPERANZA PROMISORIA Y BIEN FUNDADA, AL MARGEN DE LOS MITOS DEPRIMENTES QUE AFIRMAN QUE EN EL PRINCIPIO TODO ESTABA "DISPUESTO".

Un enfoque fisiológico de todos los consejos buenos y malos nos permite también pasar por alto algunos restos de conciencia culpable, de culpabilidad y temor, y nos permite comenzar a creer en nuestro promisorio potencial, más allá de todas y cada una de las formas de la verborrea estereotipada. Nuestra estructura biológica ofrece campo para el cambio, lugar para lo que simplemente puede *parecer* un conflicto, cuando los distintos elementos se agrupan en un mismo instante. Nuestra pauta es, y así lo ha demostrado en el curso de una vida, desde todos los ángulos, una cosa bipolar y multifásica. Ni los consejos ni las críticas modificarán este hecho. Pero con el correr del tiempo, en el paso de un momento a otro, las *fluctuaciones de la vitalidad* proyectarán la siguiente diapositiva de color. Puede resultar grandiosa y ser dirigida magistralmente. De modo que, si queremos planificar, *debemos hacerlo con la flexibilidad que exigen los seres vivos*, pues precisamente eso es lo que somos nosotros mismos.

Un hombre, exaltado hasta la locura, puede sentirse en la cumbre de su poder y trazar planes para un milenio; pero en la etapa sombría, depresiva y desesperada a lo sumo trazará el plan de pegarse un tiro antes del amanecer en su refugio antiaéreo, para terminar con todo. Se trata de un caso extremo, pero, al margen de la insania, la "normalidad" no es tampoco un estado que se caracterice por la monótona estabilidad... El medio puede ser un factor más útil que la mera palabra.

De pronto, el mejor consejo y las resoluciones que adoptamos hace una hora pueden, por trillados y fútiles, abandonar la escena; o en un día esplendoroso que aúna gratamente lo interior con lo externo, repentinamente las perspectivas sombrías pueden parecer brillantes, dinámicas, de modo que nos sentimos animosos. Tanto las luces como las sombras necesitan medios adecuados.

Salvo que se especialice en el diseño de cementerios, el arquitecto debe evitar sobre todo la rigidez. Trabaja para un cliente cuya característica orgánica es el hecho de que se "transforma", y que por consiguiente puede recibir ayuda. Se trata de un enfoque muy práctico y útil para resolver el problema de la construcción destinada a albergar la vida.

¿Cómo puede permitirse que la arquitectura inmovilice la música de la vida, sus cambios de menor a mayor? Esas variaciones se prolongarán en una sucesión interminable.

Quien ha llegado a una conclusión, muy pronto ya no es "él mismo". Quizás ha envejecido y se ha debilitado, o es posible que se sienta renovado y se convierta nuevamente en un planificador vigoroso. Como un muñeco de resorte, baja y sube nuevamente. Aun el concepto expresado en las palabras "él mismo" tiene mucho de clisé peligrosamente esquematizado. Quien se aferra con excesiva conciencia a su *propia identidad*, puede ser víctima de la más grave decepción.

Sin embargo, cuidar con amor la identidad personal y regocijarse en ella también es promisorio. En lo más profundo de nosotros mismos, muchas moléculas la alimentan y mantienen en un permanente ballet bioquímico; las figuras y los movimientos aparecen unos en pos de otros y se repiten, perfilando a menudo una definición cada vez más clara.

Cada uno de nosotros siente que es una individualidad, pero considerado en el curso del tiempo y del crecimiento, representa una serie de personas; en él está contenida una multitud. *El individuo es un equipo entero, que se prolonga en el tiempo;* un equipo que puede colaborar armoniosamente. En otros casos es un grupo de individuos contradictorios, en el cual cada sujeto responde a llamados y mandatos diferentes, originados en estímulos exteriores o interiores, de suerte que la nave se balancea y zigzaguea en el agitado mar de la vida.

A la larga, uno debe ser capaz de colaborar consigo mismo en muy variadas condiciones del tiempo y en muchas etapas del viaje... Quizás el hecho de que seamos fieles a nosotros mismos nos ayuda a ser fieles a otros.

En esencia, es lo mismo. Ocurre siempre que una *fase* de la individualidad biológicamente móvil debe armonizar bien con otra.

Todo consiste en sincronizarlas, aparearlas y superponerlas *bien, armonizando las fases transitorias.*

Por supuesto, afirmar que algo "oscila, en lugar de ser estable" no impresiona bien. Pero aquí el lenguaje nos tiende una trampa. Ocurre simplemente que la vida tiene *altibajos* y no es una definida línea recta euclidiana entre dos puntos. Y un cerebro humano, *como no es rígido ni mucho menos,* parece el milagro supremo de la vida, a pesar de ser un hecho reciente y joven en la historia natural. La ciencia lo ha reconocido, pero está muy lejos de haber desarrollado todas sus posibilidades y nos ofrece la promisoria posibilidad de una feliz armonía futura, con la única condición de que continuemos avanzando y evolucionando...

Merecido consuelo para el lector: Es más fácil leer los libros que los epílogos. Pero, en realidad, éste no es un epílogo; es una parte y parcela de la obra: la problemática del planificador.

Aparición y desarrollo

Una vida recorre sus fases mientras el globo desgrana las horas del día y las estaciones del año, y mientras las agujas de los relojes mecánicos avanzan sin pausa. Pero la maduración y el crecimiento orgánicos de una vida no se distribuyen de una manera tan regular en el tiempo. Tienen su propio reloj emocional, que responde a esa química interior.

Hay momentos creadores. Hay segundos —acaso fracciones de segundos— poco llamativos, pero trascendentes y decisivos. Como en el caso de la historia mundial, hay procesos de desarrollo y decadencia en sucesión sorprendentemente veloz. Y a veces se observa un repentino salto adelante, fundado en Dios sabe qué inesperados recursos que se fueron acumulando lentamente. ¿Es posible levantar murallas en torno de todo esto? Es como querer encerrar la vida entre las tapas de un libro.

Si uno debiera escribir la historia de su propia vida, contemplada con ansiedad y extrañeza, parecería una actitud pedante no atribuir mayor importancia a las corrientes, los rápidos y las cascadas que salvó en momentos de peligro, pero cuyos ecos se prolongan durante décadas o aun durante su vida entera.

No debemos limitarnos a una cronología manipulada. No es posible considerar el tiempo como una tabla aritmética de fechas, ni la experiencia espacial como una seca abstracción geométrica. El tiempo, el espacio, sus intervalos y sus distancias, se miden de distinto modo si los interpretamos prescindiendo del calendario o del uso de metros y milímetros. Importan realmente nuestras *respuestas orgánicas*, los sentidos, los miembros que se desplazan. Son los que llevaron la "cuenta" durante un largo pasado humano y prehumano. Midieron el tiempo y el espacio mucho antes que se inventaran las matemáticas o que el reloj pulsera comenzara a establecer los límites de la vida.

Cierta vez, en una reunión organizada en Londres, la dueña de casa le preguntó a George Bernard Shaw: "¿Se entretiene usted, señor Shaw?"

El contestó: "Sí, pero eso es todo lo que hago, *me* entretengo".

Pese a la mordacidad de Shaw, se trata de una afirmación esencialmente válida, y por cierto no sólo en el caso de esa reunión. El verbo reflexivo lo dice claramente. Siempre somos nosotros mismos los que *nos* entretenemos. No se trata simplemente de egoísmo, sino de que ejercitamos una función orgánica. Sólo a través de nosotros mismos podemos gozar de todo lo demás. O no lo conseguimos, o tal vez se frustra el placer, porque quizá nuestra reserva vital nos falla en ese período particular del "tiempo vivo". Y en este punto aun una pequeña falla puede modificar mucho la situación y provocar una pausa prolongada y silenciosa.

Una vida adecuada significa que somos capaces de absorber de un modo total y amplio los múltiples hechos de la vida, desde la concepción, e incluso aún estamos en el seno materno. Luego, si he entendido bien a Lewis Mumford, "en un punto singular", como lo denominó el matemático Clerk Maxwell, bajo la influencia de este o aquel impacto o en un momento feliz es posible que nuestro ser se aparte bruscamente de lo que era antes. Quizás adopte una nueva forma, expresiva y fecunda, o sufra un cambio imprevisible: digamos que se trata de una mutación, o de un misterio.

La mera enunciación de un orden simplemente mecánico o "razonable" de los hechos, de modo que aparezcan uno después del otro, apenas suministra una orientación real si lo que pretendemos es relatar la historia de una vida. Hay ecos que se superponen, apiñamientos y momentos de súbita inmovilidad. La vida parece en ocasiones como vacía; en otras se manifiesta grávida, colmada de ideas superiores recién nacidas y de tumescencias emotivas inferiores. Y otras veces nos trae la reverberación de antiguas corrientes que en realidad nunca se agotaron del todo. Tal vez las partículas livianas y los jirones son la mejor resaca: flotan mejor y no se hunden.

Los esbozos de viajes reflejan "tonos" recurrentes, que un fisiólogo puede ver en el álbum de croquis. Las tendencias y las actitudes de un hombre, más que sus conceptos abstractos o sus "planes", son sus aspectos esenciales y perdurables. Es posible que durante mucho tiempo continúe siendo un enigma cómo elaborar las cosas, o cómo éstas fluyen de su personalidad; pero quizás algunos espíritus puedan interpretar el enigma por acción de la empatía, de la "cosensación". A veces podemos con la velocidad del rayo forjarnos la firme ilusión de que ahora estamos proyectando nuestra propia personalidad en la de otro individuo. Así nos llegan los verdaderos artistas.

De todos modos, si no hay empatía, esa subconsciente comunidad de sentimientos, el planificador-arquitecto (que es también un artista) a lo sumo podrá ofrecer a sus clientes una obra que habrá nacido muerta, por mucho que la haya elaborado con lógica y cuidado, y aunque su construcción se ajuste a principios consecuentes.

Si no existe esa "co-sensación", el oyente o el lector apenas podrían participar de la *mneme*, los recuerdos colectivos, elaborados conjuntamente, de otro ser humano, que por fuerza debe prestar testimonio de ellos en la forma un tanto exteriormente desordenada que caracteriza a la vida real. Debe anhelarse la empatía, y es menester rodearla de amor.

Las palabras que llenan estas páginas no conforman, ni mucho menos, una composición preconcebida. Los fragmentos agrupados describen, a menudo imprecisamente, una vida que comenzó por no ser una composición premeditada. Pero debe poseer cierta coherencia orgánica y cierta semejanza con la vida de otros, que de ese modo podrán participar de su sentir. Adquiere su trabazón y su unidad peculiar en el curso del tiempo y en todos los espacios y lugares de la tierra donde se manifiesta.

Todas estas variadas constelaciones bajo las cuales vivimos determinan la vida individual, y así la vida es de hecho inseparable de ellas. Por cierto, el "individuo" en sí no es divisible, y la palabra misma se origina en la comprensión de este hecho. Sin embargo, alrededor de su persona no hay empinadas barreras, sino más bien membranas permeables. Y el individuo absorbe constantemente a través de ellas. Su existencia no se da en el vacío o separada del mundo exterior; no es una luz solitaria en medio de la vacía oscuridad. El "yo" y el "tú" se funden en uno por obra del estímulo mutuo y, una vez más, elaborándose todo lo posible —tú mismo, yo mismo— en el curso de este juego mutuo.

Nuestra vida cuenta sobre todo gracias a otros. Una reseña integral sería la historia de un individuo, como lo es toda descripción de una vida. Pero la historia no relata la vida del individuo como ser independiente. Por el contrario, nos presenta al individuo en su propia maraña: el individuo según nace en un contexto, influido por éste, actuando en éste sólo por obra de un prodigioso toma y daca.

He querido de verdad a muchas y muy distintas personas, sentí mi propio ser en ellas, y concibo y exteriorizo sin dificultad mi propia simpatía. No creo haber representado el tipo de individuo que, impulsado por una pintoresca actitud de rebeldía, se opone al grupo o al mundo; al contrario, más bien me sentí complacido con el mundo y con la deuda que contraje, con mi vínculo y mi propia gratitud. En el mundo no sólo encontré equidad y justicia, sino también placer y la satisfacción personal de haber conservado un recuerdo lúcido y un cálido sentimiento hacia tantos que estuvieron tan cerca, que influyeron sobre mí y favorecieron mi desarrollo interior.

¡Cuántos otros —algunos muertos, otros todavía vivos, unos más viejos, otros más jóvenes— merecen el título de colaboradores, o la mención de que me ayudaron del principio al fin por su condición de maravillosos catalizadores y estímulos! He contraído una deuda con millares de individuos. Y nada solucionaría el mencionar nombres.

Y no se trata sólo de los nombres conocidos, porque a menudo los que prestaron inestimable ayuda se hallan ocultos en el anonimato. El colaborador inteligente y el asesor técnico experto merecen agradecida mención; pero a veces un niño pequeño que me dirige una sonrisa disipa las sombras, alegra la atmósfera en la que uno respira, en la que puede crear... o en la que debe interrumpir la creación. Quizás ocurrió simplemente que la atmósfera se ha contaminado y tornado irrespirable, debido a los tediosos problemas domésticos, cuando no a la tragedia.

El resultado de un trabajo de carácter biográfico es, lo mismo que una casa bien diseñada, una viva afirmación de la individualidad biológica. Puede y debe ser un juicio del individuo; pero, repitámoslo, nunca de un individuo en el vacío. El individuo y su historia arraigan en un "conjunto biológico", pero lo "individual y su singularidad" no deben extraviarse en el vaivén de los movimientos de la masa inorgánica. Sobre todo en nuestra época es un aspecto que merece atención. *La ciencia ha determinado que el individuo aparentemente estrecho, de corta vida, gravita de manera trascendente y aun fatídica sobre la vida permanente de la raza en general.* Y la vida, tanto en singular como en plural, debe prevalecer si queremos que valga la pena meditar y aplicar nuestros pequeños "planes". De una cosa podemos estar seguros: la vida *empieza* de un modo singular y más o menos "no planificado" y casi nunca como un fenomenal masivo.

Los comienzos mismos de un individuo en el cuerpo materno, esos primeros nueve meses, ya esconden una medida considerable de "especificidad" oculta pero floreciente, y también nexos impenetrables. Luego, después del *shock* del nacimiento, no en un maravilloso nido natural, sino en una cuna fabricada por el hombre, en un departamento y una ciudad artificiales, continúa manifestándose la fantástica receptividad del niño impresionable. Ahora se forman nexos en un plano diferente. Las experiencias cotidianas, y después, si ingresamos en el mundo, otras; de carácter más exótico, y aún más tarde los principios característicos de una práctica en el marco de esa misión individual que nos es propia: todos esos factores son, sucesivamente, elementos de nuestra "formación". Y, finalmente, también ejerce decisiva influencia formativa la manera como acogen esa misión, minúscula o grandiosa, todos los que sufren su influencia. Es posible que le atribuyan o le nieguen verdad o trascendente validez. Tal vez aprueben y aplaudan, o destrocen el corazón del misionero con su constante indiferencia. En realidad, no necesitan crucificarlo.

La independencia no es el único factor que hace la fuerza del individuo. No debemos decir "libre como un pájaro", porque éste no lo es. Aun el ave migratoria, que se desplaza de la Isla de Pascua hasta Alaska, no puede desviarse. Es peligroso estar solo y franquear los límites. Si se desvía una milla de su curso, esa ave morirá. Diríamos que el ser humano, que puede recorrer el mapa en todas direcciones y elegir a sus compañeros, es mucho más libre que un ave. Que así lo creamos, forma parte de nuestra estructura esencial. Pero de hecho todas nuestras decisiones, anticipaciones y planes guardan relación con *nuestra Vitalidad, que nos asigna un contexto con los seres y las cosas.* Somos fuertes gracias a este nexo, cuando él es más fecundo. Poseemos fuerza vital gracias a la fuerza de esta interacción con otros. Cuando nos sentimos enfermos y débiles, este maravilloso don se agosta y estamos solos, y desaparecen los planes. Y cuando morimos, se disipa nuestra fuerza. Esta vivaz influencia que otros seres y el futuro ejercen, y la capacidad de dejarse influir por todo ello, se han interrumpido y paralizado.

Es posible que la edad cierre uno tras otro nuestros caminos; la muerte los clausura a todos. Pero un alma *viva* tiene millones de caminos, que permanecen jubilosamente abiertos gran parte de la vida.

Bocetos a mano

Imágenes de un mundo multifacético

VIVIR LA FORMA no significa que uno dependa exclusivamente de las imágenes visuales. Toda el alma colabora. Arboles - edificios - seres humanos - animales - decorado general - dibujados durante medio siglo.

Nota del compilador: La siguiente serie de breves bocetos, dibujados a vuelapluma, representa una pequeña selección de cómo veía el mundo el señor Neutra. Se remontan a más de medio siglo; en su mayor parte son apuntes tomados por Neutra en el curso de sus viajes profesionales, nunca como turista. Se relacionan con lo que expone en el ensayo acerca de la desigualdad de sus dos ojos, rasgo que ha sido tan importante en su vida. (Véanse las páginas 81-95).

Autorretrato, 1917

Evocación de torres y campanarios de una iglesia. El alma tiene muchas puertas.
Tournay

La Acrópolis eterna, dominando el cementerio de los seres de vida breve. *Atenas*

Plaza de toros española, al fondo el crucifijo. Ruido, crueldad y destreza, y también quietud y piedad. *Chinchón*

El río Tajo serpentea apaciblemente allá bien abajo de Toledo, la ciudad orgullosa de sus espadas

La ciudad de las vías de agua. Obra humana estática y perdurable entre el agua y las nubes. *Venecia*

Nieve navideña, hace muchos años... viejo pero inolvidable recuerdo. *Austria*

Puerta de la ciudad en el desierto de Nigeria septentrional: paso del mundo exterior al mundo interior

Del pozo de agua, arcilla para una ciudad. *Sahara meridional*

Arbusto seco, hundido en la nieve profunda del invierno

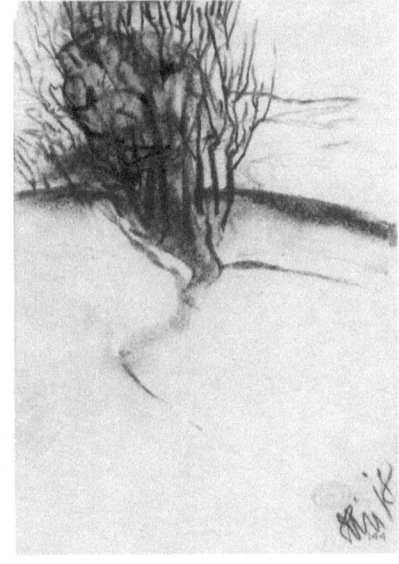

Un árbol ceiba se alza sobre el río Congo

Ladera soleada en el Ártico.
¿Quizás en el curso de este siglo
el átomo transmitirá calor y
fecundidad al territorio del
noroeste?

Patio de un monasterio protegido del viento. *Lima*

La colombiana Cartagena, otrora centro de actividad, ahora somnolienta y pacífica

Dos estilos en fusión religiosa. El alma debe comprometerse. *Gante*

Vagabundo mexicano
ante un mural moderno.
Humilde desconcierto

El espacio y el tiempo, medidos más directa e íntimamente por medio de la danza que con batutas y metrónomos. *Sevilla*

Un imperio consagrado al cielo se sentía cómodo en Viena y en Flandes, y se extendía de Madrid a Manila. *Malinas*

Cuerpos humanos, dibujados antes de la Primera Guerra Mundial; envejecieron mucho desde entonces. *Viena*

Dione Neutra, música y novia hace cuatro décadas, 1923

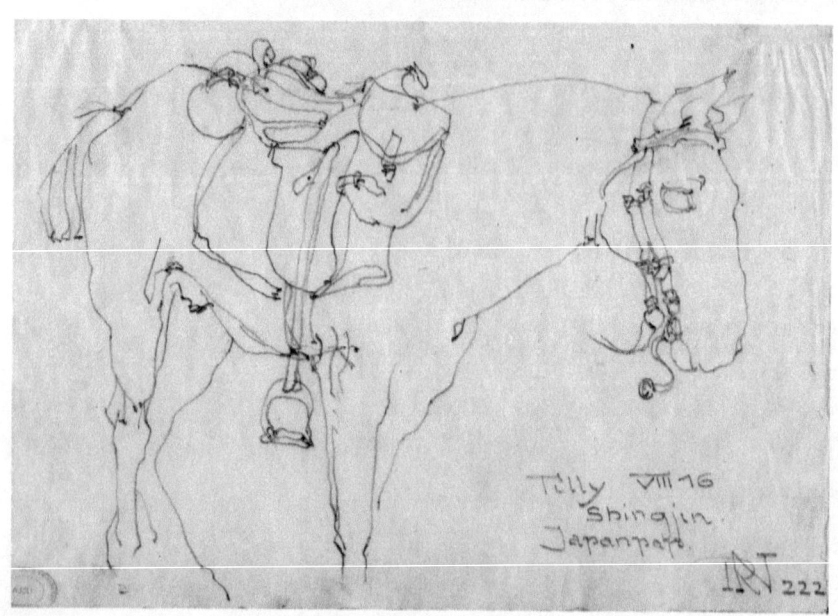

Tilly, caballo de batalla de Neutra, ensillado en 1914. *Montenegro*

Casas burguesas en Haití negra, Era posnapoleónica. *Tout comme chez nous*

Esquiadores canadienses descansan después de su fatigosa actividad. *Alberta*

Una religión universal como el budismo asume un colorido diferente según los distintos paisajes. *Rangún*

En todo el globo, ceremonias en las fronteras; sin embargo, la separación es una ficción. *Ahmedabad*

Anatolia, durante tanto tiempo dormida, despertará otra vez

Madre e hijo ante el santuario ancestral. Permanente dependencia a lo largo de generaciones. *Ise*

Velas negras frente a Shanghai

Decadencia y crecimiento… *por doquier*

La lucha se vuelve juego. *Oaxaca*

Antigua, pero siempre verde es la naturaleza. *Palomar*

Influencias tempranas

De la Tierra a las nubes

Hace unos setenta años existía un lugar donde el niño podía aprender a amar un mundo diferente, de suelo tibio, uniforme y elástico, donde el bebé apenas vestido podía sentarse sin sentir la dureza excesiva del piso; con acceso amplio, claro y expedito a la belleza del paisaje, el agua y los árboles: un mundo dotado de todas esas cosas que luego intenté incorporar a lo que ahora parece ser una "sensibilidad contemporánea". Puede afirmarse que nada de todo «esto era nuevo; por el contrario, se trataba de algo *siempre* bueno y aun necesario desde el punto de vista humano. Y si no como una unidad, por lo menos parte de todo ello ha existido (en los limpios suelos apisonados de adobe y estiércol de una choza redonda nigeriana o zulú, o en las cabañas ribereñas de frente abierto de Malasia o Tailandia). Pero en una gran ciudad de inquilinatos como Viena, ¿cómo era posible que yo concibiese hogares adaptados a la naturaleza, o una defensa de verdor natural contra el tráfico ruidoso, sucio y ronroneante; y casas donde aun los reducidos interiores adheridos al paisaje materno exterior pudiesen brindar espacio vital a los seres humanos, de modo que en adelante éstos ya no se vieran estorbados o desalojados por los muebles voluminosos y por los arreos y adornos pretenciosos y monumentales? ¿Cómo era posible que un jovencito Victoriano pudiese llegar a imaginar un hogar de clase media reducido a los luminosos y armónicos aspectos esenciales, un hogar que sería fácil manejar y que estaría atendido por la propia familia, sin necesidad de apelar a la institución cada vez más dudosa de las criadas, venidas de fuera y que ya entonces cambiaban constantemente, después de una semana de preaviso, para desconcierto de los niños? Para los muy pequeños, la llegada de estas extrañas representaba un golpe que conmovía la estabilidad de la nave familiar. Para un niño, cada criada nueva representaba una época histórica diferente.

Desde esa época temprana solía aferrarme a los seres humanos más cercanos. La estructura del medio puede perjudicar gravemente los intentos en ese sentido.

En cambio, las aguas estaban todavía allí, como aquéllas en que flota un sampán en el río Pearl. Las casas flotantes, lo mismo que sus ocupantes, se conservan y cambian muy lentamente. Los adultos no tenían entonces revistas especializadas en la decoración del hogar que pudieran excitar su interés, ni suplementos dominicales que pudiesen dejar caer al suelo para que el niñito examinara las ilustraciones, aun cuando no fuera capaz de leer las sugerencias de cada número acerca de los "siete modos distintos de disponer los muebles frente a la chimenea". No se conocían "modos distintos", por lo menos que yo supiera.

Los sentimientos y los pensamientos acerca de mi propia carrera profesional —que consiste en tratar de reorganizar el medio humano— seguramente se originaron en mi propio y anticuado medio, que carecía de un televisor que permitiese proyectar la mirada y sumergirse en una confusa variedad. El irritante hastío y el sordo disgusto eran las únicas, las más tempranas y probablemente las mejores guías hacia un mundo renovado y mejor, dentro de mis anhelos y del desarrollo de mis ideas. Hartarse y fatigarse de algo en silencio es en sí mismo un estímulo.

En el caso de muchas personas, los vínculos infantiles comienzan desde temprano a teñir el recuerdo del lugar físico en que crecieron. Por obra de la relación humana, ese lugar se convierte en algo parecido a un precedente ejemplar de una vida entera, un precedente del cual resulta difícil desembarazarse. Quizás afortunadamente, a veces era capaz de fusionar todas estas cosas incorporadas a mi ser; pero si se presentaba la ocasión, también podía separarlas. Mis padres, mi hermana, mis hermanos mayores, eran buenos conmigo. Los amaba, pero ello no me enceguecía ni me impedía cavilar acerca del edificio de inquilinato en que vivíamos, ni de la vieja calle en que se levantaba la casa. Felizmente, todo esto sin duda contribuyó en cierta medida a acentuar mi deseo de poseer un habitat humano mejor, más cálido y también más amplio que las cuatro paredes.

Todo lo que es obra del hombre —el mostrador de la tienda por encima del cual el niño trata de espiar cuando entra en el negocio con su madre, el pasamanos de la escalera, la caja del ascensor con su techo milagroso que uno contempla durante los silenciosos segundos de ascenso—, todo eso el niño lo recuerda, y se convierte en experiencia importante, verdaderamente formativa, sobre todo en la etapa plástica de la infancia. Sin que nadie lo advierta, un millón de cosas que tienen estrecha afinidad sensorial moldean la mente de los niños. Y me temo que la mayoría de ellas se incorporen sin que nadie se lo proponga.

Los multifacéticos sentimientos y series de pensamientos que abarcan la vida y que después pueden ayudar a un hombre a convertirse en arquitecto misericordiosa y sensitivamente comprensivo de la felicidad, no pueden aprenderse en unos pocos cursos universitarios. El aprendizaje se realiza mucho antes, sin palabras, y cala mucho más hondo. Comienza cuando se alza de la cuna a un bebé para envolverlo en pañales secos y tibios, y cuando sus labios se cierran para absorber la dulce leche materna. Sin duda, uno aprende mucho antes de usar las piernas y comenzar a recorrer la habitación. Y luego, el proceso continúa indefinidamente...

Recuerdo la habitación en que vivía cuando era pequeño. Mi madre no se ocupó especialmente de enseñarme la rutina de la limpieza de una habitación por la mañana, pero la cosa me interesó. Muchos días observé atentamente el procedimiento que consistía en barrer con un cepillo de pelo de caballo todo el piso de parquet mal ensamblado. En la ocasión, se levantaban varias alfombras de "imitación" y una "persa auténtica". Los días en que se hacía una limpieza especial me era posible oír los sonoros golpes que se aplicaban a las alfombras en el bastidor del patio interior, en el piso bajo. Vivíamos en un edificio de cuatro pisos, y nuestro departamento se conectaba con la planta baja mediante una fría escalera que formaba una amplia espiral. Aún hoy, en algunos sueños todavía evoco las vueltas de la escalera y la corriente de aire frío. Lo que le ocurre a uno, lo que ocurre *en* y alrededor de uno mientras sube una escalera —y la parte de esa experiencia que perdura es un recuerdo extrañamente tenaz— constituye, a mi juicio, un ejemplo fundamental de lo que significa la experiencia arquitectónica. Es algo que trasciende con mucho todo cuanto la fotografía o el filme pueden expresar.

Cuando tenía cuatro años, me pareció advertir que los colores de la alfombra persa se reavivaban después de los golpes recibidos en el patio. Seguramente en un período anterior pasaba gran parte de mi vida directamente en el suelo, al estilo de los bebés: probablemente "aterrizaba" con bastante frecuencia, pero en todo caso el hecho suscitaba en mí nada más que una moderada sorpresa. Me convertí en un extraño conocedor de los pisos y los sistemas de entarimado antes de conocer las palabras necesarias para comentar el asunto o para tratar a cualquiera de los muchos magos que industrializan la cosa y de los vendedores de revestimientos que, en un período ulterior de mi vida, vinieron a instruirme con sus cálculos de ingresos y sus muestrarios. Pero hasta el día de hoy recuerdo que iniciamos nuestra vida al nivel del piso. Además, recuerdo nuestro mosaico de madera, formado con una pauta angular repetitiva de rosetas y estrellas, de roble amarillento y haya púrpura parduzca. Yo me ocupaba de "estudiar" todo. Comprobé que las débiles uñas de mis pulgares no podían penetrar esas maderas duras; pero eran muy eficaces para rascar la película cerosa y seca, aplicada algunos meses antes.

Además, por supuesto, estaba la interesante pauta reticulada de las *junturas* del piso, algunas cuadrangulares y otras orientadas en diagonal; algunas estaban completamente abiertas, o mejor aún, se las había rellenado con una sustancia seca de color oscuro pero indefinido. Puse a prueba ese material plástico, después de extraerlo, y más tarde aproveché su blanda consistencia metiendo en estos intersticios figuras recortadas sobre papel y embarcaciones que presuntamente estaban navegando. También preparé y metí en las junturas diminutas composiciones arquitectónicas y casas: en realidad, aldeas enteras. El reticulado del mosaico de madera aportaba una geometría restrictiva y una estructura, lo mismo que ocurre en el caso de las calles establecidas por una oficina de planeamiento urbano. Esta rigidez perturbaba mis incipientes planes urbanos; habría deseado tener más libertad.

El material acumulado en las junturas del piso no respondía a ninguna norma; era un fenómeno accidental, y estaba muy amontonado. Por el contrario, los rollos y pelotas de hilos polvorientos y fibrosos de color pardo grisáceo que se veían, aparentemente surgidos de la nada, mientras se barría, eran una cosa ultraterrena, irreal y bella, como las semillas del "diente de león". De todos modos, siempre se adherían más o menos a los extremos de la escoba. Era una cosa extraña. El piso conservaba su condición de mundo dilatado que convenía explorar. Los adultos pisaban aquí y allá, pero yo veía únicamente zapatos grandes y brillantes —a veces polvorientos— o a veces pies desnudos de proporciones ridiculamente exageradas. Ellos vivían en otro nivel, a gran altura sobre Liliput.

Mientras las mujeres barrían, me desplazaba de un lado a otro, arrastrándome sobre las nalgas, vieja costumbre que había conservado a pesar de que ya podía sostenerme sobre las piernas. Un par de veces pasé la lengua —la prueba típica del bebé— a la sustancia que llenaba las junturas del piso. El gusto era indiferente, poco atractivos. Los adultos no querían que hiciera eso. "Sucio, sucio", decían y me mostraban una expresión de desagrado. Pero los bacteriólogos se parecen más a los bebés y suelen realizar exámenes aún más extraños.

Me alegraba que la criada abriese una hoja de las ventanas dobles, porque no me gustaba el olor de la transpiración que acompañaba al barrido y a los movimientos sobre la alfombra, para empujarla aquí hacia la cómoda y allá bajo el sillón de grueso tapizado. Mi madre lo llamaba *fauteuil*. Después supe que se trataba de una palabra francesa. A juzgar por su expresión, a mi madre no le agradaba particularmente esa tarea. Seguramente entonces concebí la idea de que las tareas domésticas son nuestra compañera inseparable, pero de ningún modo un placer.

Ignoro si esas escenas en realidad eran frecuentes, y si yo las observaba a menudo; pero a veces basta una experiencia de una fracción de segundo para originar ecos que resuenan la vida entera en el cerebro humano.

Mientras la mucama descansaba, con cierto aire aburrido, apoyada en el mango de la escoba, yo me sentaba en el largo almohadón que había caído de la ventana. Era largo y estrecho como una serpiente y encajaba entre el marco exterior y el interior. En cierto modo me interesaba mucho. Recuerdo que todo el montante y el antepecho de la ventana abundaban en rebordes y muescas destinadas a evitar el paso tan temido del viento y la lluvia. Pero además de todos estos trucos de la carpintería masculina, las mujeres de la ciudad practicaban el rito que consistía en aplicar "almohadoncitos de ventanas", forrados con tela blanca, en el antepecho, en la base del espacio entre los dos marcos. Yo lo tomaba todo por su valor aparente, como *formas*, formas desconcertantes y gratas. Eso era todo. En ese momento no me inquietaban las funciones; los pensamientos de ese tipo aparecen mucho después, cuando se complica la función del cerebro y, me imagino, prevalece el extremo frontal. Los almohadones de las ventanas, así como las cortinas tejidas aplicadas a los vidrios y las colgaduras de las barandas, que mi madre, utilizando otra palabra francesa, llamaba *lambrequins*, eran toques femeninos en la lucha contra el invierno vienés y formaban un "conjunto". De la actitud de mi madre deduje que se sentía orgullosa de estos objetos; a veces afirmaba que eran "bonitos" o "hermosos". Fue la primera vez que oí esas palabras... en mi vida de arquitecto.

Si los marcos estaban rebatidos hacia adentro, se podía depositar el almohadón sobre el antepecho, apoyar cómodamente los codos, la cabeza descansando en las manos, y contemplar la esquina de la calle principal de nuestro barrio. Cuando la nieve, que amortiguaba todos los sonidos, desaparecía de los duros y sonoros adoquines, se elevaban incesantes los variados ruidos del tráfico intenso; pero aquello me gustaba. Las ventanas abiertas significaban que el invierno había concluido.

Hexl (Brujita), nuestra *terrier* blanca, a menudo se me acercaba en el antepecho de la ventana, y yo la fastidiaba mientras ella hacía lo posible por detectar a otros perros, que estaban muy atareados oliendo o levantando una pata trasera en la columna del farol de gas instalada en la esquina. A Hexl y a mí *nos gustaban las ventanas*, y por mi parte desde entonces continúe mirándolas con simpatía. Pero mis cavilaciones inarticuladas volvían con frecuencia a los desconcertantes detalles de estos complicados marcos franceses rebatidos que se alzaban a mis costados. Observé que los vidrios se movían y que los fascinantes accesorios de bronce podían manipularse; pero el mecanismo era tan duro que no podía manejarlo con mis débiles músculos de tres o cuatro años. Comencé a odiar las cosas de difícil manejo. Perturbaban mis sentimientos íntimos acerca del mundo exterior.

Varias veces llegué a golpearme la frente contra las agudas esquinas del marco de la ventana, experiencia que resultaba terriblemente dolorosa. Aún ahora me desagrada evocar ese recuerdo. Mi abuela, Regina Glaser, que entonces tenía setenta años, tomaba un cuchillo de mesa y apretaba el filo frío sobre la hinchazón, aunque la piel estuviera un poco herida y brotasen algunas gotas de sangre. Después, cuando la lastimadura iba adquiriendo un tono azul purpúreo, me miraba en el espejo. Comencé a simpatizar con los espejos casi tanto como Luis XIV que, según supe después, había construido una galería de espejos. Ensanchaban de tal modo el espacio que yo olvidaba contemplarme. Llegué a quererlos casi tanto como a las ventanas. En un mundo pequeño como el de nuestro departamento, unos y otras representabais una bendición para mis ojos hambrientos de espacio.

Me sentaba frente a mi ventana favorita, y contemplaba y escuchaba. Oía los cascos de los caballos grandes como percherones que resbalaban y golpeaban el pavimento de guijarros pulidos por el uso, difundiendo en el aire una mezcla de nocivo polvo de granito y oloroso estiércol seco de caballo, mientras arrastraban gigantescas carretas de madera cargadas de carbón desde la estación del Noroeste hasta la ciudad. También había un doble juego de vías tranviarias; de tanto en tanto el tranvía aparecía de un lado o del otro, y el trote del caballo arrancaba sonidos melodiosos a las campanillas. Todo eso me complacía, lo mismo que contemplar las nubes menos regulares, más casuales; o bien, cuando la ventana doble estaba cerrada, se divisaba a través del vidrio el remolino confuso de los copos de nieve, oscuramente perfilados contra el cielo, y, cuando descendían, su blancura repentina se destacaba sobre el fondo del edificio situado frente al nuestro. Con tiempo bueno o malo, ¿no puede afirmarse que las ventanas y los vidrios eran algo maravilloso para un niñito encerrado en un departamento?

En realidad, mi barrio no era muy entretenido, aunque yo me asomase todo lo posible por mi agujero de la pared. Abajo, unos pocos chicos de mayor edad jugaban en los charcos dejados por la lluvia. Pero no me entretenía mucho mirar a otros niños.

La cooperativa de empleados de los Ferrocarriles del Noroeste ocupaba un edificio de tres pisos, frente a nuestra casa. La construcción no era vieja; en realidad, tampoco era nueva. Tenía una coloración amarillenta y se advertía un discreto e intencional aumento de algunos gráciles adornos del Renacimiento Victoriano en los marcos de las ventanas del segundo piso, si se los comparaba con los del primer piso, y en los del tercero si se los comparaba con los del segundo. Muchas veces hice la comparación. A menudo escudriñé la fachada y cavilé acerca de estas sutiles diferencias y de la progresión ascendente de los adornos. Unas inclasificables ménsulas de acanto sostenían en la parte superior una cornisa con dentículo de yeso. Ahora sé que era horrible, desde el punto de vista del Renacimiento o desde cualquier otro. Pero en ese momento no conocía ningún original, de modo que no se me ocurrió que estaba frente a una mala imitación. Me encontraba en un estado de bienaventuranza y desconocimiento.

La joven del campo, urbanizada recientemente en calidad de criada de nuestra familia, llegó a hastiarse tanto del arreglo de la habitación que cierta vez, después de haberse mirado la nariz o las encías en un espejito redondo de bolsillo, y movida vaya uno a saber por qué impulso, me ofreció una entretenida demostración antes de devolver al bolsillo de su delantal el pequeño reflector adherido a un marco de celuloide rosado. Movió la superficie brillante de modo que algunos rayos solares se reflejasen en ella, y los proyectó hacia las oscuras ventanas de la oficina de la Cooperativa. Como por arte de magia, los rayos penetraron las sombras densas detrás del vidrio lejano, revelando algunos papeles y un tintero sobre un escritorio.

El "funcionario" —según pude oír, ése fue el título asignado al empleado— nos miró desde detrás de sus lentes, levantó la cabeza calva y abrió colérico la ventana. Entretanto la criada había cerrado la nuestra, y pareció que ignorábamos el gesto amenazador de su puño. Fue algo divertido. Por lo demás, la vida era bastante aburrida para un niño pequeño: no había campo de juegos o compañeros, ni actividades comunes, únicamente la soledad. En vista de la situación, era inevitable convertirse en un observador filosófico de un contenido que equivalía prácticamente a cero. Quizá también esto fue provechoso. Las raíces se alimentan a veces en fuentes inverosímiles. Ahora me gustan los campos de juego para los niños... probablemente porque yo no disponía de ninguno.

La muchacha solía dejar entornada la ventana y de tanto en tanto volvía a abrirla para sacudir sobre la vereda las alfombras o el trapo de limpieza. Repasaba los muebles barnizados, las superficies lisas de la cómoda y la mesa, las patas curvas y talladas de las sillas, los sillones de esterilla trenzada y los respaldos de las sillas, el capuchón cónico de vidrio de la lámpara de querosén de bronce fundido que colgaba del centro del cielo raso y que podía bajarse y subirse nuevamente gracias a una esfera llena de municiones que hacía de contrapeso. Había muchísimo quehacer. Yo la seguía con los ojos hasta que había realizado todos los trabajos: el rápido repaso del tubo de vidrio traslúcido de la lámpara, de pronto un movimiento con la escoba para recoger una telaraña que había quedado en un rincón del cielo raso, y finalmente bañar con el aliento el picaporte de bronce y el blasón de la puerta, para sacarles lustre. Me encantaban los picaportes de bronce brillante de las puertas inferiores de la alacena; por mi parte, también los saboreaba y lamía, porque eran tan seductoramente perfectos y lisos.

No se dispensaba ningún tratamiento especial a la pared; cuando yo tenía aproximadamente seis años, un decorador la cubrió con un nuevo empapelado. Este hombre incorporó un color nuevo y excitante, el verde azulado, y un nuevo estilo formal a mi vida. El papel exhibía una suerte de hoja estilizada de tamaño natural y color castaño; pero mi memoria sensible también recuerda claramente el empapelado anterior. Representa un período prístino de mi vida, aun cuando no podría describir con palabras su pauta rómbica repetitiva de núcleos de puntos blancos sobre un fondo azul acero. Y todavía veo en ese marco los cabellos oscuros y los lentes de mi abuela.

Entre los muebles de la habitación había un sofá con tapizado de cuerina negra —las tachuelas bien visibles—, con respaldo rígido de tres arcos, a los costados cilindros tapizados y debajo una cama extensible con un colchón, donde yo dormía por la noche. Mi hermana mayor usaba el sofá propiamente dicho. Había una mesa ovalada de nogal, con patas curvas que remataban, a corta distancia de mis ojos, en garras como las del tigre reproducido en uno de mis libros de imágenes; un aparador o "credencia", como me enseñaron a llamarlo, con dos puertas de nogal y paneles redondos; en la sección inferior tenía cajones donde yo guardaba mis juguetes, y más arriba dos estantes abiertos con chucherías, y, coronándolo todo, un respaldo curvado como una pirámide. Varias sillas Thonet, soberbios productos industriales con asientos y respaldos de esterilla, fueron luego reemplazadas, cuando conseguí perforarlas con mis rodillas, por modelos sin ningún valor, de diseño artístico común.

La estufa de blanco mosaico sueco esmaltado, ocupaba un rincón, esbelta, con una boca en la parte superior. Sobre ella descansaba un busto natural de Ludwig van Beethoven, también blanco como la nieve. Como al final de su Novena Sinfonía, Beethoven casi se salía por el techo, aunque según creo, éste —quiero decir, el cielo raso— comenzaba a unos tres metros de altura. Yo solía estudiar con simpatía su rostro ancho y hosco. Guardaba silencio; a lo sumo, uno podía imaginar la música que, según afirmaba mi madre, él había escrito.

Finalmente, había un piano bastante grande, de madera oscura, y me gustaba echarme en el suelo, debajo del instrumento musical, mojando con saliva unos viejos y arrugados guantes de cabritilla, y alargándolos y alisándolos para que recuperasen su forma original. En este refugio, mi estudio privado, adquirí el gusto definitivo por la perfección y el refinamiento infatigable de un proceso. Fue el primer uso que di a un piano.

En general, ¿qué clase de habitación era? Veamos un poco. Tres puertas, dos ventanas, con un despreciable entrepaño de mampostería de noventa centímetros entre ellas, la estufa blanca en el ángulo de la pared, con su fuego de carbón bajo el busto del gran compositor; detrás un espacio sombrío, pavoroso, inaccesible e incontrolable, que me infundía miedo en la oscuridad del atardecer y con el cual aún hoy sueño a veces. Una alacena, una mesa en el centro, con sillas y muchas, muchísimas patas de sillas a mi rededor, en espera de las polleras de las tías y las perneras de los pantalones de los tíos, que les hacían compañía cuando visitaban a mi madre y se quedaban a comer.

Los únicos objetos quizás utilizables eran el sofá, en cuyo extremo uno podía arrodillarse, mientras apoyaba los codos en el almohadón de la ventana, y ese piano realmente grande, bajo cuyo vientre había una cueva acogedora, un "club", el más grato de todos los lugares.

El resto, las altas paredes y los impresionantes muebles —enormes, inconmovibles, oprimentes— habían llegado a mí por obra del destino, como si hubieran sido fósiles prehistóricos reunidos alrededor de la cuna de la raza humana.

Era grato tener a la joven fox-terrier como compañera en el estrato inferior del cuarto. Los adultos insistían en vivir por encima del nivel de la mesa y el piano. Calculaba que si extendían los brazos eran capaces de alcanzar el mentón de Beethoven. En todo caso, no tenían dificultades en acercar un fósforo a la altísima lámpara de querosén. Pero bajo el piano yo me sentía protegido y cómodo. ¡Me encantaba ese lugar!

Una carrera puede nacer del amor temprano a un tipo de cosa y del disgusto hacia otra. Las cosas que ahora estoy evocando fueron parte de una constelación poderosa y eterna que, accionando mil palancas imaginarias y controles remotos, encauzaron la vida de la persona que yo habría de ser.

Padres y hermanos

Para un bebé, la madre y todos los seres humanos son inicialmente una parte del medio, y nada más. Pero pronto se convierten en personas específicas, distintas del empapelado de la pared. Devuelven la sonrisa, y nosotros sonreímos otra vez: la comunidad de sentimientos es un éxito. Empatía. No estamos solos.

Tuve la suerte de ser el hijo menor de un matrimonio feliz. Mis padres me amaban, pero no ponían en ello un exclusivismo peligroso e intenso. No fui para ellos una experiencia inicial o única, aunque sí un poco el "Joseph" (que es, en realidad, mi segundo nombre). No soñaba que el sol, la luna y las estrellas se inclinaban ante mí, ni exasperaba a mis hermanos contándoles tales sueños; y nadie me había vendido como esclavo.

Han pasado cerca de setenta años desde aquel día de 1892 en que las buenas hadas rodearon mi cuna. Sólo ahora, cuando el juego ya está bastante avanzado, tengo un atisbo del asunto. Acaso lo que más me favoreció fue que tuve varios hermanos y una hermana, todos mayores, y dos padres equilibrados y serenos, maduros, bien parecidos y —por lo menos hasta donde pude comprobarlo— siempre respetados.

Mi padre era hijo de un médico, Guillermo Neutra, que murió de tifus, enfermedad que había contraído en el servicio, en tiempos de la guerra de Crimea. Así, pues, su madre viuda decidió que mi padre iniciara su vida de trabajo como aprendiz junto a un humilde artesano fabricante de cencerros. Siendo yo niñito, él me sentaba sobre sus rodillas y me solía contar que los exigentes vaqueros que acudían al taller querían que los cencerros de las diferentes vacas madrinas sonaran juntos armoniosamente. El tono y la claridad de cada cencerro era resultado no sólo de su forma y su tamaño, sino también de cierta secreta artesanía en la preparación del metal antes de la fundición. *Yo cavilaba pensando en qué sonido resultaría de la forma, el color, el peso: cómo se relacionaría con todo eso.* El amplio y bello mundo se halla tan íntimamente fusionado, sobre todo para nosotros. ¡Por mi parte, aún medito en ello!

Mi padre descendió más tarde por la planchada de una embarcación fluvial del Danubio y mostró su credencial de artesano en la Oficina de Gremios de Viena. Consiguió trabajo en la gran fábrica austríaca de locomotoras de Wiener Neustadt, y pronto se interesó en el naciente movimiento obrero. Los cursos educacionales para obreros adultos lo movieron a estudiar después de las horas de trabajo, e incluso llegó a ser uno de los encargados de la administración de esa escuela informal. Algún tiempo después, se asoció con un ex colega para establecer un taller de fundición y tornería, donde fabricaban piezas de latón y bronce para los medidores de gas y agua de la ciudad. Cuando yo era pequeño me gustaba corretear entre aquel grupo de unos veinte, poco más o menos, trabajadores del taller; mi padre los trataba a todos como colegas y, a su vez, tanto los aprendices como los veteranos lo adoraban.

Cuando llegué a conocerlo mejor —en el último tercio de su vida— la gente solía decir que tenía el aire de un apóstol; y puedo afirmar que la forma del cráneo y la nariz, la frente, la mano y el pie, los dedos de la mano y las uñas, y los dedos del pie eran mucho más nobles que lo que yo puedo ponderar. A su modo, era tan bien parecido como mi madre Elizabeth Glaser —todos la llamaban Betty—, una mujer de mejillas sonrosadas, ojos pardos como los de una gama y cabellos negros, que, después de mi nacimiento, pareció de pronto mucho más joven y sana que quince años antes, cuando había tenido su primer hijo varón. Recuerdo que el vendedor de una tienda —yo tenía entonces cuatro años— le comentó a mi madre, mientras me acariciaba la cabeza todavía rubia, cuánto le sorprendía el hecho de que, pareciendo tan joven, tuviese ya un hijo tan grande. Mi madre se echó a reír y reconoció que tenía otros tres hijos, algunos casi adultos, y en todo caso de seis a quince años mayores que yo. Pero el vendedor no mentía; en verdad, mi madre mostraba un aire juvenil que justificaba el halago.

Mis padres me relataban cuentos, cada uno en su estilo, y mi madre me leía. Escuché algunos fragmentos de *La Cabaña del Tío Tom*, sin imaginar que a su tiempo seguiría el camino de la esclavitud, de Senegal a Charleston, o cavilaría durante tres años, mientras construía el museo en memoria de Lincoln en el campo de batalla de Gettysburg. Me leyeron muchas historias de Julio Verne acerca de viajes subterráneos y submarinos, y de las cinco semanas en un globo sobre los rincones más sombríos e inexplorados de Africa; mucho después me encontré en el monte Kilimanjaro y pude contemplar la estela de nuestra embarcación en el Congo. Supe de la lucha para llegar al Polo Norte, y sesenta años después me enfermé en Groenlandia, entre dos vuelos realizados en la noche polar. Pero me gustaba especialmente la emocionante historia de los hombres disparados a la Luna, que probablemente nunca más volverían a ser vistos u oídos. No me quejaba, pero me sobrecogía el gran cerebro humano —ese agudo y calculador cerebro anterior, respaldado por el cerebro medio, de carácter emocional—, una combinación capaz de impulsar a los hombres fuera de la Tierra para sumergirlos en ese terrible y desconocido mundo magnético: el infinito. Siempre recuerdo que la secuela del mismo autor, en la que sigue a estos hombres *alrededor de la Luna* y de regreso a la Tierra, representó un anticlímax. Pero en todos los recuerdos iniciales, en parte subconscientes y en parte conscientes, la principal influencia fue la de mis hermanos mayores. Sus habitaciones eran muy respetadas por mis padres desprovistos de erudición. El dormitorio y cuarto de estudio de los jóvenes estaba equipado con "*el* estante de libros", encima un globo terráqueo y más libros sobre otro estante; en la pared contraria había pequeños bustos blancos de yeso, que reproducían las figuras de Mozart y Beethoven, así como bustos de bronce de Goethe y Schiller. No se me permitía entrar en la habitación, pero espiaba siempre que dejaban abierta una hoja de la alta y clara puerta doble, con sus guarniciones y picaportes de bronce. Aunque no exhibía la magnificencia del mármol ni se llegaba a ella subiendo una amplia escalinata, esta "habitación de los muchachos mayores" inspiraba un respeto sobrecogedor; quizá nadie se ha sentido tan impresionado jamás por la Biblioteca Laurentiana, como lugar de estudio y repositorio de la sabiduría de todos los tiempos. En la estantería de puertas doradas había también un "Lexicón" o enciclopedia del mundo en muchos volúmenes. Se me decía que en ella estaba contenido todo el saber universal.

Uno de mis hermanos estudiaba ingeniería mecánica. A veces entonaba una canción de mineros, un coro de los hombres que trabajaban en las profundidades de los pozos, prontos a morir en las entrañas de la tierra, adonde los había llevado una interminable empresa técnica. Se me llenaban los ojos de lágrimas cuando mi hermano Siegfried entonaba esta canción o simplemente la silbaba (en verdad, sabía silbar admirablemente). Me sentía entusiasmado y entristecido por la suerte de los mineros. Los identificaba con todos los ingenieros y los técnicos, que a mis ojos eran la representación del hombre mismo, con su cerebro inquieto y su naturaleza de impulsos generosos, como esos norteamericanos y el francés que se habían dejado lanzar a la Luna.

Siegfried era mi ídolo, y sin que él supiera procuraba oír todas las conversaciones que mantenía con sus condiscípulos. Sus mejores amigos en el Instituto Tecnológico de Viena exhibían un equilibrio y una calma impresionantes. A mis ojos, todos eran hombres maduros. Capek, un checo, hablaba con una dulce tonada canturreada. Puedo recordar esa entonación extranjera como si la hubiese escuchado hace un instante. De sus labios oí por primera vez, mencionados enfáticamente, los nombres de Federico Nietzsche y Zaratustra. Taussig —siempre se llamaban por los apellidos— tenía una cabeza alta y erguida, y era un ingeniero capaz; más tarde sería director técnico de grandes empresas, de Praga a Sidney.

Escuchar era uno de mis pasatiempos favoritos; cuando a través de la puerta del estudio llegaban las voces de las disputas entre mi hermano y sus amigos, alcanzaba a oír frases y palabras, aunque de hecho interpretaba mal gran parte de todo ello.

Cuando yo tenía cuatro años, Siegfried se vanagloriaba de mi capacidad para dibujar correctamente la sección longitudinal de una locomotora y para ilustrar con gráficos mi explicación del movimiento de un cilindro de vapor, con su audaz mecanismo; o se enorgullecía de que pudiese dibujar todos los detalles de un silbato de vapor, o de la transmisión de una bicicleta. Mientras yo dibujaba docenas de bicicletas y locomotoras en el pizarrón, se me ocurrió de pronto la idea de una máquina que fuera un *perpetuum mobile*. Las consecuencias que mi invención tendría para la humanidad me sobrecogieron y desconcertaron. No me sentía exuberante; sólo alentaba en mí la humilde conciencia de una misión. También inventé cambios de vías, hasta que mi hermano me explicó que todo eso era cosa conocida y usada desde hacía mucho tiempo. Sea como fuere, yo inventaba artefactos sin importárseme que Leonardo ya me hubiese precedido.

Todos descontaban que yo sería ingeniero. Con cierta emoción miraba el antiguo edificio adyacente a la Karlskirche, donde habría de estudiar cuando fuera grande. Frente a la entrada del parque se alzaba un monumento a Ressel, el gran austríaco inventor de la hélice marina. Mucho después, cuando en efecto yo estaba estudiando en ese viejo edificio de olor agrio, contemporáneo de la Ecole Polytechnique de Napoleón I, en París, se instaló sobre un pedestal el busto de piedra de otro héroe mucho más puro: Johannes Brahms, esculpido por Helmer. Sumido en sus pensamientos, el compositor tendía su mirada a través del parque hacia el Conservatorio Imperial y Real de Música, y hacia la Musikvereinssaal, donde se habían estrenado sus sinfonías. Algunos críticos las habían elogiado, sobre todo para fastidiar a Ricardo Wagner. Desde muy temprano oí hablar a los adultos del choque de los genios y de los padecimientos que soportaban a causa de las actitudes de los dictadores de la opinión pública.

Lo mismo que mi hermano mayor Guillermo, el menor, llamado Siegfried, era aficionado a tocar el violín. Ambos participaban habitualmente en las ejecuciones de un cuarteto formado por amigos y se trataban con Arnold Schönberg y sus alumnos. Como en muchos hogares vieneses, en nuestra casa se hacía música. Para mí era una necesidad escuchar las obras de Haydn, Mozart, Beethoven y Schubert, y sabía en qué lugares de la ciudad se alzaban sus estatuas. Cuando era pequeño, me introducía clandestinamente, sin entrada, en el palco de mis padres, siempre que la orquesta de "Amigos de la Música", de la que mi hermano mayor era primer violín, ofrecía un concierto en alguna hermosa sala de la ciudad. Sonriendo, solía anunciar a su hermanito: "Esta noche tenemos Bach-Händel", frase que en el dialecto vienés también significa, o suena como, "pollo al horno".

La influencia de Guillermo sobre mí era muy distinta de la que ejercía Siegfried. El primero estudiaba medicina y a menudo olía a ácido fénico. Manejaba un microscopio fabulosamente caro y tenía una caja negra, ancha y chata, donde guardaba docenas de muestras histológicas y patológicas, algunas teñidas de sangre, otras descoloridas y algunas coloreadas para destacar mejor ciertos aspectos cuando se las miraba al microscopio. Aquí y allá, en su habitación, había también vértebras y otros huesos humanos. Yo me preguntaba dónde estaría el resto de las personas de cuya entidad total habían sido arrancados esos fragmentos.

Guillermo se convirtió en apasionado ciclista y se incorporó al Club de Ciclismo Wienerwald, ostentando orgullosamente un atuendo especial en blanco y negro. Se lo denominaba, utilizando una extraña expresión inglesa, "The Dress". Guillermo exhibía un porte impresionante en los desfiles de ciclistas que se realizaban en el Prater, cuando los miembros del Wienerwald, vistiendo abultados pantalones grises, seguían al más famoso Touring Club, con sus atuendos de color azul oscuro. Según pude advertir cuando tuve más edad, Guillermo también impresionaba mucho a las muchachas, que pedaleaban a su lado, bailaban con él o simplemente lo miraban. Era tan bien parecido, con su bigotito rubio, y tan desenvuelto en todo lo que hacía, que Siegfried, que lo admiraba e imitaba, llegó a sufrir un grave complejo de inferioridad.

Desde esa etapa inicial de mi vida me gustó escuchar las discusiones de los hombres educados, de los mayores y los verdaderos expertos. También desde entonces ha sido para mí un placer escuchar los tríos y los cuartetos, y observar las rápidas miradas de inteligencia que intercambian los ejecutantes. De esa época data mi admiración por la destreza, sin que importe para el caso si ésta se manifiesta en el trabajo de un grupo musical o en la exposición dialéctica y constructiva.

Mis dos hermanos, que estudiaban ingeniería y medicina, y descansaban ejecutando música de orquesta y de cámara, asociaron en mi espíritu las actividades profesionales y musicales, como si éstas tuviesen un denominador común en la destreza artística. Por ejemplo, la actividad médica de Guillermo y la música como arte clásico se convirtieron ambas en tareas gratas, aunque por mi parte prefería escuchar las lecciones de piano de mi hermana antes que aprender personalmente el manejo del instrumento. Solía adoptar alguna absurda postura gimnástica en un cómodo sillón, con las piernas apoyadas en el respaldo, cuando la señora Leopold o la señorita Hoenig, las primeras de una serie de profesoras de piano, tocaban a cuatro manos con mi hermana Josefina, mientras yo me adormecía dulcemente. En esa época yo tendría cuatro o cinco años.

Después estudié piano durante cinco años con profesoras horriblemente lánguidas. Mi padre no sabía tocar ningún instrumento y carecía de un gusto educado, pero desde sus años mozos, en que se había dedicado a la fabricación de cencerros, tenía buen oído y sabía escuchar música clásica. A mis dos padres la educación musical les parecía una cosa natural, si bien no adoptaron igual actitud con respecto a la pintura y la literatura. Mi padre cierta vez consiguió terminar laboriosamente *El Cande de Montecristo*, pero después nunca leyó más que el diario.

En la familia nadie sabía gran cosa de arquitectura, aunque mis hermanos mayores por lo menos estaban familiarizados con los nombres y los estilos. En cierta ocasión los oí discutir si el edificio de nuestra municipalidad era románico o gótico; finalmente se recurrió en consulta al enorme Meier Lexicón, que según dije antes era la obra más preciada de la "biblioteca de los muchachos".

"Ya ves, era como yo decía; *es* un edificio gótico. Tiene arcos ojivales", dijo Guillermo o Siegfried (ahora ya no recuerdo cuál de los dos ganó la discusión).

Fue la primera vez que cobré *conciencia* de la arquitectura y del "estilo", por lo menos como tema de conversación. Había sabido del asunto subconscientemente, cuando era un bebé sentado con el trasero desnudo sobre el piso de mosaico de madera y sacaba tierra de las junturas y lamía las agarraderas de bronce del cajón de mis juguetes. Estas actividades, así como mis juegos debajo del gran piano, habían sido experiencias preverbales; pero tan profundas, que merecen un análisis más completo.

¿Es posible que las palabras definan jamás la experiencia arquitectónica, que actúa simultáneamente sobre todos los sentidos —de modo "estereognóstico", y tanto en la más baja de nuestra área de asociación como en las más elevadas— a lo largo de nuestra vida? El proceso comienza en el útero y continúa hasta que nos desplomamos en nuestro último lecho. Tal vez, como en el caso del amor, que tan a menudo ha sido analizado, en realidad no haya nada *de qué hablar*, nada que pueda aprehenderse exclusivamente mediante las palabras.

La verbalización de las cosas a menudo nos exige encasillar nuestros pensamientos y emociones de un modo estrecho y poco natural, separándolos de todas las relaciones orgánicas. Asimismo, las ideas acerca del estilo arquitectónico, que dividen la experiencia en "siglos" —en edades "sombrías" y "de oro"— representan un encasillamiento de carácter más destructivo.

La arquitectura, la creación humana de un marco para la vida, ha sido un problema misteriosamente insoluble desde el momento en que descendimos de los árboles.

En realidad, no teníamos espacio para jugar. Mis antepasados habían descendido de los árboles, pero yo era un niño que vivía arriba, que estaba encerrado en un piso alto. Pero a eso de las diez mi abuela caminaba despaciosamente conmigo hasta el Augarten, a tres o cuatro cuadras de distancia. En realidad, cuando me asomaba a la ventana mucho más de lo que era prudente o de lo que se me permitía, alcanzaba a ver allá lejos los altos castaños de Indias, detrás de un impresionante muro. Como el Prater vienés, el Augarten había sido otrora un jardín imperial; sus puertas sólo se abrían para la familia de los Habsburgo y sus huéspedes que llegaban en carruajes dorados. Pero un siglo antes, José II, héroe del hombre común, había conmovido a la nobleza con el acto vulgar de abrir estos jardines al pueblo. Después, y por espacio de cien años, las novelas baratas por entregas acerca de las costumbres populares del emperador José se vendieron bien. Nuestra criada me leía pasajes de una obra titulada, si la memoria no me es infiel, *El emperador José y la hija del chofer*. Quizás estoy confundiendo el asunto con una broma que me hacían mis hermanos, y mezclo los hechos. En todo caso, el relato mal podía basarse en hechos, pues precisamente entonces Henry Ford estaba perfeccionando el automóvil en las cercanías de una localidad llamada Detroit.

Pero las profundidades de la vida traspasan los límites del realismo literal. Y las puertas del Augarten, que yo franqueaba con mi abuela todas las mañanas, excepto los domingos, estaban protegidas de peligros irreales por guardianes irreales, veteranos cojos o ciegos de la guerra austro-prusiana de 1864.

Puesto que esos "inválidos", como se los denominaba, no podían dar caza a los niños que se metían con sus aros en los prados, tocaban un agudo silbato para llamar a un policía. Este último, vestido con un sencillo uniforme negro, aparecía inmediatamente para recordar con severidad a nuestros cuidadores adultos —por ejemplo, mi abuelita— las reglas que regían en el área delimitada por los altos y geométricos setos de aquel parque del siglo XIX. A pesar de sus inclinaciones liberales, el emperador José II deseaba que el populacho ocupase su lugar.

Fue mi primera experiencia en una plaza de juegos vecinal, y ahora, cuando diseño alguna —en este mismo momento estoy trabajando en dos proyectos de esa clase—, continuó reaccionando a las cosas que entonces viví. Recuerdo la distancia que debíamos caminar desde nuestra casa y el sentimiento de ansiedad cuando nos acercábamos a los amados y altos árboles que se elevaban detrás del muro, y comparo los sectores cubiertos de guijarros y los de pastos abundantes —donde jugábamos, o donde nos arrodillábamos para atarnos los cordones de los zapatos— con mis propios diseños actuales. Mi memoria no ha envejecido tanto como para olvidar esos minúsculos detalles.

Todo el plano de Viena —la antigua ciudad interior medieval alrededor de la catedral de San Esteban, Santa María de la Escalinata, la iglesia de San Miguel y la de los frailes franciscanos— está todavía en mi propia sangre cuando hablo del planeamiento urbano. Los palacios barrocos, la iglesia de San Carlos y la de San Pedro, y todos los demás testimonios de la grandeza europea que tanto impresionaron al primer zar de todas las Rusias que visitó esa capital, también los llevo en la sangre cuando reacciono frente a la arquitectura y al planeamiento del pasado. Amo esa ciudad y soy capaz de trazar bocetos vigorosos de *sus* calles y edificios; pero siempre retrocedo ante la idea de que se la imite: ya es demasiado tarde para eso.

Cuando crecí, comenzó a manifestarse la influencia de mi hermana. Pintaba; de modo que también yo lo hice, pese a que era seis años menor que ella. Cuando mi hermana y sus amigas comenzaron a emitir risitas y a suspirar por los jovencitos que parecían efebos griegos, yo me maravillaba y observaba. A los doce años yo era algo así como un consejero maduro pero cauteloso en asuntos de amor. Puede afirmarse que era un individuo sereno, porque en un período preerótico de la vida uno puede sentirse tan equilibrado como en un período poserótico (suponiendo que en realidad se dé este tipo de cosas).

En todo caso, yo representaba una influencia tranquilizadora y cierta forma de vigilancia para mi hermana impetuosa y a veces arrebatada; y deseaba de verdad que no les permitiese a esos hombres ir demasiado lejos. Cierta vez presencié la escena en que mi padre, un hombre generalmente pacífico, la obligó a abandonar la orilla de un lago iluminado por la luz de la luna para darle un par de bofetadas. Me pregunté entonces, y él se preguntó inmediatamente, y mi madre hizo lo mismo, si no había cometido un error al adoptar una actitud tan drástica.

Mi hermana, que tenía diecisiete años, se hallaba enamorada entonces de un geógrafo, físico y explorador ártico que le llevaba veinte años. Comparados con el doctor Q, un hombre elegante, de charla desordenada pero aguda, y amplio conocimiento práctico de nuestra buena tierra, mis hermanos me parecían principiantes. Fue uno dentro de una larga serie de galanes: estudiantes de medicina e ingeniería, sociólogos metódicos y nihilistas emotivos, que eran algo así como los *beatniks* de medio siglo después. Como compañero de mi hermana conocí a toda clase de sorprendentes sujetos. Recuerdo que me divertía mucho ver a un joven estudiante de medicina tratando de besarla. Pero éste no fue uno de los favorecidos.

Comencé a meditar sobre el amor; en los seres humanos era una cosa tan sorprendente y prolongada, porque los sentimientos se confundían con los pensamientos y la charla, acerca de muchas otras cosas.

Sólo mucho más tarde conocí la palabra alemana que significa "sexo"; y es excesivamente pedestre para aclarar un problema en el cual el cerebro humano está comprometido y representa un papel fantástico y complejo.

Mi hermana fue solicitada más tarde por Schvodranski, un nihilista ruso que vestía una camisa negra del mismo modo que un pavo real despliega orgullosamente su cola. Partitura en mano, había escuchado *Tristán e Isolda* setenta y cuatro veces en la Opera Imperial de Viena (cuarta galería, de pie). Ignoro por qué necesitaba todavía la partitura. A las doce y media, después que el telón había caído sobre *Tristán*, paseaba con mi hermana Josefina por el Prater y otros parques. La cosa me intrigaba, lo mismo que a mis padres y a mis hermanos. Pero mi familia tenía ahora inteligencia suficiente para no decir palabra, y en realidad nada ocurrió. Schvodranski hablaba de Dios y el mundo, en un tono un tanto vituperativo y burlón; sólo *Tristán* se salvaba de la crítica. Me miraba con amistosa condescendencia y escribía piezas revolucionarias, que daba a leer al gran actor trágico Joseph Kainz. Llegó a ser un joven protegido de la casa de Kainz y sostuvo a la viuda de este último en el funeral.

Treinta años después volví a ver a Schvodranski, esta vez en Hollywood. Había engrosado y ya no usaba camisa negra.

—"¿Cómo está su hermana?", —preguntó.

—"Muy bien", contesté.

Otro pretendiente importante fue un joven abogado y economista, director de la escuela obrera y dirigente del movimiento obrero vienés, que era algo muy distinto de todo lo que ahora se conoce. No era bien parecido, pero sí muy inteligente. Su conciencia social se transmitió a mi hermana, que comenzó a leer a Ferdinand Lassalle, el socialista alemán, y a concurrir a diferentes cursos. Más aún, recuerdo que me llevaron a una reunión en homenaje al nacimiento de Lassalle. Un parlamentario socialista, el doctor Friedrich Ellbogen, ocupó su lugar bajo una bandera roja y exaltó la figura del hombre que sirvió de base a la famosa novela de Friedrich Spielhagen, *Hammer und Amboss* (El martillo y el yunque). Desde entonces ha transcurrido un siglo.

Siegfried, mi segundo hermano, que era también aficionado a Wagner y a la ópera, permaneció en nuestro hogar un tiempo y luego se empleó, lo mismo que su amigo Taussig, en la gran empresa Ruston, de Praga. Lo visité, con mis padres y mi hermana, poco antes de ingresar en el colegio. El viaje en ferrocarril a Praga, la extraña y antigua ciudad, el idioma extranjero, la gente, todo configuró un cuadro inolvidable. A pesar de mi edad, traté de garabatear un diario en el tren; ya estaba en condiciones de escribir.

Medio año después Siegfried volvió, con su salud aparentemente quebrantada, y sufrió una hemorragia pulmonar. El incidente me impresionó profundamente y volveré sobre él más adelante en un contexto mucho más amplio. Lo vi recuperarse, un poco solitario, para seguir su destino humano. Aunque no era un hombre mundano, toda la gente simpatizaba con él; razonaba con claridad en la discusión con personas educadas.

Mucho años después, cuando yo tenía quince, me compró dos obras del astrofísico Svante Arrhenius, el autor sueco ganador del Premio Nobel; impulsado por el entusiasmo, me levantaba temprano por la mañana para leer lo que a menudo conseguía entender sólo mediante una rigurosa aplicación, o que a veces se me escapaba completamente.

Entre tanto, mi hermano mayor Guillermo, a quien yo seguía admirando por su buena apariencia, había cortejado o fue cortejado por una pintora (que laboriosamente realizó mi retrato, hasta el día en que, con gran horror de su parte, mi padre adoptó la súbita decisión de llamar a un barbero, que prácticamente me afeitó la cabeza con una tijera de tusar caballos), y luego por otras jóvenes, y aun por una divorciada que vestía blusa roja. Finalmente, cuando yo tenía once años, Guillermo se enamoró realmente de Louise Schmidl y fue correspondido. Fue otro golpe de suerte, cuyos ecos se prolongarían en el curso de toda mi vida.

Louise tenía diecisiete años y era la mayor de tres hermanas de una familia que, por lo demás, parecía completamente burguesa y bastante adinerada. Me gustaba verla con Guillermo; formaban una hermosa pareja. Me permitían que los acompañara algunas veces en que mi hermano —un muchacho un poco autoritario— salía con un viejo y pesado trípode a tomar fotografías, buscando "motivos naturales" en las tierras bajas y boscosas del río Danubio, o entre las colinas cubiertas de pinos de las rocas de Vöslau-Gainfarn, donde solíamos pasar dos meses y medio todos los veranos. Por cierto, aprendí algunas cosas mirando la escena a través de una lente fotográfica.

Louise no era, ni mucho menos, una simple muchacha de la clase media; más aún, alentaba en ella un ser humano de inestimable valor. Era femenina y maternal más allá de lo que justificaban sus años y, a pesar de todo, poseía un espíritu que sabía asimilar las matemáticas superiores y los difíciles textos originales de carácter filosófico y científico sin perder un ápice de su femineidad. Si bien su hermana menor Mimi, un año mayor que yo, llegó a ser mi compañera de juegos y mi oyente, y aunque advertí con claridad que la segunda hermana, Madeleine, un año menor que Louise, era una joven de peculiar belleza, reconocí definitivamente en Louise la encarnación de un ideal femenino. Mi hermano Siegfried, que a menudo estaba enfermo, también la amaba, y lo mismo les ocurría a mis padres. Sucedió simplemente que llegó a ser nuestra, aunque, por supuesto, más particularmente de Guillermo, bajo cuya guía espiritual la joven floreció. Yo los contemplaba y sentía al unísono con ellos.

Cuando cumplí los quince años, Louise, como Siegfried, comenzó a proponerme la lectura de libros difíciles: *Los enigmas del mundo*, de Guillermo Heckel; Schopenhauer, que llegó a ser mi favorito; *Kraft und Stoff* (Poder y materia), de Buechner; *La historia del materialismo*, de Lange; o las obras de Wilhelm Ostwald, el químico alemán, que había escrito algo acerca del mundo como un gran fenómeno de "energética".

Cierta vez oí con profunda reverencia la palabra de Ostwald, un hombre de cabellos blancos que había venido de Alemania —creo que de Leipzig— para dictar conferencias en el Instituto de Anatomía; comencé a frecuentar la biblioteca de la universidad; decidí estudiar química y Siegfried me regaló un libro de sir William Ramsay, cuyos trabajos me llevaron a los de sir Ernest Rutherford, otro regalo de mi hermano.

Más tarde Siegfried me compró los libros de Nietzsche, las obras completas de Nietzsche. ¡Ahora me sorprende que haya tenido semejante idea! Creo que comencé leyendo *El nacimiento de la tragedia*, y recorrí la obra completa, al mismo tiempo que leía toda suerte de cosas diferentes y comenzaba mis visitas regulares al Burgtheater, para admirar la representaciones de Kainz y la vieja guardia de actores clásicos. Allí se representaba a Shakespeare unas dos veces por semana.

Un año después de casarse, Louise y Guillermo tuvieron una hija. Yo solía empujar el carrito por los senderos del campo, mientras una mujer me enseñaba a pensar. Sentía que el espíritu de Louise, al par que femenino y dulce, era también grande. El conocido proverbio teutónico *lange Haare - kurzer Verstand* (cabellos largos, entendimiento corto) me parecía estúpido. Comencé a reverenciar a la femineidad y a sentirme un tanto caballeresco.

Tenía muy escasa conciencia de mi propio aspecto. Aunque mis cabellos eran tan largos como mi corbata de lazo, de seda negra, que según creo me había regalado mi hermana, no sabía que fuera un muchacho inteligente y bien parecido. Con respecto a mi futuro erótico, me sentía preocupado más que atraído cuando me cruzaba con invitadoras prostitutas en el camino de regreso a casa, por la noche, al volver de la Opera o de un encuentro con mis compañeros para caminar por el Praterstern. Las miraba asombrado, casi compasivo. Y nunca hablaba del asunto con mis condiscípulos.

Mis amigos de esa época eran Ludwig Neuman y Edmund Kalischer, que leía a Dickens; Felix Dahn; y el prodigio literario Robert Beer, cuyos gustos recorrían toda la gama, de Strindberg, Rimbaud, Dostoievski, Hoffmannsthal y los líricos, de Anacreonte y Safo a Stefan George y Rainer Maria Rilke.

Después de los primeros dos o tres años en el colegio secundario humanista, me convertí en un alumno bastante grato para mis profesores. De pronto, en el quinto año del Gimnasio, me puse a la cabeza de la clase en matemáticas y en historia, y asimismo me desempeñé bien en latín, griego y física. Era una extraña combinación. Mi hermano Siegfried tuvo que afrontar la tarea de ayudarme en composición literaria. En esto me mostraba tímido y me desagradaba la idea de hablar en público. Pensaba que mi hermano sabía describir con notable estilo un paseo por los bosques otoñales. En realidad, a menudo vagaba por la campiña que se extendía alrededor de Viena, solitario, sin la compañía de una amiga, siguiendo los pasos de Beethoven, cuyas estaciones podía señalar en Heiligenstadt y Poetzleinsdorf, en cuyas colinas cubiertas de viñedos el compositor del Rin solía pasar sus meses de verano. Acompañar a Siegfried era un privilegio, no siempre concedido. Gracias a él comencé a amar a Viena. Por esta época ingresó en mi universo el pretendiente definitivo de mi hermana. Hombre maravilloso, tuvo para mí un inconmensurable significado a partir del momento en que llegué a los dieciséis años. Arpad Weixlgaertner era un alto funcionario de la corte, historiador del arte que ya gozaba de reputación y director de la colección de armas y armaduras del Museo Imperial, apenas menos importante que la del Prado. Después de dirigir la Colección Gráfica Albertina, pasó al famoso departamento de pequeños bronces, que incluía el salero de Benvenuto Cellini y otros tesoros que aprendí a conocer. También se convirtió en custodio del tesoro de la corona y del antiguo Sacro Imperio Romano, dividido en dos secciones: secular y espiritual-religiosa. Tuve oportunidad de sostener en mis manos la corona de Carlomagno y de tocar la lanza que los hombres de la Edad Media creían que era la que había lacerado a Cristo en el Gólgota. Recuerdo bien el peso de esos objetos. Finalmente Arpad fue director de la galería y de todo el Museo Nacional.

Mientras releo estas páginas me llega la noticia de que acaba de morir, cuando tenía casi noventa años y era una autoridad respetada en Suecia, honrado por el rey y, en realidad, por todos los expertos en arte histórico que saben algo de Durero o Grünewald. Siempre lo amaré; en verdad, me dio tanto...

Arpad Weixlgaertner escribió varios libros maravillosos, entre ellos la historia de su extraña familia. Era hijo natural de un conde húngaro. Este último, casado con una condesa de salud quebrantada, nunca pudo desposar a la plebeya que le dio dos hijos. Cierto tiempo después del nacimiento de los dos niños llegó a ser intendente de Budapest. La madre de Arpad me pareció una mujer maravillosa. Cuando la conocí, era una matrona muy digna, afectada por la parálisis; pero aún podía hablar de la carrera teatral que había realizado hacía mucho tiempo en una Viena particularmente seductora. Gracias a un puñado de viejas cartas, que Arpad leyó después de la muerte de su madre, supimos que había tenido otro hijo con otro hombre, un actor veleidoso.

Mi amada madre murió más o menos por esa misma época, después de padecer varios años una desastrosa metástasis, al principio un carcinoma local que después le atacó todo el cuerpo. Era tan distinta de la madre de Arpad, y de ningún modo tenía aire de matrona.

Vi por última vez a mi madre después de una noche colmada de dolor, bajo los efectos de la morfina, aparentemente adormecida, el rostro hundido en la almohada y sus cabellos aún negros extendidos sobre la cama. Ese día, cuando regresé de la escuela, mi padre era un hombre destrozado. Ella no había estado durmiendo; hacía muchas horas que estaba muerta. No creí que la vida pudiese depararme algo más terrible; no era concebible una pérdida más grave. Todo cobró un tono grisáceo y sombrío.

Pero con Arpad, que tenía veinte años más que yo, comenzó para mí una nueva vida. Era un historiador que amaba el arte, podía referirse con cierto aire burlón a las ciencias naturales y al monopolio que detentaban en nuestro tiempo, y vivir con vitalidad y amplitud originales. Ensanchó mi horizonte, pues me ofreció una perspectiva histórica de la cultura austríaca y europea. Estaba familiarizado con todas las iglesias y monasterios; muchas veces había conversado íntimamente con Francisco Fernando, el presunto heredero del trono de los Habsburgo, y así pudo explicarme el carácter del hombre que pocos años después caería en esa emboscada de Sarajevo que puso término a la época victoriana. Arpad conocía a los campesinos austríacos y húngaros tan bien como a los linajudos aristócratas de las naciones que formaban ese Imperio tanta veces reformado; conocía a todos los condes y nobles, descendientes de los que habían sido mecenas de Beethoven y poseedores de originales colecciones de arte privado en sus palacios de Viena. Conocía a la burguesía liberal de la ciudad, que rivalizaba con la vida cultural y las auténticas aspiraciones de una antigua aristocracia. Conocía a los grandes hombres de nuestra universidad, de la Opera Imperial y del famoso teatro de la corte, que durante un siglo había rayado más alto que los mejores escenarios; europeos, por ejemplo la Comédie Française y la Opera de París. Por esta época Viena dominaba el campo del teatro y la cultura musical; a juicio de los vieneses, Berlín y aun Moscú eran interesantes advenedizos. Arpad había conocido al compositor Hugo Wolff antes que su genio se hundiera en un asilo para insanos, y cierta vez me llevó al estudio de Gustav Klimt, donde él y este artista-héroe de testa calva hablaron interminablemente. Ni yo ni los dos hombres estábamos en condiciones de suponer que medio siglo después mi ciudad otorgaría el premio Gustav Klimt al joven que los escuchaba en silencio.

El extraño nombre "Arpad" apenas le sentaba a este archivienés, que pertenecía a una familia de amantes del teatro y artistas. Yo prefería llamarlo Agathon, como hacían sus amigos. Estos hombres integraban un "círculo socrático" —"para bien de la representación", παιδείας χάριν como solía decir Sócrates— y se saludaban y firmaban sus cartas con esa mágica frase. Todo me parecía muy extraño, pues me había formado en una familia que estaba al margen de la tradición humanista.

Arpad no era una persona altiva: remontaba cometas como un niño grande, disparaba un fusil Flaubert, arrojaba un bumerang y conversaba de la vida en las granjas de los alrededores de Stoessing, la hermosa aldea alpina que era su favorita y que conocía palmo a palmo. Impulsado por el amor generoso que le inspiraba mi hermana, ninguna inhibición le impedía besarla ardientemente un minuto entero, mientras el portero de nuestra casa —que llevaba el hermoso nombre de Heiland, "Salvador"— con una candela en la mano, abría la puerta y esperaba pacientemente a que todo hubiese concluido para dejarnos pasar. Era un beso de despedida, generoso y muy espontáneo. Mi propia familia era más vergonzosa, pero yo aprendí a no sonrojarme cuando la naturaleza bendecía una situación. La compañía de un amigo de más edad que conocía realmente la Italia clásica, medieval y renacentista, que podía hablar de Jacob Burckhard, conocedor de la Hélade más allá de los límites del "clasicismo", y de Theodor Mommsen, o de Ranke, el historiador de los Papas, y de tantos otros hombres y cosas fascinantes, significó para mí la iniciación en un nuevo mundo.

Agathon fue la gran experiencia de mi vida después que cumplí los diecisiete años. Mi amada Louise enegueció, en medio de terribles dolores, y falleció de un tumor cerebral a los veintiséis años. Fue una prolongada agonía. Mi pobre hermano médico sabía desde mucho antes lo que se avecinaba. Nunca olvidaré la imagen de su figura ante la tumba abierta.

Guillermo llegó a ser un destacado neurólogo y psiquiatra; años más tarde volvió a casarse, esta vez con una artista, que complementó su naturaleza de manera totalmente distinta. Siegfried se convirtió en un importante abogado especializado en patentes; trataba con ingeniosos inventores y sabía comprenderlos; sin duda, debía haber escrito un libro sobre el tema. Contrajo matrimonio con una típica vienesa, una mujer de humor amplio y generoso. Mis hermanos eran muy distintos entre sí, pero por el carácter, la vocación y las inclinaciones ambos fueron figuras ejemplares para mí. Ahora ambos han muerto, pero los recuerdo cálidamente. Las viudas de los dos sobreviven.

Debo a toda mi familia y a mis parientes políticos más que a ninguna de las personas que conozco. Es posible que, plasmado por este beneficio inicial, mi formación me acerque tanto a otros seres que acabo por deberles mi felicidad y sabiduría aun en los casos en que ellos buscan mi consejo. Y sin embargo, aunque mi vida se ha desarrollado en un entrelazamiento con la vida de otros, a veces he tenido que oscilar entre la comunión y la más abyecta soledad.

Quienes aprecian mi trabajo a menudo vienen de lejos, de sectores completamente distintos. En cuanto a los que están cerca, nuestra amistad se funda generalmente en mi empatía con sus sentimientos y necesidades. Quizá no pueden tomarse el trabajo de seguirme cuando adopto una actitud abstractamente sistemática, en lo que es posiblemente la "digestión de mis sentimientos mediante el lóbulo frontal". Cuando me siento solo o herido, medito el asunto en términos fisiológicos. Los fisiólogos tienden a localizar en la porción frontal del cerebro los procesos nerviosos que adoptan forma consciente como pensamiento conceptuado. Aunque, naturalmente, el cerebro en último análisis siempre funcionará como una unidad.

Es fácil simplificar una terminología formidable cuando uno lo domina todo. Pero yo todavía estoy en la etapa del esfuerzo y nunca podré llegar en el corto lapso que me resta. El propio Einstein interpretó después su grandiosa teoría, aunque tampoco entonces lo hizo en términos muy populares. Pero inicialmente, cuando estaba trabajando, de ningún modo tenía tiempo para esas cosas y desconcertaba aun a sus colegas más cerebrales. De todos modos, el arquitecto práctico nunca puede permitirse actitudes desconcertantes, y menos aún con aquellos cuya confianza representa la posibilidad de que él realice una labor creadora, a saber, sus pacientes (más bien debería decir, los clientes-pacientes). El desconcierto intelectual no debe perjudicar la conciencia.

En la palabra hablada hay algo extraño que lleva a la confianza perdurable, que a su vez permite el nacimiento de un edificio. Esto último exige apelar a una audiencia. Al margen de que la gente simpatice con un pensamiento o lo acepte, a menudo responde a la actitud que lo respalda, al sonido de la voz que lo expresa y a la sonrisa y la sinceridad de la mirada. Pero retrocede ante el ceño enarcado. Ninguna grabación puede compensar la falta de presencia personal. En la relación originalmente humana y creadora entre el consejero profesional y su cliente, muchas cosas se desarrollan más allá de las palabras, y de hecho *ambas* partes se aconsejan mutuamente, si bien el mayor grado de instrucción y experiencia permite que el arquitecto tome lo que aprende o ha aprendido y lo armonice en un conjunto apropiado para el otro.

Los seres humanos que me rodearon en los años de mi juventud no me hirieron ni deformaron; por el contrario, he sido felizmente condicionado para comprender los sentimientos ajenos. Esta cualidad es exactamente la que necesita un arquitecto y planificador de la vida buena si quiere ser algo más que un simple técnico y si, por el contrario, movido por la necesidad y la pasión, desea convertirse en coordinador de una multitud de actitudes y actos innatamente humanos. El deseo lo mueve a transformarse en un artista de la interacción humana.

El diseño del medio, que es la tarea del arquitecto, exige algo más que una receta que nos permita organizar ciertos rubros físicos, o algunos accesorios técnicos. El arquitecto debe calibrar por empatía al grupo, la posible influencia que se ejerza sobre éste y sobre cada uno de sus individuos, y la del medio actual, así como la que pueda manifestarse en las condiciones de un futuro imaginado y concebido con sentido creador. Pueden cometerse trágicos errores, y no basta formular juicios de carácter social; hace falta una profunda comprensión y conocimiento fisiológico si se quiere suministrar ayuda perdurable.

El médico y el arquitecto

Mi abuelo Guillermo Neutra era médico. Sólo lo conocí a través de un retrato que colgaba de la pared, sobre el lecho de mis padres. Había estudiado en Viena, donde la universidad contaba con una importante facultad de medicina. Quizá la profesión de mi abuelo y los estudios de mi hermano, Guillermo el joven, agudizaban mi sensibilidad frente al pensamiento médico. Un arte impregnado de ciencia ejerce sobre mí un extraño atractivo. A lo largo de un proceso lento estas dos esferas han llegado a enfrentarse con excesiva acritud, como presuntos enemigos; pero en realidad, la ciencia sólo esporádicamente está representada en la medicina. Y, ciertamente, no agota el problema que ésta representa. Tal como hoy se practica, la medicina es el dominio de los especialistas. Algunos trabajan en laboratorios, y muchos otros recopilan colosales estadísticas críticas. Para algunos griegos y árabes, la medicina había sido una combinación del arte y la ciencia de las observaciones agudas y agrupadas, todo en uno. Pero en los templos de Asclepios, otro método preconizaba el diagnóstico mediante el examen del alma, los sueños en el templo y la práctica colectiva, y de ese modo precedía y preparaba el camino para la larga noche del autodiagnóstico. A la mañana siguiente, un sacerdote interpretaba la *introspección profunda estimulada*. Estos templos, y otros tipos de sanatorios, centros de investigación del Mundo Antiguo, que visité más de sesenta años después —en viajes de Erzerum, en Anatolia oriental, al Sanatorio Kallinos, en la Pérgamo helenística, y el Centro de Curación de la Isla del Tiber— eran notables instituciones que recibían grandes aportes materiales y financieros.

Por el contrario, Hipócrates juraba ser bueno y hacer el bien mediante un arte simple y excelente. Era un observador y practicante entusiasta de la empatía diagnóstica mediante la fisonomía, sin laboratorios —desconocidos entonces—, sin las posadas de descanso, que a menudo exhibían un lujo ostentoso, o la cocina o el baile utilizados por los centros de salud más complicados y lucrativos. El médico que trabaja solo es al mismo tiempo cultor de la ciencia aplicada y artista. Como éste último, debe apelar al alma, de modo que la esperanza acerque a los seres humanos, dispuestos a confiarle su vida y su futuro.

Esta situación, que justifica una confianza profunda, me ha atraído profundamente e influyó sobre mi actitud cuando me dispuse a elegir la profesión de toda mi vida. En ese momento me pareció que no había nacido para consagrar la vida a una ciencia de laboratorio. Y sin embargo, a mi juicio el arte nunca puede separarse totalmente de la curiosidad del hombre de ciencia. Como ya he dicho, esta separación es cosa que más bien agobia a nuestra "época científica", pero era desconocida en el Renacimiento de Alberto Durero o de Leone Battista Alberti.

Un hecho que ocurrió en mi juventud y que me impresionó profundamente explicará mejor cómo llegué a conocer la ciencia aplicada y el arte milagroso de la intuición clínica. Es extraño que a la larga contribuyese a convertirme, no en médico, sino en arquitecto. Aunque no encaja exactamente en la cronología mecánica de una biografía, fue una de las experiencias significativas que me orientaron desde temprano en esta dirección.

Un clínico notable

Como ya dije, mi hermano Siegfried tenía diecinueve años cuando tomó su primer empleo como ingeniero mecánico en una de las principales fábricas europeas de máquinas en la lejana ciudad de Praga. Regresó poco antes de Navidad, después de una ausencia de nueve meses. Nos impresionó su aspecto: estaba pálido como un cadáver. Esa misma noche sufrió una hemorragia. Todavía recuerdo claramente la cantidad de sangre —en ese entonces yo tenía unos seis años —y aún hoy puedo evocar la imagen de aquella palangana llena de líquido espumoso. Había tanta, que es difícil comprender cómo el muchacho pudo sobrevivir sin transfusiones; en todo caso, entonces no se conocían técnicas apropiadas a tal efecto. Mi hermano mayor Guillermo, que era estudiante de medicina, consiguió interesar a la estrella más luminosa del horizonte médico de Viena: el clínico Schrotter von Cristelli. De no haber sido así, es dudoso que este gran hombre se hubiese acercado a nuestra casa; y téngase en cuenta que nos visitó sin siquiera cobrarnos la visita. Esta generosidad profesional, a la que Guillermo se refirió cuando yo pude oírlo, me impresionó profundamente y para siempre contra las actitudes comerciales en la actividad profesional.

Tuvimos que esperar su llegada toda la mañana del domingo, temiendo que mi hermano muriese de un momento a otro. Al fin, llegó la hora señalada, y mis padres, los dos casi llorando y muy excitados, estaban asomados a la ventana vigilando la calle desierta del domingo, la calle cuyos guijarros debían resonar con el trote de los caballos que arrastraban el coche del gran médico. De pronto, mi hermano mayor exclamó: "¡Ahí está el carruaje!".

Pocos minutos después Cristelli en persona entró en nuestra casa. Dirigió a mi madre una mirada breve, con seca amabilidad, hizo un rápido gesto de asentimiento en dirección a mi padre, y se dirigió a mi hermano llamándolo *Herr Kollege*, dando a entender que trataba al joven Guillermo como a un colega. Le indicaron la habitación donde yacía mi hermano Siegfried, aparentemente en estado de agonía. Por lo visto, las formalidades médicas no hacían mucha falta.

Cristelli entró con las manos vacías. No había aparatos de diagnóstico ni técnicos, ni adornos científicos. Estaba totalmente solo, vestido con un par de pantalones a rayas y una levita; y con sus cabellos blancos, ásperos y cortos, suscitaba la impresión de un hombre de experiencia que sabía lo que hacía. Entró en la habitación y permaneció allí.

Seguramente esperamos entre treinta y cuarenta minutos. Mi hermano Guillermo lo acompañaba, pero yo nunca supe exactamente qué ocurrió. El gran médico probablemente utilizó el oído para auscultar a Siegfried, que evidentemente sufría una hemorragia pulmonar. Pero puede presumirse que, con maravillosa habilidad, determinó el alcance y la magnitud de la lesión, pequeña y sin proporción con la sangre que había brotado a chorros. Utilizó el diagnóstico fisonómico, examinó la piel y todas las cosas que podían verse a ojo desnudo, y complementó estos datos con su destreza auditiva y táctil, como un auténtico clínico esencial. Salió de la habitación, pidió una palangana, y lo miré mientras se lavaba las manos.

Estando dedicado a esa tarea, dirigió una breve mirada a mi madre, que tenía los ojos fijos en la terrible palangana llena de sangre, y dijo: "No hay por qué preocuparse. Parece más grave de lo que es. Su hijo es de los que sangran mucho. Pero se repondrá perfectamente. Con esos pulmones, puede vivir hasta los setenta."

Mi hermano murió en un sanatorio para tuberculosos, casi cincuenta años después, seis meses antes de cumplir los setenta. Ignoro en qué se fundó el pronóstico asombrosamente exacto del doctor Cristelli. Es probable que la hazaña me hubiese impresionado particularmente, porque nunca había visto a un gran hombre. Y hasta hoy la recuerdo, porque fue algo realmente extraordinario.

Relato esta historia para explicar cómo me impresionó la sagacidad clásica en esta etapa inicial de mi vida. En este caso, podría casi afirmar que había conocido a Hipócrates, el clínico que se comprometió a unir la observación con la intuición para bien de la humanidad. Ver el *crecimiento*, aun en sus desviaciones, en sus transformaciones patológicas, en su exaltación libertaria y en la batalla que a veces pierde frente a lo que el hombre puede hacer por la humanidad, fue una experiencia que después impregnó constantemente mi pensamiento. Ha teñido las cosas que yo decía al alcance del oído de mi hijo menor, nacido casi medio siglo después, y que escuchó inocentemente mi charla desde su niñez en adelante. Según parece, está dispuesto a que este mensaje, recibido por su padre como una conmovedora revelación, llegue a otras personas cuando yo haya desaparecido de esta tierra.

El doctor Cristelli, que carecía de los modernos recursos de la experimentación de laboratorio, ha representado para mí un consuelo en aquellos casos en que, como arquitecto, apenas podía apoyarme en otra cosa que no fuera la mera observación. Sin instrumentos o herramientas, sin técnicos ni análisis de laboratorio, la pérdida de tres litros de sangre habría inducido a error a mucha gente, pero no a este hombre. Serenamente comprendió y anticipó.

Un arquitecto también puede convertirse en destacado clínico, si identifica en ciertos rastros las pruebas que le interesan. Puede, y en realidad debe, realizar su tarea sin el respaldo de una Fundación Rockefeller. Su conocimiento de las personalidades humanas y los procesos fisiológicos, su relación de empatía con los clientes y su percepción de la profundidad oculta de estos últimos le permitirán formular una predicción arquitectónica más exacta de una vida que le ha sido confiada con tanta esperanza y sentimiento. Por consiguiente, es posible que esté elaborando una profecía práctica y preparando un futuro prolongado y más feliz. Todo lo cual exige algo más que el simple conocimiento de la madera, el cemento o la baldosa de vinilo.

De ningún modo pretendo sugerir que deba desecharse la investigación sistemática, o que no sea posible aplicar sus métodos a la arquitectura, en el marco de la cual se diseña un medio para una situación biológica prolongada y previsible: para el hombre, la mujer y el niño, y para todas las actividades en los años futuros. Por el contrario, estoy convencido de que la investigación metódica y muy detallada es imperativa. Pero también estoy convencido de que el clínico dotado de intuición —el artista médico así como el que se ocupa de las individualidades biológicas representadas por los clientes de quien construye "casas" para el hombre— es a menudo la persona más adecuada para orientar y ofrecer líneas de experimentación al investigador. El investigador de laboratorio necesita la experiencia y la opinión del clínico para indicar las más adecuadas líneas de experimentación, y lo que hace falta aclarar mediante la investigación.

¿Es posible que la profesión arquitectónica siga este curso que va de los tanteos humildes a la sistemática influyente? ¿Acaso se conoce alguna profesión que en breve lapso haya sido capaz de realizar tal hazaña?

En la época en que la conducta del doctor Cristelli se grabó en mi mente, era común que los médicos norteamericanos acudiesen a Viena para especializarse. De ese modo adquirían prestigio en su propia patria, pues Viena era la Acrópolis, la primera ciudad en el mundo de la instrucción y la práctica médica.

Aquellos estudiantes norteamericanos no gozaban de particular reputación por sus dotes o su preparación; en realidad, mi hermano y sus colegas los trataban con cierta condescendencia. La profesión médica norteamericana no ocupaba un lugar muy destacado antes del año 1900; la mayoría de los médicos europeos parecían o se sentían superiores.

Pero en las dos generaciones siguientes se observó un cambio sorprendente, y en la actualidad la Asociación Médica Norteamericana y el Colegio de Cirujanos son árbitros reconocidos en problemas médicos de casi todas las regiones del globo. Los funcionarios que se ocupan de la construcción de un hospital en Lima o en Manila se ajustarán exactamente a todas las reglas de estas organizaciones médicas de Estados Unidos, desde la proporción numérica entre las enfermeras, las alumnas de enfermería y los internos, hasta el tamaño y número de camas para los pacientes, o lo que sea. En muchos países no se manifiesta la menor oposición. Nadie se arriesga a construir un hospital que, si en definitiva no merece la "calificación de aptitud" no podrá practicar el canje de personal y tendrá que limitarse a utilizar talentos provincianos. Se han realizado unos pocos intentos para poner fin a este impasse; en Buenos Aires los nuevos hospitales están sacudiendo el yugo de la industria norteamericana de artículos médicos, y lo mismo puede decirse de los establecimientos cantonales de Zurich o Basilea, de los hospitales de Escandinavia y, en unos pocos casos, de la ciudad de México. Pero, en general, la profesión médica norteamericana ha alcanzado el cenit, la cumbre del prestigio, la dignidad y la confiabilidad real. Durante décadas, prácticamente ha representado el estado actual del arte.

Se ha demostrado que en el curso de medio siglo —mediante la acción coordinada y un sistema de educación que tiene conciencia de la psicología social y se halla íntimamente vinculado a la investigación contemporánea que se desarrolla en algunas ciencias afines— un grupo o una organización profesional puede modificar su situación en la sociedad y a los ojos del mundo.

Nada impide que la arquitectura alcance el mismo objetivo, si adopta una actitud misionera, basada en criterios objetivos que le permitan demostrar su propia valía.

También un arquitecto puede ser un artista intuitivo, pero puede confirmar y desarrollar su intuición aprendiendo ciertas cosas que otras profesiones conocen mejor y otros profesionales manejan con mayor destreza. Según están las cosas, generalmente se espera del arquitecto que resuelva problemas de ingeniería; a pesar de lo cual, suele atribuírsele la condición de una versión mediocre y de segunda mano de lo que es un ingeniero. Alguna gente llega incluso a creer que el arquitecto se limita a "vender planos". Y aun en la propia profesión, muy pocos hombres pueden ofrecer una explicación clara y comúnmente aceptada, o un diagnóstico diferencial de su particular especialidad. ¿Quizá pueda afirmarse que en líneas generales se necesita menos la especialidad que la universalidad?

¿Cuáles pueden ser las pruebas objetivas de una decisión arquitectónica válida? La incertidumbre en este punto es exactamente lo que afectó y desmoralizó a una profesión capaz de asumir la responsabilidad de hacer felices no sólo a los clientes considerados individualmente, y capaz de promover no sólo el bienestar de las personas en el período de amortización sino también la supervivencia de la raza, gran parte de la cual está cada vez más encasillada en medios artificiales complejos.

Si bien un grande y solitario arquitecto habría de impresionarme después con sus obras realizadas, comencé por presenciar la maravillosa hazaña de un famoso médico. En mi espíritu infantil pronto habría de combinar ambas imágenes, y todavía hoy retengo con amor esa fusión.

El reformista y su comunidad

Muchas veces el individuo no adquiere conciencia de la aparición de su preferencia vocacional hasta mucho después que el fenómeno ha cristalizado realmente. Pero cuando yo tenía ocho años, y aunque sin advertirlo a las claras, seguramente decidí que habría de ser arquitecto. Mi decisión implícita fue el resultado de un viaje en el nuevo y muy comentado "metropolitano", cuyas estaciones habían sido diseñadas por Otto Wagner. En muy poco tiempo me enamoré de él, de sus construcciones y sus luchas contra una vigorosa oposición y el ridículo público. Era Hércules, Aquiles, Buffalo Bill, todo en uno: representaba todos los héroes y los precursores, las víctimas prometeicas castigadas y encadenadas al monte Cáucaso o al Atlas, o a los postes de tortura en la maraña lejana. Era un misionero, el hombre que venía a destruir un pasado sin vigencia. En su carácter de maestro recientemente designado de la Academia Imperial de Artes, inició su curso con un manifiesto acerca de la arquitectura moderna y contemporánea.

Hace poco, sesenta años después, la hija de Otto Wagner me envió, con un inmerecido elogio para mí, una reproducción en colores de un cuadro al óleo que representa a su padre, y entonces advertí que tenía un aire mucho más majestuoso que el príncipe Albert (cuando diseñó esas estaciones del metropolitano y el ferrocarril elevado todavía usaba la levita convencional que lleva el nombre de este príncipe).

Wagner fue un nombre famoso en la segunda mitad del siglo, aunque no gracias a Otto sino a Richard. Este último había encontrado en Viena, emporio musical del mundo, solamente ironía y burla. Le habían dolido la destructiva crítica de Edward Hanslick y la competencia del grande y corpulento Johannes Brahms, que bebía tranquilamente su cerveza con el famoso cirujano Albert Billroth y no gastaba la boina de terciopelo del hombre de teatro. Otto era contemporáneo de esta Viena notoriamente musical. No tenía que hacer frente a los competidores, pero pronto debió soportar las atronadoras carcajadas vienesas; y casi nadie representó siquiera el papel de neutral.

Cuando yo tenía ocho años y estaba ya dispuesto a ser arquitecto, Otto Wagner, el hombre mayor, y Louis Sullivan, el genio más joven, ya tenían que luchar con una oposición al mismo tiempo divertida y cruel. Pero no agotaron su energía; continuaron batallando. El caso de Wagner demuestra especialmente que las mejores relaciones, toda la riqueza del mundo, no ayudan al hombre que padece la circunstancia socialmente negativa de ser genial. Viena había caído bajo el dominio de Karl Lueger, un demagogo y fanatizador de turbas, un organizador de demostraciones callejeras, un hombre que fue prototipo de los Hitler y los Mussolini que vendrían más tarde. Y debemos recordar que precisamente en ese momento el joven Hitler había llegado a Viena y, con los ojos muy abiertos, aunque todavía sin bigote, observaba las demostraciones racistas antiparlamentarias y antiliberales, y la destrucción de los escaparates de los negocios. Era el fin de la época constitucional, liberal, y "democrática" que había comenzado en Viena, lo mismo que en el resto de Europa, con la segunda gran revolución del continente europeo, en 1848, y que se había convertido lentamente en un estado de autocomplacencia y de letal inmovilidad. El demagogo había sido uno de los representantes liberales en el Parlamento y en el Concejo municipal, y también un abogado de éxito. Karl se convirtió en un nombre caro a millones de corazones, especialmente femeninos, pues a semejanza de Adolfo, el austríaco que después repitió su carrera en Munich y Berlín, durante toda su vida fue oficialmente célibe, fórmula aparentemente eficaz para los hombres fuertes. Karl era un orador violento, ingenioso, un descubridor de víctimas propiciatorias y un hombre que se burlaba del marxismo, del cual, sin embargo, lo mismo que Adolfo, tomó sabiamente la palabra "socialista" para formar el rótulo de su partido. Fue el "socialismo cristiano", que más tarde, en un movimiento similar, habría de convertirse en el "nacionalsocialismo", después de absorber otros elementos, que también estaban prefabricándose en Viena durante esa época, gracias a la acción de hombres que afirmaban su condición cien por ciento germánica. Esta ciudad fue un maravilloso gimnasio para el joven Hitler, cuyo arte de tarjetas postales posiblemente fue ridiculizado por algún tratante de arte, que de ese modo lo desvió hacia el campo político y hacia la comisión de más vastas fechorías. En el fondo de su corazón, Hitler continuó siendo artista toda su vida. Lueger nunca lo fue. Pero era íntimo amigo de Otto Wagner y le había ayudado a conseguir la mejor cátedra e importantes encargos, como por ejemplo las dos docenas de estaciones de las líneas municipales. Aunque parezca extraño, el Cardenal Arzobispo de Viena había aprobado su extraña iglesia moderna, que yo veía complacido elevarse en las laderas boscosas de Viena, bien a la vista de toda la ciudad, en esas venerables cuestas cubiertas de verdor donde Beethoven había garabateado sus esbozos de la Sinfonía Pastoral. (Es probable que alrededor de octubre de 1820 Schubert haya pasado frente al lugar donde se levantó la iglesia, en un carruaje abierto, acompañado de sus alegres amigos, durante una excursión de fin de semana cuyo propósito era beber el vino nuevo.) Sí, podía decirse que sobre esas suaves pendientes se alzaba una ciudad entera, obra evidente de Otto Wagner, mi arquitecto ideal. Y la cúpula de la nueva iglesia resplandecía y flotaba sobre los techos lisos que, a mi juicio, se asemejaban a las terrazas maravillosas que imaginaba en las islas Lipari o en Africa del Norte, o dondequiera que el antiguo sentido latino de orden había organizado a las comunidades sobre cuestas montañosas. Acero, vidrio, arquitectura moderna y, sin embargo, por encima de todo, un renacimiento de la esencial integridad humana del diseño. Pero toda esa ciudad era un asilo público para los enfermos mentales; ¡había sido construida para los desequilibrados! De todos modos, se había realizado la obra, y allí estaba. Wagner estaba recibiendo otros encargos municipales, pero la gente "cuerda" lo rechazaba con acritud, y cada vez más intensamente. Cuando cumplí quince años, contemplé atónito la lucha feroz en torno del proyecto para el museo municipal.

La colección histórica de la ciudad de Viena se alojaba temporariamente en el edificio municipal neogótico y había muchas cajas en los sótanos, colmadas de objetos que no eran exhibidos. Recuerdo que en una caja de vidrio se hallaba el cráneo del Gran Visir y general de los jenízaros, su excelencia Kara Mustafa, que fracasó en el segundo sitio de los otomanos a Viena, mientras la artillería alemana de los venecianos bombardeaba el depósito de pólvora que los turcos guardaban en el Partenón de Atenas, en momentos en que William Penn completaba su plan para Filadelfia. Los vieneses capturaron en el campamento turco una partida de granos de café (algunos de ellos se exhibían también en ese museo) y comenzaron a practicar la gran costumbre de las casas en que se servía café, modalidad de la cual dependía aún una gran parte de la vida cultural de Viena en tiempos en que yo alcanzaba mi mayoría de edad. Algunas culturas se desarrollan y otras se debilitan, mientras las reglas venerables se deterioran todavía más. Finalmente aparecen los museos. Se organizaron no uno sino varios concursos para elegir el proyecto definitivo del museo municipal. Con sus diseños trazados con lápiz duro, meticulosos y bien concebidos funcionalmente, Otto Wagner siempre merecía el voto favorable de los jurados internacionales. La mayoría del Concejo municipal parecía firmemente dispuesta a recabar la opinión más ponderada de los extranjeros, para desaliento y desilusión de los opositores de Wagner, que se mostraban irónicos y rechinaban los dientes. Cada uno de los diseños de Wagner, y todas las demoras y excusas de la Junta de Concejeros, así como de otras autoridades que intervenían en el caso, aparentemente no tenían otro efecto que fertilizar e impulsar ese condenado movimiento arquitectónico que Wagner había fundado. Y comenzó a difundirse en las provincias, y especialmente en la Praga medieval, que más tarde se convirtió en vivero del modernismo misional. Que entonces era una misión y no una moda.

Por fin pareció que Wagner triunfaría, y que ya no era posible esgrimir otras excusas ni proponer más postergaciones. El dictador Lueger creyó llegado el momento de felicitar a su amigo por haber conseguido el encargo de construir el museo. Pero poco antes que se firmasen los contratos y se despejase el suelo para iniciar la gran obra, la realización culminante de la vida de un genio, que al fin había conquistado la victoria, allí, en ese mismo momento, directamente bajo los ojos del intendente más poderoso que cualquier ciudad ha tenido jamás en el curso de mi vida, se insinuó en el Concejo municipal una iniciativa sagaz e insidiosa. Lueger tenía quizás un solo punto débil, un talón de Aquiles. Gobernaba por aclamación de las masas; sus doctrinas estrepitosas y superficiales tenían el apoyo de multitudes vociferantes llamadas a manifestarse en todas las ocasiones. Un miembro de la oposición concibió una iniciativa astuta: propuso que se asignase una suma generosa para la construcción de una maqueta de tamaño natural que debía prefigurar el proyecto de Wagner en el sitio definitivo, próximo a la vieja iglesia de San Carlos, orgullo de Viena. De ese modo las masas —hombres, mujeres y niños— podrían ser convocadas y se obtendría el veredicto del público.

Se asignó la suma necesaria en una votación apresurada, y ni siquiera el gran demagogo pudo impedir que el Concejo convocase al pueblo y le reclamase su opinión como en efecto ocurrió una vez que las masas se hubieron lanzado a la calle. Pero tal vez era aún más probable que el propio Lueger no hubiese advertido que se trataba de una trampa, ni previsto que él mismo se opondría a todo el asunto. En todo esto se manifestaban los límites reales de su poder; y cabía afirmar que esta vez alguien había sido más ingenioso que el zorro. Era inútil apelar a la oratoria cargada de clisés. Esta vez la gente se encontraría ante una forma visual extraña y desacostumbrada, que se alzaría despreocupada e inmóvil frente a ella, una sombría y colosal maqueta. Ahora Lueger tenía que imponer la obra de un genio exhibida frente a la gente, y no meros lemas políticos hábilmente manufacturados y voceados con estridencia.

Un modelo de tamaño natural, de cuatro pisos de alto y cien metros de largo, que era una bofetada directa al rostro de la mediocridad, se alzó en la conocida plaza de un conservador centro cultural europeo, quizá sin contradecirla, pero en todo caso próxima a la celebrada iglesia de San Carlos, grandioso resto del pasado. Y el burgués, así como el profesor universitario, unidos ambos con una vasta turba callejera, reclamaron al unísono su destrucción.

Ni siquiera un dictador experto en todos los manejos políticos del mundo puede ser el punto de partida de una época creadora o del trabajo de un genio. Se necesita un lento acostumbramiento que a menudo insume una o dos generaciones, hasta que quizá puedan sobrevivir algunas reproducciones ligeramente diluidas, después que el creador ha muerto con el corazón destrozado, o se ha resignado a la realidad de la vida y a una aceptación tardía, como en el caso de los sociólogos. Ahora los psicólogos han afirmado el carácter absolutamente típico de la habitual brecha temporal entre las intenciones más ingeniosas y su aplicación a la realidad; pero entonces yo sólo veía un espectáculo que me lastimaba el corazón, sólo una tragedia individual de proporciones heroicas: el hombre contra una turba implacable. Una gran esperanza de un futuro mejor había quedado sepultada en una tempestad que se inició por obra de una astuta y fría intriga política, que a los ojos del pueblo parecía una actitud de virtuosa solicitud por la noble herencia común.

Lamentablemente, cuarenta años después y de manera similar, he visto cómo se destruían valores que yo mismo, en colaboración con mis amigos, había creado en años de esforzada labor y, casi literalmente, con la sangre y la desfalleciente energía de mi corazón. Pude reaccionar lentamente cuando éste amenazaba interrumpir sus latidos.

Los ojos desiguales

¿Qué determina la evolución de un individuo?

El hecho y la experiencia extraordinarios, la imagen súbita de un individuo vital en acción o de su obra, pueden representar una influencia orientadora, independientemente de que uno cobre conciencia de ello o que el asunto pase inadvertido.

¡Pero el menudo y permanente caer de la gota puede gastar aun la roca! Es el tipo de influencia ejercido por el ambiente cotidiano y los seres humanos que están cerca y presentes durante períodos prolongados, es decir, la familia y el hogar.

De todos modos, un nocturno de Chopin, tocado con frecuencia al piano por nuestra hermana mayor, puede representar una experiencia infantil excelsa, prolongada y resonante, a menos que, por supuesto, uno padezca sordera o carezca de oídos para escuchar la música. Así, la estructura y las deficiencias congénitas guardan inextricable relación con el fenómeno del condicionamiento. La personalidad humana final es, de manera muy natural, la fusión y el resultado de todas estas circunstancias.

La vida misma, observada y asimilada apelando a todos los medios disponibles, es sin duda nuestra educadora fundamental y suprema. Es la más notable plasmadora de sus propias secuencias. Desarrolla su propio curriculum, a menudo heterodoxo.

Comencé evocando las influencias de la acción del medio físico, del piso al cielo raso, sin olvidar, ni mucho menos, las ventanas que me permitían ver el mundo exterior. Luego, la experiencia que gravitó pesadamente sobre seres humanos familiares, de un gran hombre, un clínico, que enfrentó el desastre de una hemorragia y pronosticó serena y acertadamente lo que ocurriría en los cincuenta años siguientes. También rememoré la lucha trágica de un vidente, en este caso un arquitecto que enfrentó a una comunidad entera y soportó el rechazo burlón y cruel de su propio pueblo. Es indudable que estas experiencias externas de una vida joven ejercieron su propio influjo sobre ella.

Pero como contraste tal vez debiéramos considerar ahora el hecho de que las circunstancias innatas tiñen el desarrollo de la misión de un hombre; por ejemplo, la destreza de sus manos, la acuidad de su ojo. Con frecuencia también hallaremos aquí verdaderos defectos, que de un modo o de otro pueden convertirse en beneficios, y que en todo caso pueden aportar su contribución a este enigma fascinante de la individualidad biológica.

Es posible que otros defiendan valerosamente al *individuo* con argumentos religiosos o por razones morales; siempre me pareció grato ofrecerle, en mi condición de amistoso arquitecto de su medio, nuevas defensas: las del fisiólogo de observación detallista, o aun las del patólogo, que abriga la esperanza de convertirse en terapeuta.

¿Qué es un hombre normal? ¿Cuáles son los elementos que conforman a un individuo?

Por ejemplo, nací con ojos de capacidad visual acentuadamente desigual. En mi infancia, y después en la edad adulta, he comprobado que esta condición es parte muy vital de mi estructura. Ha incorporado un carácter y una tendencia muy específicos, no sólo a mi importante visión doble del mundo sino que este hecho ha aportado dimensiones distintas, una atmósfera diferente y variadas consecuencias de carácter creador a la vida en el mundo donde yo, como un individuo dado, me encontré durante mi juventud, en la edad adulta y después. En el curso de la vida los ojos sufren muchos cambios; sólo su color parece permanente, por lo menos después de la primera infancia, casi como el dibujo de las impresiones digitales, que es constante desde el nacimiento hasta la muerte.

Vistos bajo cierta luz, los iris de estos ojos exhibían una coloración celeste y parecían corresponder a los cabellos rubios del infante. Pero el conjunto circundante ha variado. El cabello —medio siglo antes de su actual encanecimiento— había alcanzado un color más oscuro, un castaño muy oscuro, aunque nunca el negro azabache del cabello de mi madre. Ella tenía ojos de un hermoso y vivo color pardo; los de mi padre eran grises. En su juventud, los dos habían gozado de visión normal, pero después de los cincuenta años comenzaron a usar lentes a raíz de una hipermetropía cada vez más acentuada.

Cuando yo tenía aproximadamente dieciséis años, mi hermano Guillermo, quince años mayor y ya médico experimentado, sugirió que me llevasen al consultorio de un oculista. Fue un día fatídico aquél en que mi madre bajó conmigo la escalera, después de la consulta en un antiguo edificio de la Mariahilferstrasse, en Viena. Recuerdo claramente el angustiado descenso. Una vez en la calle, nos encontramos cerca de la estatua de Josef Haydn, uno de los grandes artistas de la música. Recordé que Beethoven había sido alumno de Haydn, y que lenta y dolorosamente había perdido el oído, y que la sordera había plasmado con sufrimiento su vida y su arte.

El doctor me había señalado con un dedo amenazador. "No le permita estudiar arquitectura. Hay que dibujar mucho. A la larga, sus ojos no lo soportarán. Son completamente desiguales y no funcionan armónicamente."

Mi ojo derecho tenía un defecto en el cristalino; además, yo era muy miope. En ese momento mi ojo izquierdo era normal. En el curso de los años este último habría de padecer hipermetropía, por la contracción gradual del cristalino como resultado de la edad; en cambio, su compañero se normalizaría un tanto. Pero el par nunca cooperó para ofrecerme la visión estereoscópica de que gozan otras personas, de modo que mi mundo visual envejeció de diferente modo. Esta es la sustancia que determina la evolución de un individuo.

Desde la niñez, mi personalidad se vio influida y plasmada por este rasgo de individualidad fisiológica o peculiar doble deficiencia, cuya magnitud relativa fue variando lentamente. De ahí que mí actitud mental fundada en la visión tuviese un doble carácter. Como la mayor parte del tiempo yo veía y trabajaba con un ojo, el derecho si se trataba del detalle preciso y minucioso, o el izquierdo si quería abarcar toda la composición, mi mente también describía un movimiento de vaivén; por así decirlo, oscilaba entre un intento de comprensión total, un enfoque general e integrado y el perfeccionismo minucioso de la miopía. Pero yo continué utilizando los dos ojos, uno con sentido imaginativo e integral, para abarcar la forma en plenitud, y el otro más bien como instrumento de observación, para recoger los detalles minúsculos y claros.

A partir de 1906 mis bocetos y dibujos comienzan a exhibir este detalle exacto y la aguda acuidad de mi ojo derecho, a menos —como en un período aún anterior— que trabajase en mi pizarrón de juguete; en este caso solía sostener la tiza casi a la distancia del brazo para dibujar "series de escenas" de la Guerra de los Boers de 1899, con las carretas entoldadas formando círculos de protección, y las líneas de los africáner sin uniformes lanzados sobre la llanura ondulada al encuentro de los británicos, o bien espiando, apenas identificables por sus sombreros cuáqueros de ala ancha, sobre la línea ondulada de la colina. A pesar de mi corta edad, diariamente dibujaba con frío método secuencias de imágenes de las sucesivas batallas. Pero frente a este pizarrón mis sentimientos se inclinaban en favor de los valerosos boers que luchaban por la libertad. Dos generaciones después vi la realidad de Africa del Sur, pronuncié conferencias ante los africanos, aprobé el examen de arquitectura, gané amigos y dibujé bocetos desde Stellenbosch, en la provincia del Cabo, hasta la capital situada en Transvaal. Bloemfontain, Pretoria y Presidente Kruger me parecían aun así nombres cálidos y sonoros, y se me conmovía el corazón al dibujar las chozas de los pueblos de color de Asia y de los negros a quienes el destino había empujado a esta confusa situación.

Pero cuando era niño también admiraba el carácter progresista de la industria y la tecnología de los británicos, y su marina era la encarnación de estas características. Solía dibujar con placer sus naves de complicada arboladura y noble forma.

Mi hermano el ingeniero me sugirió la idea de que la industrialización era el destino de la época y que Inglaterra era un instrumento de ese destino. Durante la guerra ruso -japonesa (yo tenía seis o siete años), la actitud no sólo heroica sino técnicamente avanzada de los japoneses conquistó mi aprobación infantil, en contraste con el zarismo fosilizado que los adultos mencionaban en sus conversaciones. Mis dibujos ilustrativos en el pizarrón se ocuparon de la guerra en Lejano Oriente sólo para dar paso a un fantástico boceto de una torpedera que hundía a un acorazado en los estrechos. Por mi parte, me angustiaba al unísono con la tripulación y me desesperaba junto al almirante.

Al margen de estos artefactos bélicos, en el pizarrón predominaban las bicicletas, los *perpetuum mobile*, los motores de vapor y los silbatos de vapor, en secciones transversales y longitudinales, según las enseñanzas de mi hermano. Y todo esto me preparó para lo que vendría mucho después: los detallados sistemas de cañerías reproducidos en los tableros de dibujo de Chicago.

Por otra parte, durante el verano trataba de dibujar los árboles tal como los veía mi ojo derecho, y las masas de follaje según la versión de mi ojo izquierdo. Y a menudo mi alma se preguntaba cuál de mis visiones era la auténtica.

Mi memoria avanza y retrocede a saltos, como suele ocurrir naturalmente con los recuerdos.

Tengo grabado indeleblemente este recuerdo: he cumplido doce años, inclino apenas mi cabeza y contengo varios segundos la respiración cuando el tren en el que viajo con mis padres toma velozmente una amplia curva y allí abajo se abre el amplio espejo azul-acero de agua, el lago Gmunden. Nunca había visto tanta agua ocupando el campo visual de mi ojo hipermétrope. Las elevadas y frías alturas rocosas se alzaban sobre los valles, y las estribaciones inferiores estaban densamente tapizadas por bosques de erguidos abetos verdes. La silueta oscura de un halcón surcó el horizonte montañoso, con una suerte de sincopado batir de alas. Aún recuerdo lo que vi en una fracción de segundo, entre dos aleteos desiguales. La escena había quebrado *mi* ritmo, ajustándolo al otro, durante un momento que recordaría siempre.

Pero un mes más tarde yo mismo escalé la cumbre de las montañas. Vi otras más altas cubiertas de nieve eterna —los glaciales de inverosímil blancura contra el cielo azul oscuro— por ejemplo el Dachstein, que muy cerca de nosotros se elevaba a más de 2000 metros y obligaba a realizar una ascensión de doce horas.

¿Acaso alcanzaban esas alturas los pueblos lacustres del Hallstatt prehistórico, de quienes había oído hablar? ¿Cómo tenían la planta de los pies? ¿Veían y contemplaban con ojos como los nuestros la belleza del lago helado, el gozoso verdor del Mondsee, un poco más cálido, o las orillas del lago donde más tarde San Wolfgang convertiría a los paganos, para ser luego torturado y martirizado cruelmente por ellos mismos? Me detuve ante el altar medieval, en la iglesia de la aldea, y pensé: ¿Estos hombres ancestrales tenían ojos como los míos, ojos como los del hombre moderno? En realidad, los ojos no han cambiado en el curso de la historia.

En 1904 ya había consagrado cinco días a navegar en góndola y, con los ojos muy abiertos o torcidos, a caminar por la soleada Venecia. Hacia 1907 y 1908 mi afición al dibujo ya se hallaba bien desarrollada.

A los dieciocho años, cuando dediqué catorce días a un infatigable vagabundeo por el bosque de Bohemia en compañía de Edmund Kalischer, un condiscípulo parecido a mí, llevaba a cuestas una pesada mochila: un cuaderno de bocetos y una minúscula caja de acuarelas "Schminke", más un pincel plegadizo de metal con hermosos pelos rojos que, al humedecerlos con la lengua, permitían obtener un trazo fino. Estos eran los artículos más preciados de mi equipaje.

Con los ojos muy abiertos, trepamos y vagabundeamos por un bosque europeo prehistórico, silencioso como el extremo occidental de Asia antes que hubiese comenzado a desarrollarse su capítulo de historia humana, o que alguien hubiese comenzado a relatarlo. Finalmente descendimos a la planicie de Franconia y a Nuremberg. Encontramos un refugio barato, la Posada del Pequeño Cisne, *Zum Schwänlein*, cerca del antiguo muro de circunvalación, donde ningún turista que se respetara había parado quizá desde los tiempos en que los artistas holandeses retribuían las visitas de Alberto Durero.

Recuerdo haber pintado las viejas puertas de la ciudad con pinceladas deliberadamente gruesas, que procuraba mantener cuidadosamente separadas unas de otras; en realidad, la luz empezaba a manifestarse en mis acuarelas bien definidas y detalladas minuciosamente, en las que apenas utilizaba el croquis previo.

Alrededor de 1911 viajé a Trieste con Ernst, hijo de Sigmund Freud. Los dos, que simpatizábamos mucho, seguimos un itinerario que habíamos discutido en presencia del profesor, con Alexander, hermano de Sigmund, dinámico viajero y hombre de negocios, que conocía todas las posadas de esa poco frecuentada costa del Adriático oriental.

Mezclando el eslavo y el italiano, visitamos Pola, Split, Sebenico, Trogir, Korčula, Lesina, Gravosa y Lacroma, impregnada del aroma de los rosales, y pasamos nuestras noches en posadas nativas que ostentaban nombres como *O Jelenu*, "Al Alce"; u otros por el estilo, y conocimos a monseñores católicos consagrados a la arqueología y al estudio de las conmemoraciones festivas en honor del emperador pagano Diocleciano. Creo que era dálmata, pues construyó mucho en esa región, por ejemplo un palacio que por sus dimensiones hubiera podido albergar a una ciudad medieval y que era demasiado grande para abarcarlo de una ojeada. Las campanas de muchas capillas que colmaban con sus sones el aire matutino de la bahía de Sebenico, las islas solitarias del mar de Iliria, eran una maravillosa experiencia primaveral. Mis ojos recogieron la imagen de una seca y perfilada cadena de montañas sobre las bahías asombrosamente azules del Adriático. La preparación de rápidos bocetos se convirtió en hábito cotidiano.

Cierta vez, viniendo de la pintoresca península montañosa de Peljesac —nosotros la llamábamos Sabioncello—, nos paseábamos por la estrecha cubierta de un vaporcito, espiando la aparición del fondo redondeado de la isla de Korčula, a la cual nos acercábamos sobre las aguas agitadas, aun cuando en todo lo demás el día era perfecto. En general, todas las islas dálmatas se prestaban muy bien al boceto; desde el punto de vista del detalle, ostentaban una arquitectura veneciana colonial, pues otrora habían sido dominios de esa gran república marina. Trogir (o Trau) y Ragusa eran verdaderas perlas; pero

Korcula, con su *Duomo* en el ombligo de la gentil convexidad de su cuerpo en forma de escudo, sugería una particular belleza a medida que se perfilaba en la distancia, acercándose al campo visual intermedio.

En ese viaje yo llevaba una cámara con película y, lo que era más importante, hojas de papel Wattmann liso y un lápiz de mediana dureza; casi nunca usaba goma, que destruye el estímulo de las líneas dibujadas una tras otra. ¡Cómo trabajan en pocos segundos los ojos, las manos y los dedos!

Cuando nos acercamos, advertimos que en el muelle se había reunido mucha gente. Finalmente pudimos ver —aún ahora lo veo, tan aguda es la memoria visual— el centelleo de los instrumentos de bronce bajo la luz del sol. Cuando el vaporcito, que navegaba a media velocidad, pasó la barra y entró en el puerto, los miembros de la banda ocuparon sus lugares. Parecía tratarse de una gran recepción y, cuando la multitud que estaba en la costa distinguió las figuras vestidas de blanco de Freud y Neutra, comenzaron a volar por el aire los sombreros; los sones de los instrumentos rebotaban en la manipostería de la ciudad medieval y repercutían sobre las aguas más tranquilas del puerto. Al mismo tiempo comenzaron a repicar las campanas del campanario de áspera piedra gris, en el *Duomo* que se alzaba en la parte alta de la isla. Todos nos sorprendimos; el capitán, el primer piloto y los tripulantes nos observaron, puesto que éramos los únicos pasajeros a bordo, medio con suspicacia inquisitiva y medio con creciente reverencia; por nuestra parte, nos mirábamos uno al otro no sin cierta inquietud.

Por fin el vaporcito se acercó al lugar de amarre que ya era posible distinguir los diversos rostros. El director de la banda, al localizar a los dos pasajeros de blanco, aminoró el ritmo de la orquesta, y de pronto vi que la batuta se detenía en mitad de un gesto. La música comenzó a apagarse; un trombón tras otro y una trompeta tras otra se silenciaron. En verdad, era un silencio lleno de color. Luego, tumultuosas indagaciones en croata y un desplazamiento general hacia el costado del vapor y la planchada.

Se aclaró que toda esa buena gente esperaba en la mañana la llegada del Obispo de Peljesac, y en cambio se encontraban con dos jóvenes vestidos de blanco, dos "inglesi", como vociferaba la turba. Nosotros, destinatarios por error de una recepción armoniosa y bien organizada, desembarcamos tímidamente; pero al fin todo terminó en risa general y diversión. Después de lo cual, la ciudad nos recibió con los brazos abiertos.

A fines del verano del mismo año, con otro condiscípulo fuimos a visitar a la familia de Freud, que pasaba sus vacaciones en Bozen, Tirol. Allí mis ojos gozaron de imágenes muy distintas de las que pude hallar en Torbole, sobre el Lago Garda, donde una semana después me enamoré rápidamente de una joven campesina de cabellos negros, llamada Giulietta Zeni; de allí pasé a Verona, y a la tumba de la otra Julieta, y a las montañas de los valles de Bergamo, Brescia, Milán, Florencia, Génova, Livorno y Bastia, más allá de las aguas agitadas de la isla de Córcega, luego Bolonia y Ferrara, y nuevamente Venecia en su laguna. El lápiz y la acuarela me permitieron obtener fieles constancias de todo lo que estaba a la vista, cerca y lejos. La velocidad con que hacía estos bocetos impresionaba a mis amigos. Pero yo no abrigaba ambiciones artísticas y me pasaban inadvertidos tanto los defectos como las virtudes.

En 1913 estaba estudiando en la escuela de arquitectura de la Universidad Técnica de Viena y de modo casual aprendí a dibujar desnudos con gran soltura. En este caso, manejaba el lápiz con un movimiento casi continuo, cuando seguía los contornos de un cuerpo (masculino, o preferentemente femenino). Pero variaba la densidad y el ancho de la línea, de suerte que las superficies del cuerpo, aquí suaves, fluyendo en curvas, para virar luego decididamente hacia la línea más áspera —o en "horizonte de lo visible"— conferían gran plasticidad a estos desnudos sin sombras. Mucho después vi bocetos de Rodin con los cuales podrían compararse éstos, por lo menos en relación con la actitud. Apenas recibí lecciones; pero en todo caso asistí a las clases del doctor Heller, anatomista que nos ofrecía conferencias vehementes y animadas acerca de la morfología de la forma humana, y que incluso realizaba autopsias y disecciones de cuerpos humanos ante los alumnos de arquitectura. El grueso y sudoroso doctor Heller era un artista de segundo o tercer orden, pero un expositor robusto, infatigable y dinámico. Siempre me entristece y deprime el recuerdo de su figura en el salón de anatomía, cortando un pecho del cuerpo de una joven que había sido traída desde la morgue. ¿De qué había muerto? ¿Acaso no tenía parientes?

Mientras dibujaba tenía ocasión de pensar mucho; y a veces era precisamente cuando elaboraba mis ideas más útiles. De un modo u otro, todavía hoy el dibujo activa mi cerebro y mis glándulas. Otros beben café o vodka.

El año antes del comienzo de la Primera Guerra Mundial, participé en una excursión estudiantil en el curso de la cual remontamos el río Danubio hasta llegar a la doble ciudad fluvial de Krems y Stein, en la época en que florecían los árboles frutales. Dibujé bocetos de viejos patios y, forzando el cuello, los cielo rasos de yeso de las casas burguesas: en este caso el sentido de posición, determinado por el oído interno, actuaba en colaboración íntima con la visión. Con el cuaderno de notas en la mano, fui delegado como emisario-seductor para invitar a todas las chicas de la localidad a un baile con los estudiantes de Viena. Me agradó la sinuosa labor de persuasión que debí realizar con las madres, y hacia la mañana del gran día me enamoré suave y elásticamente de dos o más chicas al mismo tiempo. Creo que Carlotta era el nombre de la que tenía más edad que yo.

Tenía entonces veinte años, y mi curso de arquitectura con el profesor Mayreder, en la universidad, me obligaba a dibujar templos jonios y corintios, y a realizar estudios minuciosos de los detalles, con inclusión de las sombras e indicación exacta de las proporciones medidas y moduladas. Habría de transcurrir medio siglo antes que yo advirtiese, casi impresionado, cuán humano era el material que aquellos griegos habían aprendido lentamente a realizar. Habían logrado refinar los matices, hasta que al fin todo *tenía* que armonizar.

A los dieciocho o diecinueve años, mientras estaba en el servicio militar, había adquirido la práctica necesaria para trazar bocetos de los movimientos de mi profesor de equitación. Era un aristocrático teniente primero, Victor Imhoff von Reutlinghof, presumo que descendiente de los Imhoff de Nuremberg retratados por Alberto Durero. Detrás de su monóculo, recorría la pista con sus magníficas y esbeltas botas de montar. Siento un profundo afecto por ese oficial ligeramente desdeñoso, y ya no tan joven. Aprendí a trasladar al papel el movimiento dinámico. Dibujé caballos al trote, al galope y saltando. Y también comencé a dibujar a la dulce Threska Sturm, con su tierno rostro rosado y blanco. Me encontraba con ella después de las horas de fajina en el taller de costura de Kroell, en la Mariahilferstrasse, donde algunos años antes ese fatídico médico había formulado la sombría predicción de que mis ojos no me prestarían buenos servicios. Por lo menos hasta ese momento se estaban desempeñando muy bien.

Necesitaría escribir una autobiografía completa para detallar mis dibujos con carbonilla durante las noches que pasé en la campiña austríaca, en las montañas de Waidhofen an der Ybbs, o los óleos que preparé desde Eslovaquia a Silesia y el mar Báltico, de la Suiza francesa a Nueva York.

Durante la Primera Guerra Mundial llené hojas sueltas y cuadernos de dibujo aprovechando ratos perdidos, en Herzegovina, Montenegro y Albania; después, apenas volví sobre ellos. Más tarde, pero nunca como turista o siquiera en vacaciones, me desplacé paulatinamente de Manhattan hacia las Rocosas y el desierto del Valle de la Muerte, los Mares del Sur en el Pacífico, y las islas del Caribe, Canadá y Japón, Manila, Tailandia, Malasia, India, China y Africa —de Egipto a Nairobi, el Cabo, el Congo Belga, Senegal—, México, Guatemala Venezuela, Colombia, Perú, Bolivia, Argentina, Brasil, Anatolia y Grecia. Por doquier hallé personas interesadas en la actividad práctica de la colectividad humana. La discusión fecunda recorría una variedad de temas, de la geología al tráfico.

En general, apenas disponía de unos minutos entre mis obligaciones y tareas profesionales, y mientras los funcionarios o los clientes detenían el automóvil, cuando yo había logrado convencerlos de que me concediesen la oportunidad de preparar una nota gráfica. Mis ojos guiaban el lápiz que reproducía el interior de buques, ómnibus, aviones, hoteles exóticos, chozas y aldeas nativas en Nigeria, España y Sicilia, todo muy rápidamente, poco antes de una cita o marchando de prisa para iniciar tareas. Dibujaba hombres, mujeres y niños, disputas masculinas, riñas de gallos y conciertos de banda en Madrás y la Suiza francesa; chivos, llamas, aves y jirafas, paisajes bañados por la luz de la luna y el sol, o los amaneceres y los "Psicotopos" o lugares de reunión de los espíritus, que según afirman los estudiosos de la conducta animal son atractivos para las criaturas prehumanas y a menudo para nosotros mismos. También yo hallé esos lugares y me detuve para gozar de unos instantes de visión y de una eternidad de ecos. Conocí templos birmanos e iglesias medievales belgas, fragmentos de Escandinavia, las costas bálticas con los pinos desnudos, y la pradera húngara —la *puszta*—, lugares donde apenas se advierte la mano del hombre.

En esos fragmentos se registran visualmente una serie interminable de experiencias de la vida. Con sentido profundamente hospitalario, la Universidad de California en Los Ángeles ha consagrado una pequeña sección de su enorme biblioteca para archivo de estos trabajos: mis numerosos ensueños en forma de planos, mis realizaciones menos frecuentes en el campo de la fotografía, mis intentos literarios volcados en manuscritos. Pero allí están sobre todo aquellos esbozos realizados en camino, mientras recorría el mundo en mi carácter de especialista y asesor; en realidad, no tanto asesorando como aprendiendo acerca de la humanidad en sus asentamientos primitivos y en los posteriores, y enamorándome del "misterio y las realidades" de los lugares, que me permitieron escribir, dibujar y llenar un álbum de fotografías.

Sería falso ver este caudal de líneas, en colores o en blanco y negro, como una colosal inversión de tiempo. Si medimos el tiempo con relojes mecánicos, advertimos que a lo sumo se necesitaban breves períodos de atención cerebral. Esta importante manifestación nerviosa sólo insume centésimas de segundos de una vida. El ojo humano es más veloz que una cámara, la retina es una película que trabaja con rapidez, y los dedos que sostienen un lápiz negro o de color se acostumbran a trabajar con desenvoltura. Mientras se dibuja una línea o se marca un punto en el papel, las glándulas internas se ocupan en descargar moléculas de sustancias bioquímicas. De un modo consciente o semiconsciente, acicatean ligeramente la manifestación de ciertas emociones: creo que una línea estimula a la siguiente, un punto de color al que aparecerá a continuación yuxtapuesto al primero, como contraste o armonía. Los profesores de arte podrían desenvolverse con facilidad si conocieran esta dinámica cerebral. Por lo menos podrían formular una cautelosa advertencia antes que aparezca en un sugestivo papel blanco la primera línea descolorida, tímida y frustrada. (Es difícil superar un principio falso e insípido. ¿Cuántos órganos humanos y capaces de expresar la individualidad aparecen en ese comienzo, en un desarrollo que parte de un buen principio, evoluciona y concluye "deteniéndose a tiempo"?)

Mis dos ojos, uno de corto y otro de largo alcance, no coordinan normalmente, pero han realizado fielmente su labor. Quizás el mundo que yo he visto era irreal. En todo caso, desde el punto de vista fisiológico no era del todo ortodoxo. Así es el destino. Ocurre simplemente que uno no puede evitar su propio mundo individual. Debe y puede afrontarlo, y en definitiva es lo que hace.

Si alguna vez este reflejo de mi mundo rozó el arte, lo hizo muy casualmente; de todos modos, una auténtica experiencia humana se derramó, goteó y salpicó, y a veces se vertió abundante sobre todos los tipos de papel que estaban al alcance de la mano. La palabra hablada o escrita reflexivamente no puede expresar del mismo modo esa vida anterior, vivida en minúsculas fracciones temporales.

El maestro y el aprendiz

Aparte de la comprensión de nuestros propios defectos y virtudes, siempre creí que ver trabajar a un gran maestro representa la influencia más profunda. Y muchos otros, además de nuestros maestros, nos permiten ser testigos de su ejecución ejemplar.

Los años del colegio secundario y de la universidad fueron una etapa importante e influyente en esa aventura interminable que consistió en ver a mis semejantes en situaciones nuevas. Aunque este período me aportó muchas satisfacciones y le atribuyo un valor inestimable, debo confesar que una vez que mi padre me hubo explicado su propio proceso de instrucción como fundidor y tornero de bronce y latón, llegué a la conclusión de que el aprendizaje práctico era algo más que el sustituto de una buena escuela. Y en esencia continúo creyendo lo mismo.

Las escuelas han sido lugares de formación humana sólo durante un período relativamente breve, y son instituciones muy recientes en relación con el curso total de la cultura humana transmitida de generación en generación. La gente ha aprendido cosas y adquirido aptitudes técnicas, corporales y mentales —suponiendo que sea posible separar estos tres aspectos— mucho antes que la inscripción oficial y masiva de alumnos se ajustase a la edad y a las horas de enseñanza, y antes que las escuelas organizadas formalmente comenzaran a funcionar y a expedir certificados.

Mucho después, acepté un elevado número de aprendices en mi estudio, mi oficina o mi cuarto de dibujo; algunos habían cursado años de instrucción formal, otros no. Algunos son hoy arquitectos conocidos, otros lo serán. Si tenemos en cuenta el testimonio de estos hombres y el hecho de que los recuerdos del período escolar a menudo son casi amargos, llegamos a la conclusión de que en muchos casos esos años de instrucción formal no valieron la pena y no respondieron a las expectativas de los interesados. Pero las generalizaciones no son fidedignas, y también las escuelas *pueden* ofrecer mucho.

Yo mismo me siento agradecido a mis maestros, y algunos —por lo menos los que conocí en el colegio secundario— ejercieron profunda influencia sobre mi persona. Hace un tiempo visité a un amigo y antiguo condiscípulo que vivía en Oregón. Había salido de Viena cuando llegaron los nazis, pues no podía continuar allí a raíz de *sus* convicciones y de la imposibilidad de seguir ejerciendo su profesión de abogado; en Portland había tratado de vender la *Enciclopedia Británica*, y después se había dedicado a planchar pantalones; finalmente había abierto dos pequeños negocios de tintorería. Hablamos de nuestros años en el colegio secundario y le propuse que mencionásemos el nombre del profesor que más influencia había ejercido sobre nosotros. Yo era arquitecto y el había sido abogado; con gran sorpresa de ambos, dimos sin vacilar el nombre del mismo e improbable individuo.

Era el doctor Regen, un croata joven, alto, de barba rubia y ojos azules, que tenía el título de doctor en zoología. Hablaba con fuerte acento y odiaba a los niños y la enseñanza en el colegio Secundario o, para el caso, en cualquier parte. También enseñaba botánica, sin el menor entusiasmo, y para combatir el hastío general de todo el tema lanzaba gritos y rugidos; sus preguntas nunca eran totalmente inteligibles, de modo que prodigaba liberalmente malas notas a los niños asustados. Con un rápido movimiento ponía un espinoso escarabajo frente al ojo del alumno y lo atemorizaba tanto que durante varios segundos el niño no lo reconocía; la estupefacción del alumno complacía al doctor Regen.

¿Por qué mencionamos su nombre y qué conseguimos de él? Sus enseñanzas no habían dejado en nuestro recuerdo datos ni informaciones especiales. ¿Acaso después de tantos años nos había quedado algo que fuese un producto de su educación? Recordamos que en diferentes ocasiones el doctor Regen se había referido a un tema que evidentemente centraba su interés más específico en el campo de la investigación. Cuando hablaba de la fisiología de los artrópodos, se absorbía tan totalmente en el tema que se olvidaba de los niños que integraban su auditorio y de la tarea miserable de enseñar a jovencitos malignos y desprovistos de interés. El aula desaparecía, y él estaba entre los matorrales o en los prados recogiendo muestras, o en el laboratorio practicando minúsculas disecciones para descubrir sus secretos de vida y muerte. En esos casos su lenguaje excedía los límites de nuestra comprensión aún más que de costumbre. Olvidado de la mezquina realidad de un colegio secundario, parecía envuelto en la atmósfera de un congreso de biólogos que lo escuchaban con simpatía, ante quienes leía, con expresión feliz y las orejas ardientes, el último artículo que había escrito, imaginativo pero cautelosamente sistemático, listo para ser reproducido en la revista científica. Mi amigo y yo lo escuchábamos absortos. Era como mirar a través de una vidriera el interior de un restaurante y ver a alguien comiendo con expresión de profundo goce. Uno no puede saborear, oler o siquiera reconocer el plato, pero la complacencia y la satisfacción del comensal se expresa de un modo tan excitante en su fisonomía que uno decide entrar inmediatamente y pedir el menú.

Durante años mi amigo quiso dedicarse a las ciencias naturales y leía las obras de E. H. Haeckel, Weissmann, Hugo De Vries y toda la literatura de la controversia posdarwiniana. Nunca aprendí mucho acerca de los artrópodos; en cambio, me dediqué a diseñar edificios, aunque en mí se manifestó una tendencia cada vez más acentuada de carácter fisiológico-biológico. La influencia educacional heterodoxa del doctor Regen con su barba de color rubio rojizo, un hombre que era más un motivo de terror que un profesor, se halla demostrada de modo indudable por el hecho de que reconocimos de manera independiente y espontánea la deuda que habíamos contraído con él.

El influjo de su excitación en un tema particular de investigación de las ciencias naturales, y nuestra reacción empática ante su actitud, fueron tan profundos que ni siquiera un lapso de cuarenta años, pudo atenuarlos. Con su propia terminología los psicólogos pueden afirmar que los sentimientos son más antiguos que la razón y que se prolongan mucho más. La influencia perdurable de este hombre fue —para utilizar el lenguaje de la ciencia fisiológica de Regen— un asunto relacionado más con las glándulas endocrinas que con la corteza racional. Aunque conviene recordar que nuestro ser y nuestro destino orgánico parten de un sistema de raíces muy ramificadas, quizás el efecto que el doctor Regen produjo en nosotros revela el núcleo de todas las influencias educacionales realmente duraderas.

¿O acaso afirmar que el destino "parte de" implica tomarse muchas libertades con las palabras? ¿Acaso partir, desarrollarse, es la cosa más fatídica que pueda concebirse? Nada es, todo deviene. El aprendizaje y la enseñanza se desarrollan con velocidad biofísica y bioquímica. Durante mucho tiempo hemos oído decir que las manifestaciones del cerebro anterior son intelectuales, y emocionales los procesos del cerebro posterior. En realidad, se fusionan constantemente.

Por cierto, existen fusiones misteriosas: curiosidad que mueve a la observación e inclinación lírica. Recuerdo que Hugo von Hofmannsthal, cuyas cualidades literarias yo admiraba, dijo en algún pasaje: "Los libros no hablan, responden; por eso son demoníacos." Quizá también un maestro ofrece respuestas; y sobre todo el que nos guía por los caminos de la escena natural y la historia es un demonio bueno cuya presencia deseamos, no obstante los amenazadores cabellos rojos. Su principal efecto puede ser su capacidad de replicar a preguntas implícitas y semiconscientes, y semiinconscientes, y a tendencias individuales que arraigan en nuestra estructura primaria.

Hace poco mi hermana Josefina me envió algunos de mis diarios, extraídos de un cajón olvidado que ella tenía en Goteborg, Suecia. En sus páginas hallé las cosas que me interesaban en Viena, hace casi medio siglo, antes y después que el doctor Regen, y más tarde Wilhelm Wundt, grabaran profundamente en mi persona el concepto de que es necesario comprender la naturaleza orgánica. Todo ello ocurrió muchos años antes que yo trazara los planos de una Casa de Salud, o que escribiese laboriosamente las páginas interminables de *Survival Through Design*.

Estos diarios se asemejan un poco al extinto James Joyce y al Códice Atlántico de las asociaciones libres de Leonardo, y se sitúan a mitad de camino entre los dos; y todo entremezclado con esbozos fisiológicos, con citas de muchos hombres de ciencia, de filósofos antiguos y modernos, y con descripciones de empleadas de restaurantes y de otros seres humanos, con todos los detalles de la anatomía y los elementos de la postura y la expresión fisonómica.

Parece que, a mi propio modo, estaba dispuesto a realizar el estudio de la naturaleza antes de consagrarme a la lectura de "artículos" científicos o de planos, como lo hice cuarenta años después, cuando necesité diseñar un museo de ciencias naturales, levantado sobre una verde colina de Dayton, Ohio.

El 3 de junio de 1917, evidentemente al principio de lo que sería una prolongada actitud naturalista que buscaba en el mundo las posibilidades de supervivencia orgánica, escribí estas palabras en Viena: "Esta mañana, mientras caminaba por la Weyringer Gasse, de pronto se apoderó de mí un tedio indescriptible y oscuro —es decir, odio—, provocado por este pavimento rígido y desigual. ¿Cómo es posible que los seres humanos vivamos y existamos sobre esta superficie? El suelo más horriblemente árido del Karst, las desiertas montañas calcáreas de Dalmacia, representan un grato paseo en comparación con todo esto y deleitan el ojo con mil sombras grandes y pequeñas. Un robusto rinoceronte puesto sobre esta superficie acabaría secándose y muriendo. ¡El hombre ha promovido y creado todo esto bajo sus pies, y ahora se arrastra de un lado para el otro! Cuando cabalgaba por una calle pavimentada, todo me parecía más congelado y peor que en un lago en medio del invierno. Los habitantes de las ciudades apenas advierten qué es lo que los molesta y por qué se sienten como un pez devuelto al agua cuando ponen la planta del pie por lo menos sobre un camino de grava, en un parque municipal formado por espacios verdes."

Esta concepción del hombre arrancado a su ecología original me indujo a respetar el estudio de la escena prehumana y me convirtió después en un arquitecto "naturalista". Aunque, por supuesto, también la arquitectura se ha desarrollado a partir de un escenario histórico de creación humana, y cuya responsabilidad corresponde exclusivamente al hombre.

El doctor Friedrich Blank nos enseñaba latín y atribuía particular importancia a las hazañas militares de los técnicos menores y los legionarios de César. Cierta vez llevó una lanza romana al aula y destacó que él mismo era oficial, por lo menos de la reserva. También él tenía tendencias al sarcasmo que producían efectos devastadores en sus alumnos. Poco antes de ser expulsado, un condiscípulo, impulsado por la desesperación y el deseo de venganza, presentó en lugar de su prueba escrita un extenso poema en latín acerca del doctor Blank, comparándolo con el jefe de la caballería de campesinas que a la mañana temprano entraban en Viena sobre sus monturas, con las latas de leche. Pero el pequeño doctor Blank, con su rostro picado de viruela, sabía relacionar los tratados de paz concertados entre las Guerras Púnicas con las noticias y las maniobras diplomáticas contemporáneas. Además, cuando la sintaxis latina entraba heroicamente en escena, con las banderas desplegadas, se convertía en escuela de orden mental, si no de lógica. También él suscitaba más miedo que amor, sentimiento que presuntamente debe despertar un buen maestro. Al margen de su especialidad, este hombre —como el profesor Heinrich Saliger, a quien conocí en la universidad, experto en cemento armado y después, bajo los nazis, inexorable rector o presidente de la institución— tenía inclinación al sarcasmo, y la atracción cortical que ejercía no era una cosa clara y sencilla, ni de ningún modo racional. Entre los que impartían y los que recibían educación había cierta atmósfera de tensión emocional y "diencefálica".

Los profesores de historia, gracias a los cuales adquirí un duradero interés en el tema, como el doctor Franz Ruthe, y después el director del Sophiengymnasium de Viena, eran buenos narradores, que llenaban los vacíos —como suelen hacer los cuentistas— allí donde los hechos embrollados y desconcertantes sólo habrían aportado una caótica confusión si el catedrático se hubiese limitado a enumerarlos. Al mismo tiempo, por vía de reacción, me indujeron a adoptar una actitud de saludable escepticismo frente a los clisés de la historiografía. Así, a veces me entretuve reemplazando el original con otra historia más o menos verosímil, ¡para comprobar si parecía menos probable que la ortodoxa!

En general, es indudable que tanto en física como en la esfera de la épica griega o de la literatura alemana, obtuve una educación mucho más permanente y útil en el colegio secundario que en la universidad. Lamentablemente, nadie me enseñó inglés.

Ya he mencionado que los factores que me estimularon a leer, y a escuchar las discusiones serias en mi hogar complementaban mis estudios formales. Pero había otros lugares interesantes, aparte de mi casa y de la escuela. En la biblioteca de la universidad había conocido las primeras investigaciones fundamentales acerca de la psicología fisiológica experimental, porque el título del libro de Wilhelm Wundt me atrajo mucho. Me interesó aún más que la obra de Sigmund Freud y de sus primeros discípulos, ahora muy conocidos, a muchos de los cuales, por ser amigo de los hijos de Freud, alcancé a ver en su casa.

Muchas relaciones humanas, algunas negativas y otras fecundas, fueron discutidas en circunstancias en que yo podía escuchar el intercambio de opiniones. Comenzó a interesarme profundamente el condicionamiento psicológico de una persona, sola o en el contexto social. Se me ocurrió que quizá ningún profesor, ninguna escuela formal, pueden integrar a un joven y a su mente en un equipo, o en un terceto, un cuarteto, un sexteto o una orquesta de colaboradores. Pero la nuestra no es época apropiada para la ejecución solista. Más tarde yo mismo intenté formar ese equipo en el ámbito de mi estudio. En ese ambiente los trabajos que los hombres realizan cerca unos de otros —por ejemplo los bocetos preparados en tableros de dibujo vecinos— originan corrientes inductivas. También se los examina, y las conversaciones sostenidas con urticante sinceridad llegan a oídos del resto y se convierten en instrumentos de aprendizaje.

Desde entonces vi en la interacción orgánica de los individuos tendiente a alcanzar cierta creatividad colectiva mutuamente estimulada, un problema profundamente sugestivo. Consideremos como ejemplo el campo profesional que después abracé: ¿Qué ocurre cuando un cliente, un tasador de banco, un inspector de obras, influye por vía de reticencia o de competencia sobre ese proceso creador? *¿Cómo se absorbe a los recién llegados en el santuario de un grupo que funciona armoniosamente?* Los problemas humanos, y cómo la gente consigue que otros sientan y piensen, siempre parecen importantes.

En el proceso de aprendizaje hace falta absorber no sólo los aspectos técnicos sino sobre todo las *actitudes* y los *hábitos de trabajo*, un modo de pensar que predisponga al sacrificio y a la cooperación animosa; pero todo esto no es fácil enseñarlo de manera concreta en las escuelas generales. En un lugar de trabajo creador y fecundo, el individuo aprende a convertirse en miembro útil de un grupo. No está sentado pasivamente en un aula escuchando a un hombre que posee un conocimiento perfecto de todo. No lo abruma el sentimiento de inferioridad.

El individuo que aprende debe ser a su vez un participante activo. Creo que no debe limitarse a vaciar el cesto de los papeles, aunque el volumen y la variedad del contenido de este último debe abrir los ojos a quien crea que en un esfuerzo creador es posible prescindir más o menos de los experimentos y los errores. Debe ver y observar de cerca de qué modo el jefe y sus ayudantes más veteranos trabajan para llenar ese cesto de papeles, y cómo en el proceso aminoran un tanto la velocidad a medida que se acercan a soluciones más viables.

En cuanto él mismo es un agente activo, debe observar el toma y daca psicológico que les permite funcionar como equipo, y debe respetar *por empatía la actitud considerada de cada uno frente a la intensidad de sentimientos de los otros.* Tan pronto se permite la intervención de antagonismos, por menudos que éstos sean, se desdibuja la acción cortical. En cambio, los hechos emotivos favorables ocurridos en el grupo la promueven. Así, esa pauta de muchos miles de millones de células cerebrales activas parece reproducir el mismo diapasón de una cabeza a otra, y los rostros intercambian sonrisas o comparten fácilmente los estados de depresión.

Sea cual fuere la tarea, el aprendiz debe hablar y telefonear a muchos seres humanos comprometidos, y es menester advertirle que todo lo que diga, y cada inflexión de su voz, pueden facilitar o perjudicar el esfuerzo productivo, porque cada uno de los minúsculos actos de esa naturaleza influye sobre la confianza mutua, de modo que ésta se desarrolla en el ejercicio permanente, como conviene que ocurra, o se desvanece paulatinamente. Los pequeños y lentos progresos realizados antes pueden anularse con un solo movimiento equivocado. Una orquesta, un grupo de baile, un equipo de fútbol pueden en un segundo sufrir los efectos de la acción de un miembro que comete un error. El simple espectador jamás lo advertirá.

Conquistar y mantener la confianza no es "capacidad de venta", ni mucho menos. Esta última puede ser una aptitud muy respetable, pero se ocupa exclusivamente de ofrecer un artículo dado. El vendedor manipula los artículos, pero no se le ocurre producirlos o crearlos. Antes que él entre en acción, el automóvil o el televisor aparece terminado y brillantemente iluminado en el salón de ventas.

Pero cuando construye la casa del hombre un arquitecto, por ejemplo, no ofrece una mercancía dada; todo se forma lentamente surgiendo de la oscuridad. Su producto se desarrolla muy lentamente, o a veces se incorpora a su espíritu o brota de su mente por saltos y brincos, mientras él mismo explora las circunstancias, como un clínico que armoniza los síntomas en un cuadro integral, desempeñando en relación con su cliente la función de un terapeuta, un pronosticador y un asesor, en cuestiones que pueden afectar la vida entera.

Desde el día en que Hipócrates pronunció su maravilloso juramento, ningún médico ha recomendado francamente y "ex catedra" a sus alumnos que aprendiesen a vender. Pero quizá tenga que reconocer, aunque a regañadientes, que no es posible todavía enseñar la arquitectura como la medicina.

Algunos profesionales aluden a la importancia de la capacidad de ventas y a la maldita interferencia de otros, y especialmente del cliente, a quien se representa como un obstáculo que se opone a las aspiraciones e inspiraciones del artista, un profesional que expresa su propia personalidad. Pero para el proyectista de medios destinados al ser humano, la principal cualidad es la fascinación con la riqueza y la variedad de otras individualidades, más que el exceso de complacencia en su propia personalidad. Tal vez uno pueda condicionarse a partir del jardín de infantes para adoptar esa actitud generosa. ¡Quizá ya entonces resulte demasiado tarde y el lugar formador sea la guardería! Porque, en realidad, tal actitud permite adquirir confianza. Es un instrumento natural para la creación posible, un apoyo intrínseco y apasionante deseado a la contribución de un individuo al beneficio social. Si se permite que degenere en un recurso comercial, es imposible conservar la confianza.

Muchas veces he dicho a los jóvenes que se acercan a mí desde muchos sectores y países, que ser "comprendido" es una experiencia maravillosa. Es un sentimiento que todo ser humano anhela y que se vincula con el tipo particular de desarrollo de nuestro cerebro.

Los animales tal vez no deseen comprensión, ni se sientan aislados en medio de una multitud, ni busquen o den consejo. Todos éstos son rasgos humanos. Recibir la ayuda de un profesional experimentado, de un terapeuta, un sacerdote, un psiquiatra o un arquitecto, para realizar y fecundar nuestras motivaciones y aspiraciones íntimas, es cosa rigurosamente humana, colmada de tensión, un drama humano y a veces una tragedia.

La confianza profesional es una glorificación de estas relaciones muy humanas y antianimales, que sólo los miembros de nuestra especie mantienen entre sí. Un médico adquiere poderes casi mágicos si confiamos plenamente en él. Si alguien abrigase la sospecha de que su médico quiere "venderle" un electrocardiograma o una operación, el profesional perdería todas sus cualidades.

El "proyectista de la felicidad permanente" es aquí un caso extremo. Si podemos conquistar y conservar la fe y la confianza, nuestra capacidad creadora de integración crece más y más mientras trabajamos y continuamos creando. Sin ella, aun el presupuesto más liberal no garantiza el éxito; por el contrario, será presa de amargos y crueles sentimientos de fracaso e irritación.

La escuela no dispone de condiciones muy adecuadas para enseñar todo esto, pero el individuo que realiza un aprendizaje práctico asiste al desarrollo cotidiano, casi hora por hora, de los procesos psicológicos de unificación, de las motivaciones que determinan la soldadura y la fusión: y cuando el "patrón" tiene tiempo, mientras maneja el automóvil en dirección al estudio y esquiva el tráfico metropolitano, a menudo analiza con criterio práctico, pero al mismo tiempo con claridad y cierta premura, las interpretaciones fisiológico-cerebrales de todo lo que ha ocurrido recientemente, y eso es más importante que la "psicología" trascendente. Aristóteles enseñaba paseándose en el Liceo de Atenas; Zenón lo hacía mientras se paseaba por la colorida Stoa; Platón, en la Academia; y los eruditos amigos de Lorenzo de Medici, lo hacían en un convento de Fiesole. Con frecuencia hemos tenido que resolver nuestros problemas profundos y sugestivos con la mayor eficacia posible, tras el volante de un automóvil. A menudo no hay tiempo para buscar la sombra de los cipreses o los olivos, o para sentarse bajo las ramas de un mango, que a juicio de Buda eran tan eficaz fuente de inspiración.

Pronto habría de presenciar fenómenos similares desarrollándose velozmente en el servicio militar y en la agitada acción bélica. Por supuesto, en este ámbito los resultados deben ser tan rápidos como la aplicación de las medidas, en contraste con la faz académica.

Pero observar la perenne agitación del arquitecto en su esfuerzo por producir en poco tiempo valores destinados a un largo período de amortización —o aun a la infinita transición hacia lo que el hombre imagina que es la eternidad— resulta significativo para el pulso de nuestro tiempo. Nuestro apremio representa una de las grandes experiencias del aprendiz. Puede observarlo todo, no sólo desde cerca, sino en medio mismo de la agitación. Al joven se le abren los ojos cuando ve que el anciano salta de una tarea a otra en veloz sucesión y cómo su infinita paciencia soporta la presión ejercida por tantos individuos y por todo el personal; pero sobre todo por los clientes, que son el punto de partida de actividad creadora. El joven no se limita a aprender unos pocos trucos técnicos; en medio de todo el proceso, es muy posible que pronto él mismo se vea asimilado.

Lo que es mejor, aprende a observar las cualidades de cada individuo, es decir, la capacidad de cada cliente para interpretar planos y asimilar ideas en el curso de la conversación. La gente siempre tiene derecho a que se le hable en el *lenguaje que entiende*. No aludo al portugués, el dinamarqués o el urdu, sino a su nivel de lenguaje, y exactamente al vocabulario idiomático que utiliza. Los diagramas y las explicaciones serán diferentes para el erudito director de una universidad, el refinado amante del arte o el propietario de una tienda de segunda categoría de la avenida Hollywood, que está inquieto porque no sabe si una vez terminada la construcción alcanzará a realizar sus ventas navideñas.

Todos son seres humanos. Muy lentamente, llegué a valorar más que a deplorar esta circunstancia. Y después traté de transmitir ese sentimiento a los colaboradores y a los aprendices más jóvenes.

La presencia de ánimo, la continuidad y la regularidad, cualidades todas igualmente necesarias en la actividad concreta, se muestran de distinto modo que en el aula o en el seminario de tal o cual período lectivo. Los contratos abarcan largos años, y las mejores muestras de diseño, por ejemplo la catedral de Chartres, fueron ejecutadas pacientemente durante prolongados períodos. Más aún, la obra de un artista —la *oeuvre*, como dicen los franceses—, integrada por muchos centenares de cuadros o de producciones en el curso de una vida, representa una entidad, que debe interpretarse como UNA, con un movimiento de desarrollo y prolongaciones de una tarea a la siguiente. En cierto sentido, todas las soluciones son temporarias, retrocesos y avances a medida que la vida prosigue su marcha. Las experiencias técnicas y espirituales son los subproductos más significativos de cada episodio, y es menester guardarlos y cuidarlos con amor para beneficio del desempeño futuro.

La evolución de un taller trasciende así los límites de las tareas individuales. Una superposición y una continuidad infinitas prevalecen más allá y por encima de las fechas de finalización, más allá de los clientes individuales y los contratos. El equipo de colaboradores debe sentir y comprender esta perpetua y fértil sedimentación, y ha de rememorar y utilizar las experiencias anteriores como base de un desempeño cuya estructura se renueva constantemente.

La correspondiente inversión emocional de gran alcance no debe fragmentarse ni perderse. Se necesita orden y claridad de pensamiento, así como registrar, archivar y *cuidar con amor* todo, aun las pequeñas realizaciones de detalle. Cuando han cristalizado, desempeñan un papel en el futuro esfuerzo creador. No representan un resplandor temporario, y jamás se parte de la nada. La integridad de esta actividad metódica dista mucho de la pedantería de las solteronas, y quizá también del mejor curso breve de unos pocos meses, o aun de unos pocos años. Nada de todo esto podría abarcar la totalidad de un proceso tan prolongado.

Por supuesto, el desarrollo de un conjunto original y distintivo a partir de la acumulación de las partes se manifiesta en muchos tipos de esfuerzo sostenido. Pero realicé mi experiencia más auténtica sólo en la planificación y la arquitectura. De todos modos, una parte considerable de la misma tiene gravitación más amplia y general.

En este ámbito, la posibilidad de transmitir ideas acerca del diseño, con amable cordialidad pero al mismo tiempo con tajante definición, a todos los colaboradores y al grupo encargado de la construcción, en lugares de reunión barridos por el viento o castigados por el sol, es la tarea creadora, la necesidad y la apreciada prerrogativa de un equipo de proyectistas. *La comunicación en circunstancias difíciles colma una vida.* Los diseños y las directivas escritas pueden tener tan cálida resonancia, una tan amistosa capacidad de exhortación y de estímulo como la palabra hablada. También pueden desorganizar la cordial estructura de relaciones humanas y grupales de carácter creador y cooperativo que desde tiempo inmemorial ha sido la base de la labor de construcción. Y es indudable que ahora nos hallamos —a ambos lados del famoso cortinado político— en medio de la época de actividad de las masas.

Al individuo que estudia teóricamente le resulta difícil aprender tan concretamente como lo hace el aprendiz de un taller. Este último tiene oportunidad de presenciar las inquietudes o la labor entusiasta y gozosa de los veteranos que asumen la responsabilidad de la obra. No necesita *simular* mediocremente la experiencia real, en carne y hueso, ni resignarse a contemplar especímenes muertos en portaobjetos o en revistas y libros. Es menos eficaz el estudio de la fisiología y la biología sobre la base de ejemplares inertes que a partir de la observación de procesos funcionales vivos. En la "profesión de empatía" que yo elegí se alcanza el objetivo participando, si cabe la expresión, en cada uno de los momentos de esos procesos.

Se dice que el hechicero tiene aprendices a quienes no revela los secretos más profundos. En cambio, yo me he complacido en la revelación del crecimiento orgánico de mi carrera, y he ido aprendiendo en el curso de la tarea. Pues se trataba de ofrecer una comprensión humana y una conceptualidad biológica muy necesaria.

Más tarde adopté la costumbre de organizar reuniones en las cuales todos mis aprendices, así como mis colaboradores, se enfrentaban francamente con los que nos habían confiado una tarea, pese a que podía afirmarse que era una práctica muy heterodoxa. Pero, no obstante esas manifestaciones de amplitud, me temo que los hechiceros tienen que llevarse a la tumba una cantidad apreciable de secretos finales, aun suponiendo que estén perfectamente dispuestos a revelarlos.

Cada uno de nosotros, encerrado en su individualidad misteriosamente compleja y en el mundo como él solo lo asimila o lo vive, nunca puede detallar o describir con verdad total su propio desenvolvimiento interior y la característica intimidad de sus propias posibilidades humanas. Y, pese a todo, el hombre de más edad puede proyectarse en el aprendiz, mejor que éste en aquel.

Debo decir una palabra más antes de apartarme del tema de la educación, especialmente en su relación con el diseño arquitectónico y con su finalidad última, que es construir la casa y la ciudad perdurables del ser humano.

Contra lo que supone a menudo, nuestra civilización de ningún modo se ajusta uniformemente a un sistema de rápidos reemplazos. Los períodos de Picasso, o aun el modelo de automóvil del año pasado, fácilmente comercializable, tienen poco que ver con los nuevos refrigeradores empotrados de "tres puertas y dos tonos". Una vez instalados, es difícil retirarlos en primavera o en otoño, a diferencia de los sombreros femeninos o de otros arreos de la moda. No es fácil cambiar o desechar algunas cosas.

Sobre todo, los seres humanos optimistas todavía necesitan echar mano de los ahorros de toda una vida (o apelar a todo el crédito posible y luego amortizar, también durante una vida entera) antes de depositar sus fondos en las manos de la persona que adoptará criterios prácticamente definitivos. En verdad, también ahora *hay* decisiones casi definitivas. Y es indudable que debemos aprender a identificarlas en medio de todo nuestro apremio.

Sin embargo, el tema principal y el sujeto a la filosofía creadora y arquitectónica no es el *tiempo económico*. Se trata precisamente del *tiempo fisiológico*, de largo y corto alcance, ambos profundamente entrelazados. Es el problema que ha ocupado mi mente durante muchos años.

En una "época espacial" en la que el tiempo se menciona tan a menudo en relación con velocidades colosales, debemos precavernos doblemente frente a ciertas experiencias orgánicas sutiles, repentinas, o que provocan ecos perdurables. Es cierto que en el sistema nervioso las velocidades de propagación son también muy elevadas y que nos han acompañado casi durante una eternidad biológica. En cambio, en el tejido y los receptores humanos, los fenómenos de fatiga se insinúan con velocidades cada vez más bajas, pero de todos modos también este aspecto reviste un significado decisivo para nuestra vida. Después de un tiempo comienzan a perfilarse sombríamente, cuando intentamos convertir las irregularidades y la síncopa del jazz en cemento y acero inoxidable, en arquitectura y baratijas edilicias. Postergadas para esos prolongados períodos de amortización, agobian nuestro sistema y se amontonan en las calles.

La característica simpática y esencial de la charla acerca de la moda y del jazz es que pasan, aunque uno se haya visto obligado a escucharlos en el receptor una noche entera. Los productos de la arquitectura muestran mucho mayor tenacidad.

Nuestros aprendices —los hombres que mañana construirán en la Luna o recorrerán los espacios planetarios— tendrán que resolver sus problemas, no desde un rincón de la Avenida Madison, sino mediante una penetración profunda en la estructura orgánica del ser humano, cuyo conocimiento ahondamos año tras año. Nuestro metabolismo, la circulación, el ritmo cardíaco y el respiratorio, no cambian ni deben cambiar mientras describimos una órbita o viajamos a los lugares más lejanos, pues de lo contrario nos espera un fracaso absoluto. En ese sentido, poco hemos cambiado durante el último millón de años. Utilicemos este hecho como base para combatir las modas que entretanto pueden convertirse fácilmente en factor de irritación.

La arquitectura puede llegar a fatigar, como un chiste repetido durante treinta años. Pero sabemos que ciertos edificios son tremendamente antiguos; de un modo o de otro deben poseer cierta solidez orgánica y, más que otros, deben ser *apropiados* para la recepción.

El sector clásico del progreso más grandioso y veloz —y también de la más apresurada decadencia— no es la arquitectura, que recibe fondos otorgados prudentemente, sino nuestro floreciente y costoso arsenal. Los orgullosos bombarderos del año pasado son hoy montones de chatarra. Es un poco absurdo llenar hectáreas de terreno con estos restos de la inventiva, en ese museo de la Fuerza Aérea cada vez más amplio, y tratar de impedir que las anticuadas palomas aniden en los huecos de los aviones a chorro utilizados ayer. La próxima guerra será mucho más "progresista", se distinguirá profundamente de lo que la historia ha podido ofrecernos hasta ahora y del tipo de lecciones que presuntamente puede impartir. De todos modos, en la paz y en la guerra se mantiene persistentemente un común denominador humano, pues de lo contrario no hay ni habrá nada de qué hablar.

Acaso sea más conveniente continuar recordando mi destino y el de otros en esa anticuada Primera Guerra Mundial. Para un estudioso del medio humano integral, en esa época la experiencia era una cosa muy lejana, encerrada en un futuro sombrío y ominoso. Durante años no hubo escuela, sino únicamente cierto aprendizaje con una presencia de ánimo fértil en recursos.

Educación exótica

Es INSTRUCTIVO SOPESAR comparativamente el impacto de la rutina y el de un hecho extraordinario, por ejemplo una breve festividad como la Nochebuena entre los trescientos sesenta y cinco días de un largo año; abrir una puerta el primer día de una perfumada primavera; un período de súbito duelo, el desastre repentino, la revolución y la guerra. *Los choques emotivos breves tienen por lo menos la misma trascendencia que los hábitos duraderos.*

El diseñador del medio humano debe comprender que la vida plasma al hombre tanto con lo usual como con lo extraordinario. Ni siquiera una casa nos aporta felicidad en el lapso de un mes, sino a menudo en fracciones de segundo. Nuestro sistema orgánico responde velozmente y continúa reverberando. Lo desusado se convierte en un hecho significativo de la vida. Una guerra mundial que se desencadena después que las nubes de tormenta se han acumulado durante un período prolongado y angustioso es un ejemplo notable de lo que quiero decir; y ese carácter tuvo para un joven como yo. En el transcurso de la guerra, un futuro arquitecto aprendió a ser menos provinciano, más cosmopolita, y aun a sumergirse en situaciones exóticas.

En una fortaleza lejana

Un mes antes del comienzo de la guerra, el archiduque Francisco Fernando fue asesinado en Sarajevo. Yo lo conocía no sólo por los periódicos, sino también gracias a la relación personal y los relatos de mi cuñado. En su carácter de custodio del tesoro real del Sacro Imperio Romano y de director de la colección de arte nacional de Viena, Agathon tuvo que ver muchas veces a Francisco Fernando. Y ahora, en ese verano de 1914, el heredero y su esposa morganática, la condesa Chotek, sufrieron primero un atentado con bombas, y luego, pocas horas más tarde, fueron muertos a tiros en su automóvil cuando cruzaban un puente de infausta memoria. Algunas personas afirmaban que el incidente provocaría la guerra.

Fue un domingo excitante. Por extraño que parezca, recuerdo el castaño de Indias bajo el cual me encontraba cuando oí las noticias. Pero la vida parecía continuar, y yo estaba preparándome para mi incorporación normal a las fuerzas armadas, en las cuales debía realizar un período de instrucción año por medio. Era cadete de la artillería montada, pero esta vez me enviaron a un lugar montañoso en el extremo más meridional del Imperio, a una fortaleza llamada Trebinje, en Herzegovina. Apenas me molesté en estudiar el mapa, pero se me ocurrió que después de las cuatro semanas previstas en el servicio podría obtener pasaje para cruzar el Adriático y, desde Brindisi realizar un viaje de vacaciones por Italia.

Compré un Baedecker del sur de Italia y traté de comprobar si era fácil eliminar los "detalles" militares de mi túnica estival de hilo. De ese modo hasta cierto punto podía pasar por un turista civil y cruzar la frontera que me separaba de nuestros vecinos meriodionales, a quienes imaginaba cultivando pacíficamente sus limoneros.

Mis parientes —mi madre, uno de mis hermanos, mi hermana, mi cuñado y mi cuñada— cenaron conmigo y me despidieron en la estación del ferrocarril del Sur. Mi casaca era muy ajustada, demasiado ajustada alrededor del cuello, y esa noche de julio era infernalmente cálida, de modo que casi me desmayé antes de abordar el fatídico tren. Así comenzó el interminable desplazamiento hacia el sur, y luego el viraje hacia el este a través de Hungría y Croacia. Luego el trasbordo a un ferrocarril de trocha angosta y el jadeo de la máquina un día entero, mientras atravesaba Bosnia, con una parada de pocas horas en Sarajevo. Con algunos compañeros de viaje alquilé un taxi, pasé frente a varias mezquitas musulmanas por primera vez en mi vida, fui a ver el lugar donde la pareja archiducal había derramado su sangre abatida por los disparos de la pistola de reglamento serbia que esgrimía Gavrilo Princip. Ahora, un centinela montaba guardia estúpidamente en el puente supongo que para impedir la repetición del incidente histórico.

Vi gente de pie alrededor de los postes del teléfono, leyendo una proclama impresa: era una copia del famoso ultimátum del Imperio Austrohúngaro al reino de Serbia. Alguien me dijo sonriendo que yo no iría a Brindisi ni a ningún otro sitio en los próximos seis meses. Durante los últimos cinco años a cada momento se habían realizado movilizaciones contra Serbia. Una vez incorporados al servicio, muchos se habían visto obligados a permanecer en el ejercito nueve o doce meses; pero hasta ese momento yo no tenía idea de esas cosas. Cuando volví al tren, me dediqué a leer tranquilamente una parte de mi guía de viaje por Italia. Durante los dos años siguientes llevé el librito rojo en todas mis andanzas por las montañas de los Balcanes, hasta que finalmente el guerrero barbudo en que yo me había convertido arrojó la inútil carga para aliviar las alforjas de la mula.

Estaba escrito que no vería la arquitectura de Italia meridional hasta un cuarto de siglo después, cuando un buque japonés (el *Nippon Yusen Kaisha*) me desembarcó por poco tiempo en Nápoles, viniendo de California, después de recorrer los Mares del Sur, Asia y Egipto.

Pero en esos lejanos días de julio de 1914, el tren de trocha angosta continuó internándose en el sur, serpenteando por los valles de fondo verde, semejantes a cráteres o a cuencas, los *Poljes* de las montañas de piedra caliza, expoliadas durante dos mil años por los constructores navales romanos, venecianos y turcos. A menudo la escena parecía un extraño paisaje lunar. Una breve parada me permitió conocer la antigua ciudad provincial turca de Moztar, frente a un puente que quizá tenía un arco romano hace varios siglos; era muy pintoresco, lo mismo que las torres de plegarias de los templos musulmanes cercanos. Con ese carácter provinciano que es típico de los habitantes de las metrópolis, comprobé que apenas conocía mi dilatada patria imperial y su geografía física o étnica.

Después de varios días de viaje, durante los cuales recorrimos extraños parajes del mundo, me informaron que estábamos acercándonos a Trebinje, la antigua fortaleza, ahora modernizada, adonde yo había sido destinado. (La noche había caído cuando el tren se detuvo donde terminaban las vías. En la modesta estación había mucha gente durmiendo al lado de sus equipajes: mujeres y niños que esperaban un tren que los llevase al norte. ¡Evacuación!) La fortaleza había sido alertada y estaba en pie de guerra. De todos modos, el asunto apenas me interesó; probablemente se trataba de una de esas movilizaciones rutinarias, una de esas falsas alarmas que, según se me había explicado, ocurrían todos los años en esta frontera meridional, porque, en efecto, era evidente que ahora estaba cerca del límite. Algunos compañeros de viaje y yo nos abrimos paso entre la gente y conseguimos una *droschke* (victoria) que nos llevó a "la ciudad". Poco después vimos unas pocas luces mortecinas y los muros de pesada manipostería de la vieja ciudad turca, dominada por minaretes que se alzaban hacia el cielo estrellado, o que a veces se destacaban como siluetas blancas sobre el fondo del elevado paisaje montañoso. Hacía un calor infernal, aun de noche. Descendí del coche en la "Casa Blanca", un anticuado edificio donde funcionaba un hotel de tercera categoría. En la calle había mucha gente; en el vestíbulo penumbroso encontré un nutrido grupo de oficiales. Un sentimiento de excitación se había apoderado del "núcleo", para utilizar la clásica expresión militar que alude al círculo interior de una fortaleza. Comprobé que era una fortaleza somnolienta y calurosa, "alertada" apenas un par de horas antes.

Subí por una escalera y llegué a una primitiva habitación vacía, con un desvencijado catre de caños de metal sobre el piso de madera y unos pocos ganchos en la pared para colgar la casaca y los pantalones. Quise tirar un periódico y una copia del ultimátum a Serbia, y busqué un canasto para los papeles; como no lo había, arrojé los papeles bajo la mesa. Había un vaso y, al lado de la mesa, un grifo de agua como los que se encuentran en las cocinas antiguas. Queriendo calmar mi sed, abrí el grifo, pero no salió ni una gota de agua. Eché una maldición y me acosté desnudo en el catre.

Dormí inquieto. Avanzaba a sacudones sobre las vías, como lo había hecho durante los últimos días. Soñé con bombas arrojadas por los nacionalistas anarquistas. La guerra continuaba, pero yo estaba en las Cataratas del Niágara, de las que había visto una fotografía en mi infancia. Era una gran cascada, refrescante y satisfactoria en medio de aquel condenado calor. El agua corría y resonaba. De pronto, me desperté. Estaba oscuro —en realidad, la oscuridad era total— y yo estaba cerca del agua que caía, tratando de recordar el sitio. Alcancé a distinguir un objeto blanco y liviano que describía rápidos círculos bajo mi cuerpo. Encontré los fósforos y encendí uno. El agua brotaba del grifo y describía círculos sobre el piso; el diario arrugado y el ultimátum a Serbia, y al mundo, estaban en el vórtice, describiendo un movimiento interminable y acelerado. Después supe que había gran escasez de agua en la fortaleza. La estación bombeadora suministraba agua a las cuatro de la madrugada y la cortaba al comenzar la tarde. Dos días después, los montenegrinos se apoderaron de la estación de bombeo, que estaba cerca de la aldea de Lastva, a pocos kilómetros de la frontera, y fue necesario que la atemorizada guarnición los expulsara de allí.

Tal fue el comienzo de la Primera Guerra Mundial; todo esto ocurrió algún tiempo antes de la declaración oficial de guerra. En París, San Petersburgo, Berlín y Londres iba elevándose la temperatura de las cancillerías. En Roma nuestros aliados italianos de la Triple Alianza habían adoptado una actitud de neutralidad, y más tarde, mucho después, la abandonaron y se alinearon equivocadamente, por lo menos desde nuestro punto de vista. Yo nada sabía de toda esta problemática europea. Para mí se trataba simplemente de Trebinje, nombre que había aprendido a pronunciar muy poco antes. Me lavé la cara y me afeité, ceñí la espada y bebí una taza de café. Antes del amanecer había refrescado un poco.

A pesar de mi juventud —tenía entonces veintidós años— había pensado un poco en el futuro del mundo y en el mío en particular. Recapitulé todos los conceptos cosmopolitas que estaban a mi alcance, mientras bebía el aromático café turco de los depósitos de una ciudad fortificada, y pensé en las prolongadas charlas que había mantenido con mi cuñado Agathon sobre el inminente derrumbe de nuestro mundo. Pues aquí me enfrentaba con la tremenda realidad en un imperio milenario que iniciaba su última y fatídica guerra. Como era inevitable que ocurriera, también recordé las discusiones acerca de nuestra herencia vienesa y las visitas a las principales personalidades artísticas e intelectuales de esa metrópoli cultural a la cual habíamos consagrado nuestro corazón.

Mis pensamientos me llevaron más lejos, a la silueta física, el perfil y la arquitectura de Viena. Otrora me había imaginado en el papel de pacífico arquitecto de esa ciudad. En ella estaban las figuras principales: Otto Wagner, padre espiritual de Joseph Olbrich, Joseph Hoffmann, Fabiani y, en un lugar especial, Adolf Loos, revolucionario de distinto carácter. Antes de conocer la obra de Frank Lloyd Wright y Louis H. Sullivan en la lejana América, Otto Wagner había sido mi ídolo. (Loos estaba enamorado de la cálida humanidad norteamericana combinada con el sentido de la realidad y se había convertido en mi amigo personal más influyente.) Poco antes yo había modificado mis planes y decidido instalarme en Estados Unidos, que había sido el amor no correspondido de Loos; quizás iría a California, donde, según había oído decir vagamente, vivía entonces Frank Lloyd Wright. Así, pues, espiritualmente yo estaba iniciando una nueva vida en otro continente ultramarino.

Pero tuve que interrumpir los vagabundeos de mi espíritu y despedirme de otros proyectos. Por el momento parecía necesario hacer frente a la guerra europea y, concretamente, al estado de alerta en la fortaleza de Trebinje, en el sur de Herzegovina, rodeada por las altas montañas Karst, con los puestos avanzados apenas visibles en las laderas.

Nunca había estado en una fortaleza. Terminé el desayuno y salí a la calle, mezclándome con la multitud excitada que apretaba el paso. Casi inmediatamente me descubrió un mensajero del comando de la fortaleza y, por ser yo un recién llegado, me escoltó hasta el despacho del comandante general. El mayor general Braun, un veterano de espeso mostacho gris, me dijo con excitación apenas reprimida en la voz que cada hombre, especialmente si era oficial o aspirante, como en mi caso, constituía un refuerzo oportuno en ese momento crucial. "Como usted sabe, joven, la fortaleza ha sido puesta en estado de alerta desde anoche. Estoy muy atareado. Este es el capitán von Tharnay, el jefe de mi artillería".

El capitán Tharnay, hombre de unos cuarenta años y cabellos negros cortos, dispuso inmediatamente que yo asumiese el mando de once soldados y un cabo; este último era el único que podía hablar en mi idioma unas pocas palabras más o menos inteligibles. Todos eran campesinos serbios, por supuesto serbios bajo la bandera imperial, y presuntamente leales. Marcharon tras de mí a paso de ganso, dirigidos por el cabo, hasta un grupo de carros arrastrados por caballos. Requisamos tres o cuatro y en cada caso mi guía entregó la orden correspondiente y el recibo escrito. Luego nos dirigimos al depósito de municiones, donde cargamos cajas de proyectiles anticuados, granadas y balas de metralla de modelo y antigüedad venerables. Nunca había visto de cerca una ametralladora, ni la cinta de balas. Estas cosas eran completamente desconocidas y sorprendentes, a pesar de mi condición de comandante de una docena de hombres, a quienes debía llevar a un puesto

avanzado igualmente ignoto. Entendí que el nombre del sitio era Kravica; mucho más tarde aprendí serbio y entonces supe que *Kravica* significa "vaquita"
La guerra comenzó laboriosamente, como sin duda ocurrió en el caso de otro millón de personas.

Antes que hubiéramos completado los preparativos para abandonar la fortaleza, el sol se había elevado bastante en el cielo y mis doce hombres y yo estábamos transpirando. Todavía nos faltaba una tarea. Fuimos al depósito sanitario y nos presentaron ante el médico jefe, un viejo oficial de lentes y barba, y, según comprobé entonces, estúpidamente detallista. Había pasado por muchas alarmas y movilizaciones de este tipo, y siempre le inquietaba la posibilidad de que se perdiera algo en medio de la baraúnda. Mientras se entregaban las *Tornisters* (mochilas) sanitarias y los desconcertantes paquetes y cajas de material sanitario, exhibía un peculiar escrúpulo burocrático, de modo que cada artículo provisto —tijeras, bisturíes y un rollo de gasa tras otro— debía descargarse de un inventario, de acuerdo con las reglas militares, transfiriéndolo ordenadamente a mi "total responsabilidad" Finalmente tuve que firmar la lista de tesoros médicos traspasados a mi poder y el correspondiente recibo.

El calor casi me provoca un desmayo. Conseguí por fin reaccionar y trepé al primero de los carros, cargado con dos ametralladoras, munición para un cañón de campaña modelo 1875 que hallaría emplazado en la montaña, y tijeras y vendas, todo lo cual, como perfecto ignorante que era, en ese momento me pareció inútil. Iniciamos nuestro viaje, dejando atrás los antiguos edificios y la mampostería de piedra gris oscura de las murallas y los minaretes de la vieja ciudad turca, construidos quizás en tiempos de Solimán II, cuyos ejércitos fueron rechazados en Viena durante el último cuarto del siglo XVII.

Por cierto, hacía un calor terrible en aquel día de julio a las once de la mañana, cuando pasamos frente al burdel cuyas pupilas, después de una noche prolongada y con los cabellos aún en desorden, ya estaban levantadas y mirando por las ventanas abiertas. Franqueamos la vieja puerta Bielicer de la fortaleza e iniciamos nuestra marcha por el valle del río Trebinschica, en dirección a Lastva. Algunos campesinos instalados a la vera del camino estaban vendiendo sandías. Yo ignoraba entonces que el cólera era endémico y que los vendedores y sus mercancías podían transmitir la enfermedad, razón por la cual los médicos aconsejaban evitarlos. Utilizando los servicios de intérprete del cabo compré algunas sandías y comenzamos a comerlas. Este hombre afirmaba conocer el camino a Kravica, donde había estado en el curso de las maniobras de artillería, y mencionó otros fuertes de la alta montaña, todos con bellos nombres serbios —entre ellos Gliva y Glicanje—. Kravica se halla situada en el extremo meridional, a mitad del camino hacia Zaslab, Bilica, y la frontera de Crna Gora, como se llama Montenegro en idioma serbio. Durante este viaje en carro comencé a aprender la atractiva lengua eslava meridional, del mismo modo que he aprendido muchos otros idiomas en mis viajes posteriores alrededor del globo, sin la ayuda de libros de texto.

Comenzamos el ascenso a las montañas a la izquierda del valle y finalmente llegamos a un lugar desierto y abandonado, una construcción con cuatro antiguas piezas de 70 mm, solitarias y descompuestas, al costado de un emplazamiento a medio terminar. Ocupábamos un sitio expuesto, frente a un fiero enemigo experto en la guerra de guerrillas. Cayó la noche antes que llegásemos a la cima de la montaña; en el fondo de los valles oscuros vimos los villorrios fronterizos incendiados por nuestros adversarios montenegrinos. Pronto aprendería que los fósforos representaban un papel importante en las guerras balcánicas.

La guerra sólo es impresionante desde lejos. Nuestro esfuerzo cotidiano de atrincheramiento y defensa era tan agotador como mezquino. Durante dos semanas trabajamos como locos rodeando las ametralladoras y el cañón con alambre de púa. Tendimos una línea telefónica hasta el lejano Fuerte Gliva y comenzamos a hablar con un tal capitán Endlicher, que también había estado en el puesto el año anterior. Era nuestro comandante y presuntamente conocía él lugar y el objetivo de nuestro grupo. En la vida civil dirigía una brigada contra incendios desde un escritorio de Viena.

Una o dos semanas después llegó un pelotón de zapadores para instalar cargas de dinamita alrededor del alambre de púa, que fue duplicado, triplicado y reforzado con desesperada diligencia: doce nativos de Bosnia y un joven aspirante a oficial de la distante metrópoli enfrentando las montañas y a los montañeses de Montenegro, que tenían cuchillos para cortamos el cuello, y pistolas, fusiles y fósforos.

Durante la noche, mientras contemplaba las estrellas increíblemente luminosas, a veces estallaban repentinamente las cargas de dinamita a unos treinta metros del alambrado de púa. ¿Tal vez un zorro, una comadreja o un conejo habían provocado la explosión, o se trataba de espías que se arrastraban entre las rocas oscuras? Finalmente llegó un teniente primero polaco, con algunos hombres y un gran reflector, alimentado con gasolina, para iluminar los valles circundantes. El motor ronroneaba toda la noche y la luz se reflejaba en los matorrales lejanos. Después llegó un pelotón de infantería, producto de una tercera convocatoria, hombres de cierta edad originarios de la región alemana de Bohemia. Era un abigarrado conjunto de naciones y una babel de idiomas, situación que se reproducía en todo el ejército austrohúngaro.

Cuatro horas de guardia, cuatro horas de descanso, a lo largo de todo el día. Y empezamos a disparar. La guerra había comenzado.

Entretanto los rusos tomaron Lemberg, la principal fortaleza austríaca del norte; el Imperio Hohenzollern lanzó todas sus fuerzas a la batalla. Clemenceau y un millón de ingleses, franceses y otros seres humanos se excitaron mucho en todo el mundo. Yo manejaba el reflector en Kravica, no recibía diarios y nada sabía del mundo.

En el marco de esa "historia internacional contada por un idiota, colmada de estrépito y furia", la vida continuó durante dieciocho meses en Kravica y después en Trebinje y sus alrededores. Aprendía a hablar en serbio con los hombres y también con las muchachas; un soldado veterano puede ser confidente de la femineidad joven, embarazada por otros oficiales que entretanto han caído en emboscadas y escaramuzas en la montaña.

Comenzamos a preparar una ofensiva contra Montenegro y se me ordenó regresar a la fortaleza. Me instalé a la sombra de un antiguo minarete, en una casa turca, adyacente a su harén, pero por supuesto bien separado de éste. Los niños, los muchachos y las jóvenes eran mis amigos.

Cierto día, mientras limpiaba mi pistola de reglamento, y en la creencia de que había retirado todos los proyectiles, se disparó repentinamente mientras apuntaba a la ventana. La última bala había quedado en el caño. Un grupo de niños jugaba afuera y yo me asomé ansioso. ¿Alguno había caído, cara al suelo? No, nada de eso; respiré hondo. Afortunadamente había sido un disparo alto. Un capitán, que visitaba a la hija de la dueña de casa en la habitación vecina, se aclaró la garganta. Lo oí acercarse en puntas de pie a mi puerta. Golpeó, presumiendo indeciso que yo me había suicidado. Pero no, yo me sentía perfectamente. Sin embargo, la idea del suicidio me había asaltado, lo mismo que a otros, bajo el influjo de los interrogantes: ¿Cuánto durará esta guerra? ¿Qué saldrá de todo esto para nuestro país? ¿Un Imperio en equilibrio inestable sobre once naciones antagónicas?

De todos modos, la vida en este Imperio heterogéneo y su ejército permitía prepararse bien para la carrera de asesor cosmopolita de arquitectura en un mundo todavía diversificado, actividad que casi siempre se desarrollaba en medio de grupos de seres humanos muy distintos entre sí.

Durante estos interminables cuatro años de guerra pensé mucho estando en la fortaleza y durante la campaña en las montañas barridas por los vientos, no pocas veces solo, mientras recorría a caballo la agreste soledad en el clima sofocante de Albania, un país casi tan aislado como el Tibet. Es posible que sus nativos hayan sido los primeros europeos, miles de años antes de la llegada de los griegos, los romanos y los eslavos a esta fatídica y pequeña península occidental de Asia. Mis pensamientos se detenían en la relatividad de las costumbres populares; acabé adoptando una actitud de benévola imparcialidad frente a los "nativos", que viven en todos los rincones del planeta y se complican involuntariamente en la civilización mundial y la moderna tecnología industrial. A menudo, en medio de las rocas y las salvas de disparos, o en la cumbre de las montañas albariesas, contemplando el paisaje primitivo de pantanos infestados de mosquitos, pensaba en Estados Unidos, país que aún no se había mezclado en todo esto.

Durante el primer año de la guerra no participaron Italia ni Africa. Las otras grandes potencias militares se habían comprometido en una terrible exhibición de energía y armamentos acumulados durante la paz. El destino de mi vida era la construcción, pero allí y entonces todo se orientaba hacia la destrucción en escala sin precedentes.

Silueta del poder marítimo

El 18 de agosto de 1914 se cumplía el octogésimo cuarto aniversario del nacimiento de Francisco José, el emperador austríaco del reinado interminable. Durante la "revolución liberal" de 1848, cuando era un joven de dieciocho años, lo habían sentado en el trono inestable de Austria.

En la ciudad de Trebinje se había reunido para la celebración una hormigueante multitud de soldados con licencia, campesinos serbios y nutridos grupos de muchachas, y se habían iniciado los preparativos para quemar fuegos artificiales durante la noche. Yo me preparaba para pasar un rato agradable, ataviado con mi mejor uniforme de hilo y el sable de caballería que resonaba y golpeaba el pavimento a cada paso. (Era uno de los pocos guerreros ecuestres de la ciudad, un héroe a caballo.) De pronto me abordó un ordenanza, mensajero del cuartel general de la fortaleza, y me transmitió la orden de presentarme ante el general. Fui recibido personalmente y se me repitió lo que sabía muy bien y era mi mayor motivo de orgullo: que estaba al mando del único cañón de campaña tirado por caballos, una "unidad móvil". Luego, el general dijo con voz de trueno: "Toda la flota anglofrancesa del Mediterráneo está acercándose por el mar Adriático". Era posible que se propusiesen aprovechar el cumpleaños del Emperador para realizar una exhibición de poderío, o quizás utilizarían las festividades para intentar un desembarco.

El oficial de artillería desplegó un mapa sobre la mesa y me mostró un camino que partía de la fortaleza y se internaba en las montañas de la costa. "Reúna inmediatamente a su gente", ordenó. "Abandone la fortaleza en treinta minutos. Debe hallar y prevenir a sus hombres entre la multitud que está festejando, ¿Entendido, cadete?"

"¡Sí, señor!"

"Avanzará hacia el oeste por este camino, al trote y al galope. No ahorre las fuerzas de los caballos; no disminuya la velocidad... como el cuerpo de bomberos, ¿entendido?"

"¡Sí, señor!"

"A las cinco y media de la tarde estará acercándose a un antiguo *kula*, o punto fortificado turco, a mil metros de altura, dominando el mar. Por supuesto, el enemigo no debe ver el cañón ni los caballos. Desmonte y busque un emplazamiento adecuado, que sea invisible aun para los mejores binoculares navales. Sé que no tiene caballos para el carro de municiones. De modo que sólo dispone de las veintisiete balas de metralla que lleva en las nueve cajas de municiones, bajo el asiento delantero de su cañón de campaña. ¿Verdad?"

"¡Verdad, señor!"

"Lleva un cañón de 70 milímetros y quizá tenga que hacer frente a los millares y decenas de millares de cañones de la artillería naval. Su deber es demorarlos si tratan de desembarcar destacamentos alrededor del pequeño puerto de Gravosa. Como usted sabe, está entre penínsulas cubiertas de vegetación, en un terreno mucho más bajo que el sitio que ustedes ocuparán."

"¡Lo sé, señor!"
"Use discretamente sus veintisiete proyectiles", dijo el comandante general.
"Sí, excelencia, comprendo." Pocos minutos antes era un joven que se preparaba para una fiesta de fuegos artificiales; de pronto me sentía elevado a una tarea de dimensiones históricas, quizá de importancia perdurable, posiblemente una tumba honrosa como la de Leónidas en las Termópilas.

La gente común y las pequeñas cosas de pronto pueden adquirir colosal importancia. Un presupuesto mezquino administrado ingeniosamente puede significar más para el mundo del futuro que las grandes inversiones manejadas sin inspiración. Años después, cuando era arquitecto, a menudo volví a experimentar este sentimiento, desencadenado en un momento importante, que de pronto se manifiesta con todas sus posibles consecuencias. Así como los hechos menudos pueden llegar a ser muy grandes, un sólo momento puede arruinar una eternidad.

El capitán de artillería puso en mis manos un grueso folleto "Son siluetas", explicó. Recordé imprecisamente que en el siglo XVIII esas siluetas negras eternizaron la seducción de una amante del rey francés, y que un psicólogo y escritor suizo de esa época, Johann Kaspar Lavater, había tratado de fundar sobre ellas una ciencia del carácter humano. Un pequeño perfil oscuro puede decirnos mucho. E implica la vida o la muerte. En suma, tenía ahora que recordar que era un estudiante de arquitectura de Viena, que no sabía gran cosa de buques de guerra o navíos de desembarco franceses, británicos o de cualquier otra nacionalidad. La cabeza me daba vueltas y me palpitaba el corazón.

Hojeando rápidamente el folleto con las siluetas, el capitán observó: "No tenemos tiempo de repasar esto, pero aquí está el *Waldeck-Rousseau*. Como usted ve, tiene cuatro chimeneas ... preste atención al número de torres de artillería, es fácil reconocerlas. Este es el *Gambetta*." Fue una lección muy práctica acerca de los detalles de la forma en relación con el todo, y debo decir que en el curso de una vida entera he tratado de ajustarme a este concepto.

El capitán recorrió rápidamente las figuras correspondientes a la flota francesa del Mediterráneo y pasó luego a los acorazados y superacorazados británicos; Winston Churchill había venido aconsejando que se los usara para forzar el paso de los Dardanelos, y ahora, de pronto, venían remontando el Adriático. "Naturalmente, la coraza es excesivamente gruesa", observó. "Sobre todo, no malgaste bala de metralla; pero bien puede arrojar plomo sobre la cubierta de los navíos de desembarco. Normalmente el alcance de su cañón no permite que los proyectiles lleguen a esta bahía; pero, por supuesto, usted puede tener en cuenta que está a mil metros de altura; esa posición amplía considerablemente el alcance."

Aprendí rápidamente que el hombre que ocupa una posición estratégica puede dar en el blanco. Pero en ese momento la cabeza me daba vueltas; el calor de la tarde era sofocante. En tales ocasiones sentía la amenaza del desmayo; pero volví los ojos hacia el general y el superior que impartían instrucciones, y al punto me sentí vivamente animado por la confianza de este último. *Se convirtió en mi cliente.* Repliqué con aire casi profesional: "Sí, capitán, recordaré que estoy en un lugar alto. Creo que lo principal es disparar con discreción y cautela; un inesperado disparo de metralla que explota aquí o allá puede demorar la acción hasta que investiguen. Por supuesto, el destacamento, y especialmente los caballos, deben mantenerse invisibles detrás de las rocas."

"Usted ha entendido", dijo el capitán. "¡Puede retirarse!"

Treinta minutos después la festiva multitud reunida cerca de la entrada sudoeste de la fortaleza me contempló atónita, mientras yo avanzaba sobre mi montura, con el único cañón arrastrado por seis caballos lanzados al galope, los servidores aferrando cada uno su gorra. Por mi parte, me preguntaba si esa noche se quemarían todos los fuegos artificiales. Galopé cinco a diez minutos, trote diez a quince minutos. El camino era malo. Los caballos estaban cubiertos de sudor, pero el sol de la tarde se acercaba lentamente al horizonte. Rocas, montañas lejanas, robles achaparrados. Pensé en mi padre, mis hermanos, la arquitectura, la guía de Italia; mi sable golpeaba contra la montura mientras galopaba para rechazar a los "Aliados". La Armada Británica había sido el objeto de mi admiración desde mi infancia, aunque de ella sabía únicamente que era importante. Conocía el sabroso lenguaje de sus tripulaciones únicamente gracias a las traducciones de la novelística infantil. Y me preguntaba cómo se las arreglarían los almirantes ingleses para comunicarse con los contraalmirantes franceses.

"¡Al trote!", ordené, para recuperar el aliento. Advertí una mirada de agradecimiento de los artilleros, zarandeados en el asiento rígido sobre el compartimento de las municiones. Pero poco después, en obediencia a mis comandantes de la fortaleza y a mi deber hacia el Imperio Habsburgo, que se había mantenido durante tanto siglos en desafío a la Armada Británica de Churchill, di la orden: "¡Al galope!" Las cantimploras, que a esa altura de la tarde tan calurosa ya estaban vacías, golpeaban las caderas y los pechos de los hombres, mi sable resonaba nuevamente, la montura crujía, y en medio de toda esta agitación mi cerebro trabajaba febril, planeando el modo de librar la batalla y conquistar la victoria. Poco antes de las seis nos acercamos a la elevada escarpa rocosa y distinguí el perfil del viejo *kula* turco. El fortín redondo, construido en la roca, se destacaba contra el cielo como un punto de referencia, y se me ocurrió la idea de que también el almirante británico podía verlo y utilizarlo como auxiliar para apuntar sus cañones —esperaba que hacia otro lugar— mediante un ángulo dado.

Grité "¡Alto!" y, después de desmontar cautelosamente, con las piernas envaradas, comencé a trepar el sendero rocoso que llevaba a la escarpa. Allí, una vez que concluí la ascensión, asomé la cabeza entre dos piedras y vi allá abajo, a lo lejos, el mar bañado por los rayos del poniente y una enorme multitud de naves. En efecto, allí estaban a la vista de todos: ¡los británicos y los franceses! Reconocí las cuatro chimeneas del *Waldeck-Rousseau* y las características del *Gambetta* y de los acorazados y superacorazados de Malta, Gibraltar y las restantes bases británicas en el Mediterráneo. Con los binoculares examiné a mis viejos amigos del libro de siluetas. Toda la flota estaba anclada; hacia el oeste el humo se elevaba lentamente hacia el cielo. Quizás estaban preparando la cena.

Por el momento no se observaban preparativos de desembarco y recordé que debía ahorrar la pólvora, pero manteniéndola seca. Retrocedí con cautela y exploré un emplazamiento apropiado. Ordené resguardar los caballos detrás de un gran peñasco, y el recuerdo de un cuento de indios que había leído seis o siete años antes atravesó fugazmente mi memoria. Ahora no era un niño, sino un comandante de fuerzas imperiales, metido en un combate, por así decirlo, con Francia e Inglaterra. Me pregunté cómo saldría librado yo, un estudiante de arquitectura, en un encuentro con experimentados almirantes. La situación parecía más estática que dinámica.

Cuando comenzó a caer la noche, se inició un intenso intercambio de señales entre las naves ancladas en la bahía; encendimos un fuego bien disimulado —después de haber puesto al resguardo y cubierto cuidadosamente a nuestros sudorosos caballos— y calentamos algunas latas de guisado, al que solíamos llamar *gulash* húngaro. Mis conocimientos de serbio aún eran muy escasos y me limitaba a oír el canto de mis hombres bajo las estrellas, como solía hacerlo tan a menudo. Durante esos años de la guerra escuché los cantos a una voz de los húngaros; las armonizaciones de seis voces de los eslovenos; las piruetas de los clarinetes rumanos, o su imitación del color vocal humano; las *canzones* italianas y las canciones sentimentales germano - suabas; los cantos checos y polacos: es decir, la música de las once naciones que entonces formaban el crisol austríaco. Llegué a ser un cosmopolita en el ejército de un dilatado imperio, un hombre que marchaba y acampaba en tierras extrañas, donde aprendí a simpatizar con los civiles, hombres y mujeres, varones, muchachas e infantes, e incluso aprendí a contar chistes en su idioma y a provocar sus risas y conquistar un poco de simpatía. Durante toda mi vida aproveché los resultados de este ejercicio. Por la mañana llegó el anticlímax de la situación que había comenzado tan heroicamente en ambos campos. Todos los relatos de guerra deberían terminar en un fiasco; de ese modo contribuirían mucho al pacifismo. Sin duda, el temor se insinuó en los corazones de los almirantes; es posible que hayan concebido la pesadilla de una astuta emboscada; pero ninguna red de espionaje pudo haberles aportado el glorioso conocimiento de que frente a sus muchas torrecillas y cañones sólo había una pieza de 70 milímetros con veintisiete proyectiles, a cargo de un civil estudiante de arquitectura que vestía temporariamente el uniforme de la artillería. El almirante británico y el contraalmirante francés suspendieron las señales. Habían convenido levar anclas. Bien distribuidos en prudente formación, las naves se dirigieron hacia el norte para realizar una demostración frente a Pola (Pulj), principal base marítima imperial en el extremo del Adriático que baña la región de Istria.

No puedo afirmar que los atemoricé, aunque mi corazón se mantenía firme y yo estaba desesperadamente decidido por lo menos a combatir sus siniestros planes estratégicos. En todo caso había afrontado bravamente el poder conjunto, el orgullo y la exhibición de fuerza de la diplomacia militar aliada. Además, la mía había sido una de las últimas y notables manifestaciones de la intrepidez de los Habsburgo, pese a que los historiadores no la han reflejado en una descripción tan espectacular como la que relata la batalla de Lepanto, donde Don Juan de Austria apareció magníficamente vestido con calzas rojas, o como la pintoresca marcha de Carlos V, que entró en Bruselas *en grande masse* ¿o no era Bruselas sino Amberes? Aunque se lo ignore, el coraje solitario es para la vida una conquista más elevada —lo he comprobado— aún que las victorias destacadas, que en definitiva resultan intrascendentes.

Bueno, después supe que los franceses en verdad habían desembarcado prácticamente bajo mis narices. Habían enviado una torpedera al puerto de Ragusa y la embarcación se había acercado al muelle, suscitando el terror de los patrióticos espectadores. Un joven oficial naval y dos hombres desembarcaron y caminaron despaciosamente por la Stradone, la bella calle principal adornada con antiguos palacios. En el período medieval Ragusa había pertenecido a Venecia, y la Stradone, que es la vía principal, exhibe pacíficamente sus imitaciones arquitectónicas del majestuoso Palazzo Ducale en la Piazetta y la Riva degli Schiavoni. Los franceses entraron en una cigarrería, pagaron cortésmente con dinero francés algunos paquetes de cigarrillos bosnios, que son famosos por su aroma y su esbelta forma cónica, en lugar de cilíndrica, exclamaron sonrientes "¡Oh, la la!" ante las muchachas que los miraban con curiosidad desde las ventanas abiertas y de mala gana se embarcaron nuevamente en la torpedera.

Un año más tarde, después de haber realizado muchas experiencias tanto personales como militares, me encontré de nuevo en esas desnudas montañas de piedra caliza, desde las cuales los arbustos amarillos de retama descendían como una cascada hacia una costa subtropical y un mar azul oscuro. En ese momento ya percibía claramente que la vida y la historia pueden sufrir vaivenes. Bismarck, el "canciller de hierro" reverenciado desde hacía tanto tiempo, el hombre a quien se habían erigido monumentos en tantas plazas alemanas, de pronto se había convertido en un chapucero, un coloso de pies de barro. Su idea fundamental de la amistad alemana con Rusia y después con Italia había sufrido el colapso más catastrófico; ahora Italia, nuestro ex aliado en la paz, había entrado en la guerra contra nosotros.

Ahora yo era primer oficial de una batería de campaña mejor organizada y de pronto toda la flota italiana apareció ante mis ojos, casi a cinco kilómetros de la costa. Al amanecer comenzó a bombardear una curva del ramal ferroviario que corría a lo largo de las montañas de la costa. Yo miraba desde detrás de nuestras piezas, que ahora sumaban doce. Aún no se había perfeccionado la compensación de la escora y las cabezadas, y después de los primeros disparos de esas formidables torres, las granadas comenzaron a errar el blanco del modo más asombroso. Los proyectiles, que seguían una trayectoria lisa y ligeramente inclinada, aterrizaban unos ocho kilómetros tierra adentro, y sólo unos pocos alcanzaron la subestructura y el terraplén del estratégico ferrocarril. A las 8 de la mañana estábamos observando la acción; de improviso, a escasísima distancia de la costa ocurrió algo espectacular. Diez minutos después de lo que pareció una minúscula explosión, el *Garibaldi*, buque insignia italiano, se inclinó a un costado y comenzó a desaparecer, hasta que finalmente se hundió del todo en el mar. Simultáneamente, como obedeciendo a una señal —en efecto, es probable que hubiera una señal—, el resto de la flota se dispersó rápidamente en todas direcciones, sin que se intentara en absoluto organizar el salvamento o rescatar vidas.

Esa tarde, después que varios miles de hombres se ahogaron en circunstancias trágicas, y que cien millones de liras de una moneda que todavía era sólida se hundieron en el fondo del Adriático azul oscuro, se repararon las vías y partí en misión a Castelnuovo. Cuando la pequeña locomotora comenzó a avanzar sobre la costa curva de las bahías, las Bocche di Cattaro (Kotor), observé desde la ventanilla del vagón cierta conmoción en la costa. Se oía la música ejecutada por una banda militar, al mismo tiempo que un pequeño submarino austríaco emergía y se acercaba lentamente a la base. Era el mismo que esa mañana había torpedeado y hundido al enorme acorazado *Garibaldi*, protegido por las torpederas y las restantes naves. El comandante y la heroica tripulación del submarino se hallaban sobre la cubierta del minúsculo navío, detrás del periscopio, y escuchaban el homenaje musical de la banda militar, mientras los periódicos comenzaban a imprimir la noticia en Viena, Londres, Berlín y Nueva York. Estoy seguro de que los periódicos romanos informaron: Todos los hombres fueron salvados.

Pensé en todas las escuelas, los hospitales, los centros comunitarios y las viviendas que habían dejado de construirse para financiar el Goliat naval y el David que lo había destruido: en verdad, el submarino no había cumplido la hazaña con una sencilla honda pastoril y una piedra de los campos. Medité sobre nuestro famoso desarrollo tecnológico y presupuestario desde la expulsión de los filisteos, y calculé el costo de dos horas de bombardeo naval de una curva ferroviaria que había sido reparada esa misma tarde. Todavía hoy procuro calcular cuánto menor es el costo de la paz cuando se utiliza a los arquitectos en atuendo civil, precisamente lo que yo anhelaba entonces.

Esta discrepancia presupuestaria y financiera entre la guerra y la paz, entre la inversión y el producto, ha cobrado caracteres mucho más extremos en el período en que, al par que aumentaban mis años, perdía el control de las cifras.

Durante esos años cruciales de la Primera Guerra Mundial y la posguerra, que también plasmaron decisivamente mi propia vida y la de mi generación, yo me sentía premiosamente comprometido y disponía de poco tiempo para garabatear un diario. Medio siglo después he encontrado notas confusas que a mí mismo me desconciertan, pese a haber sido yo quien las escribió apresuradamente en pequeños anotadores. Es posible que algunas hayan sido sueños, producto de la fiebre. Algunas se asemejan a las cosas que Ulises borroneaba en medio de una tempestad y que expresaban sus veloces y desmesuradas asociaciones cerebrales. En verdad, nunca estuve internado en un asilo. Pero podría darse el caso; la representación no ha concluido aún. O quizás llegue a Ithaca y encarrile la situación, a pesar de su actual desorden.

La Europa desconocida

Afirmo que un arquitecto que no ha sufrido su propia Odisea, que está viviendo en un área metropolitana y apenas conoce poco más que su propio medio provinciano, en verdad no puede servir a la humanidad en su forma actual y en un mundo que se ha contraído notablemente.

Abundan las regiones que necesitan desarrollo y que pueden evitar nuestra confusión y perversión de los bienes naturales, los "perjuicios propios de la civilización". Creo que aun en los períodos en que me vi totalmente privado de la posibilidad de trabajar en mi propia profesión, adquirí muchas cosas que me ayudaron después en esta disciplina. La Primera Guerra Mundial, en la que pasé cuatro años de mi vida, fue uno de estos períodos.

El área sudoriental de Europa, adonde me llevó la guerra, es uno de los lugares más alejados de los centros civilizados. En realidad, hay muy pocos lugares en América del Sur, Africa o Asia tan remotos y olvidados por el progreso cultural como los países del tipo de Albania y la región oriental de la accidentada campiña que entonces se denominaba Montenegro.

Montenegro es una región muy montañosa. Otrora estaba cubierta por bosques, que fueron talados implacablemente por los romanos —supongo que para construir naves que les permitiesen enfrentar a la flota de Cartago— y más tarde por los venecianos, que necesitaban pilotes para afirmar la grandeza de Venecia. Esta región nunca recuperó su capa de tierra vegetal; ahora no es más que un país de suelo calcáreo, rocoso y montañoso. Apenas unos pocos robles y matorrales que crecen en las grietas de los enormes peñascos de piedra caliza evitan que el paisaje sea tan estéril como la luna. A caballo o a pie, resulta extremadamente difícil recorrer el terreno, a menos que uno lleve calzado con suelas de cuerda tejida, como los que usan los montenegrinos. Con este tipo de calzado los nativos pueden correr como cabras montañesas sobre los huecos pelados de su geología. Su velocidad es sorprendente; los soldados que usan botines de cuero con suelas claveteadas apenas pueden seguirlos. Y, por supuesto, el viajero que recorre esta región debe ser capaz de salvar de un salto las grietas. El terreno donde se mueven bestias y hombres los conforma psicosomáticamente.

En nuestra marcha desde Trebinje, Montenegro, fue necesario sobrepasar la línea de altas montañas fuertemente defendidas, que según recuerdo se llamaban Glumina. Los cañones rusos utilizados por los montenegrinos eran anticuados, pero nuestro avance debía realizarse por senderos de montaña muy estrechos, donde la marcha inevitablemente era muy lenta. En realidad, se hacía muy difícil transportar nuestro cañón por estos pasos, soportando el bombardeo constante desde lugares mucho más elevados. Recuerdo que la primera vez que estuve bajo el fuego me pareció muy excitante; pero, cosa extraña, después de unos momentos me convertí en el individuo menos excitado y más sereno del grupo y les ordenaba a los soldados que se pusieran a cubierto todas las veces que, mucho antes de llegar la detonación a nuestros oídos, veía el relámpago de los cañones al otro lado del valle. En ese momento casi todos los refugios humanos habían sido quemados, pues los fósforos eran el arma que los seres humanos utilizábamos antes de las bombas de material fisionable. Por lo pronto, las llamas habían devorado todo lo que era comestible o que podía utilizarse como refugio. A veces se descargaban sobre las cabezas de los autríacos, entre los que figuraban algunos amigos íntimos, ocasionales ataques nocturnos con granadas de mano que el enemigo arrojaba desde las alturas.

La primera gran ciudad que ocupamos fue Podgorica, apenas menos importante que Cetinje, la capital de Montenegro; aquí no había construcciones casi contemporáneas, excepto el palacio del rey Nikita, que ya había huido. Tomé mi primer baño de inmersión después de muchos meses en el palacio de este rey, que poseía la única bañera en el lugar que hoy se llama Titograd. Ni siquiera el hospital, que era un organismo completamente temporario, contaba con nada semejante a una bañera. Por esa época ya había adquirido bastante dominio del serbio y podía participar en la vida civil. Comía en casa de una familia del lugar y organicé las cosas de modo que esta gente cocinara también para otros oficiales. Me enamoré de la hija, aprendí a tocar un poco la balalaika, así como un instrumento que tiene sólo tres cuerdas, todas del mismo diapasón, que según las pulsaciones dan diferentes tonos. Creo que se la llamaba guzla. Recuerdo una celebración en la casa de esta familia, que tenía un aire muy digno, como todos los montenegrinos, especialmente los que siempre vivieron en el campo, en contraste con los que han regresado de Manhattan. En la casa, que era muy pequeña, una construcción de dos plantas, se realizó una boda con la correspondiente celebración. La cadena de bailarines que se prolongaba a lo largo de varias habitaciones, pasando por todas las puertas, con las manos siempre entrelazadas, me atrajo muchísimo. Puedo decir lo mismo de la música, que se desarrollaba en cuartos de tono. No tenía piano y traté de anotar de oído estas melodías. Recuerdo que una muchacha serbia me dijo con expresión dura en el rostro y la voz: "Los vencedores tocan y nosotros tenemos que bailar".

Me tocó vivir variadas aventuras con civiles de ambos sexos. Paulatinamente me familiaricé con la campiña. Cuando me mandaban a Kotor, puerto de mar de población italiana, viajaba en un camión que me permitía recorrer toda la región en un par de días. Seguíamos un fantástico camino de montaña en zigzag que, atravesando el monte Lovćen, descendía hacia las Rocche di Cattaro, o Golfo de Kotor. Esta caleta del tipo de los fiordos albergaba la principal fortaleza naval avanzada del Imperio Austrohúngaro. Recuerdo que la primera vez que realicé esta excursión me pareció una emocionante aventura.

Mi viaje me llevó a Cetinje, y debo decir que estaba muy interesado en esta primera visita a la capital de Montenegro, que en tiempos de paz era un poco más accesible al tráfico de turistas provenientes del mar. Incluso había allí algo así como un hotel, y también un edificio para la Legislatura y un palacio de estilo Victoriano para el monarca. Desde Cetinje descendí por un camino sinuoso, uno de los más empinados que se hayan construido jamás. Después de pasar una cresta, me encontré repentinamente frente a la imagen fantástica de las aguas azules del mar Adriático y la bahía circundada por montañas.

Este camino era un cordón umbilical, y durante la campaña a cada momento se lo reconstruía, mejoraba y reparaba. Era necesario mantenerlo abierto, prescindiendo del costo y las bajas consiguientes. En los cañones y quebradas podían observarse restos de por lo menos un centenar de camiones. He visto buques de vapor desplazados sobre ese camino, una vez divididos en partes, destinados a prestar servicio en el lejano e inaccesible lago Scutari. Mucho después supe que en los Andes peruanos se había realizado la misma hazaña: el transporte de buques hasta el lago Titicaca, a 3700 metros de altura. En nuestro caso, cada una de las peligrosas curvas exigía tres horas de maniobras, y en este proceso muchos camiones habían acabado en el fondo de algún profundo precipicio.

Recuerdo particularmente uno de mis numerosos viajes en camión, en los que salíamos de Nis y Podgorica para cruzar el monte Lovćen, bajo las noches estrelladas, soportando el calor, el frío y el peligro. Yo viajaba en la parte trasera de un camión con varios hombres de uniformes raídos y sucios, y dos grandes barriles de gasolina; de pronto nos acercamos a uno de los infatigables y atareados grupos de reparación. Estaba al mando de un oficial "ingeniero", que en la vida civil probablemente había sido dentista o profesor de historia en un colegio secundario. Intentaba cumplir sus instrucciones, es decir, reparar el camino, destruido constantemente por las ruedas de los camiones de abastecimiento del ejército. Cuando nuestro vehículo trataba de pasar a los "ingenieros" por el lado del valle, el suelo cedió súbitamente. La rueda posterior izquierda comenzó a hundirse con suavidad hasta quedar colgado sobre la empinada caída de roca. Contuvimos la respiración; a lo sumo pasarían dos o tres segundos antes de que el camión se desequilibrara y cayese a la garganta. Sentir que la vida se condensa hasta el límite mismo y adquirir tan clara conciencia de ello en una fracción de segundo, constituye una experiencia inolvidable.

Pero el movimiento se interrumpió casi imperceptiblemente. No respiramos ni pronunciamos una palabra; poco a poco, con extremo cuidado, comenzamos a trasladarnos hacia el lado de la pared montañosa, donde por fortuna los barriles de gasolina habían servido de contrapeso. Uno tras otro, ansiosos y orando silenciosamente, saltamos del camión y sólo comenzamos a respirar otra vez cuando pudimos mirar desde fuera la figura ladeada del vehículo.

Varios meses más tarde, después de la rendición de todas las tropas serbias y de los dispersos contingentes montenegrinos, me enviaron, con un ordenanza y dos caballos, a recorrer un enorme sector del país, del cual no existían mapas, o, si los había, sólo mostraban grandes manchas blancas con la indicación: "montañas de mediana altura". Esta parte de nuestra tierra en realidad nunca mereció la atención del cartógrafo, de modo que recorrimos todo el noroeste de Montenegro preguntando el camino. Ahora podía hablar serbio con suficiente fluidez, pero rara vez encontrábamos un alma. Toda la región se halla muy escasamente poblada, y uno puede viajar medio día sin ver una vivienda o seres humanos.

Mi ordenanza y yo formábamos una pareja solitaria y extraña. A veces tropezábamos con alguien, un chico o una niña que cuidaban unas pocas cabras entre las rocas. Les pedíamos información acerca del más próximo lugar habitado; por supuesto, no se trataba de "ciudades". En realidad, no las había; apenas si existían aldeas. Generalmente nos contestaban *Poura* (más o menos media hora), pero luego debíamos andar tres o cuatro horas. En efecto, encontrábamos los lugares, pero con frecuencia nos acostábamos al aire libre en nuestras bolsas de dormir. El frío era intenso y la mayor parte de las montañas estaban cubiertas de nieve. Los lugares más altos de los senderos montañosos se encontraban recubiertos por una capa tan espesa de nieve que a veces nos perdíamos; por lo demás, no había el menor signo de la presencia de otros viajeros. A veces nos ofrecían indicaciones de este estilo: "Bueno, suba por aquí, luego doble a la izquierda y baje al valle; allí encontrará otra subida muy empinada. Arriba verán un caballo blanco, que murió allí y todavía tiene los ojos abiertos; entonces doblen a la derecha..." Pero cuando llegábamos, el caballo blanco ya no tenía ojos, porque algunas aves se los habían comido. Era frecuente que los cadáveres de las bestias, o de los soldados o civiles, sirviesen de indicadores.

En nuestro equipaje llevábamos carne y otras provisiones, y también conservas y bolsitas de papel de presunto café, un polvo de calidad muy inferior mezclado con azúcar, que el ejército acostumbraba distribuir. Los montenegrinos, que están habituados al maravilloso café turco, se mostraban dispuestos a vender el alma por uno de esos paquetes que contenían algo muy remotamente semejante al café. A veces utilizábamos esta sustancia para hacer regalos que nos permitían relacionarnos con la gente. También era muy vivo el deseo de conseguir un poco de sal, porque en los últimos dos años ese producto faltaba totalmente. Una pulgarada de sal era muy valiosa. Por un poco de sal y un paquete del horrible polvo de "café" prácticamente podíamos comprar una gallina.

Las escasas viviendas se hallaban agrupadas muy desordenadamente; se las construía con rocas y piedras del lugar, de modo que se confundían con las montañas circundantes y eran casi invisibles. Lo único que las distinguía era el humo que brotaba de las junturas de las rocas que servían de techo, ya que éstos también se hacían con losas chatas de piedra y no se unían herméticamente. No había chimeneas; el humo salía por todas las grietas.

En estas estructuras semejantes a cavernas la gente vivía en compañía de sus cabras. Cuando se entraba en una de esas casas, resultaba casi imposible mantener abiertos los ojos, a causa del ardor provocado por el humo. Todos los habitantes, especialmente los niños, tenían el rostro pálido y parecían intoxicados por el humo. Recordé esta experiencia casi medio siglo después, cuando vi un primitivismo semejante en las chozas redondas de los zulúes, en Africa del Sur. ¡Pero esto era Europa! Sobre el fuego colgaba un caldero, suspendido de una viga de madera, hecha con un tronco de roble. Se cocinaba en medio de la habitación.

Había muy poco que cocinar: durante unos dos años el enemigo había reducido al hambre a todo el país. La gente no tenía prácticamente qué comer. Por supuesto, todos los hombres habían estado en el ejército, y sólo las mujeres producían algunos alimentos. Las cabras, las mulas y aun los caballos pequeños y esmirriados les habían sido más o menos robados —requisados— por nuestro propio ejército, y supongo que también por los serbios. Los habitantes atravesaban condiciones terribles, pero conservaban su orgullo con extrema dignidad.

Esta gente ha nacido para la guerra. Son individuos altos, de conformación aristocrática, muy resistentes y orgullosos, y cuentan con un historial de por lo menos cinco o seis siglos de lucha constante contra los turcos. Tenían cierto derecho a ser guerreros violentos, porque cuando se los maltrataba, no se compadecían de sí mismos. No esperaban cuartel; podían tener la total certeza de que los matarían y despojarían, y de que sus mujeres serían violadas. Esperaban ese trato y lo consideraban natural. En este sentido los montenegrinos son aún más notables que los serbios, aunque estos últimos también son capaces de soportar estoicamente su destino o de infligirlo a otros. Ambos son muy distintos de los italianos, que no pueden acostumbrarse a los malos tratos del invasor, pese a que han tenido sobrada experiencia. En general, he comprobado que en el mundo moderno la mayoría de los pueblos y las razas no se adaptan bien a la guerra, porque las condiciones que impone el conquistador los hieren profundamente.

Shavnik, uno de los asentamientos más importantes, me impresionó profundamente. De pronto desembocamos en el lugar, un valle muy profundo que parece una hoya de bordes elevados, como un cráter lunar. El agua descendía de las montañas por un costado y salía por el otro, también entre montañas. Como los estratos de roca eran muy porosos, el agua formaba sin dificultad un túnel y atravesaba el valle sin erosionarlo; sus aguas irrigaban una verde planicie. Estos valles redondos en forma de hoya abundan en el sur de Bosnia, y especialmente en Herzegovina. Se los llama *poljes*, o "campos", precisamente lo que son sus fondos planos. El descenso resultaba bastante arduo para nuestros caballos cautelosos y pesadamente cargados.

La imagen de este valle, con sus viviendas humanas a tan considerable profundidad, se grabó firmemente en mi recuerdo. Lo evoqué nuevamente muchos años después, cuando conocí La Paz, en América del Sur. En la frontera entre Perú y Bolivia me recibió una delegación entera de cordiales arquitectos y planificadores, y todos viajaron conmigo a La Paz. Mientras bajaba del tren, me preguntaban dónde estaría realmente la ciudad. Nos hallábamos a unos 3600 metros de altura, en el Altiplano, y sólo se divisaban los glaciares de 8000 metros de altura. Nada que se pareciese a una ciudad. Entonces avancé unos diez pasos hacia el edificio de la estación, y la vi allá abajo: un espectáculo que me dejó sin aliento. Contemplé un impresionante precipicio, que descendía unos 500 metros. Toda la ciudad de La Paz concentraba sus edificios en ese agujero profundo. La depresión no era en realidad un valle redondo, ni exhibía una abertura semejante a un cráter. Descendía bruscamente, y en el punto más bajo crecía la vegetación tropical, apenas visible. El cuadro era más espectacular que el Gran Cañón.

En el curso de mi vida he tenido sorprendentes experiencias de carácter más o menos similar: y así, un paisaje o la imagen de una ciudad evoca el recuerdo extraño y desdibujado de otro lugar muy lejano. Tal es la notable estructura cerebral, y todo funciona con cierta carga emotiva, con descargas endocrinas que sin duda despiertan el justificado interés del artista-arquitecto. El también es un maestro capaz de introducir cambios en nuestra sensible química corporal con su influencia sobre nuestra vivencia y nuestro medio.

Los estudiosos de la conducta animal atribuyen importancia a los lugares en su condición de psicotopos o "lugares de los sentimientos anímicos". Mucho antes que se construyese el campanario de una iglesia o el Empire State Building, los niveles superiores de la vida orgánica y también la vida humana tendían a aferrarse a los más destacados rasgos, peculiaridades y elevaciones del paisaje.

Cuando entrábamos en una aldea, siempre hallábamos a alguien que poseía algunas armas, aunque teóricamente se había procedido al desarme inmediato de esa gente, de acuerdo con los artículos del armisticio firmado en algún sitio muy lejano. Pero nadie nos hizo daño, y ciertamente nada decíamos que irritara a nuestros cordiales anfitriones armados. Yo demostraba buen humor y podía contar chistes en serbio. Además, les traía noticias, venía de un mundo extraño y podía contar muchas cosas. La novedad de nuestra llegada se difundió rápidamente en toda la aldea y en las pequeñas cavernas de las montañas, de las que brotaba el humo, y la gente se reunía en un lugar —una casa— y en medio de ella nosotros, con los ojos enrojecidos y lagrimeantes por el humo. Yo regalaba un poco de sal y "café", y luego explicaba lo que había visto. Esta gente se mostraba muy cortés, pues podría haberse desembarazado de nosotros sin ninguna dificultad. Hasta cierto punto, ello se hubiera justificado, pues nunca se los había tratado bien, y la guerra les había infligido terribles sufrimientos.

Pero evidentemente yo podía ser un amigo, y además tenía un ordenanza bastante flemático, que no provocaba la menor dificultad. No molestaba a nadie, ni besaba a las muchachas, ni hacía nada que me crease problemas. Su hablar lento se asemejaba al de sus antepasados sajones. Provenía de Transilvania, la región sudeste de Hungría, cerca de la frontera montañosa con Rumania. Su aldea natal era tan atrasada que nunca había visto una escalera. La primera vez que se encontró frente a una, en un hotel del interior del país, la trepó con las manos y los pies; de hecho, sólo conocía las escalas. Como era un primitivo de otra especie, los montenegrinos veían en él a un individuo menos extraño que yo.

El viaje aportó muchos datos prácticos de carácter antropológico. Como ya lo he dicho, los montenegrinos de las zonas rurales daban la impresión de ser probablemente los campesinos más nobles y dignos que uno pudiese hallar, quizás aún más que los españoles. En una ciudad como Cetinje es posible encontrarse con personas que han vivido un par de años en Estados Unidos y que se dedican a vender licores o administran burdeles. Pero la mayoría de los habitantes son maravillosas réplicas del noble salvaje descripto por Chateaubriand a fines del siglo XVIII, cuando exaltó a los pieles rojas. Pero cuándo uno entraba en una vivienda a modo de caverna e inesperadamente veía la pared cubierta por tarjetas postales y fotografías de parientes que residían en Estados Unidos, la cosa parecía incongruente y echaba a perder la jerarquía y el carácter de ese medio primitivo. Es fácil destruir la armonía cultural de los seres humanos y los animales en un ambiente lleno de humo, cuya contemplación constituye una experiencia tan notable para el arquitecto y el proyectista del medio humano. Es como una aldea india de Nuevo México, donde uno puede hallar de pronto un trozo de linóleo frente a una pileta empotrada, todo en una choza de adobe de origen neolítico; o en el caso de una reproducción en colores de la Madonna, con su correspondiente marco, sobre la pared curva en la casa circular de tierra apisonada que habita un mau mau en Africa Oriental.

La malaria tropical

Muchos meses después atravesamos nuevamente Montenegro, esta vez en dirección al puerto lacustre de Rieka, que significa río, y cruzamos el Lago Scutari, que separa Albania de Montenegro. Desembarcamos en Shkodër (Scutari). Fue un centro comercial muy importante en los tiempos romanos, y todavía lo es. La mayoría de su población es católica y muy distinta de los montenegrinos, que pertenecen a la Iglesia Griega Ortodoxa. De todos modos, como la ciudad soportó el dominio turco durante cuatro o cinco siglos, abundan los minaretes de las mezquitas. Scutari había sido "internacionalizada" unos diez años antes de la Primera Guerra Mundial. Las cuatro grandes potencias de esa época habían enviado destacamentos militares para mantener una suerte de equilibrio político en toda el área balcánica. Una calle se llamaba Napoleón, otra Bismarck, y así por el estilo. Cada domingo tocaba en la plaza central una banda militar distinta, en una rotación imparcial que incluía a los italianos, franceses, alemanes y austríacos. Por supuesto, esta ocupación a cargo de tantos soldados de distintas naciones ejerció una influencia negativa sobre la población civil, y especialmente sobre el sector femenino. Era muy difícil recorrer Scutari. Salvo las copas de los árboles, las altas y anchas murallas de los jardines todo lo bloqueaban, y los minaretes y las mezquitas contribuían a agravar la confusión. La ciudad representaba otro mundo, con otro pasado y otro presente. Cierta vez, mientras paseaba por las tortuosas calles, subí a uno de los minaretes. De pronto advertí que los altos muros de piedra ocultaban muchos otros sectores de la ciudad, especialmente las casas de los ricos mercaderes. Las viviendas de las mujeres se levantaban a un costado, un poco retiradas. Las mujeres católicas vivían de un modo bastante semejante a sus hermanas musulmanas. Cuando caminaban por las calles, con una suerte de balanceo, ataviadas con gruesos vestidos y enaguas, daban la impresión de que el atuendo y la carga eran excesivos. Pero eran figuras pintorescas, y por mi parte dibujé muchos bocetos.

Salimos de Shkodër para continuar internándonos en Albania, pero pronto ya no hallábamos ni siquiera indicios de camino. Atravesamos los pantanos de Albania occidental, en una línea más o menos paralela al mar Adriático. Al este de estas tierras bajas hay cadenas montañosas cuyos habitantes son aún más primitivos que los montenegrinos. Nunca estuve en la región misma de Malcija, territorio accidentado en el que resulta casi imposible entrar. Los turcos ocuparon Albania durante quinientos años, pero nunca pudieron recaudar impuestos en esa región del país, ¡tan eficaces eran las tácticas de guerrilla de los montañeses! En la región de Malcija viven unas sesenta tribus diferentes. Sólo veía a algunos de ellos cuando bajaban a las localidades del valle y la costa. Tenían la cabeza afeitada y usaban sombreros cónicos, de suerte que parecían tibetanos. Las tribus se distinguen por el dibujo de las cintas tejidas a mano o de los orillos cosidos a las ropas, y por los diseños que estos adornos forman sobre los pantalones blancos, casi siempre de lana; pero para el extranjero era difícil diferenciarlos.

Estos tribeños perpetuaban sus venganzas de sangre durante generaciones; de acuerdo con su código oral, todos los miembros del grupo tienen la obligación de matar a la persona culpable de una ofensa inferida al clan o la familia. Esta tradición incluye también la protección de los viajeros y los extranjeros que ingresan en la región. Los tribeños abrigan la convicción muy profunda de que la hospitalidad es sagrada, y de que es necesario mantenerla y manifestarla a toda costa, aunque ello implique el sacrificio de la vida del anfitrión. Cuando un extranjero viaja de una aldea a otra, se pone bajo la protección de determinado clan o familia. Uno de los miembros del grupo lo acompaña en su viaje hasta el lugar donde está el siguiente anfitrión, que por supuesto mantiene una relación amistosa con el primero. Si en el camino ocurre algo —por ejemplo, si matan al viajero, o simplemente le roban— el incidente justifica la prolongación de la venganza de sangre durante siglos. Por cada vida es necesario cobrar otra vida, más o menos como en el caso de la *vendetta* corsa. Por consiguiente, tener un huésped es un asunto terriblemente serio. Según me explicaron entonces, en algunas de las tribus apenas el 60 por ciento de la población masculina muere de muerte natural.

No es grato ser la causa de una venganza de sangre; en todo caso, uno preferiría apelar a todos los medios para evitar que el anfitrión se comprometiese en una disputa interminable a raíz de un accidente o una ofensa involuntarios. Me explicaron entonces que, si uno se acogía a la protección de un anfitrión adecuado, era más seguro viajar en la región de Malcija que recorrer ciertos barrios de Chicago durante la noche, puesto que en esta última ciudad la policía merecía mucha menos confianza.

En Lesh (Alessio), sobre la costa de Albania, en algunas localidades los habitantes parecían espectros. Esa zona había sufrido el azote de la malaria durante muchos siglos, y nada se hacía para combatirla. Por lo menos el 99 por ciento de la población padecía tal enfermedad y se encontraba agotado y degenerado. Lesh estaba rodeado de montes de unos 300 metros de altura; nuestra batería se instaló en uno de ellos durante un tiempo. Todo el grupo —unos trescientos cuarenta y cinco soldados y seis oficiales, entre ellos yo, acompañados por un centenar de caballos de carga— enfermaron de malaria, cólera o tifoidea; en los últimos tiempos sólo quedaban sesenta y cinco hombres, y yo era el único oficial. No podíamos movernos ni cargar los caballos, que además tenían que ser alimentados; no podíamos levantar nuestra mochila ni disparar un tiro. Todo ello permite forjarse una idea de la eficacia de este tipo de guerra.

Los sesenta y cinco hombres restantes de ningún modo estaban sanos, pero rehusaban ir al hospital, porque en ese caso les quitaban las mantas para despiojarlas, y se los dejaba sobre la ladera de la montaña, prácticamente desnudos bajo las copiosas lluvias que caían desde el comienzo de la estación húmeda. Era un hospital de campaña con trescientas camas, pero en la montaña había dos mil quinientos hombres. Los soldados preferían quedarse "en casa", donde estaban aprovisionados y por lo menos podían comer algo. Por supuesto, tenían que soportar los escalofríos y las sudoraciones de la malaria.

Cuando al fin sucumbí a la infección, una malaria de los trópicos más una terciana, me sacaron de allí en un carro tirado por caballos. Atravesamos pantanos totalmente cubiertos de agua y a cada momento nos hundíamos en agujeros invisibles. Dada mi condición de oficial, en el hospital me pusieron bajo techo. Más aún, recuerdo complacido que me dieron un poco de compota de peras y leche envasada. Viajé al hospital siguiente, no en carro o a caballo, sino sentado sobre una tabla que medía aproximadamente 30 por 40 centímetros, enganchada a la cuerda de un ferrocarril suspendido, una suerte de primitivo cablecarril que se balanceaba y desplazaba a unos treinta metros sobre el interminable y soleado pantano, y que a veces permanecía inmóvil en mitad del aire, soportando el calor por espacio de una o dos horas.

Fue el comienzo de mi larga recorrida de hospitales —unos dieciocho en otros tantos meses— un lento avance hacia el norte, hasta llegar a un sanatorio para tuberculosos en Estiria. Me llevaron allí para alimentarme bien, porque en realidad nadie sabía qué hacer con un enfermo de malaria. Lo hacían objeto de las llamadas curas *Nocht*, que consistían en la aplicación de dosis sistemáticas de quinina en un período de doce semanas. Pero el tratamiento generalmente concluía con un nuevo ataque y una serie de escalofríos. Cuando sobrevenían éstos, la cama y todo el suelo comenzaban a vibrar con mis temblores. Después, cuando mi temperatura había alcanzado el nivel máximo y yo comenzaba a transpirar, el colchón rezumaba agua. Esta situación continuó mucho tiempo, y los ataques siempre se repetían.

Un camarada

Es extraño pensar que a partir del galimatías de la confusión semiconsciente, en un período de caleidoscópicas secuencias de insensatez, se perfile lentamente una situación lógica y se manifiesten consecuencias trascendentes. No es fácil distinguir el punto de partida de un relato verdaderamente "causal". De la fuente a la desembocadura del río, la narración avanza dibujando una línea sinuosa y sorprendente.
Hay gente que busca toda la vida y nunca encuentra. Busca esposa, tiene buen número de mujeres, y continúa buscando. Busca camaradas fieles, jefes o subordinados, o lugares y cargos en el mundo del trabajo. Se desplazan y zigzaguean sobre el mapa, y recorren una serie infinita e insensata de situaciones, y nada consiguen. Otros encuentran fragmentos todos los días. Estos últimos poseen individualidad biológica y gran capacidad de absorción, asimilación, coordinación, adaptación y acomodación. Una de sus cualidades es la observación mediante la empatía, la capacidad de enamorarse y de continuar eficazmente en ese estado de amor a lo concreto, en lugar de cortejar las abstracciones de un mundo irreal.
A fuer de disciplina equilibrada y satisfactoria, la arquitectura es el arte menos abstracto. Se consagran veinticuatro horas diarias al contacto más estrecho con la respuesta concreta. Se trata de respuestas elaboradas naturalmente y adquiridas en el curso de una vida, y en ellas todo manifiesta una vital realidad: realismo biológico.

De Albania y Eslovaquia a Suiza

Al comienzo de este relato sinuoso yo padecía soledad y desnudez. Para conseguir que mi piel bronceada se refrescase, me había sentado en la ladera de una montaña, a unos 300 metros de altura, y contemplaba la bahía del pequeño puerto natural de Shinjin, sobré la costa albanesa. Bajo el agua había cinco o seis pequeños cargueros, torpedeados y hundidos con su carga de granos y harina, que los italianos habían tratado de enviar a Albania. Después de muchos meses, los grupos de buceadores habían sacado a la superficie varios sacos de harina —ennegrecidos e incrustados de sal— de las bodegas llenas de agua. Se comprobó que en el interior de los sacos se había formado una masa gelatinosa más o menos impermeable, que por así decir lo revestía y servía de protección a la harina humedecida, pero todavía relativamente intacta. Ahora se la había extendido para que se secase al sol en la playa. El hedor subía al cielo y a la cumbre de mi montaña.

A veces montaba a caballo y bajaba a la bahía, para nadar o por lo menos refrescarme. Pero en el camino de regreso a la montaña el calor volvía a agotarme. Cierto día estaba sentado y pensando en la arquitectura, y en mis posibilidades futuras, mientras espantaba las moscas y observaba las formas irregulares de las nubes sobre el Adriático. Ni siquiera tenía un cuaderno de bocetos para ejercitar la mano. De pronto vi dos figuras semidesnudas, calzadas con pesadas botas, que ascendían por el soleado sendero, entre los arbustos. La subida les llevó bastante tiempo, y a menudo se enjugaban el sudor del rostro. Eran jóvenes, y se dieron cuenta de que yo era oficial por los arreos —el uniforme, la gorra y el sable— distribuidos en el suelo a mi alrededor. Adoptaron posición de firmes e informaron su llegada a la batería. Eran dos subtenientes: el barón de Erlanger —un muchacho delgado, de cabellos rubios— y el subteniente Herzka, un joven moreno, que parecía feo a primera vista, pero tenía ojos de color castaño claro, expresión melancólica y extraña belleza.

La relación con Herzka, que pronto enfermó como todos los demás, tuvo gran importancia en mi vida. Más de un año después lo encontré nuevamente en Trenčín, Eslovaquia. Lo habían ascendido a teniente, y ambos estábamos afectados de malaria recurrente. Se acercaba el fin de la guerra, y también del Imperio Austrohúngaro. Herzka ya conocía Trenčín y estaba mucho más familiarizado que yo con las condiciones locales. Me encontró un cuarto fuera del hospital, en casa de la baronesa Zahoransky, una húngara impedida físicamente pero de espíritu vivaz, cuyo esposo había vivido en Inglaterra y Estados Unidos, y que había construido su villa según el "estilo anglosajón", con bañera y todo lo demás.

Mientras se aproximaba el desastroso fin de la guerra, se inició la guerra de secesión de los checos, y los oficiales húngaros tomaron el último tren para Budapest. Herzka también huyó; pero no había trenes para Viena, de modo que me instalé en casa de otra familia que él me había recomendado. El marido era comerciante, y la esposa me creaba una situación embarazosa con su irritante inclinación a enamorarse del honesto joven que era yo... el pobre desecho abandonado, la reliquia de un ejército en desbandada. Me dio un abrigo civil de su marido para que disimulara el uniforme, y su sombrero. Yo usaba estas prendas en mis paseos por las calles de la ciudad, o cuando me dirigía al castillo medieval para matar el tiempo, ahora con un cuaderno de croquis sobre las rodillas. Allí solía reunirme con Kate, una muchacha muy joven, y a la vez muy sucia y descuidada; creo que era pastora o algo así. A menudo me he preguntado qué se hizo después de toda esa gente, quiénes murieron y quiénes continuaron viviendo.

Entretanto, las fuerzas checas habían ocupado la ciudad eslovaca, que antes pertenecía a los húngaros. Todos los oficiales y las enfermeras del hospital a quienes yo conocía se habían marchado; la única excepción era un técnico civil de Munich, un hombre de cabellos rubios con quien me paseaba por las tardes divagando acerca del futuro. Pero de tanto en tanto la policía militar checa me descubría y me enviaba al calabozo o me obligaba a comparecer ante el comandante. En estos incidentes había elementos de riesgo y dramaticidad que aliviaban el hastío. En una de esas ocasiones, una joven a quien no conocía, pero que evidentemente se sentía profundamente atraída hacia mí —quizá nada más que de verme desde lejos— se arrojó, gimiendo y llorando, a los pies de los dos soldados que con las bayonetas caladas me escoltaban en dirección a los colchones de paja del calabozo. Me sentí perplejo y profundamente conmovido al mismo tiempo. Era una escena tocante, como la que habría podido representar durante la ejecución del amado. Pero no me fusilaron, y jamás llegué a conocer el nombre de la joven del corazón destrozado.

Estaba comenzando mi vigésimo sexto año de vida, y durante ese período me expresaba desordenadamente con creyones al aceite y aun con cuadros al óleo. El castillo, la ciudad, la iglesia y las criptas de la sinagoga de Trenčín fueron mi alimento arquitectónico; también una siniestra catacumba en la entraña sombría de un monte, con sus solitarios santos de tamaño natural, erguidos entre las sombras, restos de un monasterio abandonado, en la margen opuesta del río Trenčín.

Las últimas semanas del otoño de 1918 fueron un período importante en la historia del mundo, pero yo poco sabía de lo que estaba ocurriendo, salvo que los Hohenzollern y los Habsburgo habían sido derrocados. Comencé a considerar seriamente la posibilidad de huir a Viena, o quizás al extranjero, al mundo exterior. Pero, ¿cómo podría lograrlo?

Cuando el comandante militar checo me concedió permiso para abandonar la ciudad y atravesar su país recientemente "liberado", mi anfitriona me entregó una carta de presentación para su prima, que se desempeñaba como enfermera en Suiza y dirigía una casa de descanso en un lugar próximo al lago Zurich. En el tren que me condujo a Brno, una inflexible patrulla checa me arrancó de la casaca las charreteras de oficial. En mi condición de soldado veterano me sentí disgustado, pero mis pensamientos ya estaban en Suiza..., claro que aún tenía que llegar. Meditaba que quizás allí la gente se dedicaría a construir, en lugar de sembrar ruinas y destrucción. Medio año antes, durante una licencia de tres meses, había terminado mis estudios en Viena y conseguido un diploma universitario, mientras Gabriele D'Annunzio arrojaba sobre Viena volantes italianos en los que proponía que nos rindiéramos. En 1918 todos estábamos más dispuestos a empezar la revolución que a rendirnos. Una pequeña y ansiosa revolución contra un imperio milenario que se iba derrumbando. (¿O quizás se remontaba a un período todavía más remoto, al emperador romano Probo, tal vez Julio César, Kaesar, Káiser?) En todo caso, ardía en deseos de contemplar la fortaleza de Europa Central un poco desde fuera y, si era posible, desde el lugar de donde habían llegado los Habsburgo ocho siglos antes. Parece sorprendente que lo consiguiera, pero en definitiva, con la visa en la mano, pude franquear la frontera suiza.

Había cambiado una buena cantidad de desvalorizados billetes austríacos por unos pocos francos. Cuando el tren se detuvo para permitir la inspección de los equipajes, y una vez que todo fue examinado, elevé hacia las montañas suizas una mirada de agradecimiento. Había dejado atrás la cárcel de una guerra que duró cuatro años. El aire de las montañas era maravilloso. Me encaminé hacia el restaurante de la pequeña estación ferroviaria y con ojos incrédulos vi a la gente comiendo jamón con huevos. Pedí una porción y los ingerí con actitud reverente. Después de pagar, apenas me quedaban algunos centavos. Luego me introduje en el vagón para fumadores, y en un hombre de cuerpo menudo que allí estaba reconocí al señor Steinhoff, arquitecto vienés y *habitué* de Suiza. Me ofreció un Stumpen, cigarrillo suizo armado como un cigarro.

Mientras el tren recorría la orilla meridional del lago Zurich me sentía en el séptimo cielo; por último fui a parar al pequeño Hotel Simplón, cerca de la estación ferroviaria, proyectado dos generaciones antes por el gran Gottfried Semper. (Semper era el mismo visionario arquitecto y filósofo Victoriano que había creado en Viena el Teatro de la Corte, que yo tanto amaba.) Me presenté al señor Immer-Schneider, un agente de patentes a quien mi hermano Siegfried había escrito una carta. Como muchos suizos de cierta edad, el hermoso patriarca de barba blanca me pareció la imagen misma de Gottfried Keller, el maravilloso escritor suizo romántico y realista a quien yo tanto quería.

Me encantaba este país pacífico y equilibrado, pero no había trabajo. Recorrí todas las calles, trepé todas las escaleras, toqué todos los timbres y conocí a toda clase de dubitativos arquitectos. Sin duda yo les parecía un pájaro raro; además, se había desatado una campaña periodística, no del todo injustificada, contra los condenados extranjeros (*chaibe uslanders*) que acudían en tropel.

Pero aún no había perdido la esperanza. Contemplé el hermoso lago desde el Uto Kai y vi los reflejos del pequeño jardín helado de Verena, instalado como una corona de hielo sobre las lejanas montañas de las tierras altas de Zurich. Tomé después el tren y comencé a atravesar el paisaje invernal de la orilla norte del lago, en dirección a Staefa. Allí debía entregar la carta que traía de Eslovaquia, escrita por la dama sentimental que Herzka me había presentado; allí conocería a la prima de esa mujer, la enfermera que dirigía la casa de descanso.

Desde la estación de la aldea cargué mi valija cuesta arriba hasta llegar a un chalet con techo a dos aguas, que alzaba sus paredes cuidadosamente pintadas sobre los troncos nevados de los árboles frutales. Me recibió la hermana Elsa, una extraña criatura, muy consciente de su fealdad. Hacía muchos años que una fracasada cura de bocio con rayos X le había arruinado el rostro y deformado los rasgos humanos. Vestía el uniforme de la Cruz Roja y hablaba con cierto acento suizo un tanto postizo que venía a mezclarse con el vienés nativo. Me introdujo en la sala de grata tibieza, con sus lámparas encendidas. Era invierno y anochecía temprano. Me sorprendió que dos jovencitas comenzaran a hablarnos desde lo alto de la gran estufa de baldosas verdes, que les servía de agradable lugar de descanso, inmediatamente debajo del cielo raso. Una era Anita; la otra, según creí entender, era su media hermana. Me explicaron que eran huérfanas, hijas de un encantador periodista ruso, individuo importante que había muerto en Suiza no hacía mucho. A Augusta, la cocinera, una suiza hecha y derecha, la llamaron y le indicaron que me trajera de la cocina un jarro de leche y algunas rebanadas de pan.

Me sentí muy feliz cuando vi mi limpio cuartito bajo las vigas, con vista al paisaje nocturno del lago. De regreso en la planta baja, me enredé en una chispeante conversación con Anita, vivaz y precoz alumna del colegio secundario que había esperado con curiosidad mi llegada y que ahora preparaba frente a mí sus lecciones de latín.

Era sábado y, después que las dos niñas se fueron a acostar, sostuve la primera de muchas y prolongadas conversaciones nocturnas con la hermana Elsa, mientras fumábamos un cigarrillo en su "despacho". Esa casa de la campiña suiza me pareció limpia, hogareña y reluciente; por lo demás se asemejaba en ello a todo el cantón de Zurich.

A la mañana siguiente, día domingo, el sol brilló sobre el lago, que ahora tenía reflejos acerados, circundado por la campiña cubierta de nieve. Durante el desayuno, que tomé tardíamente, la hermana Elsa y Anita me informaron que se serviría el almuerzo a mediodía en punto. Y estaría allí un invitado habitual a los almuerzos dominicales: el anciano Alfred Niedermann, notable artista y escritor suizo, hombre áspero, ceñudo y un tanto misántropo.

Desde Albania yo había venido avanzando lenta pero seguramente hacia este almuerzo dominical en el *Erholungsheim* de Staefa. Pero no sospechaba cuán próximo estaba al momento más significativo y crucial de mi carrera.

A mediodía en punto, Alfred Niedermann el viejo, el bisabuelo de mis futuros hijos, apareció con su hija soltera, mujer que otrora había sido bella. Mi presencia allí lo alegró y al mismo tiempo despertó su suspicacia; como era un entusiasta y excelente expositor de temas filosóficos, mi atención le complacía más que mis intervenciones. A veces Anita sofocaba su risa ante mis *faux pas* en el extremo contrario de la mesa. Era un mediodía soleado, con un cielo azul sobre el lago.

Alfred Niedermann, hijo de un maestro de la corporación de vidrieros de Zurich, en su juventud había viajado mucho y llegado hasta Rusia. Era autor de novelas y poemas excelentes. (Una de sus narraciones, *Dione Peutinger, la Médica de Inglostadt*— ¿o acaso "La Bruja"?— transcurría durante la Guerra de los Treinta Años, y a ella se debió el que mi esposa fuese designada con un nombre escasamente cristiano.) Alfred Niedermann era un pagano clásico, o ateo, o librepensador del período posterior a Goethe. Profesaba un odio un tanto estrepitoso al Vaticano, pero tuvo que tolerar una nuera católica. Al principio esta situación provocaba su cólera irreprimible, pese a que la joven no había tenido inconveniente en sustituir su fidelidad a Roma por la fidelidad al ingeniero suizo y enamorado admirador que había hallado en Alfred Niedermann el joven, hijo de nuestro invitado.

"Son una familia interesante", me había informado la hermana Elsa después de la comida y de la discusión sobre Goethe y los griegos. En efecto, *son* una familia interesante; cuarenta años después, opino lo mismo. Mientras escribo estas líneas, mis suegros, ambos bastante mayores de ochenta años, conservan toda su vivacidad y su buen aspecto; ahora viven de este lado del océano, al oeste de las Rocosas. Pienso exactamente lo mismo después de haber vivido en matrimonio durante una generación o más con la misma muchacha y, por supuesto, también con la familia de mi esposa.

Conocí primero al abuelo. Luego me dijeron que el hijo de Alfred Niedermann venía de visita y que traía consigo a la menor de las cuatro hijas. Llegó; era un hombre pulcramente vestido, *á quatre épingles*, que atraía la atención. La hija, una avispada niña de diez años, se llamaba Regula, en recuerdo del santo patrono de Zurich; tan pronto nos vimos, simpatizamos. No tardé mucho en dibujar su retrato. Ahora le pusieron marco y vidrio, y cuelga en el interesante departamento-jardín de un ambiente que ocupan los padres y que construí treinta años después en Westwood, California.

Regula ha recorrido muchos caminos; ambos hemos estado aquí y allá, y conocido el mundo cada uno a su modo. Varias veces se reunió conmigo; así, cuando me acompañó a California después de la Segunda Guerra Mundial, contribuyó mucho a mis esfuerzos orientados a promover la felicidad de la gente con los recursos de la arquitectura.

Regula fue la que comunicó a las otras jóvenes de la familia que había llegado un ex oficial vienés que aún vestía la casaca y los guardamecíes de cuero del derrotado ejército de los Habsburgo. Las cuatro muchachas respondían al radiante liderazgo de Lilly Antoinette Niedermann, joven de cuarenta años nacida en Leer, Ostfriesland, de donde había salido para contraer matrimonio e incorporarse a esta familia suiza que a la sazón residía en Munich.

Las hermanas eran Dione, una morocha de dieciocho años; Verena, muy rubia, de dieciséis; Doris, de cabellos ligeramente ensortijados, de catorce años; y, desde luego, la propia Regula. Además, estaba Trude Eckstein, alta, de cabellos negros y frente estrecha y pequeña. Su madre era una bella divorciada, mujer mundana y dotada de espíritu comercial que administraba un cinematógrafo en Viena. Más tarde Trude fue la primera que dejó furtivamente un trozo de chocolate en mi cama, cuando fui a pasar unos días en casa de los Niedermann, sobre el Schmelzberg, desde donde se dominaban algunos sectores del lago que se extendía abajo. Trude fue quien, con una suerte de irónica ambigüedad, me murmuró que los Niedermann habían fundado un "paraíso provinciano". Trude provenía de la vida elegante y la sociabilidad de la metrópoli, y supongo que del tipo de cultura que es su concomitante. En la guerra y las peregrinaciones yo había aprendido a amar los estados de soledad y a alimentar dudas acerca de las megalópolis, que parecían tan limitadas a quien estaba acostumbrado a instalar su bolsa de dormir en los amplios espacios abiertos del escenario primitivo.

En mis reflexiones pensé que Zurich ofrecía muchas satisfacciones en el campo de la arquitectura, excepto quizá lo que era su orgullo, la Bahnhofstrasse, la avenida principal, que se prolongaba desde la estación del ferrocarril hasta la perspectiva del lago. La ciudad era como una moneda antigua, pulcramente perfilada y, pensamiento éste que me asaltaba a menudo, peculiarmente sólida y argéntea, a pesar de todo lo que se había acumulado en el período posvictoriano. El tren local que yo utilizaba recorría las cinco o seis conocidas aldeas suburbanas de la costa septentrional del lago; por la mañana y al anochecer ofrecía una vista más allá del lago y sobre los techos a dos aguas de las típicas casas viejas de Zurich, un estilo conservado y dominante en el *oberland*.

Había hallado un trabajo de principiante que me aportaba una retribución microscópica, no al lado de un arquitecto sino en una empresa dedicada al embellecimiento de terrenos y paisajes, la firma Otto Froebel's Erben (Herederos de Otto Froebel). Generalmente viajaba de ida y de vuelta con la vivaz e inteligente Anita; ella me llevó a uno de los restaurantes que servían comidas "sin alcohol", organizados en Zurich por el movimiento suizo en favor de la abstinencia. Supongo que muchos suizos, por ejemplo Masón Lienhard, marido de Gertrude en el famoso relato dieciochesco de Johann Heinrich Pestalozzi acerca del espíritu nativo, habrán perdido su compostura frente a un vaso de vino o de cerveza en las tabernas comunes.

Me interesé profundamente en las características de este país salpicado de glaciares, cuyos pasos entre las montañas fueron franqueados por más extranjeros que los que cruzaron los de Cachemira; conocí éstos últimos muchos años después, y también entonces los recuerdos se resolvieron en ecos interminables. A pesar de su hotelería y su universalidad cosmopolita, Suiza y aun Zurich son lugares ignorados por muchos extranjeros. Pero yo llegué a sentirla muy cerca de mi corazón.

Anita comenzó a manifestar un interés juvenil y un tanto aniñado en nuestros encuentros, pese a que yo me ajustaba sinceramente a los límites. Hablaba con la animación de una chica de dieciséis años y le brillaban los ojos. Con mi propia hermana había aprendido el papel de acompañante cuando yo tenía doce años y ella dieciocho. A veces Anita declaraba que se sentía aislada, porque quienes la rodeaban no la entendían, aunque a mi juicio se había adaptado perfectamente al país donde vivía y hablaba el dialecto o idioma suizo alemán con la misma fluidez que un nativo. Se inquietó un poco cuando descubrió que también las jóvenes Niedermann se habían encariñado conmigo. Instintivamente le preocupaban menos los avances de la sofisticada Trude, que cronológicamente tenía la misma edad, pero que comparada con ella era tan madura como la serpiente del paraíso... ese paraíso que calificaba de provinciano.

El trabajo en la empresa se realizaba bajo la supervisión de Gustav Ammann, diligente y metódico alumno suizo de Jacob Ochs y del gran Carl Foerster de Hamburgo. Con gran sorpresa de mi parte, conocí a Foerster cuarenta años después, y comprobé que era un anciano pero entusiasta enamorado del arte de diseñar paisajes, y una figura de primer plano en la especialidad; trabé amistad con él cuando la Universidad de Berlín Occidental me honró tan amablemente con el título de doctor.

El pequeño estudio del señor Ammann, los terrenos de cultivo con las plantas perennes en flor y los arbollillos en latas y cajas, y el sótano donde yo preparaba estacas bajo la guía del capataz Brauchli y del encargado principal de las plantas, llamado Rusterholz* —pensaba entonces que para un jardinero se trataba de un nombre maravilloso, con olor a madera—, fueron el punto de partida de experiencias que realmente me abrieron los ojos. En el curso de breves y tranquilas conversaciones con Gustav Ammann conocí algunas de las ideas de Foerster sobre el acondicionamiento social de nuestro ser por las plantas del jardín; por nuestra parte les atribuimos un

---

* Holz, madera en alemán. (N. del Tr.)

"carácter" secundario, si bien ellas expresan su propia biología natural primaria y, por lo tanto, colorean el paisaje con su "fisonomía". El proyectista de paisajes puede manipular tanto el "carácter" cultural como la "fisonomía" natural para sostener su labor de creación de lugares y la concordancia de estos últimos con el medio representado por el paisaje natural y cultural.

Estos últimos conceptos quizá reflejan más el modo en que yo mismo comencé a plasmar estos pensamientos que las breves interpretaciones que me ofrecía Gustav Ammann, en medio de explicaciones técnicas sobre los canteros de plantas perennes que florecen en determinada secuencia, y de los cuales preparé dibujos muy detallados con indicaciones de espacio y tiempo. Aprendía a distribuir las plantas de acuerdo con el crecimiento, tamaño, color y estación en que florecen. Identifiqué las asociaciones que pueden vincular su carácter con el jardín de un campesino o de un castillo; o bien su fisonomía aparentemente manifiesta a todos, no sólo al botánico, por ejemplo un habitat cargado de humedad, o un lugar seco y arenoso, a la cima de una colina barrida por el viento, o una quebrada profundamente trabajada por la erosión y denodadamente reclamada por la vegetación "nativa". Todo el asunto era fuente de inagotable inspiración. Me gustaba en particular observar los equilibrios naturales de la ecología vegetal y el microclima generador de un lugar. Comencé a pensar que bien podía prestarse la misma atención al crecimiento y biodinámica de los seres humanos. ¿Por qué *sus* raíces y su florecimiento habrían de interesarnos menos?

Por cordialidad hacia mí, el señor Ammann hablaba en alto alemán, que había estudiado especialmente en Hamburgo. Pero comencé a gustar del idioma suizo. Los giros idiomáticos me recordaban constantemente a Gottfried Keller, sus cuentos de Seldwyla y Zurich, y su libro autobiográfico *Der grüne Heinrich* (Enrique el verde). Aún es posible que este libro maravilloso influya voluntariamente sobre mí en este mismo momento, mientras garabateo algunas cosas sobre mi propia vida.

Los demás miembros del personal, la telefonista de edad madura, el tenedor de libros de cabellos canos y el joven señor Froebel, que andaría por los cuarenta años, me dirigían una breve sonrisa cuando atravesaba la oficina. Seguramente todos entrevieron bajo la superficie de mi apariencia y mi atuendo tan extraños mi decisión y mi voluntad. Ganaba unos cien francos mensuales y comenzaba a diseñar jardines. La concentración en este tipo de estudio de los lugares todavía influye sobre mí, y no simplemente por sus aspectos mecánicos.

Recuerdo que en mi primera mañana en la empresa comencé martillando largos clavos en una base de madera, quizá terciada, hundiéndolos a diferentes profundidades, de modo que las cabezas coincidieran con las elevaciones de un mapa en relieve. Martillé interminablemente; al mediodía casi me acomete un desmayo: ¡cuál no sería mi terror al darme cuenta de que los clavos habían penetrado en la superficie del escritorio en que trabajaba! Me acerqué pálido al señor Ammann y le comuniqué la noticia, seguro de que me expulsaría inmediatamente. Sin duda ya simpatizaba conmigo, pues no me despidió en un acceso de cólera.

Tiempo después, cuando el profesor Karl Moser me invitó caritativamente a acompañarlo en una excursión de estudiantes universitarios a Neuchâtel, con el propósito de dibujar bocetos, el señor Ammann me otorgó el indispensable permiso. Mucho más tarde, cuando viajé a Estados Unidos, me prestó 150 dólares para que no careciese por completo de fondos y, en parte, para pagar el pasaje en el buque *Laconia* de la empresa Cunard. Tres meses después había cancelado la deuda. Y muchos años después, ya anciano, escuchó una de mis conferencias en Zurich; hace apenas pocos años, convinimos en que yo escribiría el prefacio de su libro sobre el diseño de paisajes y la jardinería. Gustav Ammann falleció antes que se publicase su hermosa obra, que incluye el panegírico que escribí en honor a mi maestro en el diseño de paisajes.

A la hora del almuerzo todos los empleados se retiraban de las oficinas. Yo ingería algunos pedazos de pan seco que guardaba del desayuno de la hermana Elsa. Deslizándose detrás de las plantas de tomate e introduciéndose en un sector de maíz verde, el astuto "recolector de alimentos" espiaba todo lo que tuviese frutas y otros comestibles, fuesen éstos raíces u hojas. Ignoro si el señor Rusterholz se preguntó jamás por qué, pese a que las plantas de tomate habían florecido bien ese año, tenían menos frutos que los que hubieran podido preverse; o cuántas mazorcas de maíz verde desaparecían misteriosamente. No cabe duda de que yo vivía de los productos del campo, y de que los ingería con voracidad, pues a menudo trabajaba esforzadamente la tierra, inclinando hacia el suelo la frente bronceada cubierta de transpiración.

A veces el señor Rusterholz reunía a los miembros más inteligentes del grupo de cultivadores, o sea los horticultores organizados y el que esto escribe, y los llevaba al Arboretum; allí indicaba los nombres y las características de los árboles y los arbustos, sus hábitos y las condiciones que debía reunir el suelo. Era un extraño sistema de enseñanza, que evocaba al grupo de aprendices de un artesano medieval escuchando al maestro veterano. La lengua suiza del señor Rusterholz sonaba en mis oídos como el olvidado alemán de la Edad Media.

Me encantaba todo lo que aprendía; con Anita analizaba el tema y los problemas literarios, y a Dios y el mundo, cuando al anochecer regresábamos hambrientos al *Erholungsheim* de Staefa, donde la hermana Elsa, Augusta y una pensionista, la señora Scharlach, de Seattle, nos esperaban para sentarse a la mesa.

Seattle, Seattle... yo no sospechaba que un día la Sociedad Arboretum de esa ciudad me invitaría a pronunciar una conferencia ante un nutrido auditorio, frente a las cámaras de la televisión, o que con el tiempo yo tendría muchos amigos en esa ciudad. En aquel momento, a orillas del lago Zurich, cuando la dama norteamericana me habló de su hogar, creí inocentemente que Seattle era una especie de suburbio situado al norte de Los Ángeles.

Después de la cena solía acompañar a la hermana Elsa a su despacho, fumaba sus cigarrillos y le hablaba de mi trabajo, mis ideas, mis aspiraciones y esperanzas. Ella me llamaba *Herr Ingenieur*, título honorario que en Austria se dispensa a un arquitecto, y hablaba con su acento medio vienés y medio suizo. Por cordialidad me ocultaba el hecho de que algunos habitantes de la aldea protestaban ásperamente contra el extranjero que todavía vestía los girones de un uniforme austríaco y que evidentemente trabajaba en Zurich, con lo cual privaba de su pan a algún suizo. Unos pocos pilletes de la calle gritaban *Gamascha Chaib* cuando pasaba cerca de ellos camino a la estación (desagradable expresión de desprecio, alusiva a las botas que todavía usaba con mis pantalones de montar de la artillería de campaña). Pero no prestaba atención a algunas manifestaciones de hostilidad en medio de la abundancia de sentimientos amistosos que otros me manifestaban.

Entretanto, la familia Niedermann había decidido invitarme a almorzar, y ése fue el gran día de mi vida. Después de saquear las plantas perennes florecidas de Otto Froebels Erben con la idea de formar un impresionante ramillete de color, me afeité y recorrí las calles empinadas que separaban las oficinas del Schmelzberg, donde pasé una hora escasa almorzando frente a la señora Niedermann, que conquistó inmediatamente mi corazón. El señor Niedermann era por cierto un pater-familias pulcro y respetado —sigue siéndolo ahora, a los ochenta y siete años— y terminó una pieza clásica que estaba ejecutando al piano antes que nos sentáramos a la mesa; mientras tanto, todas las jóvenes esperaban. Dione tenía medias azules; yo traté de ignorarla, lo mismo que a todas las demás jóvenes, porque me pareció lo correcto. La cordial señora Antoinette Niedermann, que hablaba con su acento alemán del norte, adquirido en Friesland, atrajo mi más simpático interés.

Tiempo después supe que les había parecido extraño que no me hubiese cortado el cabello durante mucho tiempo. Por supuesto, ignoraban que ello se debía a mi escasez de dinero; además, gracias a una conversación vivaz e interesante conseguí que no advirtiesen que estaba ingiriendo vorazmente más de lo que correspondía a un huésped bien educado.

En adelante me invitaron a almorzar una vez por semana, y ése era el día en que satisfacía mi apetito. Pero quería a esa gente, sobre todo a la joven madre. Las muchachas concertaron un arreglo equitativo, en virtud del cual se turnaban para recogerme en la oficina y acompañarme de regreso.

Fui invitado a pasar algunas noches en la casa sobre el Schmelzberg y comencé a encontrar furtivos regalitos sobre mi almohada. Los ojos oscuros de Trude me miraban con expresión ambigua; a pesar de su aparente fidelidad a la señora Niedermann, ejercía una influencia negativa y formulaba críticas que pretendían ser objetivas. Competía astutamente con Dione, Vrene y Anita, pero por cálculo parecía tan reservada como lo era por naturaleza la sonriente Doris, la jovencita de tez blanca y sonrosada. Regula era siempre una muchachita aniñada, franca y fiel. Toda la casa, para mí maravillosa, desbordaba ternura femenina.

Nos hicimos íntimos amigos, y cierta vez, durante una larga caminata por colinas, valles y montañas —desde Staefa, pasando por Pfannenstiel, hasta Zurich—, las muchachas declararon por unanimidad que en adelante yo sería el hermano adoptivo.

Vrene, con sus ojos de color azul oscuro y expresión franca, recitaba poesías en latín y era la más culta. Asistía al colegio secundario para niñas, el "Gymnasium". Las tres hermanas mayores entonaban muy bien, a varias voces, las canciones populares alemanas y suizas, el "Vom Berg ins Tal" y un interminable y notable repertorio, para un público propicio integrado por mí mismo y por Regula, que no cantaba. Pero Dione era indudablemente la música de la joven generación; con el padre tocaba Beethoven a cuatro manos, y con el violoncelo, que había estudiado en Ginebra, practicaba varias *suites* solistas de Bach y las danzas de Franz Lachner. Ataviada con un alegre vestido de algodón estampado, los cabellos sujetos con una cinta, esta muchacha esbelta tocaba el violencelo con destreza profesional. Afortunadamente yo pertenecía a una familia aficionada a la música "clásica", pero mi canto y mis ejecuciones en guitarra no impresionaron a las jóvenes. Dione opinó que mi música era excesivamente sentimental.

Gradualmente, pero con audacia, comenzó a adelantarse a sus hermanas más jóvenes y en definitiva pudo afirmarse que era algo así como una novia informal. Apeló a un ardid para ir a Staefa como invitada durante unas breves vacaciones y, si bien la severa hermana Elsa nos había impuesto la obligación de ir a la cama temprano, teníamos tiempo para estar juntos; por lo demás, en Dione no había ni rastros de esos planes que a veces trazan las mujeres. Toda su vida conservó la maravillosa naturalidad de sus primeros años. Nuestro vínculo causaba cierto dolor a Anita y un poco de preocupación y desconcierto a la hermana Elsa, pero el tacto, fruto de la empatía, y la compasión del joven sincero que yo era realmente impidieron que las demás se sintiesen desgraciadas. Y cuando mis sobrinitos, hijos de mi hermana, un varón y una niña que tendrían seis y siete años —extrañas y hermosas avecillas—, llegaron de Viena en un tren especial para pasar conmigo un mes, sentí un profundo agradecimiento hacia todos por la calidez que encontré en ese país extranjero. Todo el idilio se consolidó aún más firmemente gracias al encanto y amistad de los niños con Regula y Dione.

Después del regreso de Dione a su hogar volví a visitarlos; los gestos de intimidad continuaron y fueron advertidos en parte, de modo que los padres decidieron alejar de allí a su hija mayor y el violoncelo. Alboreó un día melancólico y angustioso después de una noche de sentimientos contradictorios durante la cual, en medio de la noche de invierno, subimos juntos al tren que llevaría a Dione en dirección a la frontera con Austria, en viaje a Viena, mi ciudad natal. Allí debía estudiar violoncelo y vivir con amigos de los Niedermann, una familia de intelectuales vieneses que pertenecían a la alta clase media; tenían una casa diseñada por Adolf Loos, mi maestro y fuente de mis ideas arquitectónicas.

Yo me bajé entristecido en Wädenswil, en la orilla meridional del lago Zurich, donde un tiempo antes había comenzado a trabajar en el diminuto estudio, casi bajo el nivel de la calle, de los arquitectos Wernli y Staeger. En esa madrugada invernal permanecí contemplando el tren que se alejaba de Wädenswil en dirección al este, llevándose a Dione y su violoncelo. Cuando desapareció entre las sombras —serían las siete de la mañana—, tragué saliva y caminé con ánimo contrito rumbo a mi oficina, para realizar las mismas tareas de todas las mañanas: encender un fuego de leña en la pequeña estufa de hierro fundido, barrer el piso y desempolvar los tableros de dibujo. Otras mañanas llegaba a las seis, después de tomar el minúsculo ferry *Die Schwalbe* (La Golondrina) para cruzar el lago oscuro barrido por el viento.

Carente por completo de experiencia, trabajaba en un proyecto de viviendas bastante amplio y competitivo, y en varios asuntos menos importantes, ocupando el tiempo lo mejor posible. El señor Staeger, el socio más joven, me había regalado amablemente un traje verde que ya no le gustaba. Manejaba el lápiz con destreza y simpatizaba conmigo, y creo que me comprendía mejor que el señor Wernli, hombre mayor y más atento al aspecto comercial. Para ambos y para su empresa mis 150 francos deben de haber sido un gasto totalmente inútil. Pero por lo menos la oficina estaba tibia cuando ellos llegaban.

Entretanto, comencé a recibir cartas de Dione, que me contaba con expresión maravillada sus impresiones de esa fabulosa Viena y su vida social, de la gente que la invitaba y de los avances masculinos. Visitaba también a mi hermana y mi cuñado, y volvía a ver a sus antiguos amigos del verano anterior, los dos niños, que muy complacidos exhibían ante los padres su amistad con Dione. De una ojeada mi hermana comprendió cuál era mi situación con esta honesta e ingenua muchacha suiza, que podía hablar con el acento nortealemán de Frisia y cuyos ojos brillaban al relatar cómo ella y sus hermanas habían decidido que Richard sería un "hermano".

La soledad y la separación me permitieron comprender cuán peligrosa era la situación en el Danubio. Me devoraban los celos. Conocía la seducción que los caballeros vieneses podían ejercer sobre las jóvenes suizas que acababan de salir de un paraíso provinciano. Además, Dione frecuentaba ahora los mejores círculos sociales y musicales, donde todavía podían hallarse condes de elegante figura. Pero, según me informaban sus cartas sinceras y desconcertadas, también en el tranvía la abordaban hábilmente estudiantes universitarios y lobos con piel de oveja. Sin embargo, su humanidad imperturbable y recta era su armadura cosmopolita. En un sentido más profundo demostró que en ella nada había de provinciano, y continuó demostrándolo los cuarenta años siguientes, mientras yo la arrastraba de Lima o Río a Boston o Copenhague, de Tokio y Tailandia a Estambul, Ciudad del Cabo y Caracas. Con su maravilloso común denominador humano aplicado a todos los lugares y situaciones terrenales, ha sido siempre la más auténtica de las bendiciones. Además de ser mi abnegada colaboradora en todo lo necesario, ha educado a tres varones, y en medio de tantas tareas jamás abandonó o descuidó su propio arte y su talento creador. No sé cómo en nuestra juventud pudimos suponer que este vínculo era imaginable, o que se mantendría tan sólidamente durante más de cuatro décadas. El destino no es fruto de un plan.

Cierta vez, muchos años más tarde, fue conmigo a una pequeña ciudad de Texas, vecina al Agricultural and Mechanical College de Texas, donde yo debía dictar conferencias por espacio de una semana. Llevó consigo el violoncelo, con la esperanza de practicar largas horas. El Agricultural and Mechanical College, que no era una institución mixta, ofrecía, en vista de la general abundancia de varones jóvenes, un ambiente poco propicio para una mujer que quería consagrar sus horas a la música. De modo que, compitiendo conmigo, muy pronto Dione inició un curso titulado "Cómo elegir esposa para llegar a ser un buen arquitecto". Dado que la institución no ofrecía ese tipo de cursos, despertó inmenso interés en los alumnos, a tal punto que no tardó en organizar otro para los más avanzados: "Cómo instruir a su esposa después de haberla elegido". Colmaron el salón de conferencias y después comentaron conmigo algunos detalles de las charlas de Dione. Desde ese entonces muchos jóvenes arquitectos leyeron a sus novias un artículo escrito por Dione y que fue traducido a tres o cuatro idiomas; a su vez, las jóvenes formaron clubes Dione Neutra con el fin de promover actitudes de colaboración con los maridos.

De todos modos, no es verdad que una persona "elige" proféticamente a su compañero, o lo educa. Esta idea es poco más que una broma inocente; en realidad, tales bendiciones simplemente recaen sobre nuestra humilde cabeza. La instrucción no había convertido a Dione en un ser cosmopolita, ni desarrollado su capacidad de adaptación; se trataba de una cualidad intrínseca. Demostró que por derecho propio había en ella un ser humano del ancho mundo. En verdad, se trata de una condición profundamente sutil. Es naturalmente una lingüista y canta, escribe, lee y habla muchos idiomas sin haberlos "estudiado". Movida por un espíritu devoto, penetra casi silenciosamente en la esencia de los problemas creativos y de las relaciones humanas, sin perder su propia identidad, aunque tampoco adopta jamás actitudes defensivas. Lo hace todo ingenuamente, sin ningún tipo de cálculo, y con esa sinceridad pudo conquistar los corazones en Puerto Rico, Guam, Vancouver, Cuzco, Karachi, Oslo o Viena. Y su capacidad de asimilación es tan considerable a través de las distancias sociales como de las geográficas. En Santo Domingo logró cantar con gran éxito para los pilletes negros de las calles; otro tanto hizo en Estocolmo, en Kioto, o en las casas de las damas de la antigua aristocracia de Nueva Inglaterra, o ante grupos de intelectuales tradicionales, de carácter muy distinto pero igualmente definido. Siempre se la aceptó, y despertó sentimientos que emitían luz y calor. Ejerce notable atracción sobre las mujeres no menos que sobre los hombres. Ocurre simplemente que en ella se manifiesta el carácter limpio que nunca provoca resentimiento ni crea adversarios. Jamás se ha mostrado posesiva de nada, ni siquiera de sus tres varones, o sus nietos, o su nuera, a quien trata en un plano de igualdad. Yo no podía haber sabido ni anticipado que cualquiera de estas cualidades vendría a salvar mi vida, pese a que en mi carácter de planificador soy presuntamente un "pronosticador" profesional, dotado de poderes mágicos. Es sorprendente cuánto dinero y cuántas esperanzas se confían a un arquitecto, cuántos fondos y cuántas esperanzas para que anticipe y forje el futuro, si bien él mismo debe reconocer su propia ignorancia.

Los problemas del individualismo y la cohesión de los seres humanos, así como el conocimiento de los mismos, se hallan en la base del plan de la vida. Muchas veces he pensado que las relaciones matrimoniales y amorosas de los grandes y pequeños arquitectos aportan datos de profundo interés; por supuesto, al margen de cualquier forma de murmuración. Es posible que no pueda afirmarse lo mismo de los ingenieros civiles.

Encuentro y reanudación en Viena

Decidí ir a Viena antes del 14 de abril de 1920, día en que Dione cumplía diecinueve años. Una vez adoptada mi resolución, llamé a su madre desde la oficina de Wádenswil, y ella abandonó inmediatamente sus obligaciones domésticas y tomó el tren que remontaba la orilla del lago, para reunirse conmigo. Creo que también trajo emparedados y manzanas; durante la hora de mi almuerzo caminamos tomados de la mano, un poco como amantes, subiendo la ladera de la colina, y nos sentamos en un banco, desde donde podíamos contemplar el lago y el soleado paisaje que se preparaba para recibir a la primavera.

Nada propuse, pero dije que pronto me marcharía a Viena. Dione no estaba enterada y mi llegada fue para ella una sorpresa maravillosa. La encontré "por casualidad" —mi hermana lo había arreglado todo— en el maravilloso Parque del Palacio Imperial de Verano, en Schönbrunn. Ignorante de todo, Dione se volvió cuando le toqué el hombro; no pudo decir palabra, porque acababa de meterse en la boca un pedazo de chocolate suizo importado y ahora trataba desesperadamente de ingerirlo.

Poco después ambos enfermamos de gripe, la misma dolencia que mató a tantos seres humanos, entre ellos el joven y talentoso artista Egon Schiele, a quien yo y muchos otros vieneses admirábamos; él y la esposa fallecieron el mismo día. La gripe también se llevó a mi padre, que no alcanzó a conocer a Dione. Siguió a mi madre después de doce años de solitaria viudez. Imagino que la base más firme del matrimonio es tener padres cuya unión ha sido feliz. Sólo ahora percibo cabalmente cuánto significó esa inmerecida bendición.

Dione se mudó a casa de mi hermana y allí los dos pasamos nuestra enfermedad. Luego, muy débiles, recomenzamos lentamente nuestros paseos por Schönbrunn, los bosques de Viena, los pinares de Moedling, las tierras bajas y pantanosas del Danubio, y el puerto de invierno rodeado de bosquecillos. Estábamos débiles, convalecíamos y nos sentíamos felices. Nuestro futuro incierto pendía como un conjunto de oscuros nubarrones que se extendían más allá de un cielo azul y paradisíaco. No hablábamos del futuro y no me declaré a Dione. Es una mujer que vive el momento y que nunca se preocupó mucho de las cosas que podía depararle el futuro.

Creo que corría el mes de junio cuando Dione partió de la estación ferroviaria del Oeste. Realicé esfuerzos desesperados para encontrar trabajo, hasta que finalmente aterricé en la Misión de los Amigos Británicos-Norteamericanos (cuáqueros), que se habían instalado en antiguos palacios vieneses de la Singerstrasse y la Herrengasse. Estaba decidido a aprender inglés y a obtener un "affidavit" favorable de un ciudadano norteamericano, condición indispensable para entrar en Estados Unidos. Lamentablemente, mi cariño por los cuáqueros era mayor que el que sentía por Estados Unidos, pues los

Amigos no se habían mostrado muy dispuestos a empuñar las armas. Pero fueron buenos con nosotros.

El permiso para ingresar en Estados Unidos demoraba interminablemente. Acepté una invitación telegráfica de mi amigo Ernst Freud, hijo de Sigmund, de profesión arquitecto; acababa de visitarme con su novia de Berlín y había comenzado a trabajar en esa metrópoli del norte. Cuando llegué a la multifacética ciudad, Ernst estaba afuera, en una isla cercana a Rügen. Comencé a trabajar con dos arquitectos de moda, Pinner y Neumann, pero no ponía el alma en mis tareas. Al atardecer me sentaba en un banco de Tiergarten o tomaba el "metropolitano" y me paseaba por la Kurfürstendamm y escuchaba a Edwin Fischer o a algún organista en la Kaiser Wilhelm-Gedächtniskirche, de falso estilo románico, que más tarde, durante la Segunda Guerra Mundial, habría de convertirse en una ruina pintoresca.

La gran ciudad me desconcertaba. Aparte de algunas grandes tiendas y estaciones del "metropolitano", abundaba la arquitectura de dudoso valor. De todos modos, sus proporciones materiales y sus museos me resultaban impresionantes.

Ahora tenía veintiocho años y no había pasado de los comienzos. Empecé a diseñar jardines en Dahlem, donde Freud proyectaba casas. Vivía en un cuartito oscuro de la Gleditschstrasse; la señora Mamroth era la típica ama de casa berlinesa. Para no gastar en restaurantes, comía en la "mesa familiar" al lado de los ancianos Prawitzen, y escuchaba las anécdotas del anciano acerca de la acción de la caballería en la guerra franco-prusiana, y de la época en que el famoso teatro de variedades del Wintergarten era una institución nueva y Berlín dejaba de ser una localidad prusiana para convertirse en una de las principales ciudades del mundo.

Dione llegó con su madre, en viaje a Friesland, para visitar a la abuela que vivía en Mannheim. La joven había convencido a su madre de que hicieran un desvío a Berlín. Visitó conmigo los museos, y con su madre fuimos a ver *Julio César*, con Alexander Moissi en el papel de Marco Antonio. Permanecí sombrío y distraído durante toda la representación en la Grosse Schauspielhaus, que parecía un anfiteatro de estalactitas y había sido proyectado por Hans Poelzig para Max Reinhardt, el gran director de teatro. No podía fijar la atención en Poelzig, Reinhardt y Shakespeare, porque ese día había perdido el empleo. ¿Qué haría ahora en Berlín, ese gran vacío multitudinario?

La señora Niedermann me había presentado a su amigo Otto Krueger, hombre que veinte años antes había sido su admirador. Ahora estaba casado, vivía en Berlín y era propietario de una gran empresa de artefactos de iluminación. Krueger, hombre de rostro rubicundo y cabeza calva, aún parecía enamorado de ella. Y yo bien podía comprenderlo, aunque para mí era Antoinette Niedermann, y quizá mi futura suegra. Comencé a preparar magníficas ilustraciones y dibujos de propaganda de lámparas de mesa. Parecían reales, y Krueger, que era un ingeniero de inclinaciones estéticas, se mostraba complacido y así lo manifestaba en su áspero lenguaje berlinés; asimismo, sus ojos azules demostraban una confianza cada vez más amplia en el joven arquitecto de Viena, el amigo de esa esbelta muchacha que era "la hija de Lilly". Otto Krueger me ofreció otro empleo. Como tenía que realizar una gira de negocios por Alemania occidental, me convirtió en una suerte de eunuco principal y me alojó en su casa, un departamento de gran categoría en el Berlín residencial. Fuera de mí, el único ocupante era su morena esposa, mujer un tanto tímida y sumisa, que temía quedarse sola. Provenía de Tréveris, lugar que recordaba sobre todo por una fotografía de la Porta Nigra, tan destacada en la arqueología romana colonial. Me agradaba su acento, que me parecía muy exótico, y viví con ella en el departamento tipo *nouveau riche* del marido; ella me alimentaba con cerveza y emparedados de salame entre el desayuno y el almuerzo. Lo pasé muy bien, vigilando a la amable señora Krueger de hablar suave para que nada le ocurriese, ni siquiera la eventualidad de cierto exceso de simpatía del joven concienzudo que la atendía. Después de todo, desde que tenía poco más de diez años me habían instruido y comprometido como acompañante de damas, y en verdad ha sido un papel bastante repetido en el curso de mi vida.

Sea como fuese, simpaticé profundamente con mis cordiales anfitriones. Les deseaba bien y me complacía en mis buenos sentimientos. Era una gran experiencia el estar relacionado con seres humanos en un lugar tan extraño como el gran Berlín de esa época.

Recorrí luego una vez más las calles, visitando a arquitectos cuyas direcciones había extraído de la guía telefónica. Acabé trabajando con el profesor R., un arquitecto muy prestigioso dentro de la sociedad, protagonista de un bonito estilo *"heimat"* (nativo) y nervioso tirano de un personal que lo saboteaba y de su amiga, con quien vivía en la trastienda de su oficina. Nadie trabajaba realmente, excepto el joven y ambicioso jefe de dibujantes, y el otro joven y ambicioso que era yo. Todos se dedicaban a charlar y fumar, hasta que el jefe entraba como una tromba en la sala de dibujo y acometía furioso contra esa indiferencia desordenada y burlona. Poco después aparecía su joven amiga, vestida con una bata, para buscar y obtener apoyo moral contra el jefe que mandaba a todos. Uno de los empleados, un joven alto y arrogante, acababa de renunciar a un empleo con Baurat Bischof, en la oficina municipal de construcciones de la ciudad de Luckenwalde, en Brandenburgo, y me dijo que allí podía haber una oportunidad.

Tomé el tren a Leipzig, me presenté a Bischof, obtuve el puesto y, aunque sin desearlo, provoqué la depresión del profesor R., que me llevó a su habitación y quiso retenerme ofreciéndome un aumento. Pero tuvimos que separarnos, si bien lo sentí por él.

Brandenburgo, una boda y un hogar

Luego, siempre en mi condición de extranjero capaz de manifestar empatía, me incorporé a la vida de una pequeña ciudad alemana y me sumé al coro masculino. En las reuniones semanales de canto —donde las diferentes voces, bien armonizadas, cantaban algo sentimental acerca de un conejo en el prado— trabajaba esforzadamente mientras bebía buen número de vasos de cerveza alrededor de la larga mesa de la posada.

Aprendí a montar en bicicleta para dirigirme a un proyecto de vivienda bastante alejado, concebido como una obra semirrústica alrededor de un estanque de patos donde se reflejaban los abedules. Allí vivía con una familia cuyo jefe de carácter inexpresivo, impresor a ratos perdidos, maltrataba con indiferencia a su joven esposa, una mujer muy sorda. Vivían en la planta baja con una hija de nueve años; la niña cantaba con la voz de soprano y el vibrato de una mujer adulta las canciones que había aprendido de su padre, hombre de inclinaciones musicales. Desde mi cuarto en el altillo yo oía las disputas de los padres, cuando el marido llegaba a la casa en su bicicleta desde su empleo de medio día en la ciudad y encontraba una esposa dura de oídos, cuyos resultados en el trabajo del campo no se ajustaban a lo que él esperaba. Ella era una prusiana que trabajaba como un caballo en la colonia, cuya ampliación era una de las tareas que realizaba con mi colega, el señor Kuras, hombre que usaba lentes (hermano de un sacerdote protestante de tendencia comunista) y que, como yo, tenía un cargo en la oficina de proyectos de esta ciudad industrial de cincuenta mil habitantes. Al mismo tiempo que se extendía el área metropolitana de Berlín, se iba desarrollando una revolución socioeconómica.

Trabajé en la reubicación de obreros industriales, muchos de los cuales vivían en sótanos urbanos, a causa de la escasez de vivienda en la posguerra y durante la crisis que siguió a la derrota. Ahora, mientras trabajaba en proyectos de viviendas semirrurales, veía desde muy cerca, demasiado cerca, cómo se desintegraba una familia urbana trasplantada a las condiciones rurales, porque cada miembro se ajustaba a un folleto distinto con diferentes instrucciones acerca del modo de cultivar papas, de fertilizar e irrigar la parcela de tierra y de alimentar a los patos. Los problemas humanos que se escondían detrás de los "hechos económicos concretos" me fascinaban, y sus ecos me acompañaron durante toda mi vida como "constructor de viviendas". Invertían sus ahorros en el suelo y en la cría de conejos y de gallinas que presumiblemente debían poner huevos, y se suscitaban violentas disputas sobre el uso del estanque común que habíamos diseñado para los patos y que conformaba un paisaje de tan inocente naturalidad. He observado que los habitantes desde Matanuska, Alaska, hasta Luckenwalde, Brandenburgo, o Dyas, Tennessee, tienden a irritarse y reñir cuando sus ahorros desaparecen en el pozo de una serie de prolongadas experiencias en un nuevo tipo de vida. Es precisamente lo contrario de lo que ocurre con los *andinos*, que se convierten en inquilinos intrusos de carácter semirrural en las colinas de Caracas; la policía los expulsa de sus chozas con gases lacrimógenos, dispersa sus gallinas y los escolta hasta las construcciones de quince pisos levantadas por un organismo del gobierno del Banco Obrero, para estos campesinos que todavía no se han asimilado a la vidad de la ciudad. Dígase lo que se quiera, la reubicación de familias a cargo de funcionarios de la vivienda bien intencionados pero severos es una actividad riesgosa y, como ocurre en todos los trasplantes, se observan fricciones e indicios de tensión. La observación de este fenómeno me ha acompañado e inquietado permanentemente.

Creo que antes de divorciarse el hombre golpeó a la joven, sorda y diligente esposa, y el aislamiento de la planta alta no me impidió oír el llanto de la mujer. Desde la ventana del desván vi a los habitantes de la localidad reunirse en el estanque de los patos. Habían descubierto que yo era uno de los expertos en vivienda pertenecientes al gobierno y, para colmo, extranjero. (En cierto modo, todos los planificadores y arquitectos son extranjeros en la familia.) Se oyeron murmullos y se agitaron los puños en dirección a la casa donde yo vivía. Entretanto, las mujeres alemanas, como otras que conocí después —las africanas negras de Haití, o las muchachas hindúes desde Agra a Madrás—, se ocupaban de transportar el agua, aunque no lo hacían de una manera tan pintoresca, y cantaban otras canciones, para sumirse finalmente en un hosco silencio, si las tareas domésticas eran excesivamente desusadas y demasiado duras. Yo era un médico que recetaba la vivienda y, al vivir con mis pacientes, me estaba administrando implacablemente mi propia medicina y asistía a la destrucción de la vida familiar. Desde el punto de vista estructural y formal todas las expresiones arquitectónicas eran excelentes, pero no se había acabado de entender a los seres humanos; el diseño no se subordinaba del todo a las necesidades de la supervivencia.

Los empleados del gobierno continuaban entretanto entonando sus canciones y bebiendo sus cervezas todos los miércoles por la noche en la posada. También allí yo era un pájaro extraño, pero me aceptaban, como ha ocurrido en tantas otras situaciones y grupos humanos peculiares porque, así lo creo, aliento sentimientos afectuosos hacia todos los tipos de personas. Repitamos aquí que el amor es un placer que nada tiene que ver con la santidad.

Me subordiné a las condiciones de vida de una pequeña ciudad prusiana y a Baurat Bischof, que comenzó a respetarme y no prestaba atención a mi inexperiencia. El joven y delgado Kuras, una cabeza más alto que yo, paseaba y andaba en bicicleta conmigo, y se enamoró a su vez de una joven en mis propias narices y me confió muy excitado el desarrollo de este asunto sentimental. Como dije antes, desde la niñez se me educó en el papel de *confidente*. Supongo que esta situación desarrolló mi utilidad en el grupo social.

Pasé de la construcción de viviendas para los seres vivos y altercadores a la de refugios para los pacíficos y muertos. Me convertí en proyectista oficial del Cementerio del Bosque de Luckenwalde, plan municipal socialista que conmovió a las diferentes confesiones religiosas locales. En la sala municipal escuché por primera vez un hábil discurso contrario al proyecto, pronunciado por el concejal Bauchwitz, que traducido literalmente significa "chiste del vientre". El discurso atacaba el plan y el proyecto que yo había preparado. El burgués Bauchwitz sabía atacar con argumentos claros y convincentes; demostró que el proyecto de construcción del cementerio en el bosque era una locura y una insensatez desde el punto de vista presupuestario, político, moral y de la ingeniería civil. Para mí fue una maravillosa demostración de la política en la ingeniería cívica. Pero como tenía de mi parte el apoyo de la mayoría socialista, del ingeniero forestal de la ciudad y de toda la oficina municipal de proyectos, logré la aprobación de mis planes. Mientras analizaba mi sistema de espacios despejados en los bosques municipales, la elaboración y promulgación de normas acerca de las lápidas permitidas, y la vinculación de todos los aspectos estéticos y del paisaje con la capilla y la entrada, apuntalé este producto integral de mi cerebro con un folleto bien organizado e igualmente integral, que abundaba en datos de investigación y en explicaciones técnicas.

La empresa representó una tremenda experiencia en el dominio del silencio; el resultado parecía —y probablemente fue— la consecuencia de un pensamiento filosófico y técnico puesto al servicio de los muertos, o de los que sufrían y recordaban. El joven que yo era concibió muchas ideas mientras recorría en su bicicleta los bosques de Luckenwalde, o los atravesaba a pie en los atardeceres otoñales. Cuando algunas revistas publicaron reseñas de mi trabajo, Baurat Bischof me atribuyó graciosamente el mérito oficial. Era un gesto poco habitual y significaba que por primera vez veía mi nombre en letras de molde y vinculado con un tema que yo había asimilado con esfuerzo tenaz, como un entusiasta autodidacta. Desde entonces, siempre he hablado y escrito espontáneamente acerca de los que me ayudaron, y me apresuré a reconocer la ayuda que me habían prestado.

Berliner Tageblatt

Cierto día mis colaboradores del departamento edilicio me mostraron algunos bocetos en vivos colores de una fábrica de sombreros, presentados por un hombre llamado Erich Mendelsohn. Me pareció una manifestación de arte expresionista y una cosa extraña para ser presentada a un inspector municipal de construcciones de Luckenwalde.

Durante un día de fiesta había estado en la feria de Leipzig, pero la gran metrópoli me atrajo nuevamente. El siguiente fin de semana viajé en tren a Berlín, un trayecto de cincuenta minutos, y fui a visitar a Mendelsohn. Aparentemente se interesó en mí y me propuso con entusiasmo que me uniese a él. Estábamos a fines de mes y tenía por delante un período de preaviso; no me podía decidir. Alimentaba ciertas reservas mentales, pero también me gustaba Mendelsohn y en especial el hecho de que no le importase en absoluto mi inexperiencia y de que, al parecer, sólo prestase atención a la "fibra" que entreveía. Me explicó persuasivamente todo lo que hacía y se proponía hacer, y finalmente le dije que *tenía* que salir para tomar el tren.

"Pero, ¿no puede venir?", dijo acompañándome hasta la escalera. "Venga", repitió.

"Según mi contrato, mañana es el día de preaviso", contesté. "Pero no sé qué hacer."

Erich Mendelsohn desplegaba su seducción. Hablaba y se comportaba con cierto aire infantil. "Venga", repitió, mientras yo entraba en el ascensor.

"Llámeme mañana por teléfono a Luckenwalde", dije mientras las puertas se cerraban. ¿El artefacto estaba bajando o subiendo?

A la mañana siguiente hablé con Bischof, que se mostró desconcertado y un poco inquieto. Pero logré cancelar mi contrato del modo más amistoso posible y, cuando diez minutos más tarde telefoneó Mendelsohn, le dije: "¡Dentro de un mes!"

Busqué y finalmente hallé un cuarto en casa del señor y la señora Boldin. El había sido dueño de una cigarrería y estaba retirado: era el típico berlinés de la época, lo mismo que su esposa, una mujer de cabellos negros y carácter un tanto avinagrado. Vivían en la colonia de Eichkamp, al borde del

Grünewald; la casa se hallaba a unos treinta minutos del camino de la Reichskanzler Allee, donde Mendelsohn ocupaba el último piso de una casa de departamentos de tres plantas.

¡Cuánto había avanzado en un año, desde la Gleditschstrasse, los almuerzos con los Prawitzen en la olorosa pensión y el pequeño salón de té en la Victoria Luiseplatz, donde había llegado a conocer a la tímida empleada! En ese momento era la única persona que conocía en la ciudad grande y extraña, a tal punto que cuando conseguía una entrada gratis para el Teatro Metropol, donde por las noches representaba el papel de extra para ganar algunos marcos, no tenía otra persona a quien regalársela. Me acompañó muy halagada y vestida con sus mejores galas. "Puede regalar la entrada a su *braut*" (novia) me habían dicho; todas las jóvenes que estaban al alcance de uno eran la *braut* en ese viejo Berlín. Desde nuestras plateas tapizadas con felpa vimos la *Hollandweibchen*, una opereta de Emmerich Kalman. Antes del tercer acto, durante el cual yo debía aparecer en escena, expliqué a mi rubia amiga que debía hacer un urgente llamado por razones de negocios, corrí a los camarines del piso superior y me cambié rápidamente. Nunca supo que yo era el guardia de blanca peluca, con la alta cabezada de la época de Federico el Grande, que aparecía en escena y ocupaba su lugar al costado de la gran escalera.

Ahora que trabajaba para Mendelsohn, mi situación había mejorado mucho; comía frente a la Reichskanzlerplatz, junto al maestro de obras Bruggemann y otros jóvenes caballeros que se reunían alrededor de la *Mittagstisch*, la mesa familiar de la joven pero doliente señora von U., casada con un oficial y junker prusiano que le prestaba escasa atención. Era inglesa y había acabado por hartarse del prusianismo y de Herr von U.; pero tenía que alimentar a varios niños y lo conseguía gracias a nuestra contribución financiera. El menor de los chicos, un niño de dos o tres años, se llamaba Joachim, un típico nombre de la aristocracia prusiana.

En la oficina me aboqué inmediatamente a la ampliación del edificio del *Berliner Tageblatt*, encargo que Erich Mendelsohn —ese hombre pueril y jocoso, arrogante, dotado de sentido artístico y capacidad empresaria, con sus ojos miopes y su monóculo— había recibido de Lachman Mosse, el William Randolph Hearst, o por lo menos el yerno de Hearst, de Alemania. Mendelsohn me presentó inmediatamente a Lachman Mosse, que al casarse con la hija adoptiva y heredera de Rudolph Mosse, el fundador, había adoptado el famoso apellido de su suegro adoptivo. Lachman parecía personificar la figura de *serenissimus*, caricatura alemana que representaba al gran aristócrata, el príncipe elegante; pero sólo veinte años más tarde, cuando vino a establecerse en el norte de California, comprobé que realmente era muy capaz y un hombre excelente.

En Berlín, mientras diseñaba su lujosa oficina y el enorme escritorio, de ordinario desocupado, Erich Mendelsohn me dijo riendo que todo era mera fachada, porque Lachmann Mosse no sabía leer ni escribir, ni lo necesitaba. También me ocupé de mantener cotidiano contacto con el señor Hartog, gerente comercial de la empresa. Pronto me convertí en el tercer asociado de esta empresa, junto al conocido escultor P. P. Henning. Aunque tenía más edad, era también un hombre aniñado y tal vez, como pensaba Erich Mendelsohn, un tanto irresponsable, pero adornado con espléndidas dotes; la esposa era una mujer muy simpática, entusiasta y maternal. Me complacía el papel de arquitecto asociado a la construcción de tan importante edificio y me satisfacía gozar de la confianza de un jefe genial y de los propietarios, hombres de cultivada sagacidad comercial.

En esa época Erich Mendelsohn ya era conocido gracias a la Torre Einstein, dividida por Henry Kosina en secciones horizontales, con espacios cada quince centímetros o menos para dejar lugar a la superficie combada, de dinámica plasticidad. Tal vez era aún más famoso a raíz de un gran cartel fijado en todas las estaciones del metropolitano, que anunciaba los servicios de la Compañía de Seguros Hausleben. Incluía una versión mendelsohniana del alto y seccionado rascacielo, y exponía un plan completamente nuevo que permitiría asegurar las construcciones contra los riesgos de envejecimiento ... ¡exactamente como a los seres humanos! Me pareció una idea maravillosa, a menos que desde el principio mismo fuese posible proyectarlos para toda la eternidad...

Luise, la esposa de Mendelsohn, era un mujer bella, alta, estatuaria, un poco al estilo de Desiderio da Settignano, y estudiaba violoncelo con Hugo Becker, como mi futura esposa. Los dos cónyuges eran amantes de Bach; él solía escuchar discos de Bach mientras dibujaba con un lápiz Hardtmuth 4B, adminículo particularmente blando y quebradizo.

El edificio Mosse soportó muchas vicisitudes, pues violaba todas las normas municipales con su estructura monumental, bien aprovechada y al mismo tiempo heterodoxa, que se alzaba en el centro cuidadosamente reglamentado de Berlín. Yo negociaba con el Ministerio de Bienestar de Prusia y recogía impresiones personales de los funcionarios del gobierno en ese sector del mundo, comparándolos con los austríacos. Desde entonces ¡cuántos conocí en todos los países del mundo! En verdad, ¡también ellos son seres humanos!

De todos modos, el testimonio de los expertos se impuso a la burocracia. En el curso de un ágape ofrecido para promover el apoyo de un jurado de arquitectos al proyecto arquitectónico del zar del periodismo —era también nuestro proyecto— vi al jefe que había tenido durante mi primer período berlinés. También estaba allí, con un vaso de cerveza en la mano, el magnífico Hans Poelzig, con su cuello toruno y su estridente apoyo a las ideas modernas. Su título popular para la fama era el teatro que había construido para Max Reinhardt.

Pero el proyecto Mosse casi me deparó la experiencia más desastrosa que puede darse en la vida de un arquitecto. La arena, amontonada sobre una losa de cemento del techo que no había fraguado del todo a causa de la baja temperatura invernal, provocó la rotura de la losa; el techo se desintegró, atravesó una docena de pisos y llegó al sótano, enterrando a catorce personas bajo los restos. Afortunadamente, Theodor

Wolf, director del periódico, había salido de su despacho un momento antes.

El teléfono sonó en nuestra oficina, situada en el barrio oeste de la ciudad, y una voz sin aliento informó lo que había ocurrido. Erich Mendelsohn me miró y me dijo con voz serena: "¡Señor Neutra, vaya a ver qué ocurre!" Con una sensación de angustia en la boca del estómago, bajé rápidamente la escalera del metropolitano y, mientras el sólido y limpio vagón del Metro de Berlín se deslizaba suavemente bajo la superficie de la gran capital, me preguntaba qué hallaría en la escena de la catástrofe y qué podría decir.

Cuando iba acercándome al edificio, vi una enorme multitud y muchos más que presionaban sobre un cordón policial de agentes a pie y a caballo. Me acerqué a un oficial y le expliqué que era uno de los arquitectos. "¿Usted es el *arquitecto*?", preguntó despaciosamente, y me miró con expresión dubitativa. Luego hizo un gesto con la mano, quizás preguntándose por qué yo no había utilizado el primer vehículo disponible para huir de la ciudad, o si debía extender la mano para arrestarme.

La multitud comenzó a murmurar y todos los ojos estaban fijos en mí cuando me aparté del cordón y atravesé la calzada vacía para acercarme a un grupo de desconsoladas familias, algunos de cuyos miembros tal vez yacían sepultados bajo la enorme pila de restos. Me detuve y miré a través de la abertura entre las cuatro vigas, piso tras piso, y al final las nubes soleadas que se desplazaban en el cielo lejano. También estaban allí el capataz general del contratista, un hombre habitualmente áspero pero ahora abrumado, el jefe de la empresa constructora y el señor Hartog, gerente comercial de Mosse, que dirigía las cuadrillas de rescate. Nadie sabía qué decir a la policía.

Yo no tenía responsabilidad por lo que había ocurrido y tampoco los ingenieros eran culpables, pero seguramente alguien había permitido que se acumulara arena —una pila de la altura de un hombre— sobre la losa del techo, que aún no había fraguado y que, al quebrarse y desplomarse, arrastró en la caída todos los demás pisos y con ellos a los hombres y mujeres que trabajaban en el periódico. Tres días después se realizó el funeral de las víctimas; Lachman Mosse, que marchaba a la cabeza de la procesión, con el rostro pálido, expresaba el dolor que a todos nos poseía. Ordenó que el principal diario europeo apareciese con una gruesa franja negra alrededor de la primera página, proclamando así un día de duelo.

Mientras Erich Mendelsohn se hallaba en Medio Oriente, anticipó en sus bocetos muchos aspectos del expresionismo de Oscar Niemeyer. Entretanto, en Berlín se me encargó el proyecto para una tienda de Gleiwitz, y por propia iniciativa diseñé cuatro nuevas casas para el suburbio de Zehlendorf. Contigua a cada sala de estar, para permitir un uso más flexible, había una plataforma giratoria que se desplazaba al apretar un botón y presentaba cualquiera de tres secciones completamente amuebladas. La primera era una sala de música; la segunda, un comedor con la mesa puesta; y la tercera, un rincón cómodo y agradable con una buena biblioteca. Esta disposición desusada llamó la atención de todo el mundo y provocó artículos periodísticos, así como caricaturas y versos humorísticos en los diarios. Con auténtico humor berlinés, el dibujante del *Vossische Zeitung* mostraba al orgulloso propietario mientras explicaba a un invitado el mágico artefacto creado por el arquitecto. Absorto en la conversación, con el rostro vuelto hacia el visitante y no hacia la plataforma giratoria, oprime un botón equivocado y aparecen el cuarto de baño y la encolerizada esposa completamente desnuda que intenta, demasiado tarde, salir de la bañera. Mi ingenio unido a un constructor dado a la especulación jamás volvió a merecer tanta publicidad. La aceptación y la capacidad de servir son cosas muy distintas de la atención pública.

Dione había llegado a Berlín, todavía soltera, con el propósito oficial de estudiar (como ya señalé antes) con Hugo Becker, a quien fue presentada con Luise Mendelsohn, que también estaba perfeccionando la técnica del violoncelo. Dione se alojó con la señora von U., a quien le encantaba que la joven la ayudase en el cuidado del pequeño Joachim. Dione solía ocuparse de sentarlo en la escupidera. Para mi futura esposa era un buen entrenamiento en los deberes de una madre. Los Mendelsohn simpatizaban con ella, y el arquitecto Emst Freud y su esposa Lux, especialista en lenguas clásicas, llegaron a ser íntimos amigos de Dione. Realizamos excursiones secretas al mar Báltico, Stralsund, Eldena y Werder con sus bosques de pinos, para beber vino de manzana.

En 1922 nos casamos en Hagen, Westfalia, y pasamos el primer día de vida matrimonial en un convento de monjas de Francfort, donde la tía abuela de Dione era abadesa. Nuestra vida en común comenzó en el suburbio berlinés de Eichkamp, bajo los pinos susurrantes de la tierra arenosa de Brandenburgo. En mi cuartito de soltero instalamos el más extraño de los hogares. Yo había cubierto las paredes con una serie de cortinas y teníamos un minúsculo sector para dormir y otro para comer, con las literas armadas bajo las vigas del techo, al lado de una estufa de cajones que quemaba polvo de carbón, al estilo del noroeste de Alemania. En la noche cerrada mi esposa descendía en puntas de pie los tres tramos de escaleras, cargando las abundantes cenizas para enterrarlas en los bosques de Eichkamp; pero el perrito negro del dueño de casa iniciaba una serie de agudos ladridos y traicionaba el secreto. Era un maravilloso estudio concreto para un promisorio proyectista de viviendas destinadas a hogares felices. Para reunirnos a la hora del almuerzo habíamos alquilado otro cuarto, a dos kilómetros y medio de distancia, sobre la estratégica Reichskanzlerplatz, cerca de la oficina de Erich Mendelsohn. Yo había alcanzado la jerarquía de asociado y trabajaba sin prestar atención al horario.

Un período de preparación precedió a nuestro matrimonio. Treinta y cuatro años después Dione recordaba su compromiso, por cierto muy informal, y el comienzo de la vida en común:

"Nuestra correspondencia duró cuatro años, y siempre me felicito de esta iniciación prolongada y lenta, y del hecho de que pude comprender gradualmente el pensamiento de mi futuro esposo. Por su condición de austríaco, es decir de extranjero en Alemania (lo mismo que en tantos otros sitios más tarde), no tenía derecho a pedir una casa o un departamento. De todos modos, pudo persuadir a la dueña de la casa donde vivía para que le dejase reformar y ampliar el desván, y simular un vertedero en el que se podía lavar los platos, después de lo cual retiraba el cubo de agua colocado debajo y lo vaciaba en el baño ubicado en el piso inferior; de allí también podía sacar agua utilizando un grifo. Por supuesto, no tenía heladera sino sólo una bañera en el sótano, en la que durante los cálidos meses estivales ponía a flotar los huevos y la manteca. El almacén distaba media hora de camino, y me parecía muy natural transportar las cosas en una mochila. Nunca me pasó por la mente la idea de que lo hiciera mi esposo. El tenía tareas más importantes; yo era joven y fuerte, y disponía de tiempo. Así, pues, ¿qué necesidad había de distraerlo de sus tareas profesionales? Sé que no se trataba de una actitud adoptada conscientemente, sino de una reacción natural, porque lo amaba y quería ayudarlo."

¡Qué esposa, estudiante de violoncelo y cantante! Una maravilla que ha durado una vida entera.

Estados Unidos
¿un país promisorio?

Mendelsohn y yo ganamos un concurso en Haifa, centro comercial del Mediterráneo. Además, para mí representaba un proyecto nuevo y grandioso de planeamiento y diseño urbano, y mi parte de la recompensa, en libras egipcias, me permitió dar el salto a Estados Unidos, proyecto que había acariciado durante tanto tiempo. Embalamos los muebles de puertas corredizas que yo mismo había diseñado, en mi pequeño departamento, ahora compartido con mi esposa, y lo dejamos al cuidado de un joven colega. Fueron los primeros muebles que proyecté.

Loos, Sullivan, Wright

Mi llegada a Estados Unidos fue obra sobre todo de tres personas y de los relatos muy vividos que habían llegado a ser para mí el pan de cada día. En verdad, era como arribar a la propia patria. Mi primer padre norteamericano fue un europeo, un hombre que influyó profundamente sobre mí: Adolf Loos, el más heterodoxo de los arquitectos. Hoy se admite que fue una de las figuras muy importantes del incipiente desarrollo de la arquitectura moderna. Comenzó como una arquitectura que intentaba retornar a una conciencia más clara de la coincidencia, el acuerdo y la correspondencia con su propia época, pero, *así lo esperaba yo,* con *la condición humana de todos los tiempos.* En esa posición podemos sentirnos seguros, pues implica riesgos mucho menores que los propios de la moda. Durante dos terceras partes de su vida, Loos, que no se interesaba en los firuletes de su época, apareció a los ojos de la mayoría de sus contemporáneos como un peso liviano, como un divertido fracaso y, casi podríamos decir, como un fanfarrón.

Aunque originario de Moravia, como mi madre, se había formado y desarrollado sobre todo bajo el influjo y la tradición vienesa, y era quizás el vienes más cabal que puedo imaginar, con excepción de mi cuñado Agathon, aun cuando en Loos la actitud era más reticente. Reaccionaba con gran vigor ante el refinado formalismo originado en una vieja cultura. Amaba a esta última y se rebelaba francamente contra las actitudes derivadas, cristalizadas artificiosamente. Después de terminado su año de servicio militar "voluntario", estuvo dos años en Estados Unidos. Seguramente tenía entonces entre veintiuno y veintitrés años.

Desembarcó en Nueva York y vivió experiencias muy desagradables en los barrios bajos del sector de Manhattan. Carecía de dinero y nunca consiguió ni siquiera un puesto de dibujante. En cambio, realizó toda clase de tareas, desde lavacopas en el turno de la noche hasta una función similar durante el día en calidad de auxiliar. Cuando relataba su interminable búsqueda de trabajo y la forma en que se ganaba la vida, con su serena y fugaz semisonrisa y su voz baja de sordo —lo fue toda la vida—, aprovechaba el hecho de que en alemán la expresión no es "lavacopas" sino "lavavasos" (*Nachtgeschirrwäscher*, que para los oídos alemanes sonaba como un lavador de *pots de chambre*), tarea en verdad desalentadora para un pionero de la arquitectura.

Loos se dirigió finalmente a Chicago. Asistió allí durante la Exposición Mundial de Columbia, en 1893, un año después de mi nacimiento y cuatrocientos años después que Colón hubo avistado América y las islas del Caribe, las mismas que después también a mí me aportarían, como al propio Cristóbal Colón, una experiencia tan emocionante, tan áspera y tan constructiva. Chicago era asimismo un lugar áspero, pero en medio del continente; no era una isla donde aterrizar, ni un puerto natural del mundo como Nueva York.

Puede afirmarse que Loos realizó la experiencia más negativa que un inmigrante dotado y ambicioso puede sufrir, peor que la de cualquier minero eslovaco que acaba trabajando en una veta de carbón de Pennsylvania. Era una persona instruida y poseía genio. Ignoro la amplitud de su educación formal, pero sé que era un joven muy inteligente y humano. En Estados Unidos no realizó más que trabajos inferiores. Nunca logró salir adelante. Pero amaba el país. Fue un amor desgraciado e inolvidable. De todos modos, podía contar muchas cosas interesantes y, a pesar de los fracasos reales, retornó a su patria y a Viena, no destrozado, sino con el corazón enriquecido y demostrando el más resplandeciente entusiasmo por el país que gozaba de su preferencia. Jamás conocí a nadie, en éste o en cualquier otro país, que demostrase tanto entusiasmo por Estados Unidos como Adolf Loos. ¡Ojalá los Estados Unidos de la segunda mitad del siglo XX pudiesen reconquistar ese lugar en la opinión mundial y llegar a ser la cristalización de la imagen que alentaba en Loos!

Es posible que lo que Loos vio fuese en parte ilusión, pero también encerraba un importante fondo real. Para él, Estados Unidos era el país de los espíritus libres —digamos, de la gente que había destronado a los ídolos—, el país de un pueblo que vivía cerca de las realidades de la vida, que no se agotan con los amaneramientos y las secuelas culturales tomadas demasiado en serio; realidades de una época nueva, mantenidas de un modo ingenuo y subconsciente en un orden funcional concreto. Creía que los habitantes de Estados Unidos habían vuelto a una actitud válida, que ya no se manifestaba en la patria vieja. Al mismo tiempo poseían corazones generosos, comparados con los pendencieros individuos, más mezquinos o más refinados, que caracterizaban a su país de origen. Afirmaba que los norteamericanos son el pueblo más bondadoso del mundo, y por mi parte todavía comparto esa opinión. Podría afirmarse que tanto la generosidad como la frialdad de sentimientos responden a razones económicas. A pesar de los barrios bajos, las condiciones no eran semejantes a las que prevalecían en diferentes regiones de Europa y Asia, donde la gente luchaba y todavía riñe a veces por un pedazo de pan y, como es natural, se amarga en todo ese proceso.

Me gustaba escuchar los relatos de Loos. Todavía me agrada recordarlos. Continúan siendo válidos, al margen de mis propias experiencias posteriores. Había trabado una relación muy informal con un alma grande y pude calar en el corazón de esta nación más hondo que los entusiastas superficiales. He aquí uno de los relatos, según lo recuerdo ahora:

"Me encontraba en una situación muy difícil y había comenzado una crisis general que afectaba a todo el país. Ayudaba en una pequeña peluquería de la calle Catorce; digamos, de paso que tenía en la entrada una cortina muy interesante de cuentas de vidrio, la misma que después utilicé en mi sastrería de Goldman y Salatsch, en la Michaelerplatz. Uno de los peluqueros me presentó a uno de sus primos, un sastre judío que vivía en el sótano de una casa de piedra arenisca, dos cuadras al este de Bowery. El sastre trabajaba, cosía, cortaba y también probaba en el sótano; pero en la trastienda tenía un cuartito donde colgaba los trajes. Me lo alquiló, con un camastro para dormir. De modo que fui a vivir con el sastre judío y su familia, que fue muy buena conmigo. Me quedé muchos meses, pero no podía encontrar empleo permanente. Probé de todo, mientras el sastre y su esposa esperaban bondadosamente el pago del alquiler. Llegó al extremo de prestarme algún dinero, con el que publiqué en el periódico un aviso anunciando que era experto en heráldica y que podía dibujar un escudo de armas para cualquier familia neoyorquina de nuevos ricos. Bueno, conseguí algunos pedidos, pero no me alcanzaba para vivir; a veces debía retornar a los empleos ocasionales de la variedad 'limpieza de escupideras'.

"Una tarde, mientras gastaba la suela de mis zapatos buscando trabajo en la calle Catorce, ocurrió algo en mi propia calle. Un hermoso carruaje con dos magníficos caballos, un cochero y un lacayo de aristocrática librea, descendió lentamente desde el Bowery. Todos los chicos dejaron de jugar a la pelota y los vendedores callejeros interrumpieron sus gritos y miraron. El carruaje se detuvo y el cochero se inclinó hacia un transeúnte: "¿Sabe usted dónde vive el señor Loos?" Pero no le fue fácil averiguar lo que deseaba.

"Pronto se reunió un nutrido grupo y todos los pilletes de la calle tocaron las ruedas doradas y espiaron por las ventanas el tapizado de felpa. El cochero extrajo un trozo de papel del sombrero forrado de seda y leyó: «Señor Adolf Loos, arquitecto».

"Entonces, muchos de los que estaban allí exclamaron: ¡Adolf, están buscando a Adolf!' Los pilletes echaron a correr hacia la tienda del sastre, diciendo a voces que un carruaje venía a buscar a Adolf. La multitud creció enormemente y se escucharon gritos en italiano, yidish y eslovaco. El sastre estaba en la puerta del sótano, desconcertado, en medio de los chicos y las niñas de la manzana, que continuaban llamando a sus madres para que se asomasen a la ventana y viesen el espectáculo.

"Cuando el cochero supo que Loos no estaba en casa, descendió del alto pescante y entregó al sastre una carta sellada. Luego, mientras la multitud miraba silenciosa y sobrecogida, y las mujeres asomadas a las ventanas de las cocinas de toda la cuadra olvidaban la comida, el cochero hizo dar vuelta a los magníficos caballos que arrastraban el carruaje maravilloso e inició una retirada al trote sobre los ligeros adoquines de la década del 90. Cuando desapareció a la vuelta de la esquina, comenzaron las conjeturas, formuladas en en los muchos idiomas de Manhattan."

Yo estaba sentado en un café de Viena mirando a Loos, pero en realidad veía la imagen de Manhattan y el crisol de razas que reunía a los hombres valerosos que cruzaron el mar en busca del gran país de la aventura. Loos continuó: "Ese día, el trabajo y los juegos infantiles se vieron interrumpidos y descuidados en la cuadra. La mayoría de la gente permaneció en la sastrería

esperando mi regreso Entretanto, hablaban del sombrero forrado de seda, el látigo, los caballos y el tapizado del carruaje, y continuaban tratando de imaginar el objeto de la visita."
Por fin, bien entrada la tarde, Loos llegó a su casa fatigado y bastante deprimido. En medio de un silencio cargado de emoción abrió la carta misteriosa. Era una invitación de un adinerado pariente lejano, que se había enterado de su llegada a Estados Unidos y *solicitaba*, amistosamente que Adolf participara de una reunión de fin de semana en su propiedad de Long Island. Eso era todo.

Centenares de ojos estaban fijos en Adolf, e inmediatamente varias personas lo abrazaron afectuosamente; un viejo italiano llegó a besarlo. Se oyeron gritos y vivas, y varios hombres vigorosos llevaron, en andas a Loos. Pero de pronto, en medio del ruido ensordecedor, se oyó gritar a Adolf: "¡No puedo ir! ¡No puedo presentarme así!" Tras una momentánea pausa, todos convinieron en que Adolf tenía un aspecto muy miserable y no podía ir a Long Island. Pero se oyó un primer ofrecimiento, y luego todos quisieron ayudar.

Era miércoles. El viernes a mediodía todo estaba dispuesto: Se habían organizado colectas, recogido las contribuciones, y todo el vecindario había acudido a los negocios de alquiler de ropas y a las casas de empeño. Se alquiló una elegante levita y se comprobó que, si bien embolsaba un poco, se ajustaba bastante bien a los estrechos hombros de Adolf; uno de los vecinos le proveyó los pantalones a rayas, y milagrosamente aparecieron una camisa, los puños y el cuello, la corbata, el sombrero forrado de seda y los elegantes zapatos de charol, de tacos bastante altos; más aún, logró conseguir un reloj con cadena de oro para el bolsillo del chaleco y una camelia para el ojal de la levita. El amor y la simpatía habían triunfado. Y en todo ello había también un poco del instinto del jugador, pues era muy posible que se ganase la carrera y que ésta diese beneficios.

El peluquero afeitó a Loos, por supuesto a crédito, y atusó y perfumó el bigotito rubio. En definitiva, y aunque de un modo impreciso, todo el asunto era una forma de crédito:

"No nos olvides: cuando estés en Long Island". Era la única condición del trato.

Adolf lucía maravillosamente con el bastón bajo el brazo, los guantes de cabritilla en una mano, mientras la otra hacía tintinear los dólares de plata en el bolsillo del pantalón.

Yo estaba sentado en el café, mirando a Loos: tenía la piel arrugada y un aire enfermizo, y también veinte años más. ¿Dónde estaban ahora todos sus amigos, los mismos que lo habían ayudado cuando tuvo que ir a ese país de las hadas de Long Island?

El lunes a mediodía regresó el carruaje, y el joven Loos traía un aspecto un tanto desgastado y disipado, como consecuencia de los cócteles; pero evidentemente estaba bien alimentado, aunque habían desaparecido los dólares de plata del bolsillo del pantalón, invertidos en propinas a mayordomos, doncellas y cocheros. Por la noche, después que Loos suministró una brillante reseña de sus aventuras durante el fin de semana, se realizó un gran consejo. La historia fue relatada muchas veces y se fueron agregando nuevos detalles; cada inversor reclamó sus posesiones —los zapatos, la cadena, el reloj, el sombrero forrado de seda— para devolverlos a la casa que los había alquilado o para empeñarlos nuevamente. La gente se mostraba entusiasmada, pero también se preguntaba: y ahora, ¿qué pasará?

Loos explicó que, desde luego, no es posible conseguir empleo inmediatamente no bien lo invitan a uno a la casa de un millonario. Era cuestión de rozarse un poco con esos banqueros y capitanes de industria. Pero la visita había sido un éxito, un gran éxito, y todos habían simpatizado con él. En realidad, deseaban que los visitara nuevamente un par de semanas después. Era necesario jugar el juego. Todos comprendieron: uno tiene que jugar el juego.

Con mis veinte años, yo escuchaba, dócil y esperanzado, el relato acerca de un nuevo mundo. Bebí un sorbo de mi huevo crudo con ginebra, bebida que, según Loos, era típicamente norteamericana, y entendí: Es necesario jugar el juego, especialmente en Estados Unidos. Y sobre todo cuando uno se halla en Long Island, es menester comportarse como los habitantes del lugar.

Dos viernes después todo se repitió. El reloj de oro, el sombrero forrado de seda, los dólares de plata y la levita, que dejaba ver una camisa limpia y almidonada, fueron presentados por los amigos y los especuladores que vivían al este de Bowery. Y el lunes Adolf Loos regresó con otro relato pintoresco.

La gente continuó abrigando esperanzas, un fin de semana tras otro, hasta que poco a poco la esperanza y el carruaje, el tapizado y el inocente Adolf comenzaron a perder su brillo y esplendor. En una ciudad como Nueva York aparecen por doquier las maravillas de escasa duración. El espejismo de Long Island se desvaneció, sin aportar beneficios. Adolf nunca perdió del todo el cálido apoyo de sus amigos del barrio pobre de Manhattan, pero para los anfitriones de Long Island se convirtió en un personaje habitual; además, sus propinas eran excesivamente reducidas comparadas con las de otros invitados de fin de semana. Él y sus amigos americanos, todos inmigrantes recientes, hicieron lo posible para competir y estar a la par de sus vecinos venerables y más antiguos. Tal vez si hubiera podido aguantar... Pero no pudo. Decidió pagar parte de la deuda a algunos de los acreedores de buena voluntad que lo habían apoyado tan fielmente. Por fortuna, en la década de 1890 aún no se habían inventado las máquinas lavaplatos; algunos hoteles le daban trabajo en el turno de la noche.

Estos nuevos vecinos americanos llamaban a Loos por su primer nombre. Se había mostrado y fue siempre un ser cordial y atractivo para todos los que lo conocieron; pero, como ocurre siempre con las personalidades fuertes, siguió su propio y solitario camino. La cálida participación de otros cobraba realidad durante instantes, horas, o en presencia de un fin de semana promisorio, y luego desaparecía, dejándolo solo. Y así ocurriría hasta el final mismo.

Mal puede ser de otro modo en el caso de un innovador o un inventor, del hombre que a veces fascina y luego despierta un sentimiento de irritada impaciencia en quienes están cerca, ya se trate de Mozart mientras escribe su última obra musical, o de Graham Bell cuando inventa el primer teléfono.

Loos continuó admirando y amando a los norteamericanos, a los chefs de cocina, los gerentes de hotel, los peluqueros, los eficaces contadores de los bancos, los guardas del ferrocarril elevado, los vendedores ambulantes que empujaban sus carritos y los lustrabotas. Para mí llegó a ser el Walt Whitman del barrio pobre de Manhattan. Sus norteamericanos eran un material humano extremadamente valioso, sobre todo porque se desentendían de la cultura y la educación presuntamente refinada, y de las cosas a que se atribuía exagerado valor en los países europeos, especialmente en Viena, esa capital cultural de Europa Central.

Este hombre venía de la ciudad que contaba con la mejor orquesta del mundo, donde trabajaban los compositores y los actores más importantes, y había más gusto artístico y salones y cafés realmente cultivados por kilómetro cuadrado que en ningún otro lugar de la tierra. Sin embargo, en Estados Unidos vivió con humildes proletarios y comió y bebió con inmigrantes no asimilados; apenas se rozó con la capa superior anglosajona, que podía enorgullecerse de tener su propia tradición. La mayoría de sus relatos eran inolvidables, pero rara vez aparecía en ellos lo que podría denominarse popularmente un norteamericano "cien por ciento". Siempre vivió y habló con rusos, judíos, eslovacos o italianos de primera o segunda generación, hombres a quienes encontraba alrededor de la calle Orchard en Manhattan. De todos modos, para Loos esos individuos entusiastas y esperanzados eran norteamericanos muy reales, a menudo con un matiz patético y conmovedor. Esta era la nota que se repetía: Esa gente reflejaba el espíritu de esta nación en una importante etapa constantemente *inicial*. Todos participaban en el proceso semiinvoluntario de destrucción de los ídolos, y todos estaban transformándose en eficaces conversos del realismo, es decir, en individuos menos envarados que antes, y liberándose del prejuicio histórico que hasta cierto punto los había envenenado en la antigua geografía sociopolítica de los países de origen. Por lo menos, en opinión de Loos, se habían convertido en personas verdaderamente bondadosas, siendo así que en su patria durante mucho tiempo habían sido capaces de degollarse unos a otros. Por supuesto, aún se observaba cierto grado de crueldad, pero aparecía mezclado con una actitud más deportiva, ingenua y natural. Entre los principiantes de este gran crisol de razas aún cabe afirmar que existía una atmósfera de blandura sentimental factor que —así lo percibía Loos— representaba la nueva veta humanista norteamericana. Es posible que esté atribuyendo a Loos algunos de mis propios conceptos; pero su opinión de Estados Unidos, y después la mía, nunca fueron ortodoxas, si bien yo he llegado a conocer a un grupo mucho más numeroso de norteamericanos, en una amplia gama que va de los miembros de la aristocracia a los humildes trabajadores, y que incluye al inmigrante asiático de la costa oeste o de las islas del 50º Estado, y de los territorios de los Mares del Sur, gobernados en fideicomiso por Estados Unidos.

Hasta cierto punto el relato de Loos era una versión optimista de *Hojas de Hierba*, ofrecida por un inmigrante. Ambos poetas, y el dilatado mundo que ellos cantaban, eran para mí motivos de fascinación. Ambos hablaban de hombres y mujeres, y sólo brevemente del paisaje o de la altura de las construcciones; Loos ni siquiera mencionaba la "sociedad por acciones" anglosajona, que representaba un papel tan destacado en todo esto y que había poblado inicialmente el país. De todos modos, mencionaba el efecto de este clásico país de inmigración sobre todos sus inmigrantes, absorbidos en su civilización; y aludía a su capacidad para reorganizar a la humanidad, explicando cómo estaban transformándose sus nuevos ciudadanos. En su relato se perfilaba un país capaz de plasmar a las masas, hecho que, si fuera cierto, cobraría ahora mayor importancia, pues para mejor o para peor Estados Unidos representa en todo el mundo un catalizador a larga distancia; y en ciertos lugares, detrás del áspero cortinado político una civilización tecnológica de naturaleza igualmente cuantitativa también aplasta al individuo. El desarrollo misterioso de la evolución, ¿permitirá que esta forma sobreviva? Tal problema puede llegar a ser el aspecto fundamental del crecimiento humano.

De regreso en Europa, resultó trágico que Loos creyera en la posibilidad de transformar a Viena con los conocimientos que él traía; en ese momento pareció fracasar lamentablemente, excepto conmigo. Todavía coincido con él y al mismo tiempo espero ansiosamente que Estados Unidos merezca el apoyo de una parte importante de la humanidad, ya que no de todos, y que lo consiga superando el espíritu materialista de las compañías productoras de energía, de las empresas aéreas de sobrada experiencia, de las corporaciones industriales y de desarrollo cobijadas por el Pentágono, para dar paso a un espíritu que promueva comunidades más unificadas y ciudades más humanas. Ya no somos tan jóvenes como para que podamos entregarnos a ingenuas manipulaciones de pintoresca incoherencia, mientras nos enredamos personalmente en planes de pago en cuotas, para gozar del pretencioso último modelo de éste o aquél artículo, utilizado para el caso como nuestro común denominador.

Loos había recorrido la Exposición de Columbia, un ejemplo del estilo clásico en pleno Estados Unidos. Cuando él vivía en Chicago, todo aquéllo había sido, acaso con mayor justificación que medio siglo después, una desordenada y vigorosa ciudad que ejercía profunda fascinación sobre un hombre que deseaba desembarazarse de la agotadora cultura y de todas las cosas propias de la Europa de esa época, que iba envejeciendo velozmente. Pero por extraño que parezca, y aunque agregándole sus propias modificaciones, Loos llevó la actitud propia de la "columna clásica" cuando regresó a una Viena donde era moda el *Art Nouveau* y el *Jugendstil* caprichosos. Parece que, como la mayoría, Loos se dejó impresionar por el masivo renacimiento romántico de esa feria mundial, tal vez más que por el audaz suplemento que creó Louis Sullivan con su edificio consagrado a los nuevos transportes, exaltación de la máquina y alojamiento de las pesadas locomotoras de vapor de la época, ahora extinguidas hace ya largo tiempo. Creo que yo mismo nunca me comprometí realmente en esta disputa superficial entre lo "clásico" y lo novedoso, o la moda del momento, ni siquiera ahora en que ambas formas asisten quizá otra vez a un renacimiento simultáneo y probablemente también pasajero. Sin embargo, hay un *basso sostenuto* orgánico y humano que no pasa, que matiza permanentemente lo que podemos y debemos hacer para conservar nuestra vitalidad. Cala mucho más hondo que la superficie y la liviana capa exterior de refinamiento que nos entretiene transitoriamente.

Cuando llegué a los puertos orientales de Estados Unidos, no me desalentó la sordidez ni la suciedad. Me sentía tan fuerte que sólo vi juventud, tal vez un poco necesitada de agua y jabón detrás de las orejas. También es posible que las palabras extranjeras oídas y utilizadas fuera del país de origen nos induzcan a menudo a incurrir en complacientes malentendidos. La lingüística erudita es una pequeña parte de la capacidad de comunicación del ser humano. Me temo que hablo mal todos los idiomas. Nunca aprendí inglés en la escuela. Con gran esfuerzo comencé a hablarlo en Brooklyn y después traté de perfeccionarme en el Boulevard Hollywood, antes de enseñárselo a mi esposa. Treinta años después, en una presentación ante la televisión romana, o durante media hora en la red uruguaya, logré sin duda hablar los respectivos idiomas con acento extranjero. De todos modos, es probable que así resulte más interesante para los oyentes. Cierto nivel de imperfección siempre interesa y a menudo despierta simpatía. La expresión facial y el movimiento de las manos eran útiles en Nueva York.

Por cierto, no fui a Estados Unidos para encontrar y ni siquiera para ver riquezas, porque Loos me había hablado de los harapos y de los sastres que trabajaban para Hart, Schaffner & Marx, y de los consumidores que aprendían a subir al piso de Foreman & Clark para ahorrar un 30 por ciento. Rara vez me habló, excepto como trasfondo fabuloso del mundo de los inmigrantes, de los mármoles pulidos, y poco o nada de los salones donde se bebían cócteles con mucho alcohol y de la sociedad elegante. Recuerdo que más bien mencionaba esa bebida de huevo crudo y áspera ginebra. Había realizado una buena presentación ante el generoso submundo de Estados Unidos, ante la gente que trabajaba en condiciones detestables y que abrigaba la esperanza de un futuro más rosado, quince años antes de la época en que se oiría hablar de Sidney Hillman.

Cuando finalmente conocí Estados Unidos —Manhattan, Brooklyn, Baltimore, Filadelfia, Chicago—, era como desembarcar en Londres y visitar un barrio de sombría pobreza que recordara el *Cuento de Navidad* de Dickens, y entusiasmarse mucho porque uno había leído a Dickens en la infancia. Aquí estaban las casas y los patios sombríos que Loos había descrito en sus relatos impregnados de humano optimismo. Si uno visitaba el Londres de la reina Victoria esperando hallar el principal centro financiero, la capital del mundo y el eje del dilatado Imperio Británico, y de pronto miraba con ojo crítico a las masas de individuos miserables que ni siquiera sabían hablar inglés, bien cabía preguntarse dónde estaba la gran ciudad, la resplandeciente metrópoli. Pero si a uno le agradaban los relatos de Dickens y se encariñaba con sus barrios bajos y sus escenas de pobreza, porque en ellos se originaba inevitablemente cierta forma de bondad, tenía que creer que Londres era maravilloso y debía descubrir una dimensión de profunda humanidad.

En razón de esta actitud, yo no podía sentirme decepcionado. Nueva York me pareció maravillosa. Vi todos los lugares sórdidos y llegué a la conclusión de que confirmaban lo que había aprendido: comprobaban la visión radiográfica de Loos, que penetraba bajo la superficie y delineaba el futuro. Esbocé una sonrisa ante la Torre Singer y el Edificio Woolworth, a pesar de que en mi equipaje y mi cerebro había diseños semejantes a Lever Hermanos y a mi propia Ciudad Dinámica Reformada. Quizá Loos me indujo a error con respecto a la totalidad de Estados Unidos. Pero fue una amable desorientación, un grato prejuicio.

Otro hombre ejerció profunda influencia sobre mí. Era muy distinto de Loos, pues se trataba de un norteamericano de la segunda generación. Frank Lloyd Wright es personalmente un tema maravilloso para una historia nunca relatada, ni siquiera por él mismo. Me siento feliz de haber conocido a este gran hombre mucho antes que él conquistase el reconocimiento de su patria; y téngase presente que no era fácil conocerlo. Incluso es posible que no se conociese del todo a sí mismo; pero en todo caso es indudable que otros lo juzgaron mal durante mucho tiempo y desde muchos puntos de vista, como ser humano, como renovador del arte y como expresión de rebeldía competitiva en el curso de una vida prolongada y dinámica que no se fatigaba de ofrecer material al periodismo. A medida que este hombre milagroso envejecía, sus entrevistas y sus apariciones en televisión parecían cada vez más ingeniosas y sagaces. Pude acompañarlo cuando estaba casi solo; a menudo conversaba conmigo. En su autobiografía expone aspiraciones humanas que merecen mi profunda simpatía. Y cuando leo lo que él escribió, me parece oír su voz.

La primera vez que me encontré frente a Frank Lloyd Wright, era como si de pronto me hubiese hallado ante el Unicornio, o ante cualquier otra figura fantástica que uno ha venido persiguiendo más allá del arco iris. De él sólo conocía un gran volumen de reproducciones, en realidad una especie de carpeta de cincuenta por setenta y cinco centímetros publicada en Alemania en 1911. Era la más monumental publicación de avanzada sobre un arquitecto que se hubiese conocido jamás; la edición fue posible sólo porque Wright la pagó de su bolsillo. Cosa extraña, a los cuarenta años no se reconocía la importancia de su obra, ¡y al mismo tiempo ésta le permitía ganar dinero! No me imaginaba por qué razón tuvo que financiar personalmente esa publicación, ni los motivos que determinaron que se editara el material a tanta distancia, en Berlín, pues en esa época no disponía de medios para juzgar las circunstancias de su vida, por cierto tan interesante. Me parecía que las páginas bellamente impresas de ese magnífico volumen revelaban la fantástica cultura viva de un pueblo desconocido. Era como ver reproducciones de las casas habitadas por personas de otro mundo; una escena completamente distinta, imposible en Viena, en parte por la densidad del sistema de vida, pero también por la penuria histórica, el prejuicio o simplemente la pobreza de los europeos.

Aquí se entreveía un medio completamente distinto. El prefacio estaba redactado en un alemán desconcertante. Wright escribía en un estilo poético, a menudo florido, y no pudo verificar el extraño y confuso intento de traducción alambicada; de modo que también el texto era un mensaje garabateado desde Marte, casi incomprensible. Fuera como fuese, las ilustraciones me aportaron un sentido conmovedoramente claro. Los dibujos y los planos me maravillaron; parecían completamente distintos de cuanto había conocido. En verdad, estas casas carecían de paredes; las habitaciones se abrían en todas direcciones. Casi se hubiera podido decir que se las había construido en un país tropical, donde no soplaban vientos invernales, lo cual, naturalmente, no era el caso.

En el prefacio, el señor Wright explicaba cómo había creado el "estilo de la pradera", e indicaba que este extraordinario hecho nuevo se hallaba emplazado en las llanuras del Medio Oeste de Estados Unidos. Por supuesto, cuando conocí la obra, jamás había estado en el Medio Oeste y me la imaginaba más o menos como la describió después Donald Culross Peattie, con la extraña vegetación, las aves canoras y las bestezuelas que pueblan el bosquecillo de la pradera y el área circundante. Me imaginaba algo semejante tal vez a las pampas argentinas, pero habitado todavía por pieles rojas, con las tiendas en segundo plano y a lo lejos el ruidoso rebaño de bisontes. En este paraíso virgen, llano, uniforme y extenso, Wright iba creando edificios bajos con tremendos techos de alero y largas hileras de ventanas, parecidas a las que ostentaban los raudos trenes transcontinentales que atravesaban un paisaje llano y ventoso. No tenía idea de que todas estas obras estaban en Oak Park, el suburbio de Chicago. Y la fascinación era más profunda precisamente por mi desconocimiento. Me propuse ver todo esto con mis propios ojos. En Europa nadie hacía cosas de ese estilo. Quienquiera que fuese, Frank Lloyd Wright, el hombre que estaba tan lejos, había realizado algo trascendente y de profundo sentido.

Este hombre milagroso creó en mí la convicción de que, por muchos obstáculos que debiese vencer, yo iría a los lugares donde él respiraba y trabajaba.

Cuando llegué a Nueva York y vi lo que Loos me había descrito, fue como retornar a una situación familiar, porque yo también era un inmigrante pobre y solitario. Dione, que esperaba a nuestro primer hijo, había quedado en Europa. Viví en Manhattan, en un cuarto que me costaba un par de dólares semanales; estaba amueblado con una cama y nada más, salvo un caño qué descendía desde el piso superior al que estaba debajo, de modo que yo podía oír a las personas que entraban en el cuarto de baño. No había placard ni guardarropas; apenas unos ganchos para colgar mis prendas. Vivía en Manhattan y trabajaba en Brooklyn, es decir, me trasladaba del centro hacia las afueras, quizá para ser distinto desde el comienzo. Todos los días tomaba el metropolitano, dos veces cambiaba de tren y finalmente abordaba el tranvía hasta los límites de Brooklyn: todo esto para ganarme la vida. Vivía en Irving Place, a un paso de Gramercy Park, en medio de la isla maravillosa, colmada de sordidez y misterio. Pero, vale la pena repetirlo, también eso confirmaba mis expectativas originadas en "los relatos de Loos", si bien el libro de imágenes de Frank Lloyd Wright y su texto habrían de contrastar sobradamente con la versión de la realidad.

La pradera de Wright en Chicago

Me sentía muy impaciente por llegar a Chicago, porque allí vería esas praderas que se extendían hacia el horizonte, con bosquecilios en primer plano y comunidades de bellas "casas de la pradera". Finalmente me trasladé a la ciudad del Medio

Oeste, cuya edad entonces apenas superaba las dos generaciones. Llegué a la Estación Central de Illinois en una lluviosa mañana de noviembre. Y aquí debo explicar otra circunstancia que me indujo a realizar el viaje.

Creo que cursaba el tercer año del colegio secundario cuando leí en un diario vienés un artículo sobre Chicago; allí se decía que esta grande y progresista metrópoli había decidido electrificar todas las vías ferroviarias en un radio de sesenta y cinco kilómetros, con el fin de purificar el aire y mejorar y sanear las condiciones de vida. En esa época la palabra *electricidad* era nueva para mí, y me fascinaba imaginar que todos aquellos trenes corrían impulsados por el fluido eléctrico. Cuando leí el artículo era un niño, pero el entusiasmo suscitado por la noticia perduró a través de los años.

Veinte años después, en un día lluvioso y gris de fines de 1924, llegué por fin al lugar de mis sueños. Muy pronto comprobé que era distinto de lo que Wright había relatado; también era un tanta diferente de las versiones de Loos, y sin duda de lo que yo había leído en el viejo periódico vienés. Cuando anticipamos situaciones, es extraño observar cuántas cosas se fusionan y cuántas chocan.

En realidad, Loos nunca cantó la epopeya de la civilización mecanizada o de la electrificación norteamericana, ni tuvo oportunidad de vivir en alguna de las pequeñas comunidades de Estados Unidos, avanzadas de la frontera occidental o simplemente rústicas. De hecho, nunca vio el campo, pero reflejó constantemente la discutida y conmovedora influencia del puerto de ingreso norteamericano que transformaba a la corriente políglota de inmigrantes. No explicó exactamente cuáles eran las consecuencias o el influjo de la ciudad, ni lo que determinaba su influencia. El material humano se transformaba por la acción de un factor vital aquí presente, en la escena, urbana de Estados Unidos, y aun en ese sector de la ciudad representado por los barrios bajos, de ningún modo sobresalientes ni atractivos; a Loos le interesaba lo que constituía *una forma transitoria en el camino del progreso*.

Por supuesto, no vio en Estados Unidos nada tan famoso como los bulevares de París o la Ringstrasse y los grandes monumentos de Viena. Sin duda, de eso precisamente estaba huyendo. Esas obras manifestaban una excesiva autocomplacencia, constituían una grandeza imperial impuesta que no se ajustaba a la naturaleza de la pequeña y común humanidad. Cuando los extranjeros llegaban a Estados Unidos y pasaban entre las piedras de molino de la oficina de inmigración, apenas los impresionaba la arquitectura con A mayúscula de elevada inspiración burocrática. Para todos ellos la cosa comenzaba y se desarrollaba en un nivel muy distinto e inferior, debajo y enfrente del ferrocarril elevado de las avenidas Tercera y Segunda. Es posible que más tarde alguno de ellos pudiesen llegar al Palacio Renacimiento, en la esquina de la calle 42 y la Quinta Avenida, rodeado de rascacielos comerciales.

He tratado de delinear la influencia que ejerció sobre mí lo que Loos pensó y vio. Me he referido a Frank Lloyd Wright, cuya obra conocí inicialmente en fotografías, pero principalmente en sus propios dibujos y en un texto embrollado y mutilado por la traducción. De esta obra de maravillas, que leí en la biblioteca porque por su precio no se hallaba a mi alcance, deduje la existencia de un Estados Unidos mucho más rural que el que Loos había descrito, un país mucho más romántico que el que existió jamás en los últimos cien años. Si se atiende a los escritos de Henry David Thoreau, que no vivió en una gran ciudad, se advierte que Salem no era un lugar idílico ni siquiera en 1840, y que Concord era más un hermoso nombre que un hecho. El noventa por ciento de los almaceneros de Nueva Inglaterra vivían angustiados ante la amenaza de la quiebra. También los agricultores estaban agobiados por las hipotecas y todo se iba derrumbando, según aquel hombre sabio que se había retirado de la vida febril y excesivamente complicada de la Yanquilandia de antes de la guerra.

No existía un auténtico Estados Unidos rural alrededor de la mayoría de las producciones de Frank Lloyd Wright. Gran parte de los primeros edificios fueron construidos en la extensión suburbana de una metrópoli que crecía velozmente y algunos de cuyos ciudadanos ganaban y podían gastar sumas enormes, comparadas con los centavos que cambiaban de mano en la calle Orchard de Manhattan. Wright estaba creando lo que a él le agradaba suponer que era un renacimiento del espíritu de la pradera en las casas de las ostentosas calles suburbanas. El texto y los dibujos de la hermosa carpeta con las encantadoras malvalocas en torno de las habitaciones abiertas y los aleros prolongándose hacia la pradera estival del Medio Oeste, estaban muy presentes en mi espíritu cuando huí de Nueva York, después de conocer la apretada porción de Estados Unidos que Loos había visto.

Había esperado con ansiedad el momento en que vería las amplias extensiones de los Estados Unidos de Frank Lloyd Wright; pero, en rigor, nunca llegué al sitio en cuestión. Quizá yo tenía los ojos vendados y montaba un caballo de madera, y me imaginaba atravesando regiones mágicas, como Don Quijote. Pero mi venda era puramente imaginaria; en realidad estaba sentado en un vagón del ferrocarril, del lado de la ventanilla, mirando el paisaje de la campiña más rica del mundo, entre la Estación Gran Central y la Estación Terminal de Illinois.

Finalmente llegué. El lugar ostentaba un aire anticuado y se parecía a una torre medieval. Cargando la valija, tuve que cruzar frente a la oscura locomotora, jadeante y humosa, para llegar a la calle, donde la atmósfera gris y lluviosa estaba igualmente saturada de humo. Las praderas no estaban a la vista. El cuello de mi camisa se oscureció en media hora. Al principio creí que había equivocado la estación, o algo por el estilo; aquí no se veía nada que pareciese electrificado. Pero traté de endurecer mi voluntad; quería estar dispuesto a todo. Aferrando fuertemente la valija, abandoné una sórdida y vieja estación ferroviaria y caminé en lo que parecía ser la dirección general de la calle South Halstead. Chapoteando en el barro, salvé un cruce de vías, donde descansaban más locomotoras oscuras, humeando pacíficamente bajo la misma llovizna gris de noviembre.

Me iba acercando al barrio de los Corrales, donde me había invitado a vivir James Jackson Forrestall, la única persona de Chicago que yo conocía. Era abogado y cuáquero, y tenía su oficina en el grande y antiguo edificio Monadnock. Había conocido a Forrestall y a su esposa en la Misión de los Amigos, en Viena, donde yo había trabajado con el propósito de aprender unas pocas palabras de inglés básico antes de cruzar el océano. Los esposos Forrestall colaboraban en el programa de distribución de alimentos de los cuáqueros. Antes de regresar a Estados Unidos el señor Forrestall había dicho: "Cuando venga a Chicago, avíseme antes y yo lo instalaré en un lugar maravilloso..., el Centro de Asistencia de Jane Addams". En esa época, lo único que sabía de los centros de asistencia era lo que había oído decir vagamente del Toynbee Hall de Londres.

Mientras caminaba hacia el oeste, sobre las vías y bajo la lluvia, pensé en los primeros norteamericanos que había conocido en la Misión. Poco después de llegar al Nuevo Mundo visité a algunos en Germantown y los comparé con los habitantes de la calle Catorce y la Union Square, en Manhattan.

La primera persona que me otorgó el *affidavit* necesario para obtener la visa de entrada fue el profesor John Fisher, del Goshen College, de Indiana, que trabajaba en Viena con la Misión y además estudiaba a Kant. Le proporcioné una traducción corrida y poco fiel, sección por sección, destinada a facilitar su preparación para las lecciones que tomaba con un importante catedrático de filosofía de la Universidad de Viena; en esa época difícil las clases privadas solo costaban un dólar o dos.

A pesar de su gesto bondadoso, el profesor Fisher no me sirvió de mucho para obtener la visa, pues el consulado reparó inmediatamente en su condición de cuáquero del Goshen College, y el Servicio de Inmigración y Naturalización de Washington comprobó que ese claustro universitario era un caldo de cultivo de las tendencias pacifistas: durante la Primera Guerra Mundial tres de sus profesores habían sido encarcelados por ser *conscientious objectors*.* El que tuviera algo que ver con los cuáqueros era *persona non grata* en Estados Unidos; pero yo no tenía la menor idea de la situación. En mi infancia me había parecido que William Penn, con su sombrero de ancha ala, era una figura auténticamente norteamericana que aparecía en todas las cajas de Quaker Oats.

Y ahora que había llegado finalmente a Chicago, seguí las instrucciones escritas de Forrestall y salvé desconcertado un riel tras otro. Cuando me iba acercando a la calle South Halstead, vi a lo lejos el Centro de Asistencia, un sombrío complejo de edificios no desprovistos de interés, que se alzaban en medio de barrios pobres muy distintos de los que había conocido en Harlem o Bowery.

Mientras descendía por la calle vi algunas jóvenes extrañas, ataviadas con vestidos muy pintorescos, de pie en los umbrales de las puertas o asomadas a las ventanas de la planta baja de algunos edificios muy deteriorados. No pude aclarar quiénes eran, pero sospeché que podían estar comprometidas en un antiguo oficio de seducción. Después supe que eran gitanas griegas y que vestían los atavíos típicos de la patria de origen. Eran adivinadoras de la suerte, de modo que no me había equivocado del todo —en efecto, se trataba de un oficio bastante antiguo—, pero en aquel sitio la suerte parecía cosa muy discutible, y adivinarla una tarea bastante difícil.

Llegué al Centro de Asistencia y fui presentado inmediatamente a su famosa fundadora, la señorita Jane Addams, que se mostró en extremo bondadosa. Era una antigua amiga de los Forrestall y había sido una de las primeras personas que reconoció el valor de Frank Wright. Me dio un cuarto y me habló tanto como pude entender, en vista de mis escasos conocimientos de inglés. Quince minutos después de haberme instalado, me indicaron que bajase para atender el teléfono que se encontraba en el vestíbulo: "Llamada del señor Forrestair.

---

* Pacifistas que por escrúpulos de conciencia se niegan a prestar servicios militares. *(N. del Tr.)*

"Bien, ha llegado usted", dijo. Pese a su condición de cuáquero, era hombre de su tiempo. En lugar de *thou*, se había dirigido a mí utilizando el moderno *you*.

De modo que contesté: "Sí, señor".

Me dio la bienvenida y me formuló breves preguntas acerca de mi instalación. Le expliqué que la señorita Addams me había alojado en compañía de otro joven. "Le gustará el sitio", me dijo. "Es una organización muy interesante, cuyo propósito es transformar a los inmigrantes en norteamericanos, y en general le diré que Chicago es un lugar más que grato, magnífico; tiene el mejor clima del mundo... aunque hoy está lloviendo un poco; pero cuando lo conozca verá que es una ciudad maravillosa. Puedo comunicarle que ahora estamos trabajando en un plan de electrificación de todas las líneas ferroviarias hasta unos sesenta y cinco kilómetros de la ciudad, de modo que cuando se completen los trabajos desaparecerá ese humo que usted habrá visto."

"Sí", contesté. "Lo he visto, y también leí un artículo periodístico sobre esta electrificación... ¡hace un tiempo!"

Así comenzó mi carrera en Chicago. Después de comprometerme a dar algunas clases de dibujo a los griegos y gitanos del vecindario, dispuse de cierto tiempo libre, de modo que conseguí un mapa de la ciudad y comencé a buscar las casas que había visto en los dibujos de Wright. Hablé del asunto con la señorita Adams; había conocido a Frank Lloyd Wright cuando éste era joven, pero entretanto se había convertido en una oveja negra. Según me explicaron, había abandonado a su familia y "huido con la esposa de un vecino que vivía en la misma calle de Oak Park". Era un relato casi rencoroso. Sí, algunos de ellos lo habían conocido cuando era joven, pero ahora lo consideraban nada más que un sujeto escandaloso. La murmuración maliciosa se había cebado todo lo posible en su persona. Luego cuando le expliqué al señor Forrestall que me proponía visitar al señor Wright y que confiaba en traer a mi joven esposa que estaba en Europa para que me acompañara en la visita, se mostró totalmente desconcertado. ¡Qué idea... llevar a una joven mujer a "semejante antro de iniquidad"!

Pero no me amilané en lo más mínimo. Recorrí el barrio oeste de Chicago y después el barrio sur, cerca de la universidad, pero nadie sabía darme razón de este famoso arquitecto que yo mencionaba. Pasmaba a la gente el que yo hubiese conocido los ideales de un gran hombre de Chicago en una biblioteca europea, y se miraban desconcertados unos a otros. Algunos sabían que estaba comprometido en cierto hecho terrible; una persona recordó que se había cometido un asesinato múltiple en su granja de Wisconsin. En todo caso, Wright no era un hombre famoso. Era un individuo terrible. ¿Acaso los diarios de Chicago no habían publicado historias espeluznantes acerca de su persona? El se había visto obligado a abandonar la ciudad... ¡y ahí estaba yo, llegado de Viena, en busca de una persona de esa calaña y de su obra! En verdad, todo eso resultaba muy extraño.

Conseguí por fin localizar algunos de los edificios que Wright había proyectado. Repasé todas las notas que había escrito mientras estudiaba aquella carpeta en la Biblioteca de Arte de Berlín, en la época en que me mantenía trabajando como extra teatral por las noches. Ahora estaba muy lejos del punto de partida: me encontraba en el país de mis sueños.

Pero, ¿dónde estaban las praderas, los bosques y los céspedes? En todo caso, ¿dónde estaba la avenida Woodlawn? Si la hallaba, podría localizar la famosa Robie House. Mi corazón se sobresaltaba siempre que imaginaba el momento: Tocaría el timbre, y en un inglés muy defectuoso preguntaría: "¿Está el señor Robie?" Que es precisamente lo que en definitiva hice.

"¿El señor Robie? Jamás oí hablar de él." Allí vivía una tal señora Wilson. Había comprado la casa varios años antes y probablemente era el quinto propietario. No la entusiamaba demasiado... aunque a mí me parecía un lugar encantador, maravilloso.

Pregunté a la señora Wilson por qué había comprado la casa. "¡Oh!", contestó, con total indiferencia, "la conseguí muy barata. El dueño anterior tenía que marcharse." No, no le gustaba particularmente; formuló toda clase de mezquinas críticas. Por supuesto, nada funcionaba bien; la casa tenía ya unos quince años y se la había descuidado mucho.

Realicé una experiencia casi idéntica poco menos que en todos los lugares que logré identificar; en River Forest o en Oak Park el relato era aproximadamente el mismo. Las personas que yo quería conocer, los seres humanos que había visto con la imaginación y que, según presumía, habían sido plasmados por la arquitectura, o quizás especialmente esos fascinantes seres humanos que habían encargado esta emocionante arquitectura del futuro y que ahora, y hasta el fin de sus días, vivían felices en ella, no aparecían por ninguna parte. En general, los habitantes y sus muebles parecían lamentablemente inadaptados; pero las casas eran en todo y por todo tan bellas como yo había anticipado, y verlas después de haberlo deseado durante una docena de años fue una experiencia abrumadora. De todos modos, se apoderó de mí un triste desconcierto. Había llegado al país de las hadas, pero éstas se habían marchado. Los habitantes del bosque encantado aparentemente contradecían todo lo que el medio reclamaba. Me sentí terriblemente deprimido, desmoralizado y desconcertado.

Mi linaje se complicaba un poco a causa de cierta paternidad contradictoria. Si tenemos en cuenta que mi padre era no sólo Loos, un entusiasta norteamericano de Viena, sino también Wright, de hecho había en mí un norteamericano de segunda generación, y a veces, como ocurre en el caso de este tipo de hombre, ¡exhibía cierta inadaptación a mis conorteamericanos! Tenía en Estados Unidos un tercer padre, que existía en mi imaginación, un gran hombre llamado Louis H. Sullivan. Era el maestro de Wright y había construido el auditorio, el Carson, la tienda Pirie Scott y muchas otras cosas grandes. Como Wright y yo, era un norteamericano de segunda generación. Pero ellos no fueron tan afortunados como yo con sus padres. Es interesante reflexionar acerca de la influencia de los padres sobre el alma. Mis padres adoptivos fueron grandes arquitectos. El verdadero padre de Sullivan fue un maestro de baile irlandés; el de Wright, un misionero que amaba la música; el padre de Loos dirigía una marmolería, y mi padre carnal había comenzado fundiendo cencerros que debían resonar armoniosamente. Tal vez la paternidad es siempre dudosa; todos somos hijos de muchos antepasados.

Fui a ver todas las construcciones de Sullivan y me parecieron extraordinarias. Pensé que aquí, en plena América del Norte, había obras que podían compararse con lo que Otto Wagner había estado haciendo en la Viena de Europa Central. Y esa comparación era el supremo espaldarazo que yo podía dar a un producto arquitectónico. Por entonces descubrí que Sullivan vivía en Chicago y me hice el firme propósito de conocerlo. Además, tenía uno de sus manuscritos, "The Kindergarten Chats", que algunos amigos de mi amigo R. M. Schindler habían conservado y remitido a Berlín, con la esperanza de que encontráramos alguien que lo publicase o financiase la edición. Bien, mis esfuerzos en Europa fracasaron completamente, a pesar de que hice todo lo posible y con el mayor entusiasmo.

También hablé del asunto con unas pocas personas de Chicago, y todas se echaron a reír. ¿Sullivan? ¿Ese viejo borracho? Ahora está en la miseria y lo mantienen sus amigos; cada uno pone cinco dólares mensuales. Creo que vive en un inquilinato u "hotel" de la Avenida Warner, cerca de la calle Treinta y Cinco.

Pues bien, conocí a algunas de las personas que aportaban cinco dólares; ellas me dieron la dirección de Sullivan. Todas las semanas, Ralph Fletcher Seymour, Arthur Fred Woltersdorf, Albert McArthur o John Van Bergen lo llevaban a cenar al Cliff Dwellers Club, para que pudiese comer algo sustancioso.

Fui a visitar a este "viejo", que a los sesenta y tres años era mucho más joven que lo que yo soy ahora. Era doloroso verlo vivir en una situación de miseria y abandono. Le dije que había venido directamente desde Viena para conocerlo y para ver al señor Wright.

"Hace diecisiete años que no veo a Frank", observó. "Me ha olvidado."

"¿Y usted se siente bien?", le pregunté.

"Bueno", contestó, "me siento bastante mal. Estoy muriéndome. Mi salud es mala, y me han olvidado." Eso pude entender de su respuesta.

Hice un esfuerzo para hablarle en inglés. "Señor Sullivan, le aseguro que no está solo. He venido de muy lejos para conocerlo. Su fama y la influencia de su obra se han extendido por todo el mundo." Ahora sé que mis palabras de poco podían servirle.

Me dijo: "Antes creía que mi obra tendría cierta trascendencia, pero todo ha terminado; nada queda... nada que valga la pena mencionar."

Estaba muy desmoralizado, y yo hacía todo lo posible para levantarle el ánimo. Pero se aferraba a su desolación y a su falta de prestigio. Es cosa horrible contemplar la soledad del genio.

Cuando Louis Sullivan murió, experimenté un profundo dolor y pedí permiso en la oficina para asistir a su funeral en el cementerio Graceland. Ninguno de mis compañeros, ni siquiera el jefe de dibujantes, comprendió por qué yo quería asistir al funeral de este hombre, que "en realidad ahora no significa nada". Como quiera que fuese, había unas pocas personas en el cementerio, y algunas pronunciaron discursos.

El más extenso fue el de I. K. Pond, hombre varios años mayor que Sullivan; había proyectado el Club de la Universidad, uno de los edificios seudomedievales y reaccionarios de Chicago. Supongo que los hermanos Pond, y Sullivan disputaron a lo largo de toda una vida, pues éste y aquéllos representaban escuelas de pensamiento totalmente distintas. Mientras yo escuchaba hoscamente, I. K. parecía vanagloriarse de que todas las ideas del muerto habían fracasado y de que ninguna había logrado arraigar realmente. Para mí fue una experiencia muy dolorosa, pese a que no pude entender del todo la exposición muy erudita del señor Pond, que en verdad era una persona muy educada y en ese momento probablemente el arquitecto más culto de Chicago.

Pero allí estaba otro hombre, Frank Lloyd Wright, que había hecho todo el viaje desde California, donde estaba trabajando, para asistir al funeral. Hacía muchos años que no veía a Sullivan y parecía sentirse muy incómodo frente a un grupo nutrido de adversarios locales; pero procuraba compensar su estado de ánimo con su atuendo de refinada elegancia. Estaba muy bien vestido, llevaba bastón y usaba zapatos oxford de tacos bastante altos. Exhibía una actitud de acentuada indiferencia frente a los amigos y enemigos del maestro, y parecía preocuparle su propio antagonismo hacia ellos, o el de éstos hacia él. No se mostraba tan afligido como yo. Me deprimía la muerte de Sullivan, pero también me desalentaba haberlo conocido en los últimos años de su vida y comprobar cuál había sido el destino de un gran precursor en la profesión que yo elegí. Sin duda, todo eso no resultaba muy estimulante para un joven. Y aquí me encontraba con otro hombre a quien había admirado desde hacía mucho tiempo y que parecía ser objeto de general antipatía; tampoco se hubiera dicho que le sobraba el dinero, pero en todo caso trataba de mostrarse arrogante y hacía gala de su elegancia y de su impavidez.

Concluida la ceremonia, me acerqué a Frank Lloyd Wright y con voz entrecortada le expliqué lo que él había significado para mí. Se mostró sumamente comprensivo. Me llevó a comer y luego al Hotel Congress, donde se alojaba. Allí me preguntó: "¿Por qué no se viene conmigo y hace una visita a Taliesin? Como usted sabe, no tengo trabajo. Un arquitecto moderno no consigue trabajo digno de ese nombre en este país, especialmente en Chicago." Y comenzó a explicarme los aspectos negativos de la situación.

Se ha afirmado volublemente que Frank Lloyd Wright no era humilde, ni cosa parecida. Sin embargo, uno de sus rasgos más característicos fue el hecho de que el hombre a quien consideró su *maestro* durante toda una vida *de ningún modo pertenecía a la generación anterior*; por el contrario parecía tener la misma edad que el propio Wright. Conservo con cariño las fotos de esa época. Sullivan había impresionado muy profundamente al joven Frank tanto en el pensamiento como en el lenguaje y la creación entusiasta de floridos y originales adornos. Quizá la ambición de competir con las dotes del hombre de mayor edad en este terreno jamás volvería a dejar en paz su alma. Tal vez habría alcanzado una condición propia más pura si jamás hubiese visto lo que no correspondía a su naturaleza. Cuando intentó apartarse por completo de todo ello, a los veinticinco años, se sintió mejor, aunque también destrozó el corazón de Sullivan, quien me contó cuánto lo amaba.

Frank Lloyd Wright habría llegado a ser un gran arquitecto aunque nunca hubiese conocido las obras de Sullivan. Pero el hecho de conocerlas alentó en lo más profundo de su corazón una actitud competitiva, que se mantuvo más de una generación después que *su* amigo de mayor edad se había hundido en la tumba.

El maestro le había dejado una herencia de disgusto, así como una inspiración perdurable y un motivo para que se esforzara de continuo por anular ciertos dones sobresalientes. Era un legado contradictorio, una caja de Pandora que se abría ocasionalmente y que pasó en herencia a un joven que luego la llevó sobre sí los cincuenta años siguientes. A menudo he meditado sobre el caso y me he formulado preguntas.

Lo misteriosamente nuevo a menudo tiende a promover la imitación. En un zoológico uno puede sentirse profundamente fascinado por una jirafa que nunca había visto; pero no intenta o no debe tratar de convertirse en jirafa.

Sabemos que, en general, Frank Lloyd Wright continuó siendo el hombre que el destino había forjado.

Albert McArthur, el alumno dolorosamente resentido del propio Wright, mucho más turbado aun por la sombra de un gran hombre, me había pintado el mismo displicente panorama de las posibilidades de la arquitectura, o de la falta de posibilidades, una semana antes, cuando después de tomar el desayuno llegó al mediodía a su oficina, donde yo lo esperaba pacientemente. En esa ocasión concluí la prolongada y desalentadora charla con esta mansa pregunta: ¿Usted quiere que yo me suicide?" Después del estallido pesimista del propio Wright y de una sombría ojeada al futuro próximo, había sugerido, y antes de separarnos lo repitió generosamente: "Si usted quiere venir a visitarme a Wisconsin, con mucho gusto lo recibiré." Yo me sentía profundamente agradecido.

Estaba solo, y por cierto se sintió complacido cuando le dije que deseaba ir. Pero no comprendí su escasa reacción cuando hablé de Sullivan y de mis sentimientos hacia él. Ahora creo conocer la explicación; los sentimientos filiales a menudo incluyen una parte de contradicción emotiva. En Pekín, y para mil millones de asiáticos a quienes Sigmund Freud no conocía, probablemente no es ése el caso.

Pero Sullivan y Frank estaban separados sólo por siete años, y la ruptura fue más que una desavenencia; la separación fue una tragedia. Quizá también hubo cierta típica melancolía en todo ello, cosa que el sensible y joven dibujante George Elmslie observó por el rabillo del ojo en la oficina de Sullivan y relató a sus hermanas. Por casualidad me lo contaron muchos después. Pero en tercero no puede seguir todos los pasos de un dolor de esta naturaleza.

Cierta vez, mientras almorzaba frente al señor Wright en Spring Green, dejaron la correspondencia sobre la mesa. Abrí una carta, y había adentro un alfiler de corbata con un topacio, que me enviaban con una esquela apreciativa y bondadosa. La carta decía que yo era digno de tener el alfiler que Sullivan había usado en tiempos mejores y que los amigos habían rescatado de la casa de empeños. Creían que yo lo merecía por el entusiasmo y amistad que había demostrado al viejo maestro. Radiante, yo, que no era nadie, corrí alrededor de la mesa y mostré el alfiler al señor Wright. "¿Lo reconoce?" Meneó la cabeza y le entregué la carta. Fue un error. Leyó la misiva y silenciosamente me devolvió el alfiler y el papel. Parecía triste.

Nunca usé el alfiler de corbata. Está en el depósito de un banco.

En nuestra primera conversación ya había explicado al señor Wright lo que me inquietaba. Había querido ver a la *gente* que vivía en esas casas extraordinarias diseñadas por él. "En realidad, las casas mismas", dije, "me son tan familiares que las conozco de memoria." No tenía necesidad de venir a Chicago para verlas, porque había estudiado los planos muy cuidadosamente, pero había deseado ver a la gente, *los seres humanos, que estaban viviendo* en ellas. Pero algo extraño se observaba en todos ellos. "¿Conoce a una señora Wilson que está viviendo en la Robie House?"

"No tengo idea de quién está viviendo ahora en esas casas. Pero así son las cosas aquí; nada perdura, todo cambia." Parecía resonar nuevamente el pesimismo del viejo Sullivan, que ahora descansaba en Graceland.

"¿Había muchos sectores de pradera por aquí cuando usted construyó esas casas?", pregunté. "¿En la Casa Robie, por ejemplo?"

"No", contestó, "no había pradera, a lo sumo la Universidad de Chicago; pero con esa obra y en ella, reconquisté el espíritu de la pradera."

"Sí, así fue", dije. "Aún no he visto la pradera, pero creo entrever cómo es."

Muchos años después se me ocurrió que muy a menudo yo mismo he sobrepasado las necesidades de un programa, los hechos y los lugares físicos, y retorcido el hilo para tejer mi propia trama, cuando comenzaba a diseñar. Un arquitecto puede ser también un cuentista; ante todo, se narra fábulas él mismo y ve sus propios mundos. El pequeño Don Quijote que hay dentro de uno le permite seguir adelante.

Y luego otros tendrán que desarrollar el relato, grávido de forma y de sentido. Así tendrá que ser, para que las almas lo aferren y retengan.

Fui a Spring Green para visitar al señor Wright; la experiencia fue realmente maravillosa. Me sentía como en el distrito de los templos de una ciudad japonesa, y para el caso no importaba mucho cómo me imaginaba yo una cosa semejante. Taliesin estaba completamente alejada de todo cuanto había conocido antes, y aquí vivía un hombre que armonizaba con el resto. Los Estados Unidos que él representaba, quizá con carácter exclusivo, me parecían por demás atractivos, aunque aparentemente sólo existían en su espíritu, y ahora en el mío, y tal vez en el de algunas personas que yo aún no conocía. Pude encontrar los seres humanos que debían poblar esa clase de Estados Unidos sólo en el dominio del propio señor Wright; por ejemplo, Cari Sandburg era un huésped muy apreciado, que entonaba canciones, acompañándose con la guitarra, y recitaba poesías.

Los norteamericanos de tipo corriente que poseían medios y poder adquisitivo, con quienes habría de encontrarme a medida que pasara el tiempo, no siempre pertenecían a la estirpe anglosajona, pero parecían haberse asimilado a ella, y con bastante frecuencia exhibían pedestres inclinaciones mentales y pensamientos de carácter racional y práctico. Los inmigrantes a quienes había visto eran a medias esclavos de este proceso de asimilación y a medias seres libres. Ansiaban ascender al piso superior, pero por el momento parecían vivir en un nivel completamente distinto. Vivían en el sótano, ¡y no había sótanos en las de casas de Wright!

Estas construcciones rectas de un piso se elevaban directamente sobre el suelo, bajo las nubes que surcaban el cielo azul, y carecían de sótanos y de torres. Tratar de reunir todas mis impresiones contradictorias de la escena norteamericana, era una experiencia extraña. ¿Alguien ha medido la profundidad del problema, y lo ha hecho con justicia y equidad? Es un país tan grande y dilatado, si uno comienza a recorrerlo realmente con los ojos abiertos, en lugar de cerrarlos y limitarse a especular.

Para mí Wright era famoso, y si parecía que en Estados Unidos yo era el único que demostraba tanta devoción, en todo caso con mayor certeza y más firmemente que nunca anticipaba su futura fama mundial. Inmoral para los periódicos de su ciudad natal, ridículo para sus colegas profesionales, a los que en retribución él despreciaba por sus ataques e ironías, siguió siendo dueño de su destino. Podía comprender sus sentimientos, pero trataba suavemente de apartarlo de ellos cuando lo molestaban. Cierta mañana recibió una carta y, después de leerla, me la arrojó con una risa amarga. Yo suponía que se trataba de un insulto, pero en definitiva era una amable invitación a participar en una exposición en el Instituto de Arte de Chicago. Le rogué que olvidase anteriores actitudes de menosprecio y que aprovechara el gradual cambio de clima. Pero parece que era más fácil aconsejarlo que hacerlo. Todo tiene su prehistoria, y parte de ésta es la atmósfera contaminada y endurecida que, llegado el caso, sería necesario cortar con cuchillo.

Wright se creía un regionalista y ostensiblemente estaba reviviendo la atmósfera de la pradera. En su espíritu se ocupaba de los norteamericanos como quien conocía el modo de dar albergue a sus cuerpos y almas. Pero en la práctica su obra parecía, por lo menos superficialmente, mal adaptada a los clientes y a lo que éstos pensaban; en cambio, a mi juicio encerraba un gran significado cosmopolita, aunque por el momento quizá no se adaptaba a ninguno de los países que yo conocía. Comenzaban a aparecer imitaciones en Holanda y algunas muy escasas y tímidas en Alemania; pero las ideas de Wright sencillamente no atraían al norteamericano medio. Parecía que, en general, el reconocimiento, la práctica o el uso se le negaban precisamente en la región de origen. Yo me preguntaba si ésta no era la suerte constante del "regionalismo intencional", de la forma conferida ingeniosamente, de todo lo que se crea con un propósito y no se desarrolla a partir de un sencillo hábito interior y de una tradición externa común.

En todo caso, ésta fue mi segunda experiencia con una escena norteamericana imaginada por un genio, filtrada a través de un gran espíritu. Presenciar el espectáculo de un hombre de gran jerarquía, no simplemente talentoso, que comprueba cómo se desconocen algunas de las fuentes y aspiraciones de su obra, resulta una experiencia reveladora y quizás típica de otros casos igualmente extraordinarios, que uno conoce únicamente por haberlos leído en los libros de historia.

Cuando tuve el privilegio de escuchar las ideas de hombres imponentes en campos totalmente distintos del mío propio —Albert Einstein, Sigmund Freud, Thomas Mann, Paul Klee o León Trotsky—, experimenté una simpatía similar hacia su frígida soledad, aunque en una atmósfera con frecuencia enrarecida sin duda no habría podido seguir sus elucubraciones —siempre saturadas de emoción— acerca de sus fines según los veían ellos mismos. Pero la empatía sólo en parte depende de la capacidad intelectual de participación.

Cómo construye Estados Unidos

Prosigo reseñando los motivos que me indujeron a venir a Estados Unidos, y advierto que hubo un manojo nada accidental de motivaciones, y no sólo la atracción ejercida por grandes hombres.

Hubo otra cosa, más impersonal pero influyente, que comenzó a crecer lentamente en mi espíritu y a teñir la imagen de este gran país de los inmigrantes y lo "inaudito". Se originó en un sencillo pensamiento que ya había concebido en Europa. Quizá Loos fue en parte el iniciador o generador; pero en muy escasa medida, por lo que recuerdo, si en realidad tuvo alguna participación.

En el fondo, a Loos le interesaba la artesanía. Uno de sus ideales en este campo era la ebanistería vienesa bien acabada, que aun antes de la época en que él vivió había sido desplazada por el victorianismo charro y luego amenazada por las modas del *Art Nouveau*. Solía decir sonriendo que la más bella pieza de ebanistería era el asiento de roble de los retretes norteamericanos. ¡Era maravilloso! Hoy se usa el plástico, pero en aquella época había asientos de roble perfectamente curvados y delineados. Loos llegaba al ditirambo cuando hablaba de este artículo gracioso pero concreto, del modo en que se ajustaba al enlozado, del ensamblado perfecto y de lo bien que toleraba el maltrato. Siempre mencionaba ese artefacto como ejemplo de la ebanistería norteamericana, y sus ojos brillaban con el entusiasmo de un artesano o de un hombre cuyo trabajo esencial es tallar bumerangs o pipas para fumar, o violines de Cremona, únicos y bien terminados.

Quizás esta experiencia, por extraña que parezca, promovió mi admiración hacia la tecnología *industrializada* de Estados Unidos, exacta pero repetitiva. Para mí era evidente que por razones económicas y políticas abarcaba casi un continente, sin barreras aduaneras y con un mercado continental que se ampliaba tremendamente y que absorbía asientos de retretes, picaportes, accesorios, herramientas y artefactos, sin hablar de las posibilidades de exportación.

¡Por lo menos aquí había una mejor oportunidad de servir al común denominador orgánico de la especie, porque se contaba con la amplitud y los medios para sostener precisamente esa actitud! Los condicionamientos provincianos no interferirían en el problema último y de alcance mundial de *esta especie, y quizá dentro de ésta, de un modo u otro, del individuo biológico como su parte fundamental, atendido en el futuro por una investigación más amplia y al mismo tiempo más concreta.* ¿Se trataba de una esperanza absurda?

A juicio de un europeo, este tremendo mercado debía suministrar la oportunidad y el impulso inicial de una cautelosa investigación que daría origen a una industria dinámica y robusta, especialmente en el campo de los accesorios de la construcción, y que crearía una tecnología dotada de recursos abundantes y de una información realmente actualizada. De ese modo la humanidad obtendría un nuevo equivalente de la producción de los pequeños artesanos, que de todos modos, en su condición de tales, habían perdido el contacto tradicional con los seres humanos. Estados Unidos promovería la arquitectura moderna como no podría hacerlo ninguna otra nación: no sólo poseía el ingenio y las máquinas indispensables para organizar una nueva producción auxiliar de manufacturas ampliamente adaptables, sino que, por sobre todo, *disponía del éxito biológico, porque el consumo podía ser, tenía que ser, amplia y exactamente observado;* contaba con el sistema de distribución, las organizaciones de venta por correspondencia y su sistema de control a distancia. Desde la dieta hasta el microclima creado por el hombre en su vivienda, *la biología podía triunfar.* Todo lo fundamental parecía hallarse al alcance de la estructura básica, y cabía suponer que no estábamos muy lejos de la semana de trabajo de cuatro días. Quizá fuese posible el florecimiento del individualismo democrático, no la mera democracia numérica ni la distribución de artículos exactamente iguales. La investigación fragmentaria en pequeña escala, en desvanes y sótanos individuales, ya no era cosa de esta época. Aquí y ahora debían suministrarse los elementos de una actividad en gran escala.

Con el correr de los años me siento menos animoso y tengo menos confianza en que el individualismo norteamericano pueda manifestarse con más éxito que hace un siglo, cuando se intentó evitar el tedio de las fatigas cotidianas mediante la huida a Walden Pond. Pero no renunciaré.

Había concebido la idea de que, por ejemplo, hornear pan para un continente entero, sin ajustarse a estos límites aduaneros que Europa debía soportar, con cargamentos envueltos en celofán y un sistema de distribución que abarca miles de kilómetros implicaba disponer de un mercado tan amplio que justificara y permitiera organizar equipos científicos auxiliares de bioquímicos y dietistas, inalcanzables para el panadero de una aldea italiana o suiza. Apoyado exclusivamente en la tradición, el pequeño comerciante quedará lamentablemente rezagado respecto de la gran empresa moderna, capaz de ajustarse a las condiciones actuales del mundo. Pero Estados Unidos come un pan que se cuenta entre los peores del mundo, de modo que también en este punto me equivoqué. De todos modos, es posible que un día los hechos me den la razón y que el proceso de transición se eleve a un plano superior.

Vendrá un día en que Pittsburgh, ciudad rica cuyas mercancías llegan a lugares lejanos, y otros famosos centros de producción se conviertan también en comunidades modelos. Es posible que contemos con una tecnología no sólo desarrollada y veloz, y elaboradora de productos hábilmente envueltos en celofán, sino también perdurable, inmune al envejecimiento programado. En vista de la acentuada constancia humana —para mejor o para peor—, no debemos dejarnos vencer por la técnica del envejecimiento, ni ésta ha de convertirse en el ídolo promisor de un gran mercado que se renueva permanentemente.

La rápida variación de la oferta no debe representar una amenaza para nuestra —gracias a Dios— sorprendente estabilidad orgánica y nuestra billetera. ¿Podemos aprovechar nuestra estabilidad innata, en lugar de deteriorarla caprichosamente?

Tenía un amigo en el negocio de los perfumes, el cual acumuló grandes existencias de "Mi Pecado"; al año siguiente casi se arruinó. Es posible que logre levantar cabeza. Pero al menos por ahora su producto se encuentra desplazado... supongo que por nuevos "pecados".

Este tipo de cosas no ocurre en el campo. La plaga del envejecimiento nos agobia sobre todo en una civilización urbana y nos hace mucha falta un Secretario de Asuntos Urbanos que evite esto, y especialmente los perfeccionamientos de carácter comunitario, sea desechado con excesiva rapidez, mientras se trazan tan lentamente los nuevos planes comunitarios. En medio de los clisés de una época de rápida sustitución de las cosas todavía hay muchas inversiones de gran alcance y es necesario adoptar múltiples decisiones de carácter general.

Recuerdo que cuando era joven, Adolf Loos, mi mentor profundamente admirado y amigo de mayor edad que yo, me relató en Viena, con los ojos húmedos, cuán feliz se sentía porque acababa de recibir una carta de un viejo cliente de quien no había oído hablar en muchos años. Loos había abierto el sobre y, asombrado, halló un cheque por una suma no muy grande pero de todos modos considerable, a su orden y firmado por el cliente con su caligrafía casi olvidada.

Loos leyó la breve carta que decía: "Algunos amigos encargaron sus casas a excelentes arquitectos hace unos veinticinco años; han saldado y amortizado las pagos, y muchos están construyendo ahora una casa de diferente estilo. La mía todavía me sirve. Mi esposa y yo, y en realidad todos los que nos quieren, creen que no ha envejecido y que continúa renovando nuestro espíritu y ayudándonos a vivir, exactamente como al principio.

"Pienso que estoy ahorrando los honorarios de un arquitecto, y me parece que es justo pagarle nuevamente después de veinticinco años. Le pido disculpas porque no es gran cosa al valor actual de la moneda, y le agradezco por haberse esforzado tanto por comprender nuestro espíritu y lo que podía perdurar en nuestra vida."

Adolf Loos conservó con amor la carta y aquel cheque, que nunca fue depositado. Jamás podré olvidar la expresión de su rostro, y me alegro de haber conocido a un hombre como éste y de haber conservado en mi espíritu su concepto de los valores permanentes. Es posible que los perfumes cambien con rapidez, pero la virtud arquitectónica debe perdurar.

En todo caso, una vez que me familiaricé con la escena norteamericana general, comprobé que, en contraste con Europa, no existía mayor diferencia entre el consumo rural y urbano de heladeras, de automóviles Ford o de cualquier cosa producida por la línea de montaje. Los habitantes de la urbe y los campesinos no se distinguían mucho entre sí, a diferencia de lo que ocurría del otro lado del océano. Llegué a la conclusión de que este medio socioeconómico, esta amplitud del mercado, tendería a crear una arquitectura contemporánea, que podía ser un auténtico estilo de la pradera o cualquier otra cosa. Quizás esa arquitectura no respondería a ningún estilo determinado y simplemente se adaptaría al consumidor y a este tipo de medio social, creado por el hombre para sí mismo (en este país) bajo una constelación que se manifestaba aquí, pero antes no había existido en ningún otro lugar. Los grandes grupos de control son un instrumento de nuestra ciencia, y en Estados Unidos permitirían que el clínico estudiase las respuestas más sutiles tanto como las satisfacciones esenciales. La palabra estilo acabó despertando mi suspicacia; pero mi optimismo respecto de las posibilidades del diseño en nuestra época rayó a grandes alturas a pesar o a causa de lo que las grandes figuras de la región me habían explicado acerca del sufrimiento de los proyectistas. Toda la evolución giraba en torno del individuo y sus mutaciones biológicas; en las diferencias totales estaban implicados millones de sutiles parámetros. Comparado con todo esto, ¡qué tosco era el romanticismo de los viejos estilos, o, para el caso, de los nuevos! ¡cuán escasa la penetración de lo meramente estilístico en el núcleo y la esencia de nuestra sensibilidad orgánica! Me había interesado el hombre, pero ahora deseaba consagrar toda mi atención a sus medios en las condiciones actuales.

Mi investigación me llevó a ocupar docenas de empleos. Estuve en sitios donde yo era el único dibujante, en oficinas donde trabajaban apretadas seis u ocho personas metidas en un cuartito en el extremo de la Quinta Avenida, en el que proyectaban edificios de departamentos baratos por valor de millones de dólares. Todos producíamos como máquinas de vapor, dibujando con la mayor velocidad posible montones de líneas, contrafuertes góticos y gárgolas estandarizadas. Luego trabajé en estudios de tipo medio; finalmente llegué a Holabird y Roche, en Chicago.

Yo no tenía una idea cabal de la jerarquía de este estudio, pero cuando comuniqué la noticia a los señores Forrestall y Sullivan, cada uno a su modo se mostraron muy impresionados y me felicitaron como si hubiera acabado de ganar la lotería. Por mi parte, no tenía idea clara de mi suerte y de los puntos que me había anotado como principiante. La empresa había proyectado muchos de los edificios más notables del Medio Oeste y más tarde se hizo cargo de otras construcciones, por ejemplo los hoteles Statler de Washington,

Los Ángeles y otras ciudades de Estados Unidos. Era y es particularmente famosa por sus hoteles. Cuando me incorporé al elenco, comencé trabajando en la "nueva" Palmer House; ahora es una obra muy vieja, pero en ese momento aún existía la Palmer House anterior, construida después del incendio de 1871. Las construcciones de Holabird y Roche figuran entre los primeros grandes edificios levantados en Chicago en la década de 1890, en los tiempos en que nació el rescacielos. Cuando ingresé en la empresa, ésta tenía sus oficinas en la avenida Wabash y desde allí se dominaba la parcela reservada para Palmer House, que abarcaba media manzana. Participé en este gran proyecto desde el comienzo mismo, cuando se realizaron los primeros trabajos de apuntalamiento y comenzaron a afirmarse los grandes cubos que había que hundir en el terreno aluvional que forma el subsuelo del centro de Chicago. Si la memoria no me engaña, el hotel tenía dos mil cuatrocientas habitaciones y dos mil cuatrocientos cuartos de baño. Había cuatro restaurantes distintos en cuatro niveles diferentes —desde el punto de vista estructural y financiero— que se distinguían por los precios, el menú y la disposición arquitectónica.

El proyecto era el más complicado que yo había conocido, y tan interesante que comencé enseguida a redactar notas para mi propio uso. Cuando estábamos en medio de esta tarea, la empresa consiguió otro encargo por el estilo, el Hotel Stevens, y también el Anexo Morrison, ambas con millares de habitaciones y cuartos de baño.

Mis notas iban asimismo ampliándose, y comencé a escribir un libro en alemán, titulado *Wie Baut Amerika* (Cómo construye Estados Unidos), acerca de los interesantes recursos modernos, destinados a servir al hombre a través de la creación de un medio que ahora era viable. En ese tiempo yo vivía en Highland Park y viajaba cincuenta minutos en tren, entre mi casa y el trabajo, de modo que escribí la obra apoyando las hojas sobre las rodillas. Podría afirmarse que casi todo lo que he escrito exhibe esta característica inmediatez de asimilación y producción, de origen y resultado. Sin duda, el método posee sus ventajas y sus inconvenientes.

En *Wie Baut Amerika* analicé no sólo la construcción de un hotel, y lo que éste significa en Estados Unidos, sino en general la estructura compleja de un edificio de funciones múltiples erigido en el centro de la ciudad. Por ejemplo, uno podía vivir y morir en el Temple Building, que tenía una iglesia en el último piso; en efecto, no era necesario salir del edificio. Se prestaban los más diversos servicios, desde un corte de cabello y manicura a la atención médica, y creo que uno podía oír misa, comprar entradas de teatro, apostar a un caballo, cenar, abrir una cuenta de ahorro, tomar una póliza de seguro, comprar y vender acciones, divorciarse y aun (antes de contraer segundas nupcias) encomendar a un especialista en cirugía plástica que le arreglase la nariz, mientras esperaba que le plancharan los pantalones.

Mi libro explicaba el significado del hotel para las convenciones políticas y el papel que representaba en la comunidad este edificio de múltiples funciones, que nunca había existido en Europa; luego me ocupaba del examen detallado de los problemas de la relación humana y social. Por último, explicaba cómo se producía y realizaba este tipo de construcción, semejante a una sucesión de cajas cada vez más pequeñas, metidas unas dentro de otras, mediante un complicado proceso de contratación y subcontratación desconocido por los emperadores romanos. Describía minuciosamente todos los pasos necesarios y todo lo que el arquitecto coordinador y los ingenieros ayudantes tenían que preparar: los diagramas eléctricos, el sistema de cañerías, la calefacción, la refrigeración, la ventilación, el señalamiento y la intercomunicación, así como los restantes aspectos técnicos y especializados.

La descripción aparecía ilustrada con fotografías que yo mismo había tomado con una cámara barata. Sin embargo, me limitaba cuidadosamente a sugerir que funcionaba también un departamento de diseño arquitectónico, consagrado a coordinar la *Gestalt* —un producto cuyo consumo también era necesario— y trataba de que pasara inadvertido el aspecto que esta Palmer House debía exhibir conforme a la "concepción del artista" Lamentablemente, mi editor insistió en que hubiese por lo menos una fotografía de esta creación que había merecido una descripción tan exhaustiva, porque era necesario demostrar la armonía general y visual del conjunto. No había más remedio que admitir que se aplicaba al problema de la apariencia un enfoque tan irreflexivamente "histórico" como era moderno todo el resto, en el supuesto de que pueda atribuirse modernidad a algo que no acierta en lo individual por inquietante margen.

La imagen final de Palmer House, *completamente terminada*, sin duda sobresaltaba al lector que, entretanto, había venido admirando los detalles técnicos bien organizados; en mi caso, casi destruyó la sugestión de convincente poder. Fuera de estos aspectos, la obra es aún hoy, después de más de un cuarto de siglo, un trabajo muy legible —incluidas las muchas ilustraciones— y demuestra, con sencillez y sin preconceptos, la tesis de que el diseño no puede mantenerse exclusivamente sobre la base de la aplicación tecnológica, por imponente que ésta sea.

La exploración clínica intuitiva y sistemática de la interacción humana y social era en verdad la raíz y el tema de esta obra. Se exponían vaticinios acerca de las perspectivas y el éxito de la arquitectura moderna en Estados Unidos, país que poseía condiciones favorables que no era fácil reproducir en otras naciones de la tierra. Nunca, ni en parte alguna, tantos proyectos concebidos individualmente en contacto clínico con clientes de carne y hueso aportaron una visión tan clara como en Estados Unidos, o quizá mejor en California. Antes los "estilos" habían sido determinados, para mencionar un ejemplo, por los arquitectos de un rey Luis de Francia, cuyo proyecto conservó el cargo con carácter vitalicio. El rey era siempre el principal y casi el único cliente de Francia, aunque tal vez se obtuvo una variada experiencia gracias al cambio de amantes reales, para quienes se construyeron diferentes castillos de caza. Luis XIV era prácticamente el único que se sentaba en una silla Luis XIV. El resto de los franceses permanecían de pie alrededor del monarca, en el papel de endeudados cortesanos, o arrodillados, a veces abrumados por la miseria, como miembros del pueblo común empobrecido.

Si bien esta imagen puede ser un poco exagerada, en todo caso el control colectivo que se ejercía sobre un arquitecto era escaso comparado con el de la clase media norteamericana a raíz de su poder adquisitivo, notablemente distribuido, de casas en cuya construcción intervienen partes producidas comercialmente. Los ladrillos, los artefactos sanitarios, los revestimientos de las paredes y los pisos, o los accesorios metálicos y los elementos de la instalación eléctrica ya no se originaban en las manufacturas reales. Su producción, variedad, distribución y consumo por un vasto público eran colosales.

Pese a que aún durante la década de 1920 había mucho talento en Europa e ideas nuevas muy sugestivas, gran parte o la totalidad de su producción tenía un carácter "especial", casi artístico. Un arquitecto debía diseñar cada picaporte, e incluso en una gran ciudad como Viena la demanda se originaba exclusivamente en una limitada capa superior. Los propios proyectistas consagraban muchas energías al detalle producido manualmente, que era posible a causa de los bajos salarios y la disponibilidad de artesanos. Ese tipo de cosas había desaparecido ya de Estados Unidos, de modo que no era posible adoptar una actitud parecida. Pero una tremenda masa de elementos estandarizados se hallaba al alcance de la mano. Escribí algo —sin metro ni rima, pero utilizando una suerte de poesía en prosa— sobre el *Sweet's Catalogue*, y este trabajo se convirtió en el eje de mi libro. Entonces no tenía suficiente sentido norteamericano de las cosas, de modo que no me las ingenié para conseguir el aporte financiero de la Corporación Dodge, empresa que edita esa guía anual de materiales de construcción; pero a raíz de la publicación de mi libro, poco después fue copiada, sin omitir la tapa verde, por un editor berlinés.

Wie Baut Amerika fue aceptada inmediatamente por la principal casa editora de Europa y se convirtió muy pronto en lo que se denominaba un *best seller*. Fue recibida con interés, según lo comprobé después, en Tokio, Roma, París y el resto del mundo, porque reflejaba la experiencia cotidiana real y explicaba la milagrosa producción norteamericana, en la cual el mundo había llegado a interesarme, así como la técnica organizativa en relación con la arquitectura. Poco después de la publicación, algunos promotores consideraron que valía la pena utilizar mi título para una enorme exposición inaugurada en Berlín. El libro se vendió extraordinariamente bien y me sentí muy sorprendido cuando se agotó por completo; yo había conservado sólo unos pocos ejemplares, guardados en el sótano, y por error el recolector un día los retiró todos. Durante mucho tiempo no tuve ningún ejemplar, aunque el libro estaba en las bibliotecas públicas. Hace pocos años me invitaron a pronunciar algunas conferencias en Buenos Aires, y descubrí la obra en los estudios de todos los arquitectos; alguien tenía dos ejemplares y amablemente me regaló uno. El libro había sido publicado en 1926.

Inmediatamente después de este primer esfuerzo literario, desarrollado paralelamente a mi trabajo y mi asimilación de los métodos de construcción en Estados Unidos y de los factores de su eficacia, otro editor alemán me encargó la preparación de un segundo libro. Este tomito fue titulado brevemente *Amerika* y llevaba el siguiente subtítulo: *Neues Bauen in der Welt* (Nuevos métodos de construcción en el mundo). Incorporé a la obra todo lo que pude de la producción de los precursores. Fotografié los trabajos de Irving Gill, que otrora había colaborado con Sullivan, y de quien había llegado a ser amigo y admirador. Reuní los trabajos de mi antiguo amigo R. M. Schindler, que había colaborado y aprendido mucho —acaso demasiado para sus primeros pasos— en el estudio del señor Wright. Después siguió su propio camino, como lo había hecho antes el talentoso Burleigh Griffin, y continuó la dolorosa pauta de frustración individual que yo llegué a conocer al escuchar los relatos de labios de los propios seres perturbados que padecían esa condición.

Comencé a ofrecer mi reseña de John W. Root y su Monadnock Block, obra bellamente integrada; de Louis Sullivan, que elaboraba magistralmente exquisitos adornos y los aplicaba a las partes de una encumbrada estructura concebida con nobleza, y también a los conceptos de Wright, su gran primer ayudante. Después de tantos años el texto apenas ha envejecido y todavía vale la pena leerlo. En la relación mutua de estos hombres se encerraba gran parte de la tragedia del individuo, que se veía estimulado y también movido por una competencia capaz de frustrarlo. Casi sin que lo advirtamos, una de estas condiciones puede trocarse en la otra.

En *Amerika* me refería a la arquitectura industrializada de Estados Unidos y, reproduciendo el entusiasmo de Tácito por su ejemplar *Germania*, ofrecí descripciones tan tendenciosas que todo el mundo creyó que aquí había muchas cosas que debían tomarse en serio, y que en 1926 estaba desarrollándose un movimiento norteamericano en favor de la arquitectura moderna. Lo cual, debo reconocerlo ahora, era ciertamente una falsedad lisa y llana: me sentía terriblemente solitario, y en definitiva mi actitud era la del hombre que silba en la oscuridad. Para comprobarlo ¡basta mirar las ilustraciones publicadas por las revistas de esa época!

En aquellos tiempos todo lo que pudiera considerarse una forma del diseño contemporáneo se difundía muy lentamente, a veces casi como una siniestra conspiración clandestina. Más flexible que el Este, la Costa Oeste fue conquistada antes. Lenta pero seguramente, el liderazgo de los grandes arquitectos tropezó con la oposición, por lo menos en la esfera de los diseños de algunos precursores en pequeña escala como yo, que comenzaron a conquistar premios en los concursos nacionales. La revista *Better Homes in America* ofrecía premios en efectivo; por sorprendente que fuese el hecho, anunciaba que mi pobre persona, ser desconocido que trabajaba en su dormitorio, era el supremo y triple ganador en un programa radial de veinte minutos transmitido por una cadena nacional. La empresa General Electric envió a uno de sus vicepresidentes para que me entregase el regalo maravilloso de un cheque bastante importante, que recibí durante una ceremonia celebrada en el marco de una comida de los profesionales afiliados a la Asociación Norteamericana de Arquitectos. General Electric pretendía aprovechar la oportunidad para atraer la atención y el interés de los editores, lectores y anunciadores de las revistas hacia mi condición de luchador; muchos colegas me felicitaron sinceramente. En verdad, la lucha a veces era áspera y me sentí muy agradecido cuando observé que aumentaba paulatinamente el número de seres humanos que, aunque de modo fragmentario, reconocían mis esfuerzos. En realidad, necesitaba mucho que se produjera algún hecho favorable en mi vida.

Es posible que hoy la labor precursora de las individuos aislados sea cosa del pasado; fue un interludio de las tres últimas décadas. La gran organización norteamericana, que trabaja en amplios sectores del planeta, se modernizó y recuperó su poder; en la actualidad su influencia se manifiesta en todas las áreas. Araña los cielos, sirve a las grandes empresas, a la política de alto vuelo y a un arsenal armamentista de gran alcance, que incluye centros de investigación y construcción de viviendas para la Marina, instalaciones en la costa, clubes de oficiales y plataformas de lanzamiento.

Creo que mi libro fue el primero que evaluó la clásica gran oficina norteamericana, el *gran* estudio de arquitectura que, cuando llegué a Estados Unidos, era una organización más amplia que todo lo que existía o que apenas podía concebirse en los países europeos. Quería, —y después satisfice mi deseo— practicar un examen completo de ese descomunal agrupamiento de salas de dibujo, pero ante todo trabajé y realicé algunos progresos en la empresa Holabird y Roche. A nadie dije que yo podía dibujar o quizá proyectar, ajustándome a principios distintos por los cuales nadie se preocupaba. Quería asimilar todos esos aspectos técnicos nativos, porque pensaba que *más tarde o más temprano las inquietudes humanas,* que hasta ese momento faltaban tan groseramente, podrían ser incorporadas únicamente por quien fuese capaz de exhibir también la destreza práctica, común en el medio.

En el campo del diseño orientado biológicamente apenas había nada que aprender en Holabird y Roche, pero yo había decidido que asimilaría todo lo que la experiencia de la empresa pudiese enseñarme. Realicé progresos tan enormes en estos aspectos técnicos que mis superiores tendían a dejarme la responsabilidad de la parte que me había tocado en suerte. Por ejemplo, durante meses enteros dibujaba grandes grupos de cuartos de baño, porque en vista de la molesta bisexualidad de nuestra especie, que no podía ser abolida por la administración, en Palmer House había tantos grupos de cuartos de baño que el dibujarlos podía mantener atareado a un hombre durante un año y medio. Después de un tiempo comencé a dibujar en este edificio los caminos verticales que permitirían superar la gravedad (ascensores); también abundaban. Transcurridos algunos meses, logré finalmente, gracias a mis menudos talentos lingüísticos y a mi mucho mayor empeño, ascender del cargo de dibujante número 208 al puesto de oficial de enlace. Desempeñaba la función de mediador entre los diferentes departamentos, cada uno de los cuales ocupaba su propio piso, y el señor Pellini, director de proyectos. Lo habían importado de la Escuela de Bellas Artes de París y sólo hablaba francés. Felizmente podía hablarle en su propio idioma y comprender sus extrañas secuencias de pensamiento arquitectónico, que se superponían de un modo inverosímil a "lo concreto y lo real". Todo esto me daba cierta categoría en la oficina. También aquí la arquitectura lo obligaba a uno a percibir su propia personalidad en otros, más que a atender a los problemas de carácter meramente técnico. Los jefes y los colegas de menor categoría, los dibujantes y los clientes son todos seres humanos. Unir y armonizar a los individuos es y será nuestro problema principal.

Mientras presenciaba la interacción de los departamentos, no perdía de vista la imagen que ofrecía la estructura de acero que ascendía paulatinamente y a la cual consagrábamos todos nuestros esfuerzos. Terminé por familiarizarme con los métodos de producción del contratista y los subcontratistas, pues veía el progreso paulatino y la ejecución de los planes y los detalles. Siempre traté de mantener una relación directa con el hombre. Aun en este mundo supertécnico, una parte asombrosamente considerable se resolvía en una problemática humana.

Durante la década de 1890 Chicago había sufrido los efectos de un movimiento general de originalidad estructural; se construyeron grandes edificios de oficinas, así como frigoríficos más grandes y más perfectos. Unas cuarenta y dos compañía ferroviarias, que habían confluido en Chicago, la convirtieron en puerta de acceso a todas las regiones del continente y volcaron su propio hollín sobre la ciudadanía, pero crearon un empalme favorable al comercio, los vendedores, los políticos, los campesinos y los poseedores de boletos combinados. Era imposible pasar por Chicago sin permanecer por lo menos tres horas; el pasajero que se trasladaba de una estación a otra pasaba frente a las grandes tiendas y a los lugares de entretenimiento. En una descripción de esta metrópoli extrañamente motivada comparé a Chicago con la Nuremberg del siglo XVI. Ninguna de las dos es un puerto natural como Nueva York o Amberes; ambas están situadas en medio de un continente y dependen por completo de las intersecciones trazadas por el hombre de las rutas comerciales, más que de la presencia de grandes dignatarios, como París o Persépolis, o del hecho de ser la sede importante de la administración política.

Sobre todo, los grandes estudios de arquitectura exhibieron en determinado momento un carácter de nativa originalidad similar al de su propia ciudad. Cuando contemplamos el Reliance Building o el Monadnock Block, es evidente que estos edificios no pudieron ser proyectados por nadie que simplemente se hubiera graduado en cualquier escuela de la época. En el caso del talentoso John Root, es posible que él mismo haya sido el principal diseñador. Era evidente que en la empresa Holabird y Roche ninguno desempeñaba esa función; sin embargo, por extraño que parezca, la empresa era capaz de formar sus propios proyectistas y sus ingenieros, y de idear sus propios conceptos metodológicos y técnicos. Y un procedimiento original engendra un producto original. Un estudio de este tipo era en realidad un campo de instrucción del talento estructural y un generador de los determinantes técnicos del diseño. Por ejemplo, tales proyectos tenían que ver sobre todo con edificios de oficinas. Su base era un programa muy resumido de aplicación, que a menudo encerraba un significado humano mínimo. De todos modos, estas estructuras exhibían un armazón maravillosamente novedoso, podríamos decir inaudito; también eran maravillosos el método y el procedimiento que habían posibilitado su creación y, desde el punto de vista de la forma, eran muy concretas, precisamente lo que Loos me había explicado. Sobre la entrada o la marquesina había ocasionalmente algún elemento "ornamental", tal vez una suerte de firulete, que adoptó formas más complejas o más sobrias hacia fines de la década de 1890, especialmente después que la Exposición Colombina, con su tono decorativo, *fortissimo* y "clásico", cumplió su nefasta función de aturdir los cerebros con una actitud retrospectiva particularmente falsa. Anteriormente se había atribuido particular importancia a la ingeniería, fundada exclusivamente en el factor económico, y los resultados habían sido bastante pertinentes. Era una experimentación pragmática instructiva para el mundo y a tono con las tendencias filosóficas contemporáneas de Estados Unidos, alimentadas por el pensamiento de Mills, Latrobe, Greenough y William James. Parecía que muy pronto lo que era eficaz y duradero podría mostrarse bueno y bello. Pero hoy sabemos que es un fenómeno frecuente en la historia cultural el que las corrientes del pensamiento den bruscos virajes y aceleren de modo sorprendente su propio movimiento, a veces en direcciones inesperadas.

 Cuando llegué a Chicago, gran parte de esa antigua curiosidad concreta del realismo técnico pertenecía al pasado. Los grandes estudios de arquitectura no sólo habían sobrevivido, sino prosperado, y se habían convertido en una cosa diferente. Pero habían importado de París sus proyectistas y continuaban vendiendo importaciones. Como se dedicaban al transporte de talentos decorativos tanto como de ideas, subordinaron las cualidades nativas y las utilizaron para sus propios fines. Para mí, todo aquello era como zambullirse en un período degenerado y decadente de una civilización otrora ilustre. Pero, después de todo, aparentemente la decadencia orgánica periódica es parte integrante de la evolución interminable. Cobré cabal conciencia de esta fase de decadencia y, digámoslo de pasada, creo que esa fue la razón de que pudiese superarla. Era inevitable que lograse progresar relativamente en un país cuya corriente principal hasta cierto punto podía identificar, pese a mi condición de inmigrante pobre sin ningún tipo de contactos, que no me había desposado con la muchacha adecuada —quiero decir, con la sobrina del intendente o de un banquero importante— y que carecía de apoyos políticos o sociales. Que yo lograse hacer carrera y finalmente adquiriese cierta reputación es cosa que sólo puede explicarse por esa degeneración temporaria de los grandes estudios de arquitectura, que muy naturalmente me brindaron la oportunidad de impugnarlos y al mismo tiempo de elogiarlos con sinceridad en mi libro. Por lo demás, y en general, el pequeño arquitecto no podía tener y no tenía ninguna importancia. Sólo el gran estudio era una máquina eficaz, con su proyectista francés aplicando toques superficiales, en el estilo del alegre Petit Trianon sobre el techo de Palmer House, para disimular la máquina del ascensor y el tanque de agua. Los capitanes de industria y los magnates de la finanza aceptaban totalmente y dispensaban su afecto a este tipo de empresas, pero el asunto comenzaba a parecer fatigoso aun a los directores de las publicaciones de arquitectura, si bien en ese momento aún no conocían nada mucho mejor. Y como en general se boicoteaba a Frank Lloyd Wright, poco les quedaba para mostrar en lugar de las ideas corrientes. Una ojeada a las mejores revistas de los años 1923 a 1928 mostraba lo trillado de la arquitectura que proponían. El desarrollo posterior de estos medios de comunicación, que a menudo poseen insospechada importancia para nuestro mundo humano, es sencillamente estupendo.

Según veo ahora las cosas, en las circunstancias del momento toda mi soledad representaba una oportunidad singular, si bien entonces apenas lo comprendía. Yo concebía el problema desde un punto de vista completamente nuevo y humano, y del otro lado de la barrera no había otra cosa que la producción mecanizada, un fenómeno amplísimo y en escala imponente, pero que no se adaptaba automáticamente a la constitución y la digestión humanas. Y "automáticamente" se iba convirtiendo en insoportable factor de hastío, y tal vez esta circunstancia representaba mi gran oportunidad. Mi nombre comenzó a difundirse, aunque sin el más mínimo éxito material —nada que pudiese representarse en dólares y centavos—, gracias al hecho de que aceptaba trabajos que nadie habría tomado. Pude utilizar los objetos más insignificantes para realizar de manera discreta demostraciones convincentes. Si me hubiesen encargado grandes obras, probablemente hubiese debido sujetarme a la pauta general, de modo que no las deseaba. Como mis clientes eran individuos tacaños o muy pobres (así los veían otros), y puesto que trabajaba por el porcentaje normal, que en estas obras minúsculas equivalía a casi nada, mi libertad de acción era considerable. Mis clientes atendían las explicaciones personales y cálidas que yo les ofrecía y que les llegaban al corazón, y así me permitían proponerles algo diferente de los clisés comunes. Paulatinamente algunas reseñas de mi menuda labor comenzaron a filtrarse en las revistas, no sólo en las que se especializaban en arquitectura, sino también en las publicaciones populares para el hogar, y aun en las hojas que las cadenas de tiendas distribuían entre las compradoras. En realidad, al principio los artículos combinaban una pizca de suave burla con la información novedosa y los editores siempre preferían una simple fotografía, aunque mostrase una casa particular, de modo que el epígrafe pudiese mencionar cómodamente su semejanza con una fábrica de zapatos o algo por el estilo. Obtener el apoyo humano exigía una lucha casi titánica, y Dione, mi querida esposa, mi madre de familia y música, me ayudó animosamente a soportar la estupenda carga. No sé cómo nos arreglamos. De todos modos, el momento era oportuno; a ningún arquitecto joven del mismo carácter o de idénticas inclinaciones se le presentaría una oportunidad semejante en el momento actual, en que una corriente de diseños que no se ajustan a las pautas convencionales afluye diariamente a todas las mesas de redacción, y las ilustraciones más sensacionales rivalizan unas con otras. Nunca aprendí ni tuve que aprender a buscar la novedad.

Debo destacar nuevamente cuántas cosas cambian en el curso de una breve vida, especialmente si uno mismo trabaja para promover el cambio. Cuando llegué a Nueva York, se consideraba a la Torre Singer uno de los grandes edificios del mundo. Mientras se construía el Edificio Woolworth, se lo tenía por el más bello ejemplo de gótico, superior aun a la Catedral de Canterbury, porque se habían fabricado con hojas de metal sus gárgolas y otros adornos reforzados; de ese modo, la ingeniosa tecnología nueva reducía el peso muerto del edificio más alto. Los atrasados artesanos medievales nunca habían concebido ideas semejantes, ni habían podido calcular o fabricar masivamente. Formulé algunas tímidas observaciones en el sentido de que el edificio parecía reflejar una arquitectura macarrónica, pero el tiro me salió por la culata: todos se echaron a reír nada más que de pensar que yo, un pobre inmigrante, tuviera opiniones tan "originales" acerca del edificio más maravilloso y admirado de la tierra. Era como si un patán hubiese llegado a Atenas y formulado observaciones despectivas sobre el Partenón. Pero es posible que el Edificio Woolworth reuniese otros méritos; su estilo gótico no es más válido que el renacentista de la torre que exalta las máquinas de coser Singer; hoy nadie cree una palabra de todo eso. Aunque el viento ha cambiado otra vez y sopla nuevamente en el sentido favorable a la asociación histórica y la atmósfera ornamental, nadie ha intentado todavía rescatar esos afirmativos símbolos del pasado. Completamente al margen del talento de los arquitectos, podría decirse que una maldición agobia a las ciudades más ricas del mundo, por ejemplo Madrid imperial en el siglo xvi, o la Ciudad Imperio del siglo xx. En un mundo presuntamente materialista sería lógico que su riqueza las convirtiese en líderes imperiales, no sólo por la magnitud sino por la profundidad del aliento; pero esto es así sólo en teoría. Estas capitales, como la Delhi de los mogoles y Roma, parecen centros de gravedad de las importaciones extranjeras de segunda mano, en las que apenas se manifiesta el genio individual nativo y que, de hecho, poco hacen para promoverlo. El Escorial, cerca de Madrid, la antigua capital del mundo, fue terminado a toda prisa, y la magnitud y velocidad de su construcción parecen el sueño del editor de una publicación especializada en bienes raíces como por ejemplo nuestro propio Merchandise Mart. En esos casos se trata siempre de obtener la mayor superficie cubierta en el menor tiempo. Muchos políticos, extranjeros, napolitanos, holandeses, franceses y moros estaban a sueldo de España. Algunos hicieron carrera y otros probablemente contemplaban doloridos lo que ocurría.

En todo caso, puede afirmarse que Nueva York es una ciudad profunda y humanamente cálida, y poblada por hombres patéticamente dispuestos a llorar sobre nuestros hombros en un bar o en un restaurante automático, y aun frente al volante de un taxi. De todas las ciudades de proporciones gigantescas, acaso sea la más orgánica. En Manhattan, sobre un extremo de la calle o sobre el otro, siempre puede verse una bella línea horizontal de agua, y en primavera o en otoño casi siempre un cielo italiano lo cubre todo. En mi recuerdo todavía ahora es un poco la Ciudad de Loos, el lugar donde él veía a todos esos pobres luchadores no asimilados que se regocijaban después de haber pasado sobrecogidos, admirados y casi como en un rito, frente a la Estatua de la Libertad en buques sobrecargados y de lenta marcha; luego llegaban a la Oficina de Inmigración de Ellis Island, con su severo San Pedro que guardaba la llave del paraíso. Para mí, con las asociaciones que guardo en lo más profundo de mi ser, este puerto paradisíaco que se eleva en un horizonte lejano y promisorio es en realidad un aspecto importante de Nueva York.

Es una ciudad amable en su espíritu infantil. Con los ojos brillantes siempre aspira a lo más grande y lo mejor, y después de un tiempo el sueño se convierte a menudo en el Radio City Music Hall, o en cualquier otra maravilla de corto alcance... ¿o quizá no tan corto? Claro que cuando uno se acerca a ver la cosa, no puede entender qué encontraba la gente en la Torre Pulitzer. Otrora todos admiraban esos grandes monumentos de Nueva York; hoy exaltan otras grandes estructuras impersonales, muchas de las cuales pronto se hundirán en un polvoriento olvido, y los taxis que permitirán llegar a ellas tendrán que deslizarse entre los camiones que descargan sus mercaderías. La mayoría de estos edificios parecen construcciones de segunda o tercera categoría. A pesar del dinero disponible, los clientes neoyorquinos sólo recientemente y en una reducida proporción de casos han logrado emplear a un gran arquitecto para una tarea dada. Que estas mentes vivaces procediesen de ese modo es un enigma que no alcanzo a explicar. Durante los primeros años de mi experiencia norteamericana, y por mucho tiempo, un frente comercial realmente nuevo en cualquier barrio de Nueva York, o un interior moderno en una tienda, constituían una rareza con respecto al trabajo masivo de construcción. En general, no había en Nueva York, hace varias décadas, ni siquiera media docena de tiendas o negocios verdaderamente contemporáneos, sin hablar de las escuelas o las casas particulares; era la época en que yo trabajaba, solitario pero con amor, en el edificio de la Universal Pictures, con sus tiendas y su restaurante, en la esquina de Hollywood y Vine (creo era por el año 1930). Y cuando tracé los planos de la Corona Avenue School, de Bell, a principios de la década del 30, conquistando lentamente, en mi condición de extranjero, la confianza de una junta escolar firmemente unificada en su posición, ¡cuánto me habría ayudado cualquier precedente!

Aun después de la Primera Guerra Mundial, toda el área metropolitana de Nueva York a lo sumo, podía vanagloriarse de unas pocas residencias modernas. Yo mismo proyecté una casa en una isla del Atlántico y otras en Connecticut. No podría explicar ahora cómo logré que confiaran en mi persona y cómo respondí a esa confianza. En estas condiciones los propietarios y yo buscábamos con lupa en la ciudad y el campo, y ampliábamos la investigación a Nueva York, para hallar un contratista que comprendiese y estuviese dispuesto a trabajar. New Canaan, en Connecticut, se convirtió tiempo después en el primer lugar de desarrollo de la arquitectura moderna, el primer sitio de las cercanías de Nueva York donde la gente construía reiteradamente casas distintas. Sin embargo, los seres que habitan la ciudad más grande de la tierra parecen individuos más curiosos, más emprendedores que los de otros lugares. No es fácil encontrar una respuesta. Nueva York pareció siempre colmada de lecciones constructivas para ofrecer al mundo, y no caben dudas de que es una ciudad desbordante de interés humano. Confío en que los próximos años le asignarán un papel aún más destacado.

"California lo invita"

Hacia 1925 yo había comprendido claramente que Estados Unidos era un país amplio y diversificado, que Nueva York y Chicago a lo sumo eran partes importantes del mundo.

Cierta vez, mientras caminaba por la Bahnhofstrasse, en Zurich, vi en la vidriera de una oficina de viajes un folleto con una palmera impresa en la tapa y las palabras "CALIFORNIA LO INVITA". Mis conocimientos de inglés eran escasos entonces y no estaba muy seguro del significado de esa frase; pero sumé dos más dos y llegué a la conclusión de que se esperaba mi viaje a California. Después de haber estado en Nueva York, Chicago y Taliesin, más o menos en calidad de invitado del señor Wright, pues él no tenía trabajo ni proyectos, comenzaron a inquietarme las posibilidades de California. Sabía que era el único lugar donde Wright había podido realizar algunos trabajos en el período de mi estada en Norteamérica. Me decidí en el invierno de 1925. Ahora viajaba con mi familia. Mi esposa y mi primer hijo habían llegado de Europa y hubieron de soportar muchas dificultades para trasladarse a Estados Unidos; Dione solicitó y obtuvo una visa como música, pero debió dejar a nuestro hijo, que tenía tres meses. Mi bondadosa suegra trajo a su nieto y se reunió con nosotros, muy asombrada, en Taliesin, donde también ella fue huésped del señor Wright durante cuatro semanas. Es indudable que este hombre se mostró generoso con nosotros. Ahora que nos habíamos reunido con nuestro hermoso hijo, decidimos emigrar al Oeste. En el camino nos maravillamos brevemente con el Gran Cañón, mientras el niño, que había quedado solo en la habitación del hotel, se apoderó de la sección de nuestra guía de viaje que se refería a Estados Unidos al oeste de las Rocosas, y la destrozó por completo. Llegamos así a la Costa sin guía ni preparación adecuada.

En California, especialmente en la región meridional, encontré lo que había anticipado: un pueblo "mentalmente más flexible" que en otras regiones y al que no le preocupaban las opiniones heterodoxas, mientras no fuesen políticas. Uno podía vestirse de manera enteramente distinta y actuar como si estuviese en una fiesta del día de Todos los Santos, donde cualquiera puede hacer prácticamente lo que se le ocurre y parecer divertido. En general, la atmósfera me pareció apta para ensayar algo que se independizara de los hábitos trillados, europeos o aun norteamericanos, y también para tratar de familiarizarme con las mentes y las pautas humanas de conducta, por así decirlo en una suerte de exfoliación tropical. Muchas de las personas que habían ido a California no lo habían hecho impulsadas por razones de tensión económica, a diferencia de las que se habían trasladado cien años antes desde los Catskills a Ohio, o desde Ohio a Illinois. En aquellos tiempos, antes de las tormentas de polvo de Oklahoma occidental, el hambre no impulsaba a la gente hacia el Oeste. Como traían consigo sus ahorros, los volcaron en las "tierras meridionales" simplemente para mejorarlas. Las principales comunidades, por ejemplo la colonia de Indiana que ahora se llama Pasadena, o Redlands, o cualquiera de los asentamientos más antiguos en la región naranjera, fueron fundados por gente acomodada. Habían sido personas de éxito en sus respectivas profesiones —abogados, médicos, profesionales o cualquier otra cosa— y después emigraron y fundaron un colegio o una iglesia, por supuesto, subdividiendo la tierra circundante para su venta en lotes. Eran pioneros de diferente especie, y la campiña era un huerto frutal con su propia "industria en el campo", granjas colmadas de máquinas más que talleres y plantas manufactureras. En esa época California tenía un cielo azul y no existía el *smog*. Los Ángeles era todavía una ciudad bastante pequeña cuando yo llegué; pero aun en la década de 1890, cuando la población no sobrepasaba los cincuenta o sesenta mil habitantes, tenía arquitectos como el británico John S. Austin y John Parkinson, y creo que este último sabía carpintería. Continuaban practicando serenamente más o menos la misma arquitectura para la compañía de gas, los banqueros locales y los comerciantes; pero ¡oh maravilla! pude conseguir por lo menos algunos pequeños encargos utilizando otro enfoque de las cosas.

Así me marché al Oeste y empecé todo de nuevo.

Pronto comprendí que California tenía otro significado en la historia del mundo. En general, la arquitectura y la cultura —a partir de la cual, más que de unos pocos "creadores de formas", se crea la arquitectura, y con vistas a la cual se organiza un ambiente físico de factura humana— se habían originado en los países subtropicales: el Sur.

Todos los grandes estilos arquitectónicos clásicos comenzaron en Grecia, la Hélade, Mesopotamia y Egipto. Más tarde, después de la degeneración de los dos imperios romanos, los bárbaros vinieron del Norte y, atraídos por la "buena vida", comenzaron a crear un confuso y embrollado estilo internacional, un estilo cosmopolita de *savoir vivre* y *savoir faire*, que se difundió de Sussex a Siria. Desde el punto de vista arquitectónico, Palmira se asemejaba a un asentamiento romano en Inglaterra; tenía casi las mismas basílicas y avenidas encolumnadas que partían de la ciudad. Ese imperio había sido un organismo de carácter acentuadamente internacional; su estilo era esencialmente subtropical y acaso no se adaptaba bien a los países nórdicos. Pero durante mucho tiempo prevalecieron las ideas y las formas, no los determinantes materiales. En la Edad Media la vigorosa influencia nórdica afectó finalmente, entre otras cosas, a la propia arquitectura. Para citar el ejemplo de las hermandades, diremos que los benedictinos crearon Montecassino y esa bella arquitectura mediterránea de clima cálido y cielos azules que caracterizó a la iglesia primitiva, con su flexible organización. Más tarde, en el mismo orden de cosas, esa cristiandad, que cobró impulso al norte de las montañas, adoptó una austeridad cisterciense, casi diríamos un sombrío aire nórdico, de perfiles totalmente ascéticos; los monasterios tenían techos inclinados para que la nieve se deslizara hacia una tierra saturada de la traumática experiencia de los inviernos crueles.

De todos modos, volvieron a aplicarse una y otra vez las ideas de una Antigüedad caracterizada por el equilibrio y la moderación, y las mentes nórdicas aprovecharon en todos los tiempos la arquitectura clásica. La sutil sensualidad de la religiosidad helénica, mucho más antigua que la ética o la mera disposición geométrica, había sido superada mucho antes por las formas rígidas y los cánones de Vitruvio. La nieve se acumula en la base de las columnas jónicas y las frías lluvias han lavado los capiteles corintios de los museos berlineses; los bancos de la *City* de Londres; Wall Street, en Manhattan; la calle La Salle, en Chicago. El colonialismo del siglo XIX "exportó la Hélade" en más amplia escala, pero durante mucho tiempo el mundo estuvo dominado esencialmente por el aflujo de la arquitectura nórdica, con su linaje meridional secamente memorizado. Cuando comenzó la colonización en los siglos xv y xvi, los exploradores y conquistadores la llevaron consigo en grandes paquetes, cuyo contenido pronto se mezcló, combinó y fusionó con algunos pocos elementos renacentistas y que luego ellos abrieron en muchos lugares del sur. Pero primero penetraron en países tropicales como La Española, Puerto Rico y el interior de Manila las ideas más o menos nórdicas que en materia de construcción e indumentaria prevalecían en Madrid y en la alta meseta desértica y fría de España septentrional. La pérdida de la grandeza ataviada con ropas oscuras y el uso de pantaloncitos blancos constituye una situación nueva para la gente civilizada que habita en los trópicos. Supongo que Colón nunca se despojó de las ropas oscuras que trajo de Madrid. Vestido con ellas bajó a la costa, consiguió salvarlas del naufragio de la carabela *Santa María* y transpiró con ellas en todas las dificultades que afrontó en Santo Domingo. En San Juan, hasta hace poco las severas ropas oscuras distinguían al hombre del continente y al miembro de la clase superior. Asimismo, la arquitectura exhibía a menudo un conservador estilo nórdico. A nadie se le ocurría sentarse bajo un mango o vivir al aire libre, enseñando, aprendiendo o simplemente existiendo como los griegos. Los agujeros de las ventanas en la espesa manipostería, pequeñas aberturas que dejaban pasar la brisa, representaban una mínima concesión al clima sureño. Por supuesto, la influencia española proviene a veces de Andalucía, y por lo menos algunos españoles llevaban en su sangre el espíritu del Mediterráneo. Pero los británicos y los holandeses en el sur eran extranjeros que se sentían atraídos y al mismo tiempo vacilaban. Recuérdese el caso de Batavia, en Indonesia, construida por los holandeses bajo los cocoteros; es una copia de la nórdica Amsterdam.

Entre los creadores de la forma están los que quizá recibieron, como Ronchamp, la plasticidad y el casual encanto curvilíneo de las islas helénicas; pero cuando digo "griego" o "sur", quiero recordar los ritos festivos de Poseidonia y Akragas celebrados al aire libre, enseñando, aprendiendo y pensando mientras se paseaban bajo los olivares de la Academia, en las columnatas abiertas de la *stoa* colorida, donde Platón y Aristóteles continuaron la tradición de ese inquisitivo interrogador que era Sócrates. Vestido con ropas livianas, se instalaba con un grupo de discípulos en el ágora soleada, la plaza del mercado que se hallaba al sur; nunca tuvo que sentarse frente a un hogar, agobiado por los fríos nórdicos. El hombre original, el sureño, debió soportar en muchos sitios el último gran período glacial, pero por doquier trató de alejarse del frío y de retornar al sol. Lo hizo azuzado por una inquietud casi neurótica, como me lo señalaba un médico noruego en Oslo, al referirse a los absurdos viajes de aquellos antiguos nórdicos, los vándalos y los visigodos. Así, unas pocas y fatídicas veces marcharon hacia el sur; y, si llegaban a Africa, allí se quedaban y allí posiblemente acababan por desintegrarse.

En una tosca paráfrasis de Goethe, diremos que las almas germanas continuaron buscando la tierra donde florecen los limoneros. Aunque permanecieron en Prusia, erigieron construcciones presuntamente griegas, a pesar de que en realidad no podían vivir como los griegos. Karl Friedrich Schinkel, el gran helenista de la arquitectura berlinesa, fue un prestigioso maestro de Ludwig Mies van der Rohe, llegado de Aquisgrán con una magnífica instrucción en el arte de la mampostería de ladrillo. Mies nació, por así decirlo, a la sombra de la catedral de Carlomagno en Aquisgrán, que quizá tiene unos pocos motivos bizantinos originarios del Mediterráneo, pero que de todos modos es un fragmento bastante cabal de una cueva nórdica, un "cercado" por excelencia. Mies ha incorporado a sus conceptos un carácter mucho más abierto y mucho vidrio; esta afirmación es aplicable a la experiencia que realizó mucho después, cuando construyó alrededor del lago Michigan, donde se descargan tremendas tormentas de nieve. Walter Gropius, el hijo particularmente dotado de un arquitecto, nació en Berlín; proyectó una fábrica prototipo con mucho vidrio, por encargo de algunas fábricas o de los centros mineros del Ruhr. Mies alcanzó a ver esas obras y emitió un juicio favorable.

Como supe después —téngase en cuenta que salí de Europa hace muchos años—, estos maestros europeos afirmaron que practicaban un "estilo internacional", porque era fruto de la industria y de una nueva civilización originada en la máquina, nostálgica quizá, pero en realidad sin vínculos obligados con ningún clima.

Pero yo había escuchado y seguido el llamado de la lejana California, la región del clima benigno que me invitaba a vivir entre otros seres transplantados, gozando y aun compartiendo un poco su flexibilidad y la facultad de devolver la vida al Sur, no de un modo abstracto ni teórico, sino cálidamente, según un modo nuevo, concreto y real. Creo que Frank Lloyd Wright y Walter Gropius no han formulado conceptos muy favorables acerca de California. Pero habría de convertirse en la más contemporánea región sureña en busca de un modo de vida apropiado para nuestra época. Por lo que sé, Mies y Le Corbusier nunca la visitaron. Si lo hubiesen hecho, difícilmente se habrían mostrado cordiales con su ingenuidad cultural, que por doquier bordea el desorden. Pero supongo que Loos me había educado para que simpatizara con el desorden de humilde origen social.

Por mi parte, no sólo anhelaba desde lejos un nuevo Sur, sino que deseaba sinceramente agotar eso que me inclino a denominar su condición flexible e informal, esa oportunidad de un retorno cosmopolita a la "escena templada", pero ahora en términos nuevos y afirmativos, viviendo en un hogar y en la ciudad, yendo al jardín de infantes, a la escuela, todo en un estilo sureño *nuevo*. En un futuro humano, la imposibilidad de que una ventisca se descargue sobre nosotros en el camino de casa al trabajo, será una realidad por doquier, no simplemente un sueño. En el Territorio del Noroeste, en Canadá, tal vez se necesiten sendas y calles cubiertas de vidrio (a menos que el ruido ensordecedor del tráfico aéreo veloz nos haya obligado a vivir bajo tierra en los próximos cincuenta años).

Pero en mi propio momento histórico, Los Ángeles era un lugar muy especial y ofrecía una posición ventajosa. Evidentemente, esta región californiana de romántica hispanidad colonial podía convertirse, quizá con ventajas especiales, en prototipo de un área industrial y de investigación, emulada por muchas otras que sólo artificialmente lograrían desarrollar el *control climático del futuro*.

Un aspecto específico de mi actitud, mi carrera y la peculiaridad de sus tendencias era que yo deseaba, por lo menos con mi familia y mis primeros clientes, vivir toda la realidad de esta situación. Pero además, desde este puesto avanzado yo quería ver y alcanzar el resto de la tierra multifacética. Δος μοι πᾶ στῶ και τα γᾶν κινάσω. ¿Acaso no dijo Arquímedes en lengua dórica: "Dadme un punto de apoyo, y hallaré una buena palanca para mover la Tierra, por pesada que ésta sea"?

Es tan difícil mover culturalmente a este planeta porque en todo lo que implica refinamiento se halla tal vez dirigido con acierto por brahmanes muy educados y eruditos fariseos agrupados en unos pocos centros monopolistas de la civilización. Otrora un fariseo era un orgulloso y alto doctor del conocimiento. Y visto el problema desde Jerusalén: "¿Qué cosa buena puede llegarnos de Nazareth?" (Un sitio informal, de estilo acentuadamente campesino.) Y bien, mucho bueno se ha originado en esos improbables puestos avanzados que existen bajo el sol.

Yo pensaba que una región meridional *no* era en realidad un lugar improbable y que casi seguramente había sido la cuna de la antropología real y un lugar apropiado para el desenvolvimiento de nuestra especie. Adoptaba una actitud humilde y no pretendía "imprimir formas a la humanidad". Simplemente me limitaba a responder a un llamado a la readaptación, en el supuesto de que la cosa fuese posible, a pesar de los obstáculos, los preconceptos y los prejuicios de "Iowa a orillas del mar", que entonces quería ser totalmente española. Tenía que ajustarse a una actitud de adaptación —ahora necesaria, y que en todo caso venía de muy lejos— de las actividades del hombre a una situación que se había manifestado después del retroceso de los glaciares. Era todavía una situación no muy digerida por los norteamericanos, pero que se proyectaba largamente hacia el futuro y presumiblemente permitiría por doquier la creación de un clima más benigno. Incluso en un denso departamento nórdico de Leningrado o de Toronto los estímulos naturales de la vida, como ocurría aquí con mis clientes, encauzaría los sentidos humanos, y a través de éstos podría estudiarse la vida emocional de cada individuo y prestarse ayuda, por lo menos en minúsculas dosis. Nunca podrá prescindirse de la naturaleza, ni podremos sentirnos tan cómodos en un vasto y abstracto muestrario de artificialidades como entre los antiguos atractivos naturales.

El Sur abierto es el campo de prueba del Norte cerrado sobre sí mismo. En varias ocasiones, sobre todo humorísticamente en una convención celebrada en Biloxi, Mississippi, expresé mis ideas acerca del "hombre sureño" y de su misión y su tarea de conversión. El futuro nos aportará medios cada vez más amplios de convertirnos en sureños por doquier, de serlo con los ojos, la piel, la nariz...

En resumen, sentía que California meridional era un don del cielo. Se trataba de un instructivo y nuevo país subtropical que, a partir de algunos condados ganaderos casi paradisíacos, y de un modo sorprendente, se había convertido en una región industrializada, muy distinta de Manchester y el Ruhr.

Era una "invitación" formulada en Zurich y muchos otros lugares del Norte, y que a veces utilizaba tontos filmes que mostraban, con un fondo de palmeras, agradables y serenas piscinas. A su vez, todo eso constituía la materia de una seductora demostración en lugares menos soleados. Pero con sus montañas, sus laderas cubiertas de bosques y sus campos nevados, representaba para mí un lugar de instrucción sumamente diversificado. Ofrecía posibilidades educativas en sus propios errores y gracias a éstos, California parecía el anhelado País del Sur, aunque por sus posibilidades fuese sólo una Hélade, y sin duda no en el sentido de que Los Ángeles tuviese una Acrópolis maravillosamente conformada. No era ése el caso: en un siglo de cambios, y en la etapa final de transformación afiebrada, toda la estructura sociopolítica había cobrado formas bastante embrolladas y no había aparecido ningún Pericles dispuesto a designar al talentoso arquitecto que organizara el desordenado crecimiento.

Pero desde el punto de vista climático, California favoreció la creación de la nueva arquitectura, bastante más adaptada a las necesidades biológicas y a un nuevo modo de vida. Por mi parte, hice cuanto estuvo a mi alcance para promoverla. Aquí y allá, la gente acabó por conocer bastante bien las casas para habitantes de carne y hueso, cuya estructura representaba la "fusión del interior y el exterior" —tal fue el rótulo que las difundió—, y por propia voluntad los países nórdicos se ajustaron a esta pauta promisoria y comenzaron a construir escuelas elementales, donde se podía hacerlo, con estructuras bajas de una sola planta y aun con aulas abiertas hacia los "patios", como yo proponía constantemente. El mismo fenómeno se manifestaba desde Dinamarca hasta el Uruguay. En el curso de mis visitas, los arquitectos me mostraban orgullosamente los trabajos realizados. La "Corona School" de Bell, California, por la cual luché y que fue construida a principios de la década del 30, ya había llegado a ser casi un prototipo. Conseguí realizar la obra gracias a Nora Sterry, la inteligente directora de la escuela, y a la Liga de Mujeres Votantes, cuyos miembros comparecieron junto a mí en una dramática reunión de la Junta de Educación de Los Ángeles y me ayudaron a imponer en esa ocasión, y durante la década siguiente, un diseño escolar más cercano a la naturaleza y a la realidad de la vida. No hubiera sido fácil alcanzar el mismo éxito en las regiones frías del mundo.

Es posible que durante un instante de trascendencia histórica hayamos conseguido que la balanza se inclinara nuevamente en favor del Sur.

En todo caso, a mi juicio, California era un lugar estratégico para este tipo de ensayo. Deseaba que se expiaran algunos de los pecados cometidos contra el modo de vida original del hombre; en verdad, había sido un habitante del Sur antes que los glaciares y el frío lo obligasen a refugiarse en las cavernas. Al principio había vivido en concordancia con su fisiología original, plasmada a la sombra benigna del follaje verde y susurrante. A mi juicio, el problema consistía en no olvidar jamás los factores esenciales y elementales de esta constitución, aunque no fuese posible obtener una romántica transferencia de su totalidad primitiva en una época de explosiones demográficas. Jean-Jacques Rousseau estaba muerto, pero la biología era una ciencia más viva que nunca y anhelaba formas de aplicación. Personalmente dudaba de que todo se realizara sistemáticamente. En verdad, Los Ángeles tenía muy poco que mereciera el calificativo de sistemático. Impulsado por nuevos acicates externos, el plácido Sur se había comprometido paulatinamente en la nerviosa aceleración nórdica.

Mucho más tarde, lamentablemente el día de Pearl Harbor, el Museo del Condado de Los Ángeles inauguró la exposición "El Pasado de California Meridional". Con mucho esfuerzo, y también con un sentimiento de placer y con ánimo convencido, había escrito el libreto, esbozado la distribución con sentido de la perspectiva y preparado todos los accesorios, objetos y dioramas. Demostré que bajo un cielo azul que comenzaba a oscurecerse por el *smog*, esta región había zigzagueado de un modo contradictorio y alcanzado un desarrollo estupendo a partir de los verdes condados ganaderos. La dilatada superficie de las misiones, trabajadas por indios convertidos, se sumaba a las fantásticas concesiones de tierras de los españoles a un puñado de personas que ni siquiera podían vender la carne de sus reses, y de todo ello extraíamos sobrados motivos de desorden y confusión. Después, los especuladores de la lana arrearían hacia el Oeste, atravesando el continente, rebaños de cincuenta mil cabezas, y a la prosperidad de unos pocos años de buenas lluvias le seguiría la bancarrota provocada por la sequía. Otros cavaban en busca de agua, y brotaba un líquido maloliente. Se había hallado petróleo, y los grandes yacimientos promovieron la formación de centros urbanos. Otros contrataron bandas de música en Nueva York y vendieron lotes de tierra a miles de kilómetros de distancia. Las grandes líneas transcontinentales, la inaudita afluencia de automóviles, los camiones que ruedan noche y día, y la inmigración masiva se prolongaron interminablemente, hasta que al fin, en el lapso de mi propia vida en esta región templada fueron ocupados todos los desiertos y se convirtieron en regiones agrícolas, mientras los bosquecillos de cítricos y las "fábricas en los campos" decaían, desplazadas por los loteadores subsidiarios de la Administración Federal de la Vivienda.

Todo el proceso se convirtió en prototipo, siniestro por cierto, si se tiene en cuenta lo que puede ocurrir en muchos países del mundo que están en proceso de desarrollo. California había crecido tremendamente mientras yo trabajaba inclinado sobre un tablero de dibujo o manejaba detrás de un volante. Y cuando hacia el final de mi carrera profesional levanté la cabeza ya encanecida, se había quintuplicado el número de seres humanos, pero apenas quedaba lugar para alojarlos.

Había preparado mentalmente durante una docena de años esta exposición de Los Ángeles. Ofrecía un material característico para mi propia curiosidad, delineaba el camino especial que yo había venido a ver, es decir, lo que el futuro prometía en el campo del diseño ambiental, quizá realmente "posurbano", y que yo deseaba abrazar si me era posible.

Cuando llegué al Sudoeste y busqué trabajo, también pensé en la posibilidad de enseñar. Quería explicar mis investigaciones y mis ideas, pero ninguna universidad se mostró dispuesta a recibirme. Sin embargo, en 1925 se organizó la Academia de Arte Moderno en una vieja residencia victoriana, y tuve cuatro o cinco alumnos. Entre ellos figuraban Harwell Hamilton Harris, entonces un escultor muy joven, y Gregory Ain, que impulsado por el desaliento había abandonado sus estudios formales; ambos muy pronto aportaron su esfuerzo leal a mi minúsculo "estudio".

Los estudiantes regulares de la universidad comenzaron a prestarme cierna atención extracurricular y heterodoxa, pero cordial; por ejemplo, Raphael Soriano, Rhodes y, a medida que transcurría el tiempo, otros de muchos lugares y en número cada vez más elevado.

Los inquietos estudiantes empezaron a acicatear al personal docente, más que a la inversa, y esto ocurría en una universidad tras otra. Pero jamás llegaba una designación, nada que me ayudase a mantener a mi familia.

El movimiento modernista adoptó una actitud más amplia y fortaleció sus posiciones iniciales, especialmente en el clima benigno del sur de California. En esa región, una revista notable, *Arts and Architecture*, fundada por John Entenza, se había convertido en vocero permanente del movimiento. Con el tiempo, esta revista llegó a conquistar un público mundial. Me alegró mucho prestar mi colaboración desde el comienzo, cuando pocas publicaciones ofrecían un material de la misma jerarquía, representado por estudios de casos concretos e investigaciones sobre la vida y la construcción en un clima benigno.

Mientras estas ideas inauditas y una nueva actitud nacional hacia la arquitectura ganaban terreno lentamente, yo proseguía sin desmayo mi labor de diez años en la "Ciudad Dinámica Reformada", que había iniciado con profunda devoción a principios de la década de 1920. La Ciudad Dinámica Reformada era un núcleo cada vez más amplio de estudios de los problemas urbanos, de las comunidades y los suburbios, de la vivienda y el tráfico, la recreación y la educación en el marco de una localidad. Después se comprobó que muchos aspectos representaban pronósticos exactos y sugestivos. En esos estudios profetizaba que era inevitable una renovación urbana integral; mucho más tarde yo sería designado miembro e incluso presidente de la Junta de Planeamiento Estatal ¡en un Estado que quintuplicó su población en el período de elaboración de mis planes! Era como si Rusia soviética hubiese alcanzado una población de mil millones de habitantes durante la vida de un arquitecto, mientras éste trataba de contribuir a encauzar ese crecimiento. En el período entre 1923 y 1930, ni en Estados

Unidos, ni para el caso en el mundo entero, se realizaban actividades importantes en la esfera de la revisión general y la renovación planificada, es decir, el método que yo auspiciaba. Si había algo de eso, yo no lo conocía; durante mucho tiempo me sentí como un propagandista solitario en el desierto, sin eco ni respuesta.

Estaciones ferroviarias de varios niveles coronadas por helipuertos, terminales aéreas, penetradas y servidas directamente por un flujo constante de vehículos comunes sobre rieles y neumáticos, que en definitiva alimentaban varios millares de vuelos, llegadas y partidas diarias; enormes instalaciones metropolitanas en las playas de fin de semana, no simplemente idílicas, sino adaptadas al fantástico crecimiento demográfico que yo calculaba; barrios de casas dotadas de atrios, no distribuidas ni situadas al azar, sino vivas, naturales, con sentido de intimidad y contacto directo, en lugar de estar separadas por vallados; escuelas en círculo cuyo núcleo sería una habitación de funciones múltiples, destinada a las reuniones después de clase y a los entretenimientos, y que también sería utilizada por los padres y los contribuyentes que sostenían el establecimiento, todas éstas y muchas otras ideas, vivas y agitadas, ocupaban mi mente y mi lápiz. Se me antojaba que harían falta interminables años para que todo esto tuviese principio de realización bajo el sol. A pesar del dinamismo que me rodeaba, parecía que la velocidad se combinaba con una lentitud que ponía a dura prueba la más equilibrada paciencia.

Las ideas y las representaciones gráficas de los nexos comerciales y las tiendas entre los barrios, con las correspondientes playas de estacionamiento y los garajes de varios pisos en las adyacencias, y por otra parte con caminos bien cuidados para los transeúntes, así como paseos y senderos escolares seguros y agradables, totalmente separados del tráfico intenso; los puentes sobre las diferentes pistas de tráfico, semihundidas bajo el nivel del suelo; los sectores industriales integrados por fábricas de cuidadoso y limpio diseño, cerca de los centros de comunicación, y no por edificios tristes y monótonos; y una zona céntrica completamente elevada sobre un nivel reservado al tráfico, inmune a los embotellamientos y bien distribuido, eran entonces cosas de carácter absolutamente desusado. Fueron ridiculizadas por quienes las vieron, y la misma reacción mereció el tiempo consagrado a elaborarlas. Aproximadamente un cuarto de siglo después, en *The New Yorker*, Lewis Munford recomendó amablemente a los jóvenes planificadores y arquitectos esos estudios integrales siempre inconclusos de la Ciudad Dinámica Reformada, en cuanto constituían un temprano y casi olvidado preludio de la renovación urbana; entonces yo me sentí agradecido y reivindicado. Mis amigos Harris, Ain, Soriano, y muchos otros, por ejemplo Victor Gruen, que después habría de recordar esos momentos sugestivos, presenciaron mi esfuerzo docente casi solitario, escucharon con espíritu constructivo y después desarrollaron esos fragmentos. Paulatinamente las ideas se perfeccionaron, maduraron y se fundieron en un panorama de inexorable reforma urbana; pero todavía es mucho lo que queda por hacer.

Durante muchos años ninguna institución oficial me confió sus alumnos; a mediados de la década del 20 ninguna universidad me concedió ni siquiera una ayudantía, a pesar de que me hacía mucha falta. De ahí que entre mis aprendices y yo, entre el hombre mayor y el más joven, se suscitara un mutuo sentimiento de felicidad por este prolongado y antiguo compañerismo. A menudo he reflexionado acerca de este maravilloso vínculo emocional y de lo que aprendí mientras enseñaba. Quizá sea ésta la manera más eficaz de hacerlo.

A modo de confortamiento para los jóvenes impacientes debo decir que la práctica individual y la "experiencia de la clientela" se desarrollaron con suma lentitud, y que parte de la obra inicial, realmente progresista y entonces casi única, por ejemplo el edificio ya mencionado de la Universal Pictures, en el centro de Hollywood, con su comedor totalmente contemporáneo y todo su arte de locales diseñados pacientemente pieza por pieza, volvió después a ser "modernizado" a la inversa y sufrió extrañas modificaciones en el torbellino de nuestro tiempo. Incluso una vez realizada, la obra no había penetrado definitivamente en los espíritus. Ahora sólo quedan unas pocas y respetables fotografías de la estructura original y cabe compararlas con ilustraciones del diseño de los locales comerciales de mediados de la década del 20, en cualquier ciudad del territorio norteamericano. Acaso yo me anticipaba demasiado, y aún no era posible provocar el viraje. Poco después ya eran muchos los que estaban dispuestos, y yo llegaba demasiado tarde. A menudo me he preguntado si la prioridad o la capacidad de perdurar es el mejor título para reivindicar cierta importancia histórica.

Por fin encontré también un cliente para mi prototipo del pequeño hogar norteamericano, que era tan caro a mi corazón y que siempre conservó ese carácter, aun en medio de los "encargos importantes". Ernest y Bert Mosk, y su hija Lona, una buena escritora joven, aunque quizá un tanto desordenada, poseían un lote de terreno en pendiente sobre el Hollyridge Drive, que asciende sinuoso hacia el bosque de tipo achaparrado tan característico de las montañas de California. Proyecté un grupo de casas; se construyó una de ellas y, durante los treinta años que transcurrieron desde entonces, ha dado gratas satisfacciones a una serie de propietarios. Pero Ernest Mosk, pequeño comerciante y persona discreta y cordial, que había pagado totalmente el precio de 3000 dólares, vivió en su hogar y trabajó en su jardín sólo seis o siete meses, antes de morir repentinamente afectado de uremia. Sus desconsoladas mujeres, madre e hija, insistieron en que había amado tanto la casa que era justo que yo y no un sacerdote hablara en su funeral. Carezco de dotes de orador, pero encontré las palabras expresivas y sinceras para despedir a este hombre, uno de mis primeros clientes, el primer hombre sencillo que me confió todos sus bienes terrenales y su destino, el primer hombre común que me había amado por mi condición de arquitecto. También yo lo recordé siempre con amor.

La Casa de la Salud, cosecha de 1927

Anteriormente, en 1927, había comenzado a trabajar en "La Casa de la Salud". Era un prototipo en otro sentido. Yo le había asignado entusiastamente este nombre a causa de mi profundo interés en la aptitud biológica, y porque el doctor Philip M. Lovell, mi cliente, me estimulaba compartiendo idéntico criterio. Personalmente, él dudaba mucho del valor de la industria farmacéutica productora de píldoras, con su abrumadora propaganda y su investigación tendenciosa destinada a aprovechar el mercado de la ansiedad. Yo no era quizá tan extremista, pero empezaba a creer que la medicina era más eficaz cuando concentraba sus esfuerzos en la prevención y que el planeamiento urbano y el diseño arquitectónico podían ser el factor más promisorio de la medicina preventiva y ejercer vigorosa influencia favorable sobre la química íntima de la ciudad. ¡Se administraba su dosis ambiental íntegra cada minuto de las veinticuatro horas del día, en los trecientos sesenta y cinco días del año, y por lo menos durante un período de amortización de treinta años! Olvidado y pagado mucho tiempo antes, el arquitecto, como un experto o un demonio maligno, o tal vez como un ángel protector, permanecía invisible con sus recursos o sus víctimas; destruía matrimonios mediante una maligna irritación cotidiana que se acentuaba paulatinamente, o por lo menos podía inducir a un jovencito a alejarse de la familia que no disponía de una casa adecuada para albergar a dos generaciones.

En 1927 los arquitectos solían recomendar adornos españoles en Hollywood, piedra arenisca en Manhattan y Cape Cod, Connecticut o Nueva Inglaterra. A menudo en una misma manzana se combinaban todos los estilos de edificación. Como ya he señalado, era sorprendente lo poco que se apreciaba a Frank Lloyd Wright, y aun el resentimiento de algunos de sus clientes de California que, como dirían los "neopavlovianos", habían asistido a la modificación excesivamente brusca de sus "estereotipos dinámicos". Pero la señora

Lovell parecía compartir con su hermana, la señora Freeman, el gusto por la casa de cemento que Wright había construido para los Freeman. Cierto día, con gran asombro de mi parte, el doctor Lovell, de cuyos proyectos nada conocía, me propuso que construyese para él una casa que no debía ajustarse al lenguaje del señor Wright. Como me sentía un novicio, hablé inmediatamente de mi amigo Schindler y conversé también con este último, que ya había trabajado para los Lovell. Los dos hombres rechazaron terminantemente la idea misma de colaborar, actitud determinada por ciertos infortunados malentendidos anteriores.

Conteniendo el aliento, me dirigí al lugar fatídico, espectacular y precario, cerca de Griffith Park; solo y agobiado por todas mis inquietudes, me enamoré del sitio.

Me dije que, en vista de la perspectiva de la creación de nuevas condiciones sanitarias y del crecimiento demográfico, llegaría el momento en que se agotase el terreno llano utilizable por la humanidad. ¡Entonces sería necesario construir en lugares empinados y sobre pilotes prefabricados, de modo que el sector de vivienda colgaría del techo! El doctor Lovell quería participar en un experimento futurista. Sería el hombre capaz de anticipar "la salud y el futuro" en una extraña y complicada estructura de acero, ampliamente abierta, aplicada con destreza y exactitud por las cabrias y las grúas a este fragmento inclinado de la naturaleza accidentada; lo seducía la idea de la comunión con la naturaleza a través de la imagen, el aire y la radiación.

Convertí este programa en una tarea original en el transcurso de varios meses de intensa labor, pero siempre trabajé en un estado de gozosa concentración. ¡En esa época solía levantarme a las cuatro de la mañana!

En realidad, había comenzado esta rutina cinco o seis meses antes, cuando convencí a Schindler de que trabajase conmigo en el grandioso Proyecto para la Liga de las Naciones en Ginebra. También en ese caso, como en mi expresiva arquitectura californiana de la salud, debía prevalecer un concepto sureño.

Pero entre otras cosas, yo quería demostrar un enfoque tipo lago e hidroplano, y desarrollé ideas sobre todo con respecto a los modificadores acústicos del auditorio, en el recinto del vasto salón, aspecto que mereció la firme aprobación del profesor Oswald, una notable autoridad europea, y más tarde de Vern Knudsen, el gran especialista norteamericano en acústica, que ha continuado siendo mi amigo hasta hoy y colaborando conmigo en los proyectos de diferentes teatros.

Nuestro proyecto internacional fue uno de un grupo de tres —los de Le Corbusier y Hannes Mayer fueron premiados— seleccionados para ser exhibidos en toda Europa. Como la escuela circular de la misma cosecha temprana, mis ideas sobre la variable "iluminación acústica de auditorios y teatros" hallaron un principio de realización, en todo caso por lo que a mí toca, sólo después de una generación. Casi los había olvidado.

Ahora parece casi increíble que en tan breve lapso tuviese éxito con la Casa de la Salud de estructura de acero que, en general, tanto por su concepto como por muchos rasgos, poseía un carácter tan acentuadamente heterodoxo. De hecho, constituía una aparición extraña e inaudita en la escena general de 1927. De acuerdo con el proyecto, debía vérsela desde lejos encaramada en una cuesta de acentuada pendiente, casi escarpada, sobre el fondo de las altas colinas de Griffith Park, con una amplia perspectiva hacia el sur, sobre los árboles que crecían en primer plano y que se prolongaban hasta el mar distante.

Siempre había creído que la construcción suspendida ahorraría material: un mínimo de esbeltas columnas metálicas huecas sostenían las vigas que se proyectaban, de las que colgaban los pisos superiores de perímetro mucho mayor, sostenidos por flexibles elementos de suspensión de mínima sección transversal. Por primera vez se utilizaron en la construcción de una residencia viguetas que formaban una red de láminas de acero; eran un elemento nuevo y casi desconocido. Supuse que por los manojos flexibles podía enviar en todas direcciones los caños de agua y los cables eléctricos, lo cual me permitiría economizar dinero. Donde no se aplicaba vidrio, cerré la casa con una delgada capa de cemento duro, aportado por la boca de un caño de más de 80 metros tendido sobre el precipicio; la mezcladora estaba lejos, en terreno seguro, donde el camino ascendía a la colina. En dos días el cemento envolvió el armazón de acero, erigido con las diferentes unidades armadas en el taller y traídas por camiones; el trabajo en el lugar de construcción insumió cuarenta horas. Todos los detalles y mediciones al borde del precipicio se realizaron con un error inferior a un octavo de pulgada, porque también el bastidor común de acero se ajustaba exactamente a la estructura original. La construcción se elevaba sobre una pileta de natación, que era también una abrigada concha de cemento armado, suspendida dentro de portales invertidos de cemento armado que cortaban la ladera. Todo aquello configuraba un diseño integral muy novedoso, perteneciente a un "linaje especial", un tipo de construcción que jamás se había realizado antes. Aun la disposición de la cocina, así como el diseño de los muebles empotrados, anticipaba en realidad una generación de progresos que todavía no tenían principio de realización. Willy Boesiger y Esther McCoy han escrito una detallada biografía de mis trabajos técnicos, y expreso aquí mi agradecimiento a Sigfried Giedion, Ellery Hale, Cranston Jones y Frederick Wight, que posteriormente emitieron juicios favorables. Pero, en verdad, todo lo que hice tuvo un carácter meramente auxiliar, útil pero subordinado al concepto esencial de esta *casa de la salud* qué venía a cumplir una función demostrativa. Gracias a una fusión de lo interior y lo exterior, poco conocida hasta entonces, la salud se beneficiaría. Mediante la continuidad de los ventanales, que representaban el vínculo con el paisaje, pondríamos nuevamente a contribución los elementos que habían caracterizado una escena natural vitalmente dinámica durante cien mil años y le asignaríamos otra vez la condición de habitat humano. De hecho, cuando se corrían las cortinas continuas pero divisibles, penetraban en el interior una perspectiva y un paisaje espléndidos.

Fue una de las primeras "casas con cerramientos textiles detrás de vidrio", en una época en que todo el hemisferio desde Montreal a Río de Janeiro, Lima y Buenos Aires, era un territorio más o menos virgen en este punto. Desconcierta pensar que una generación después el movimiento había adquirido tanto impulso y amplitud en cada uno de esos sitios, que aproximadamente una docena de lejanos y desconocidos amigos me recibían calurosamente en el aeropuerto, porque sabían de los esfuerzos que yo había realizado muchos años antes, y, además, hablaban bondadosamente del asunto. Las ideas y los vehículos espirituales se difundían de un modo extraño aun entonces; ¿cómo era posible que yo hubiese emergido de tanta oscuridad y de una dieta de hambruna a algo que se asemejaba a una carrera, no sólo colmada de esfuerzos, sino también, ahora, a salvo de la burla e incluso reconocida? ¿En qué había consistido este esfuerzo humano e interhumano, y cómo era posible describir, por lo menos fragmentariamente, el hecho mismo y el ámbito lejano en que había ocurrido? Yo estaba *tan lejos* de los centros intelectuales donde se conciben inicialmente los estilos, o donde éstos se perfilan en determinados círculos artísticos; pero, después de todo, la vida real siempre fluye muy cerca de nosotros.

Mis clientes eran el padre, la madre y los tres hijos varones, y los actos de su vida —comer, beber, respirar, dormir, pensar y alentar esperanzas— se convirtieron en blanco de mi observación entusiasta. Pensé en los vínculos extrafamiliares del doctor Lovell, en sus amigos, sus partidarios, su hospitalidad humana, y en la sociabilidad de los hijos y los adultos en la casa y afuera. Era menester considerarlo todo en mi programa destinado a recrear la atmósfera sureña actual en un clima antiguo y benigno, y con un cliente que compartía mis intereses biológicos.

Estudiaba con la señora Westerman, la digna cocinera y ama de llaves de los Lovell, los alimentos crudos y la dieta de verduras y frutas del "naturópata". Esta gente, devota de la naturaleza, comía bien y el menú era sabroso. Dedicaban mucho tiempo a la preparación de las comidas y cocinaban poco, pero con cuidado. Fue necesario, aplicando un proceso complejo, eliminar los vapores de los ambientes interiores, purificar el agua mediante un artefacto muy extraño, utilizado entonces con carácter experimental, y disponer el azúcar sin refinar y las sales naturales, y todo lo demás al alcance de la mano. Todos los estudios posteriores acerca de las cocinas orientadas con sentido bioquímico, hasta llegar a *Life and Human Habitat*, todas mis ideas sobre los cuartos de baño, los porches para dormir, la transventilación, la iluminación sutil que favorece la visión, los gimnasios y estanques para ejercitar los músculos y los pulmones, se remontan a ese ejemplo de paciencia desarrollado en la soledad de 1927.

Mucho antes del amanecer comenzaba a controlar cada uno de los mil orificios perforados previamente, destinados a los pernos, así como las láminas preparadas para cubrir las vigas de doble T que sostenían las ventanas. En todo caso, mis esfuerzos concurrían exclusivamente al único gran fin, a una meta y un propósito: *¡Servir con medios contemporáneos las necesidades de la vida orgánica*, utilizando los mejores elementos que pudiese concebir!

La construcción no fue de ningún modo resultado de un trabajo premioso; había preparado todos los diseños con minuciosa exactitud. Cuando la casa estuvo casi terminada, soportó la más literal prueba de fuego. Una terrible tormenta extendió un incendio de matorrales y el fuego traspasó las montañas del Parque Griffith; muchas docenas de casas fueron pasto de las llamas.

Mi construcción estaba llena de papeles, porque los pintores habían comenzado a trabajar con sus líquidos y aceites inflamables. Me aferré al teléfono y reclamé la ayuda de los bomberos, que en ese momento recibían llamados de todas partes. Ordené a los obreros que usaran dos mangueras ridículamente pequeñas, destinadas al riego; además, debido a la escasa presión del agua en ese día terrible, a lo sumo nos permitieron humedecer un poco los matorrales cercanos. Rugía el huracán, alimentado por un mar de altas llamas que se elevaban entre los árboles del parque y que a minuto parecían más brillantes, por contraste con las sombras de humo denso que oscurecían el paisaje. El furioso incendio se aproximaba inexorablemente. La batalla parecía perdida, y enseguida los matorrales y los árboles próximos a los límites del parque comenzaron a incendiarse. Retrocedí y procuré convencerme de que el contemplar la destrucción de un armazón de acero podía ser instructivo, si se veía el fenómeno de cerca, pero continué rezando. En todo caso, aún no había saltado ninguno de los vidrios, de modo que las montañas de papeles de los pintores estaban todavía a salvo de las llamas. De pronto llegaron los bomberos y comenzaron a luchar en la inquietante oscuridad del humo. En pocos minutos extendieron sus mangueras, y casi bastó el efecto de la compresión del aire para liquidar las llamas. Apenas podía creer lo que estaba viendo. El rugiente y quejoso océano de fuego y las corrientes de aire se detuvieron lejos de nosotros. Estábamos salvados. A la mañana siguiente el terreno era un desierto quemado y cubierto de cenizas grises alrededor de las paredes ligeramente manchadas, pero en general todavía blancas.

En dos semanas se completó la construcción y el doctor Lovell, médico naturista que contaba con un nutrido grupo de lectores de sus columnas dominicales en el *Times* de Los Ángeles, anunció que mostraría la Casa de la Salud a quien quisiera verla. Con el correr de los años se difundió la costumbre de abrir algunas casa con fines de demostración, pero en esa época se trataba de una iniciativa original y a cada hora llegaban varios millares de personas. Por encargo del doctor Lovell algunos hombres del Automóvil Club de California del Sur organizaban el estacionamiento en un lugar del valle situado a un kilómetro y medio de distancia. Como siempre, realizaron un trabajo magnífico; pero a las tres de la tarde un automóvil sufrió una avería, e inmediatamente unos tres mil visitantes, que estaban allí a esa hora, quedaron atrapados en la casa y el terreno montañoso de los alrededores.

Un cuarto de siglo más tarde volví a ver mucha gente reunida en el mismo lugar. La casa había sido vendida después que los hijos dé Lovell hubieron crecido y abandonado el hogar; el nuevo propietario, a quien yo no conocía pero que tenía noticia de mi existencia, me invitó a una segunda inauguración. Los huéspedes me felicitaron y opinaron que era una casa nueva pero interesante, "quizás un poco radical, pero muy atractiva", según le oí decir a alguien. Nadie pareció sospechar que había sido construida una generación antes, y el nuevo propietario no dijo palabra. La construcción no había envejecido; sólo el paisaje se había desarrollado maravillosamente; el espantoso incendio antes de la primera inauguración no era más que un recuerdo en mi memoria. Me estremecí al evocarlo: en un momento particularmente desgraciado, todo el trabajo hecho con tanta devoción, todos los progresos fundamentales, tan laboriosos, porque yo actuaba solo, sin ayuda de nadie, jamás habrían existido, y es probable que se los hubiera olvidado para siempre.

Recorriendo Asia y Africa

Cuando terminé la Casa de la Salud, respiré hondo. Había sido una tarea individual agotadora. En lugar de esperanza, en ese momento sentía sobre todo fatiga. Contemplé a mi esposa y a nuestros dos hijos, Frank L., llamado así en homenaje al admirado profeta a quien no se honraba en su propio país, y Dion, que llevaba el nombre de su madre, pues ya habíamos elegido la versión femenina del nombre cuando se esperaba su llegada.

¿Sería posible volver a cargar las baterías, extraer conclusiones y delinear nuestro curso futuro? Decidimos visitar Suiza, Austria y Europa, y ver otra vez a nuestros antiguos amigos y a nuestros parientes. Pero como me habían invitado a pronunciar conferencias en Tokio, donde se me brindaba la oportunidad de comparar el progreso urbanístico de otro pueblo y conocer los problemas de los países en proceso de desarrollo con el objeto de hallar un común denominador, resolvimos partir en esa dirección.

Dione y los dos chicos viajarían en un lento carguero noruego, que atravesaba el Canal de Panamá; saldría poco después que yo partiese como pasajero de clase económica en un buque japonés, que cruzaba el Pacífico en diecinueve días. Uno de mis compañeros de viaje era un joven noble de escasos recursos, un hombre alto y delgado, de espíritu aventurero; tiempo después yo habría de visitar el castillo de su familia en el bosque de Turingia. Cierta vez me despertó poco antes de medianoche para que yo viese un barco que se cruzaba con el nuestro en alta mar. Medio dormido, subí a cubierta y contemplé sus luces vacilantes desplazándose en la inmensa oscuridad. Era la noche de un sábado. Diez minutos después comenzaba el domingo. Pero un cuarto de hora más tarde pasamos la línea internacional, de modo que era lunes; así, en media hora yo había vivido tres días. Ya no me sentía joven. A pesar de que me había bañado en la playa de Hawai, estaba fatigado por el interminable trabajo individual de los últimos años; ¿sería posible que ya hubiese llegado al final de mi carrera?

Avistamos Yokohama en una mañana grisácea, y fue la primera vez que una docena de nuevos amigos y de jóvenes ansiosos pertenecientes a mi propia profesión —según yo la entendía y la representaba con sentido contemporáneo— me recibieron muy cordialmete en tierra extranjera.

Tokio y Osaka tenían entonces, por lo menos así lo creo, aproximadamente un cuarto de su magnitud actual; la antigüedad de Kioto parecía impermeable a la influencia del tiempo. Todo era tan increíblemente distinto de lo que yo conocía, y al mismo tiempo tan próximo a mi sensibilidad, que me impulsaba a tratar el espacio y la naturaleza, o a destacar ciertos aspectos apelando a menudo únicamente a una actitud general de restricción.

Me desconcertó un poco el que me dispensaran una hospitalidad tan cordial, y también el hecho de contar con tantos oyentes reunidos en un enorme salón para escuchar lo que yo tenía que decirles acerca de una nueva arquitectura que tal vez compartiéramos en el futuro. Ver, oír, oler un perfume del minúsculo jardín en el patio, complacerse en las sensaciones interiores de posición y tensión muscular cuando se recorre un sendero zigzagueante y se atraviesa con paso leve un puente sobre el estanque de lotos: todo parecía configurar un arte, el de conocer las muchas y combinadas respuestas del hombre. Aun saborear y beber el té en una exquisita y minúscula vajilla, murmurando unas pocas sílabas de poesía, apenas audibles, allí donde nosotros, los occidentales, ofreceríamos un recitado y una declamación estrepitosos, con esto expresaba mi propio respeto por el "valor de lo pequeño", pero decisivo en la vida y la biología humanas. Aquí lo sensacional y la nada aparentemente no estaban todavía sobre un pedestal.

Me sentí feliz en el viaje de Kamakura a Nara y escribí una serie de artículos publicados en *Die Forrn*, de Berlín, sobre la correspondencia entre la casa liviana y la música, los modos de vivir y las costumbres privadas de los japoneses; expliqué también que los pequeños cuartos sin muebles concordaban con la sociabilidad, los modos de comer y la dieta, así como con las formas de la danza y su contemplación. Los ricos y los pobres, la gente adinerada de las ciudades y el campesino, tenían todos la misma pauta de dimensiones, desde las esteras extendidas sobre el piso y las puertas de paneles corredizos, hasta el *tansu*, los cajones empotrados. Los detalles y el acabado eran simples y estaban tipificados, revelando una soberbia pulcritud. Yo había querido alcanzar el mismo objetivo, y ahora no estaba solo. Un editor japonés me presentó la primera compilación de mis diseños, una pequeña carpeta asegurada con una bonita cinta y comentada con un texto de Kameki Tsutsura. Luego se publicaron otros libros y muchos artículos de espíritu cordial; reconocen nuestro parentesco natural, sin suponer por ello que soy un imitador.

En todas las ocasiones en que, años más tarde, estuve en Hong Kong, o cuando caminaba por sus calles multitudinarias y a menudo empinadas, con jóvenes y muchachas de la universidad, he aludido a mi primera y solitaria visita a aquel extraño puerto libre de la isla, adonde llegué desde Japón. Muchos rápidos bocetos de color me recuerdan esa primera visita, que se ha grabado en mi mente, lo mismo que las que hice a Singapur, Colombo, Adén o Port Said. Me pareció que por doquiera los seres humanos, entremezclados o chocando, manifestaban un común denominador bajo su individualidad biológica y a pesar de la variedad étnica.

Hace pocos años volví a Macao, que posee ahora un aspecto realmente distinto. Predominan los inmigrantes chinos, lo mismo que en Tailandia y Singapur. Fuera de la cortina de hierro, es el centro de intercambio ilícito que Hong Kong no puede hacer tan francamente.

Realicé mi primera visita a Macao en 1929 y me pareció una auténtica ciudad latina, que apenas denunciaba cierto aporte del Lejano Oriente, según Marco Polo lo había conocido. Entonces yo era joven, y en julio prevalecía un tiempo muy tropical. Caminé como hacía siempre en esa época para conocer una ciudad: nunca usaba un *rickshaw*, ni tampoco me servía de mi vehículo.

Sobre la cima de una colina se erguía una iglesia cuya silueta me atrajo particularmente, una antigua iglesia que, según supuse, correspondía al barroco portugués de la década de 1580 o de 1600, es decir, mucho más antigua que, por ejemplo, Ouro Preto en Brasil, que yo habría de conocer quince años después.

Me abrí paso en medio de una gran multitud y me acerqué a la iglesia; por último comencé a subir una empinada plaza de canto rodado, cerrada al fondo por el portal principal de la iglesia. Una escalinata monumental comunicaba la plaza con el frente de la construcción. Y en ese momento descubrí que la iglesia no existía, que *solo había* un frente. La mayor parte del edificio había sido destruida, supongo que por un terremoto, tal vez varios siglos antes; pero la fachada había perdurado, con el arco de entrada a la nave central, los campanarios laterales y la estatuaria del frente. Subí los escalones, me senté (enjugándome el sudor de la frente) y contemplé la plaza inclinada. Mientras descansaba, apareció otro hombre y se acercó al lugar que yo ocupaba. Se observaba una suerte de rito en su actitud inmóvil. Muy pronto vino otro hombre, que también ocupó un lugar y cuya conducta exhibía el mismo aire extraño. Miré alrededor y comencé a cavilar. Nada había que se pareciese a un santuario; no se veía más que una abertura vacía. Por así decirlo, parecía la cuenca vacía de un ojo; pero no había ojo ni ventanas ni puerta en la arcada. De todos modos, fue llegando más gente. Todos se acercaban como para asistir a una especie de culto o servicio y se reunían alrededor de mí y me miraban gravemente. Me pregunté que estaría ocurriendo, y si entonarían algún coro o alguna letanía destinada a exaltar el alma. No ocurrió nada de eso; permanecieron solemnemente en actitud muy atenta, de pie, como si estuviesen escuchando una melodía extraña que no llegaba a mis oídos en ese cálido mediodía de julio. La cosa continuó durante unos treinta y cinco o cuarenta minutos; nadie habló a los demás ni se dirigió a mí y, por supuesto, yo no sabía hablar portugués ni chino.

Después la gente comenzó a retirarse lentamente, en grupo desordenado, y, enjugándose cada cual la frente, descendieron por la plaza y retornaron a las calles de la ciudad. Una vez que se hubo retirado el último grupo, también yo me marché. Cuando me encontré con el chino que me había dado cita, y con quien me reuniría más tarde en un episodio muy interesante que relataré en las páginas siguientes, le pregunté si podía explicarme lo ocurrido en esa iglesia.

"¡Oh!", dijo, "es sabido que en el verano, a mediodía, esa iglesia es el lugar más fresco. La gente se reúne allí para gozar del viento que sopla de este a oeste atravesando los restos de la iglesia destruida". Indicó con un gesto de la mano la nave desaparecida y la puerta principal que todavía estaba en pie.

De modo que sólo les interesaba aprovechar la temperatura del lugar, que era más grata. Esa actitud de ningún modo tenía carácter ritual... ¿o sí? Miré un poco desconcertado a mi amigo chino. Hablaba un mal inglés, aunque había vivido varios años en Detroit, por lo que mis conversaciones con él siempre eran fragmentarias.

Me impresionó profundamente la regularidad ritual del microclima frente a la iglesia destruida. Por lo mismo, podía afirmarse que sus benéficos efectos refrescantes habían originado una tradición popular estable. Generalmente uno cree que *cantar* o *ver* —lo auditivo o lo visual— agotan un rito. Pero, según parece, hay también un "rito termal", como evidentemente había sido el caso en Macao durante muchos años; la evaporación sobre la piel de estas personas transpiradas y su momento de contemplación al mediodía se veían muy favorecidos por la amable y deseada brisa. Todos los días de Dios subían la empinada cuesta con paso lento y grave, soportando el calor de la ciudad para aprovechar lo mejor posible aquel lugar un poco más fresco. Era un don que merecía agradecimiento, y lo agradecían en solemne silencio.

Pensé que, en efecto, existe una conducta tradicional y ritual, que responde a una necesidad biológica profunda, simple y esencial. Tal vez de eso se trata siempre. Se ha iniciado una acción repetitiva, una "forma" natural o pauta de actuación, cuyos elementos termales y locomotores se hallan entretejidos en un hecho social reiterativo. Para quien se ocupa de los seres humanos y de albergar y plasmar su vida, es muy importante identificar tales pautas y, si es posible sus orígenes y antecedentes fisiológicos. Este tipo de fundamento, particularmente perdurable, puede distinguirse de las meras artificialidades superpuestas.

El conocimiento de la eficacia íntima de una pauta fundamental que confiere forma a nuestra vida, será más fácil para el diseñador si acepta y valora el realismo biológico como cimiento de la vida de todas las criaturas, incluidos nosotros mismos, y no por cierto en último término.

Un chino de pie bajo el portal de una arruinada iglesia *barroca* nórdicoportuguesa, incontrolable derivación de la antigüedad grecorromana, puede hallarse en un medio extraño. Pero la evaporación de las gotitas de sudor simplemente le aporta un bienestar idéntico al que experimenta cualquier otra persona. Sin duda, es posible que haya un despliegue estilístico más rico frente a la fachada de la construcción y detrás de ella.

En esencia, existe un denominador común internacional y humano válido para todos; esta idea me pareció reconfortante en medio de un mundo desgarrado por la lucha que se libra alrededor de hondas diferencias. A veces involuntariamente el proyectista se convierte en una suerte de naturalista aplicado, sereno en medio de todos los espasmos culturales: antiguos o actuales, en último análisis también ellos se derivan siempre, en cierta medida, de la naturaleza que subyace en nosotros y a nuestro rededor.

El realismo biológico es una cuestión que está debajo y más allá del juego inventivo de artificiosidad superpuesta que tendemos a sobrestimar, y que además lo contradice. He aquí las "reglas fundamentales de elaboración de nuestra torta formada por capas naturales"; su cocinero, la vida, agrega unos sobre otros diferentes sentimientos condicionados. Comencé a aferrarme a esa imagen.

Este género de ideas absorbió mis reflexiones durante el viaje, siempre en pos del sol, pasando de un país a otro. Parecía que el hombre estaba ataviado y adornado de distinto modo en cada lugar. El revestimiento parecía variado, pero después de todo la torta provenía de la misma repostería.

Todo el progreso humano es consecuencia de su actividad cerebral superior, que de un modo absolutamente "natural" parece encauzarlo, impulsarlo por su propia inventiva, a una región cada vez más complicada, peligrosa e ilimitada. Los animales no se hallan sujetos a este tipo de amenazas; los humanos sí, y en su caso el riesgo se acentúa con cada aplicación obvia. Desde que Adán y Eva fueron expulsados de los verdes prados del Paraíso por su malhadada curiosidad, los hombres discretos y los educadores morales han cavilado inquietos sobre el problema, y una y otra vez los habitantes de muchas

Sodomas y Gomorras debieron ser expulsados a causa de sus perversiones, de su pecado de conducta antinatural.

Se diría que las invenciones humanas nos abruman y presionan con artificialidades, nuevas convenciones, ritos, ceremonias y juegos de reglas muy complicadas. Al margen de que estos juegos nos agraden o no, es necesario ante todo comprender las reglas, y creo que en sí mismo esto último es tanto una satisfacción como lo contrario es fuente de frustración. Uno dirá: "Al diablo con el bridge o la canasta", si ignora qué es lo que hace esa gente que baraja absorta los naipes. He visto a europeos mirar con rostro inexpresivo un partido de béisbol, y a norteamericanos que enarcaban las cejas en un ruedo de toros en México; he conversado con discípulos de Mies van der Rohe que no pueden comprender y, por lo tanto, no gustan el juego que Le Corbusier está jugando, o viceversa. Puede tratarse de un juego magnífico: no es posible jugarlo justicieramente o condenarlo si no nos preocupamos por conocer sus reglas y objetivos. En este caso la satisfacción depende del conocimiento, como en todo lo que se agrega al curso de la naturaleza.

Es divertido y fascinante oír las explicaciones equivocadas de una persona respecto de un juego. Si vemos a alguien comiendo, no nos asombramos ni esperamos una interpretación. La naturaleza es evidente por sí misma y sólo necesita explicaciones e iracundos profetas cuando las cosas están pervertidas.

Sentado la mitad de la noche en la cubierta de ese barco japonés que cruzaba el Océano Indico, había comenzado a reflexionar sobre los factores esenciales del diseño que *no* fueran las reglas de juegos que aparecen y luego se olvidan.

La satisfacción *natural*, la satisfacción de una situación apropiada desde el punto de vista biológico, no depende de la "ejercitación del lóbulo frontal", según la denominación que le he asignado, es decir, del convencimiento lógico e intelectual. La aptitud orgánica que se ha adaptado y continúa adaptándose a la escena natural desde hace millones de años es mucho más que el desarrollo de un juego; en realidad, esa aptitud se ha originado y desarrollado a partir de aquella adaptación natural. Así, todo el ser orgánico se halla comprometido armoniosamente, a diferencia, por ejemplo, de lo que ocurre si uno pertenece a un grupo esotérico que se reúne en un pequeño café de Montmartre, o si se esfuerza sinceramente por concentrar la atención en un cuadro impresionista. Sería una engañosa perversión, un juego artificioso, no usar la totalidad de nuestro cerebro y de nuestro sistema orgánico. Unos pocos pueden aprender a usar casi exclusivamente un sentido. Saltar en un pie puede resultar divertido para otros durante un tiempo; pero los bebés siguen naciendo con dos piernas para caminar. Ni las reflexiones ni los argumentos modificarán tal situación.

El concepto de la totalidad y la perduración orgánicas en oposición a lo transitorio incorpora nuevamente un elemento de eternidad al diseño, que tan a menudo ha tenido que ver sólo con los problemas actuales e inmediatos de la moda. No, *nosotros* de ningún modo somos "tan diferentes".

Por supuesto, queremos ser buenos naturalistas del credo evolutivo posdarwiniano y no interrumpir jamás el examen del espécimen individual, tan significativo y abundante en posibilidades para la especie. De todos modos, respetuosamente volvemos los ojos hacia la perdurabilidad que varía lentamente, que es una entidad casi perenne. Volver atrás la mirada y contemplar el nutrido y vasto grupo de control de los seres humanos del pasado es también un postulado necesario. Aun antes que fueran pintadas las cavernas de Altamira, la gente tenía los mismos ojos que tenemos ahora, los mismos oídos, el mismo sentido de aceleración del oído interno, los mismos nervios que registraban los movimientos musculares de los muslos y los pies en la danza, y los globos oculares que giraban en sus órbitas, y la cabeza que se volvía a un lado y otro, y se inclinaba. Los seres humanos sentían los mismos escalofríos en invierno, y en muchos estíos se les cubría la frente de sudor y su mente, unas veces optimista y otras acuciada

Estados Unidos, ¿un país promisorio? 269

por pensamientos sombríos, también anticipaba, cavilaba y alentaba esperanzas al compás de la actividad de muchas glándulas. *"Tout comme chez nous"*: en verdad, pertenecemos a la misma especie.

Es cierto que cuando recorremos las latitudes y las longitudes temporales y espaciales existen, como ya hemos dicho, amplios y variados condicionamientos "creados" sobre el fondo natural y básico. Cada uno de nosotros es una torta formada por gruesas capas, que son precisamente esos condicionamientos secundarios. Se constituyen sólidamente en el curso de una vida, desde los meses prenatales de gestación en el útero, pasando por el trauma del nacimiento, los años de la primera infancia, el crecimiento, la madurez y el envejecimiento. Y continúa hasta el momento definitivo, en que concluye la cocción, un instante antes del último llamado telefónico a la funeraria, el momento en que nuestro calor vital desciende a la temperatura de la tumba.

Entonces la *mneme*, la memoria orgánica total, se interrumpe. La memoria es identidad personal en la totalidad; no se asienta en un lugar particular del cuerpo.

En esa silla sobre la cubierta, bajo las estrellas tropicales, me preguntaba de qué modo el diseñador podía prestar servicio a la humanidad.

Es indispensable comprender al hombre en su constitución congénita y en su naturaleza de desarrollo dinámico. Debemos conceder preeminencia a las cosas esenciales y no ignorar jamás ese denominador común de lo elemental. *Hasta aquí en nuestra labor de construcción de la casa del hombre no le hemos prestado la atención que merece*, no hemos considerado la delicada sensibilidad humana y las pequeñas o las grandes actividades del individuo. Falta realizar muchas y difíciles tareas.

El tiempo pasa, y ahora disponemos de un gran caudal de información científica. Pero aún no se han atendido las necesidades del hombre, o se lo ha hecho fragmentaria o a menudo accidentalmente, con aciertos y errores casuales. En todas sus invenciones, *sólo a veces ha sido aprehendido por él mismo*, a pesar de lo que Protágoras dijo al respecto: que el hombre es la medida.

Se ha complacido, en los últimos tiempos más que nunca, en la artificialidad de un millón de accesorios rara vez coordinados, instalaciones, instrumentaciones técnicas, no siempre a tono con su dimensión humana. Se ha atareado elaborando e infringiendo las reglas de sus propios juegos, creando modas y convenciones y fatigándose de ellas, a veces rápidamente y otras con excesiva lentitud. Pero no se han perfilado principios universales superiores a las reglas del juego, una actitud de tolerancia orgánica que lo aliente en esta actividad de invención y "progreso". Las especializaciones no resultan eficaces.

El problema me había inquietado desde muy temprano. En medio de la vida comencé a observar y escudriñar el cielo en busca de una estrella polar, mientras estaba inmerso en este curso evidentemente peligroso de ajetreada actividad, en la cual nuestro desarrollo hacia fantásticos movimientos de energía, velocidades, masas y distancias exige con mayor urgencia que nunca una orientación fidedigna y coordinadora. No puede tratarse simplemente de un juego, quizá con reglas convenidas, destinado a llenar un centenar o un millar de veladas. Las veladas vienen y van velozmente. Lo orgánico es algo permanente. Desde el punto de vista práctico, representan una constante.

Un observador que gira en una luna artificial puede observar siete o diez veces diarias nuestro atareado planeta, cada día más pequeño. Este tipo de progreso no es fruto de la economía práctica. Probablemente nada pueda objetarse al dinero, pero podemos malgastar mucho tiempo ganándolo, aun en la progresista industria de los proyectiles teledirigidos. Se despilfarran lamentablemente los recursos orgánicos, lo mismo que los espacios verdes y el tiempo para respirar. Cuando se recorre en automóvil el país que marcha a la vanguardia de la técnica aplicada, cada ojeada al paisaje revela gigantescas inversiones y un terrible despilfarro de oportunidades naturales. Lo que uno ve, fuera de los parques nacionales, generalmente representa un cuadro negativo. Cada lugar ha tenido ciertas posibilidades antes de ser aplanado por las niveladoras e invadido por los postes de teléfonos, y sus vías de agua transformadas en gigantescos tachos de desperdicios, mientras los cables de la compañía local de servicios públicos cruzaban en todas las direcciones el cielo extendido sobre nuestra cabeza, y la presencia del hombre envenenaba la atmósfera.

Cada lugar era un "recurso", cada sitio representaba otrora una forma afín a la capacidad de percepción del hombre. Estaba adaptado a la naturaleza, que con sus múltiples influjos lo habían estimulado durante más de medio millón de años, apenas una parte de su linaje y su estirpe orgánica, que ciertamente merece respeto. Pensaba en este problema mientras descendía a mi camarote de segunda clase, en aquel año 1929; y continué reflexionando aún después que cerré los ojos, tendido en mi cucheta.

Todos los elementos novedosos —la sustitución veloz, el movimiento de los engranajes, los mitos— de nuestra civilización industrial no pueden destruir o reducir a la insignificancia el dominio natural de la adaptación, o las dificultades suscitadas por la incapacidad de adaptarse, una vez que se desborda el ritmo biológicamente posible de este proceso vital. El gran problema de la supervivencia sólo puede ser ignorado por un proyectista que desconoce, hasta los límites del absurdo, la existencia de ese realismo biológico. Su proyecto y su programa eternos deben girar en torno del "hombre vivo". El hombre, la mujer y el niño, y las cosas que se relacionan con ellos y giran alrededor de ellos, han existido durante mucho tiempo, pero no se los ha aprehendido en su interrelación particularmente bien trabada; más bien se ha tendido a perturbar esta última. La duración de la coexistencia no significa comprensión. La electrónica existió siempre, pero sólo ahora comenzamos a conocerla en su relación con nosotros mismos y a controlarla. También el hombre nos acompaña desde tiempo inmemorial, pero muy lentamente, con excesiva tardanza; y, apoyándonos en términos más fidedignos, más modernos y también objetivos, comenzamos a familiarizarnos con los elementos de sus dotes y a sospechar que reacciona como una entidad, y no en unos pocos "departamentos" puerilmente mecanizados. Todavía tenemos muchísimo que andar para alcanzar algo que se parezca a un control armónico de todo esto. Y sería mejor que iniciáramos la tarea.

...y luego, me dormí por el resto de la noche...

Frente a la iglesia portuguesa de Macao había visto los movimientos de algunos chinos que se desplazaban ajustándose a una sola pauta termomotora, fundada en una profunda base orgánica, más o menos como un enjambre de mosquitas nocturnas fototácticas ejecutaría una danza visiodinámica alrededor de una lamparilla eléctrica. Desde esos organismos hasta el hombre, la naturaleza se expresa en la forma, y por cierto está colmada de formas. Es tarea de los hombres continuar, no interrumpir, este principio natural de las formas, que suscita siempre las burlas del hombre de "espíritu utilitario".

Durante mi viaje oí hablar muchas lenguas y a menudo me preguntaba cuáles serían los efectos del idioma sobre nuestra conducta. Reflexionaba, como en tantas otras ocasiones antes y después, en la palabra *figura (figure)*. En inglés significa "forma" y "número". ¡Ha sido útil para las mentes humanas durante cien mil años *en el primero de los dos sentidos!* En comparación, el segundo significado *es casi ridículamente reciente*. Aún ahora hay pueblos primitivos cuya cuenta no pasa de tres. Pero, como es natural, sentimos más la influencia de la acepción reciente, pues a pesar de su famoso conservadorismo, y por extraño que parezca, los seres humanos siempre están dispuestos a ignorar, desechar u olvidar la buena práctica anterior en beneficio de lo más moderno. Así, a menudo pagamos nuestro progreso con alguna pérdida. Interesados en contar un millón de hojas en el árbol que se alza en primer plano, o en adoptar decisiones miopes acerca de un montón de decimales, quizá perdamos de vista la forma de los bosques y el paisaje ¡y cuánto los necesitamos!

La forma... quizá por ella vivimos; ¡es posible que los peligros, el caos pavoroso que son la muerte y la nada amorfa no representen un simple mito! Para una criatura cualquiera el espacio no es euclidiano ni newtoniano; estos conceptos son productos recientes. Durante miles de años y de generaciones fue percibido en cada momento de cada vida. La forma, en términos amplios y en la experiencia desnuda e infinita, precede a la geometría sobre el papel. La geometría fisiológica comenzó con la innata rectangularidad relativa de nuestro *arriba* y *abajo*, nuestro *adelante* y *atrás*, y nuestra mano *derecha* e *izquierda*. Nos orientamos mediante coordenadas fisiológicas y existimos gracias a las formas sensoriales que nos rodean y estimulan, es decir, estimulan nuestro cuerpo que ocupa determinada posición y nuestros procesos vitales.

¿Cuál podría ser una buena definición de *forma*? ¿Qué son el espacio fisiológico y el tiempo fisiológico? De ningún modo son un mecanismo de relojería, con inquietantes metrónomos y reglas de cálculo. Al principio responden a normas naturales innatas, no artificiales. Esta "naturalidad" del problema lo convierte en una cuestión de fidedigna estabilidad, y no en una sustancia temporaria o meramente efímera y sujeta a la moda. La mejor arquitectura es poco veleidosa y demuestra mayor inmunidad frente a la irritación y la fatiga. El diseño del medio humano, el planeamiento de las comunidades humanas, no son una maravilla de corto alcance, pregonada en titulares sensacionales. Se amortizan durante mucho tiempo y recompensan la inversión.

Es evidente que en nuestro cuerpo existe un corolario dinámico interior de la forma válida y satisfactoria. En su recepción y la influencia que ejerce, la forma es la causa de la actividad orgánica integral, especialmente de la energía nerviosa que reside en nosotros y nos recorre. Esa actividad contrasta profundamente con las reacciones perjudiciales que exhibimos frente al caos y la confusión. En estas últimas situaciones también hay fenómenos energéticos. Pero se caracterizan por la interferencia mutua, y al final acaso se diluyan en pautas ambiguas, confusas y carentes de resolución. Las descargas endocrinas que de ese modo se activan también chocan entre sí y aportan resultados indecisos. Evaluados por un psicólogo, estos fenómenos tienen un acento negativo y se denominan ansiedad, incomodidad, desconcierto e irritación. Las propuestas y los medios informes provocan confusión en el ser humano y le impiden evocar un recuerdo organizado, del cual tanto depende la *continuidad de nuestra existencia consciente*, nuestra identidad personal de carácter perdurable.

Un arquitecto nos ofrece pautas asimilables de recuerdo, "material mnemónico"; si no lo consigue, nos perturba y nos frustra, y perdemos el sentimiento de seguridad.

Valoramos negativamente la ambigüedad o la imprecisión en cualquier nivel de la actividad nerviosa. Ese tipo de reacción no es sólo cuestión de gusto. Puede representar cierta falta de acuidad de la visión o el oído. Puede tratarse de un plano nivelado, pero que se desvía ligeramente en cierto punto: el piso de una casa vieja, o la cubierta de una embarcación, con sus rolidos y cabeceos. Tales elementos desconciertan nuestro sentido de posición y aceleración, así como nuestra sensibilidad muscular, cuando advertimos que hace falta un esfuerzo para mantener el equilibrio. Sabemos que no hemos bebido de más y, alarmados, creemos que algo anda mal en nosotros mismos.

Un olor indefinido y fugaz, una forma de contornos borrosos, cambiantes o indeterminados, son fenómenos minúsculos difícilmente tolerados por un ser humano. Cuando manejamos un vehículo en medio de la noche y de pronto las cosas se muestran ambiguas frente a nuestras luces, aplicamos el freno con ese mismo tipo de alarma. ¿Quizá nos está fallando la vista?

Es muy evidente que las percepciones que aportan o niegan formas o pautas claras se introyectan o se proyectan hacia el espacio o el tiempo exteriores. Sus corolarios nerviosos se manifiestan en nosotros con la velocidad del rayo. Nuestro cuerpo vivo es su campo de acción.

Se *siente*, se observa el espacio-tiempo esencial. Si no existiera un observador real, el asunto se convertiría en un juego de engañosa abstracción. Albert Einstein, a quien tuve el privilegio de conocer personalmente y por correspondencia, fue quien introdujo al "observador" en la escena newtoniana-euclidiana. Por supuesto, el cliente del arquitecto, *nuestro* observador, es un ser de carne y hueso que ha existido durante muchos millones de años en nuestro planeta.

La expresión "carne y hueso" se refiere a los procesos vitales que se desarrollan en un espacio-tiempo fisiológico vital. En este espacio y tiempo la existencia de la carne y los huesos alude a los sentidos, los nervios, la capacidad cerebral y las características de reacción.

La actividad muscular y glandular acompaña a cada una de estas experiencias espacio-temporales, ya sea que giremos o elevemos los ojos, o que volvamos la cabeza o que caminemos sobre nuestras piernas recorriendo la nave central de una famosa mezquita o de Chartres, o de cualquier otra obra arquitectónica. Cuando echamos hacia atrás la cabeza para contemplar la bóveda tan elevada, el sentido del oído interno registra ese movimiento. Nuestra relatividad orgánica sencillamente rige todo cuanto experimentamos. Ciertamente, cada uno de nuestros movimientos acelerados y retardados agrega y fusiona experiencias importantes con las de carácter meramente visual, que casi nunca tienen carácter "pasivo". La mirada por el rabillo del ojo —también la nuestra— aprehende de un modo fundamental y característico los movimientos que se realizan en el límite del campo visual.

Oímos los ecos de nuestros pasos sobre el pavimento de piedra, y este fenómeno auditivo aclara acústicamente el espacio, del mismo modo que una vela lo ilumina desde el punto de vista óptico. Aquí también se manifiestan los sentidos termales que motivaron aquel rito en la calurosa Macao. Registramos constantemente aun el leve movimiento de aire de este espacio interior más fresco y, como consecuencia, la mínima evaporación de la capa de humedad exudada constantemente que se forma sobre la piel de estos seres de agua que son los humanos.

Las exhalaciones osmóticas y olorosas de esos altos y viejos muros de piedra y de la vida microbiótica mantenida en sus poros confieren una atmósfera particular a este antiguo espacio, comparado con un "interior de iglesia, Escena 6", en un estudio de Hollywood, construido velozmente con cartón prensado y yeso. De hecho, la arquitectura es y comienza como actividad omnisensorial, que se transforma en la infinitud de un alma humana, un dominio que trasciende la actual descripción terminológica.

Pero es indudable que se trata ante todo de un notable fenómeno en el que participan los sentidos vinculados de un modo inseparable y estrecho, de suerte que incorporan todos los momentos de la existencia. La alta aguja de la iglesia vista en una tarjeta postal o en el cuaderno de viaje que sostenemos sobre las rodillas, es muy distinta cuando uno la contempla inclinado hacia atrás, de modo que se está frente a la imponente cosa real y se la capta de manera mucho más integral que cuando se utiliza exclusivamente la visión.

El diseño activa nuestros músculos y glándulas. Nos invita a franquear la puerta de entrada, nos induce a recorrer un espacio detallado, concebido por un buen arquitecto para provocar una sucesión de choques. Y ahora, el efecto de paralaje de las columnas próximas y de los arcos que se desplazan rápidamente, mientras los que están lejos lo hacen con mayor lentitud, nos lleva a participar fantásticamente en la gran ofrenda arquitectónica de, por ejemplo, esa triple nave del interior de la iglesia, pues en lo profundo de nosotros mismos sentimos la acción de nuestros muslos, los pies y sus dedos, y nuestros pulmones que respiran. Con un hondo suspiro nos detenemos en el crucero, y recordaremos con inenarrable profundidad el momento en que emprendemos el retorno.

Nuestro espacio es siempre la interacción de nuestra dote orgánica y de las sugestivas circunstancias que nos rodean. Aunque hayamos *dejado de ser observadores conscientes*, todavía respondemos con intensidad. La conciencia lúcida es sólo una parte minúscula de nuestra vida orgánica.

Si se nos arroja al espacio con fantástica aceleración, es evidente que la constelación de estímulos que debemos afrontar es muy distinta de la que hallamos en la vida terrenal cotidiana. Se han organizado pruebas y ensayos con el fin de prepararnos para afrontar las nuevas tensiones y fricciones, la disolución de la estereognosis usual, ese vínculo automático normal entre nuestros sentidos: en realidad, para dar paso a muchos otros nexos normales y necesarios de nuestro ser orgánico. Por lo tanto, es evidente la necesidad de la "ingeniería humana", o vínculo entre nosotros y la manipulación novedosa de artefactos exteriores preparados e inorgánicos. Es posible que tanto en los países soviéticos como en los nuestros esta nueva necesidad creada por la investigación espacial encauce un día ese tipo de atención hacia los lugares donde vivimos y la escena urbana. Esta idea me alegra profundamente: ¡las cosas que tanto deseaba comienzan a realizarse!

Durante décadas pronostiqué que era necesario dispensar el mismo cuidado a situaciones menos espectaculares que las del espacio exterior. El ama de casa que en la cocina soporta la acumulación de factores de irritación y fatiga a lo largo de un día de trabajo quizá tenga derecho a tanta curiosidad científica como el astronauta que tripulará una nave espacial. Después de todo, los pasajeros destinados a la Luna aún no son tantos como los ocupantes de las casas modestas. Los pequeños y sutiles desvíos respecto de lo que es biológicamente práctico son más insidiosos y no menos interesantes, porque son sutiles. Una cosa no es menos peligrosa porque pase inadvertida. No nos mata el automóvil que hemos visto, sino el que ignoramos.

Lo menudo, lo minúsculo, lo individual, merece atención. ¡Es posible que el diseño del hogar sólo *parezca* una tarea menuda! El gran proyecto, tan decisivo para la arquitectura, incluye en sí un factor impresionante pero falaz. Y por cierto no es el terreno fundamental de aprendizaje e instrucción.

Apartada de los seres humanos reales, la práctica de la odontología jamás se habría desarrollado mucho. De poco sirve enterarse por intermediarios de que un desconocido padece un dolor de muela. Es menester abrir la boca del individuo y ver de cerca la pieza enferma y la cavidad para poder curarla bien. Y mientras se está en eso, uno puede preguntar: "¿Duele?" Un individuo seguramente responderá a la pregunta.

La relación con un presunto cliente y su esposa acerca al arquitecto a la auténtica experiencia clínica de los hombres y las mujeres según éstos son en realidad. Le ofrece una visión de las diferentes formas de fatiga muscular y nerviosa, según estas personas recuerdan haberlas experimentado en su vivienda anterior, y de sus descargas endocrinas, que tiñen las emociones de la vida cotidiana y la perspectiva del futuro.

Mientras proyectaba un aula, un teatro o una sala de estar, con frecuencia he pensado: los seres humanos no habitan un espacio desprovisto de orientación, tal como lo conciben abstractamente el agrimensor o el geómetra. Por el contrario, la orientación, una dirección dada, es cosa *innata* en todos: en efecto, ejercitamos la visión con los ojos enclavados frontalmente, tenemos campos visuales de menor acuidad a los costados, y el espacio que se abre atrás es siempre inquietante, está mal controlado, excita nuestra suspicacia porque no lo vemos. No se trata de las "reglas de un juego". En todos los casos se trata de elementos prácticamente perennes.

Uno de los principios de una ingeniería honesta consiste en no torturar los materiales, no maltratarlos ni obligarlos a adoptar formas y cumplir funciones extrañas a su naturaleza. Pero el supremo mandamiento debería ser no torturar a los seres humanos, el más precioso material que se nos confía cotidianamente, y respetar sus sutiles tensiones y fricciones. El diseño es funcional —es decir, humano—, si consigue que *ellos* continúen desempeñándose eficazmente.

En los últimos treinta años no he realizado un lento y contemplativo viaje en barco recorriendo grandes distancias y haciendo escalas que abrieran nuevas perspectivas a mi reflexión. Sentado en la cubierta, absorto en la visión de la salida y la puesta del sol y la luna, concebí muchos pensamientos cuyos ecos aún resuenan en mi memoria.

De ese denominador común biológico casi eterno, en cuya evocación me complazco, he retornado de tanto en tanto al regionalismo variado y exótico, a ciertas características de la conducta étnica que se remontan a un milenio o dos —lapso relativamente breve— y a las circunstancias transitorias que perduran pocos años. Y aun en el caso de esta manifestación pasajera observé con asombro que el extranjero no siempre conserva mucho tiempo su condición de tal. A veces demuestra más empatía e intuición que el habitante local, que ha acabado por acostumbrarse a todo.

Retorno a Europa por Oriente

En Macao me alojé en un hotel chino que era entonces un negocio próspero. Esos hoteles han desaparecido, porque los adinerados comerciantes chinos ya no salen de su país para realizar visitas a Macao. Como se ha bajado la cortina de hierro, permanecen en China continental, en el supuesto de que aún existan; casi se diría que todos los que han llegado a Macao son fugitivos. Muchos carecen de dinero, de modo que tratan de ganarlo.

Hace treinta años muchos chinos, grandes terratenientes y comerciantes, solían cruzar la frontera y se acercaban a la colonia portuguesa para pasar un rato agradable con las jóvenes *sing-song*. Venían a beber, y especialmente a fumar opio. Se alojaban en hoteles de siete pisos, de los cuales los dos superiores estaban consagrados a todos los entretenimientos concebibles: ópera china, todas las variedades de representación frívola, baile, etc. Los huéspedes de los hoteles chinos ocupaban las habitaciones de los pisos inferiores. El cielo raso de las habitaciones se elevaba más de cuatro metros sobre el piso, pero muy pocos cuartos tenían ventana al exterior. Las divisiones entre los cuartos llegaban a la mitad de la pared, de suerte que el aire penetraba todo el edificio.

Caminando por los corredores interminables, se podía ver a los chinos jugando *mahjong*. Dedicaban toda la noche al juego, con una anfitriona sentada entre ellos, una joven que tenía el aire de una flor. La mujer no hacía más que sentarse y exhibir su belleza: ésa era su tarea. Los jugadores fumaban opio, y algunos ya estaban tendidos sobre un almohadón en el suelo, medio dormidos, y evidentemente tenían gratos sueños. Los otros continuaban el juego y no se mostraban tan silenciosos. El *mahjong* es un juegos terrible desde el punto de vista acústico o auditivo, si todas las puertas están abiertas y las divisiones no llegan al cielo raso. Se oye el golpeteo de las fichas de *mahjong* toda la noche, hasta que uno casi se vuelve loco.

De tanto en tanto la gente abandonaba el sector de entretenimiento del hotel, en los pisos superiores, y descendía a la planta baja; pero debo reconocer que su conducta era siempre muy discreta y mucho menos irritante que la de los norteamericanos que se retiran de una fiesta a altas horas de la noche. En realidad, era gente muy moderada; no se emborrachaban, ni se enredaban en peleas. Todo se hacía en el mayor orden, pero el ruido del *mahjong* resultaba tedioso.

Me alojaba en este hotel con mi amigo chino. Lo había conocido en el barco, pero lo perdí de vista cuando llegué a Japón. Por casualidad, mientras yo caminaba por el muelle de Hong Kong, cuando me disponía a pasar frente al Hotel Gran Asia (hotel chino que ya no existe), se acercó y me dijo que le alegraba muchísimo volver a verme. Le pregunté adónde se dirigía, y respondió que volvía a su casa. Cuando le pregunté: "¿Dónde está su casa?", respondió: "Mi hogar está en Kwangtung, y falto desde hace siete años. Primero iré a Macao".

Dije que quizá también a mí me convenía ir a Macao; entonces mi amigo sugirió que lo acompañase durante todo el viaje. Y en eso estábamos.

Los preparativos de mi amigo para el viaje a su casa pronto comenzaron a interesarme. Vi que trataba con varios conductores de taxímetros, y finalmente le pregunté si podía acompañarlo una parte del trecho. No se me ocurrió si tendría el valor necesario para ir con él al interior de Kwangtung o de cualquier otra región de China, pues no sabía una palabra del idioma. Y ciertamente no es una área abierta al tráfico de turistas. Respondió que la idea le encantaba y que, en efecto, debía acompañarlo. Me invitó a visitar su ciudad natal, que estaba a una distancia de... bueno, él calculaba dos días de viaje en automóvil. Claro que los automóviles debían avanzar muy lentamente.

Nada me apremiaba, y me complació la posibilidad de conocer el interior del país. Nos reunimos en el puesto de taxímetros, donde algunos culíes habían reunido el equipaje de mi amigo con el fin de que los dos conductores no tuviesen que encontrar el camino recorriendo un complicado laberinto de callejuelas. Era mucho equipaje, por cierto. Llevaba a su casa de China todos los tesoros de Estados Unidos, y sólo Dios sabe lo que había en las cajas y las bolsas que había acumulado: objetos por demás interesantes que llevaba consigo para ofrecerlos como regalo o para su uso personal. Finalmente, todo quedó apilado en los taxímetros o sobre el techo de los vehículos, y, cargados hasta el borde, iniciamos nuestro viaje.

Los taxis eran un poco anticuados, similares a los que se utilizaban entonces en París; de hecho, en algunas ocasiones parecían artefactos surgidos directamente del siglo XVI. Avanzamos unos cinco o seis kilómetros y bruscamente desapareció el camino. Una vez que salimos de Macao, en realidad viajamos por la campiña china, colina arriba y a veces lateralmente, atravesando pequeños sectores entre ricos arrozales. Era evidente que los conductores sabían arreglarse en esas condiciones. Yo viajaba en uno de los coches, junto a mi amigo, y puedo asegurar que el terreno que atravesábamos no era muy liso. De modo que durante mucho tiempo los vehículos avanzaron a velocidad sumamente moderada.

Llegamos a un lugar y varias mujeres salieron repentinamente de una pequeña choza de adobe y comenzaron a hablar.

Me pareció que eran empleadas del gobierno; en efecto, eran recaudadoras de impuestos y tenían interés en inspeccionar el equipaje antes que cruzásemos los límites del distrito. Las negociaciones insumieron mucho tiempo. El sol era muy intenso, de modo que volví a subir al taxímetro, en cuyo interior también hacía mucho calor. La conversación continuó largo rato, con muchas reverencias de ambas partes y sugerencias acerca de lo que convenía hacer; pero nadie abrió los bolsos para verificar su contenido. Finalmente se cerró trato, se distribuyó algún dinero y continuamos viaje. Cada tantas horas llegábamos a los límites de algún distrito, generalmente no muy lejos de la cabecera, y allí se repetía todo el proceso. En verdad, el mundo estaba muy dividido.

Todas las aldeas parecían ciudades medievales y tenían calles o caminos pavimentados con canto rodado, que conducían a través de accesos muy estrechos, o sea las puertas de la ciudad, practicados en un muro fortificado. A ambos lados de la muralla generalmente había santuarios, o bien la muralla misma estaba formada de hecho por monumentos ancestrales consagrados al culto. Por intermedio de sus santuarios, los santos, los antepasados o los hombres de virtud probada protegían a la ciudadanía y la comunidad de las asechanzas de los merodeadores y bandidos que asolaban el campo; evidentemente, se temía que atacaran en cualquier momento, y en efecto aparecían con relativa frecuencia. A veces venía el señor de la guerra para recoger las contribuciones monetarias que necesitaba para su campaña; en tales casos las comunidades cerraban las puertas y trataban de negociar una rebaja.

El paisaje era una planicie ondulada, y no pocas veces se veían búfalos de agua trabajando en los arrozales, que se encontraban en diferentes etapas de maduración. Después de esta experiencia observé las condiciones de las comunidades chinas, por ejemplo en la campiña de Hong Kong, donde las parcelas son mucho más regulares que en Kwangtung: eran prácticamente cuadradas, como un *castrum o* campamento romano. Pero en las localidades cantonesas se manifiesta más bien el carácter casual del Medievo; los santuarios erigidos alrededor de las murallas son muy pintorescos. De todos modos, esta estructura casual exhibía una gran regularidad y una orientación muy sistemática. Las construcciones exhibían todas el mismo tipo de techos con tejas esmaltadas, el mismo declive, por supuesto, el que convenía para ese tipo de tejas, y todos los aleros se encontraban orientados uniformemente. Las ventanas más o menos importantes presentaban la misma orientación, porque todos parecían saber en qué dirección soplaba el viento y por dónde se levantaba el sol todas las mañanas, para derramar sus rayos benéficos o perjudiciales. Así, a pesar de la primera impresión de casualidad o accidentalismo arquitectónico, prevalecía un profundo orden biológico, que se expresaba en la apariencia y en la serena armonía que es su concomitante.

Por fin, después de un largo viaje, llegamos a la aldea de mi amigo. No parecía muy distinta de las otras que yo había visto, pero desde luego nos proponíamos entrar en ésta. Siempre habíamos pasado al costado de las otras aldeas, siguiendo caminos que las evitaban, y ésta era realmente muy admirable. Los chinos habían progresado considerablemente mucho antes que un plan de este carácter se hubiese difundido en Estados Unidos simplemente como una buena idea. Los caminos no atravesaban los centros poblados, de manera que el tráfico entre los diferentes centros poblados y la vida de los habitantes no padecían el innecesario o evitable *to hu-wa-bohu*, como llama al caos con horror el Antiguo Testamento.

En la aldea de mi amigo estacionamos los automóviles bajo dos enormes árboles. Había bastante sombra; esto me agradó sobremanera, porque inmediatamente comenzó otro parlamento, exactamente como los que se habían celebrado en los límites de los distritos. Esta vez no se trataba de la necesidad de realizar una contribución; ocurría simplemente que todos acudían a ver al hijo del pueblo que volvía a casa. Ciertamente, podía decirse que toda la localidad se había dado cita allí; pero después comprobé que, respondiendo a una decorosa pauta de conducta, los parientes directos de mi amigo se mantenían apartados y esperaban para servirle el primer té en la casa donde había nacido. En ese momento no advertí el hecho. Pero vi a muchas otras personas, antiguos compañeros de juego y condiscípulos, que acudían a saludarlo. Por supuesto, se hablaba mucho en el dialecto de la campiña cantonesa. Presumo que mi amigo les relató sus experiencias en Detroit y las características de la universidad donde había adquirido conocimientos de contabilidad un tanto superiores a los que exigen el uso de un ábaco, y cosas por el estilo.

Todo esto más o menos lo supuse, porque no entendía una palabra de la conversación misma.

Finalmente concluyó la charla y los hombres comenzaron a descargar los taxis. En todo caso, los vehículos no habrían podido franquear la puerta de la aldea, porque era excesivamente estrecha. Fuera como fuese, no faltó gente para transportar las valijas, las cajas, las jaulas y todo lo que este recolector había traído de la gran Detroit. Contemplamos el trabajo de los porteadores y finalmente entramos en la aldea. Como ya he dicho, las calles eran idénticas a las que había en nuestras localidades medievales; la población no tenía el carácter de una aldea en el sentido europeo de la palabra. Algunas calles estaban ocupadas totalmente por carniceros y otras por fabricantes de velas y representantes de otras artesanías; y, por supuesto, había calles "comerciales" que se asemejaban a bazares y que aparecen, en escala mucho más amplia, por ejemplo en El Cairo, la propia Cantón o Estambul. La mayoría de las calles eran estrechas y estaban protegidas del sol por los aleros de las construcciones; en ese momento pensé en el absurdo del nuevo "planeamiento urbano" aprobado en Cantón. Había visitado la ciudad poco antes, y en esa ocasión tuve que abrirme paso en una ciudad de varios millones de habitantes que sufría las torturas de la reconstrucción y la remodelación, y en la cual iban abriéndose amplias avenidas; la luz del sol se reflejaba sobre un pavimento que emitía un brillo insoportable; había un tráfico pavoroso de ómnibus que corrían en todas direcciones, por supuesto con su recorrido detallado en lengua china, ilegible para mí; una muchedumbre, y un atascamiento de *rickshaws* comunes y con bicicletas, y así por el estilo: todo lo que uno puede encontrar en Bangkok o Singapur, o en cualquier otra ciudad del sudeste asiático. Muchos lugares están convirtiéndose en sitios inhabitables a causa de la "modernización" de los caminos y las calles.

Pero la pequeña localidad de Kwangtung se hallaba bien protegida del sol. A veces se tendían esterillas entre los techos de las construcciones adyacentes y fronteras, de modo que también se disfrutaba de sombra en mitad de la estrecha calle. Atravesamos varias plazas y mercados irregulares, todas pavimentadas con canto rodado, algunas en pendiente y otras a nivel; toda la ciudad parecía parte de una ladera ligeramente ondulada.

Finalmente subimos por una calle ancha, que se estrechaba progresivamente para concluir en un grupo de construcciones de carácter inequívocamente doméstico; todas estaban orientadas del mismo modo, y los aleros corrían paralelos unos a otros. Mi amigo me explicó que eso era su casa. "¿Esta es su casa?" exclamé. "Pero si es casi otra ciudad."

"Son las casas de mis parientes, mis tíos y mis hermanos", respondió.

Nos acercamos entonces a la construcción principal y advertí que una joven miraba por una ventana del segundo piso. Su rostro mostraba terrible excitación. Evidentemente se trataba de una hermana de mi amigo. Lanzó una risita y desapareció, y no volvimos a verla. Entramos en la casa y divisé un espacio pavimentado con baldosas que se abría sobre un patio con un jardín chino; la disposición de las plantas difiere de la que utilizan los japoneses por su mayor simetría, pero muestra la misma tendencia a utilizar árboles enanos y fantásticas acumulaciones de conchas.

Mientras yo examinaba el lugar, mi amigo me tocó el brazo y señaló a una mujer que estaba de pie a mi lado, retorciéndose los dedos y transpirando excitada, y dijo: "Esta es mi madre". Me incliné, y él se volvió y dijo: "Ahora, le mostraré un parque muy interesante".

Me dejó atónito el que ni siquiera hubiese dado un beso a su madre o la hubiera abrazado. Se limitó a decir: "Esta es mi madre" aunque ella no lo había visto durante siete años y parecía a punto de desmayarse por la emoción del reencuentro. Era evidente que las normas de conducta social no le permitían demostrar excitación delante de un extraño, de modo que inmediatamente me llevó hacia lo que él denominaba "el parque". Yo no había entendido qué quería decir con esas palabras, pero atravesamos el patio posterior y enseguida comenzamos a subir a una de las colinas que se elevaban detrás de la casa. Allí nos encontramos en un jardín de densa vegetación. Dominándolo se elevaba una suerte de casa de verano, o más bien un pequeño pabellón de placer, que gozaba de la particular preferencia de mi amigo y que, según él mismo me dijo, había sido construido en parte con su ayuda y la de algunos de sus parientes. Se sintió profundamente deprimido cuando comprobó el estado de deterioro de la construcción. Por último atravesamos el jardín y penetramos en lo que me pareció un matorral, recorrido por un largo sendero; lo seguimos, y continuamos internándonos. Era un hermoso paseo, pero el día estival era caluroso y yo no podía comprender por qué realizaba una excursión por los bosques apenas habíamos llegado. De pronto el bosque se abrió, y desde lo alto de la cresta vi anchos y largos canteros, mantenidos muy cuidadosamente, con bosqueeillos de árboles podados, grupos de plantas perennes y rosales frondosos, agrupados simétricamente con arreglo a un plan geométrico. Toda la escena me recordaba un poco a Versalles. Era un amplio parque totalmente estilizado; mi amigo había utilizado la palabra con absoluta razón.

Asombrado, pregunté: "Pero, ¿qué es esto?"

"¡Oh!", dijo, "es el parque; uno de mis parientes lo donó a la ciudad."

Es todo lo que pude descubrir. Naturalmente, conversábamos siempre en un inglés un tanto sintético. Durante su residencia en Michigan había vivido con una familia china, y por supuesto hablaba con ellos en su lengua.

Me sorprendió que un habitante de esa humilde aldea tuviese un parque semejante, o lo "donase" a la comunidad, pues me parecía un hecho realmente fantástico. Dejé de formular preguntas mientras atravesábamos un largo macizo de vegetales y nos acercábamos a una casa levantada en medio de aquella maravilla. Era una construcción larga, amplia, con su techo de tejas bien dispuestas. Mi amigo golpeó en varias puertas, hasta que al fin se abrió una, atendida evidentemente por el mayordomo o cuidador. Enseguida éste prorrumpió en grandes exclamaciones ante el retorno del hijo pródigo que había vuelto de América. Por supuesto, se conocían muy bien e iniciaron una nerviosa conversación que poco después atrajo a las mujeres que se encontraban en otras habitaciones. Al principio estábamos de pie, pero pronto nos ofrecieron asiento y nos sirvieron té en un porche fresco y protegido, que en realidad estaba abierto por ambos costados y no era más que una sala de estar techada, sin paredes en tres lados.

Mientras esa gente conversaba, yo recorrí la habitación, y de pronto me llamó la atención una fotografía que colgaba de la pared. Mostraba a varios chinos agrupados alrededor de tres personas: un norteamericano corpulento, una norteamericana aún más corpulenta, sentada a su lado —parecían un tanto toscos y vestidos cómicamente en medio de este grupo—, y al lado de los dos anteriores, un chino maravillosamente esbelto, de apariencia muy cosmopolita. Cuando lo vi, tuve inmediatamente la impresión de que lo conocía. Me esforcé todo lo posible, pero en el primer momento no pude recordar dónde lo había visto. Toda la escena y la experiencia eran tan extrañas que necesité unos instantes para ordenar mis pensamientos.

De pronto recordé dónde había visto a aquel hombre. Había sido poco tiempo antes, quizás una semana y media, en un hotel chino de Cantón. El comedor se parecía un poco a un restaurante de segunda categoría en un barrio chino de la Costa Oeste, con su habitual falta de gusto y su suciedad, pero desde el local se dominaba el río Cantón. El mantel era blanco, aunque con algunas manchas. La comida era excelente, pero la arquitectura representaba apenas una improvisación, y posiblemente era obra de alguien que se había desempeñado como tercer ayudante de un contratista de San Francisco y que había vuelto para diseñar este hotel de diez pisos en Cantón. Sentado frente a una mesa, comencé a mirar la gente que entraba, al mismo tiempo que me preguntaba si yo mismo poseía cierta capacidad para el diagnóstico fisonómico. Los que estaban sentados en las mesas próximas evidentemente eran visitantes de la región llana que acudían a Cantón; pero llegué a la conclusión de que resultaba en extremo difícil reconocer y juzgar realmente a las personas en un país extranjero sobre la base de mis propias impresiones, especialmente si se trataba de personas tan distintas desde el punto de vista racial. Finalmente me di cuenta de que jamás podría determinar si los comensales pertenecían a la clase superior o a la inferior, excepto quizás examinando las ropas, y tampoco en ese aspecto tenía ideas muy claras.

En ese momento interrumpió mis meditaciones la aparición de un hombre que ingresó en el comedor con una muchacha joven y muy bella. El hombre tendría unos cincuenta y cinco años; inmediatamente advertí que era un ser humano de exquisita y refinada personalidad. Con un sobresalto comprendí que me había equivocado al creer que un occidental no podía juzgar a otros seres humanos, simplemente por su condición de chinos. Los dos se sentaron a una mesa y ordenaron algunos platos; la deferencia del mozo y también la actitud de otras personas que estaban en el comedor me sugirieron que se trataba de huéspedes de aristocrático linaje. Los observé, y me pregunté si la joven sería la amante del hombre. Era un individuo de bastante edad para una mujer tan joven y hermosa como aquélla. No pude llegar a ninguna conclusión acerca de la pareja, y finalmente renuncié a ello. Pero los miré mientras comían, y me llamó la atención el modo en que usaban los palillos, porque no estaban comiendo al estilo europeo, pese a que un mantel blanco cubría la mesa. Había consagrado un rato a meditar en aquellos dos personajes, especialmente en el caballero. ¡Y ahora lo encontraba en la fotografía!

Me dirigí apresuradamente adonde estaba mi amigo y le dije: "Por favor, ¿quiere acercarse un momento para ver esta fotografía?"

Asintió, y cuando le mostré la foto, dijo: "Es mi pariente, el hombre que donó este parque a la aldea".

"¿Quiere decir que regaló este parque... era dueño de este amplio parque y lo donó a la aldea?"

La respuesta fue afirmativa. Salvo que yo interpretase mal su inglés, eso era precisamente lo que me decía. Agregó que el hombre también había donado a la aldea dos o tres escuelas.

"¿Dos o tres escuelas?", inquirí asombrado.

"Sí, fue ministro de Educación durante el gobierno de Sun Yat-sen y uno de los dirigentes del Partido Nacionalista en el apogeo de esta organización."

"¡Oh", dije, "qué interesante! Dígame ¿por qué entregó este parque a la aldea?".

"Nació aquí, ésta es su ciudad natal."

"¡Ah", dije, "ahora empiezo a comprender!" Obtuve otra información acerca de este hombre interesante. Había intentado eliminar los santuarios, y evidentemente era un individuo de espíritu muy moderno. Se trataba de una persona de actitud progresista, una de las grandes figuras de la China de Sun Yat-sen. Luego pregunté: "¿Quiénes son los otros que aparecen en la fotografía?"

"Ese es el cónsul norteamericano en Macao."

"Es precisamente lo que parece", agregué intencionadamente, "y ésta debe de ser la señora del cónsul norteamericano."

Así, llegué de pronto a la definida conclusión de que es posible juzgar a la gente sobre la base de una fotografía, sin que importe para el caso la nacionalidad. De todos modos, las generalizaciones son injustas, y por supuesto he visto cónsules norteamericanos muy distintos, diferentes tanto por el aspecto como por la conducta y las respectivas esposas. Intenté expresar mis pensamientos vacilantes a mi amigo chino, pero no era un tipo de hombre dado a la filosofía. A lo sumo había realizado estudios comerciales en Detroit, y posiblemente esta ciudad no era el lugar más apropiado para que los educandos extranjeros de las carreras técnicas adquiriesen una visión filosófica profunda.

Años después, en Marsella, me pareció que se confirmaba totalmente el carácter práctico de Detroit; en efecto, allí conocí a un vendedor francés de heladeras que había seguido en Detroit un curso de un año y medio en relación con la venta de los artefactos de su especialidad. Luego lo pusieron a trabajar en el Sur de Francia. Mis amigos arquitectos lo habían elegido para que tradujese un curso que yo debía pronunciar ante los nativos, sobre *la Unité d'habitation* de Marsella, la obra construida por Le Corbusier; pero también en este caso me pareció evidente que Detroit no es el lugar donde se prepara a la gente para que interprete o traduzca conversaciones profundas a la *langue d'oc*, la lengua gálica del Sur.

El hombre de Marsella probablemente había demostrado que era capaz de vender suficiente cantidad de refrigeradores; pero en el salón se había reunido un público formado por diferentes tipos de personas, entre ellas algunos frailes y monjes de un monasterio cercano, jóvenes arquitectos y otras personas que no hablaban ni entendían las peculiaridades idiomáticas de Detroit. Mi inglés era griego para ellos, y por otra parte mis pensamientos desconcertaban al hombre de las heladeras. La lingüística no es el único factor que promueve confusión. En todo caso, el problema es más amplio. Mi diplomado chino de esa metrópoli de Michigan corría parejo con el francés. Ninguno de los dos dominaba el lenguaje sutil ni el pensamiento profundo. No importaba dónde habían asimilado sus particulares aptitudes mundanas, nada sabían de otras esferas del conocimiento. Lo he dicho antes, y vale la pena repetirlo: a veces un extranjero que posee cualidades apropiadas puede ahondar —compenetrarse él mismo— más profundamente que un habitante del lugar, y sin incurrir en los torpes errores de un intérprete.

Europa — Estados Unidos — 1929

Entre las tres comidas diarias, mis cavilaciones y las charlas con un grupo heterogéneo de compañeros de viaje esperanzados o resignados, vivaces o aburridos, el viaje continuó desarrollándose. Uno de ellos pronto se separó de nuestro grupo. En el Océano Índico vi mi primer y único funeral en alta mar. Era de noche; el capitán japonés trató de leer la letra menuda de un salmo a la luz de una linterna, mietras se desplegaba la bandera británica sobre el saco de arpillera en que habían cosido a nuestro compañero de viaje, con unas pocas y cortas barras de hierro atadas a los pies. Se detuvieron las hélices del *Asoma Maru*; de la popa del barco, donde estaban las jaulas del comerciante de aves tropicales, nos llegaba muy apagado, el ruido de sus alas, y de tanto en tanto las pequeñas aves, que escapaban individualmente o en grupos, surcaban el aire sobre el ancho mar. Con un blando chapoteo el saco se hundió en las sombras. El viento de medianoche agitó mis cabellos, y, lo mismo que el puñado de pasajeros que me acompañaba, me cubrí nuevamente.

Sentado en una silla sobre la cubierta, o paseándose entre la popa y proa, también medité en la arquitectura budista que había visto, en los templos hindúes, en las plantaciones de caucho y de té donde los obreros ganaban diez centavos diarios. Me sentaba bajo las estrellas, a veces solo, a veces acompañado por un joven ingeniero holandés que me hablaba de la explotación del estaño en Malasia. Era un lento y largo viaje hacia el Oeste: básicamente, siempre el Oeste.

Dejamos atrás Aden y nos deslizamos entre Yemen y Africa, y en automóvil abierto me alejé de la costa del Mar Rojo para cruzar el desierto desnudo. Fijé la vista en la escarpa montañosa del valle del Nilo, con sus perfiladas rocas de matices claros, hasta que la fina e invisible arena del desierto me inflamó los ojos. Hacia el atardecer, cuando me acerqué a Heliópolis y entré en el vestíbulo del antiguo y suntuoso Hotel Shepheard, se me ocurrió que a esas; horas mi esposa, a quien había dejado *atrás*, en California, estaba ahora *frente* a mí. En compañía de los dos varoncitos, ya debía de haber atravesado el Canal de Panamá, y probablemente en ese mometo el carguero en que navegaba se hallaba atravesando el Mar Caribe.

¡Me parecía extraño que mis familiares se hubiesen desarrollado hasta alcanzar amplitud mundial! Tenía unos treinta y ocho años, y mi situación no se encontraba estabilizada ni mucho menos, pese a que había realizado un esfuerzo enorme con esas estructuras de acero en la Casa de la Salud, y a que en Tokio y Osaka había pronunciado conferencias ante millares de colegas que me mostraron una conmovedora simpatía. Todos esos recuerdos se mezclaban con algunos sueños, a medida que la atmósfera nocturna se hacía más pesada. Ignoraba si esta vez me quedaría en Europa, o si reanudaría mi tenue línea de actividad en Estados Unidos, país que entonces me parecía tan lejano.

En El Cairo había estallado un movimiento revolucionario. Oí el tableteo de las ametralladoras y vi a la multitud huir por las calles. Recordé el buen consejo que recomendaba cuidarse de los cables de alta tensión que, cortados por las balas, se enroscan alrededor de los pies y pueden electrocutar a un hombre. En caso de revolución, lo más prudente es refugiarse en un umbral. Las experiencias se yuxtaponen de un modo extraño. La paciente artesanía de la piedra pulida en el interior de las pirámides, una cosa tan alejada de la revuelta, me impresionó tanto como las mezquitas y los minaretes que reflejaban la luz deslumbrante del sol sobre el fondo azul de un cielo egipcio. Mucho tiempo después, algunos estudiantes egipcios vinieron a trabajar conmigo.

Por primera vez vi Nápoles, Pompeya, una erupción del Strómboli, y tomé un tren nocturno de Marsella a París. Probablemente en ese momento mi pequeña familia ya estaba navegando en medio del Atlántico Sur.

La estación ferroviaria de París, el nuevo departamento de Doris, la hermana menor de Dione, en el barrio Saint Denis, en el Metro, Palais Royal, los bulevares y los cafés en la vereda, la atmósfera saturada por el hedor de la nafta de los ómnibus: todo esto despertaba resonancias en mi memoria mientras el tren me llevaba a Bruselas, donde se reunían los delegados del joven Congreso Internacional de Arquitectura Moderna (C.I.A.M.). Yo venía desde muy lejos en representación de Estados Unidos ¿no era maravilloso? Allí conocí a Henry van de Velde, cuya amistad renovaría treinta años después en Suiza. Conservo con amor el recuerdo de mi última y prolongada entrevista con el anciano sabio en el lago Ageri, pocos meses antes que concluyese su larga y fecunda vida.

Con Le Corbusier fui a ver la casa Stocklet, que Joseph Hoffmann y Gustav Klimt habían creado veinte años antes. Volví a ver esta notable construcción treinta años después, en 1959, cuando desempeñé la función de juez en un concurso de proyectos para la construcción de un centro cultural en el Congo Belga. Siempre me maravilla cómo los recuerdos que llevan una carga emocional se convierten en nuestra intensa y profunda propiedad, y son constantemente nuestro medio más precioso de autoidentificación.

Regresé a París, y después pasé a Londres. En una pequeña casa de pensión esperé la llegada del barco noruego al muelle de Victoria y Alberto. Allí se reunió nuestra familia. Era un feriado bancario. Una victoria arrastrada por un caballo nos condujo por calles de adoquines a un antiguo hogar de tránsito que yo había descubierto y donde ya había preparado todo para acostar a los niños. Luego caminamos por las calles de Londres.

Al día siguiente nos dirigimos a la estación Victoria y depositamos en el tren a los niños y nuestro equipaje. Fui a hacer un breve llamado telefónico; Dione me acompañó. Cuando regresamos a donde, según creíamos, debía estar el tren... éste había desaparecido, y con él nuestros dos hijitos. Al principio palidecimos, pero luego nos consolamos pensando que Dover no estaba del otro lado del mundo. En realidad, de pronto nos sentimos como una pareja de recién casados, y libres como los pájaros, sin familia ni equipaje.

Después recuperamos a nuestros hijos en la costa del Canal; los habían atendido bien, y con ellos cruzamos en dirección al Continente, pasamos por París y recorrimos Europa.

En Zurich, como en muchos otros lugares, comprobé que ya me conocían y que incluso me invitaban a expresar mis ideas. Al volver del salón de conferencias, encontré un cable de Rotterdam firmado por un hombre a quien no conocía: C. H. van der Leeuw. Proponía una reunión en Basilea al día siguiente, y yo acepté pensando que se trataba posiblemente de algún escritor pobre o un cronista. Bajé del departamento donde había estado visitando a un anciano médico amigo de mi esposa; junto al cordón de la vereda había un moderno y elegante automóvil Lincoln, de proporciones colosales, ocupado por un simpático caballero de apariencia juvenil y una funcionaría de la Fundación Russell Sage de Nueva York. Se dirigían a una conferencia internacional de relaciones industriales. El señor van der Leeuw, millonario, industrial y propietario de las empresas Van Nelle de tabaco y té, era el presidente de este influyente organismo. Se me ocurrió que *Wie Baut Amerika*, escrita pocos años antes, probablemente me había ayudado en este sector. Mis conferencias, recibidas cordialmente en Basilea y Zurich, y esta visita de un magnate desconocido difícilmente podían tener otra explicación que el hecho de que algunas personas consideraban que mis conceptos eran promisorios. Se trataba de una situación extraña; por así decirlo, yo venía del espacio exterior, de un puesto avanzado muy lejano.

El señor van der Leeuw nos invitó a su casa de Rotterdam, y pocas semanas después llegamos a la *Kradingische plaslaan*. Era la casa más moderna que yo hubiese podido concebir: un conjunto de novedades técnicas, desde las láminas de caucho que recubrían los pisos y las escaleras metálicas de caracol, hasta las conversaciones por medio de micrófonos en la entrada y entre una habitación y otra, y los extractores que absorbían el humo de los cigarrillos no bien salía de la boca; y una organización que culminaba en un complicado tablero de llaves sobre los lechos de nuestros anfitriones, que permitían poner en funcionamiento todos los tipos de iluminación, abrir y cerrar las cortinas de las ventanas y obtener con mecanismos electrónicos agua fría y caliente en el cuarto de baño. Nos bastó solamente media hora para comprender la explicación del señor van der Leeuw acerca de las diferentes llaves de color y para sentirnos cómodos.

Recorrimos Holanda en compañía de nuestro anfitrión. Afirmó que le gustaban mi trabajo y mis ideas, y organizó para mí algunas conferencias ante públicos holandeses en Amsterdam y Rotterdam, y reuniones con las principales figuras de la arquitectura moderna. Dormimos en la modernísima casa de Rietveld en Utrecht, vimos Zonestraal en Hilversum, y nos informamos exhaustivamente sobre las corrientes europeas modernas. Por una razón o por otra, la reputación de Wright en Holanda había decaído un poco, y todo el estilo internacional, al que ya me había referido antes, se había desarrollado, por así decirlo, bajo la influencia de Gropius y Le Corbusier. Como siempre, yo parecía entonces, lo mismo que mucho después, algo así como un extraño, dado mi interés norteamericano por la técnica y las características sureñas, y mi inquietud fisiológica expresada en la Casa de la Salud. Pero, después de todo, lo único que yo hacía era prestar atención a lo que Leonardo y muchas figuras humanistas del Renacimiento consideraban conveniente observar, es decir, el *conocimiento* del hombre, que permitiera situarlo proporcionalmente en el centro del cuadro. Creo que no es casualidad el que precisamente en la costa sudoeste, tan próxima a la naturaleza, exista una colección especial de "Vinciana". Mi amigo Elmer Belt, médico de profesión, la ha donado a la universidad en homenaje al interés que el maestro demostró por la fisiología.

Pero mientras yo observaba con miras a conocer al hombre y servirlo mejor, esa suerte de Biblia personal que yo había escrito y que según todos los indicios se había difundido mucho, al parecer había interesado sobre todo por sus revelaciones tecnológicas acerca de la técnica aplicada en Estados

Unidos. Alvar Aalto, entonces todavía un hombre joven, vino a estrecharme la mano en Fráncfurt, poco antes que yo ocupara el estrado de conferencias, y sonriente relató cómo había utilizado *Wie Baut Amerika* para convertir a los finlandeses influyentes y adinerados al espíritu progresista de otros países. Los norteamericanos idealizados pasaron a ser ejemplos, del mismo modo que el astuto Tito Tácito había utilizado a la Germania idealizada para reformar a Roma. A menudo he reflexionado acerca de este antiguo método que, cosa curiosa, se repite constantemente: el de modificar "nuestras" actitudes mediante una leyenda importada del exterior.

Tras una breve excursión a Colonia con el propósito de pronunciar algunas conferencias, lo que me brindó la oportunidad de reflexionar sobre la cultura universal románico-bizantina en un mundo cuyas distancias impresionaban mucho más al ser humano, decidí regresar a Estados Unidos. Después de todo, no estaba tan lejos. Pero, como había ocurrido en mi primer viaje, tuve que dejar en Europa a mi esposa y mis hijos. Dione se quedó cerca de Sigmund Freud y su hija Anna, en Viena, en compañía de mi hijo mayor, el cual, según ahora comprobábamos entristecidos, al nacer había sufrido una lesión en el centro del habla, que lamentablemente quedó definitivamente deteriorado. Nuestro segundo hijo, niño sano e inteligente, que entonces tenía tres años, fue a vivir con sus abuelos en Zurich, mientras yo cruzaba el Atlántico por segunda vez. Después Dion estudió arquitectura en ambos lados del océano y, como tantos jóvenes cosmopolitas, se unió a mí y me prestó una importante ayuda en muchas tareas. Por todo ello estoy agradecido al destino.

Por el momento viví en Nueva York, en una vieja casa de piedra pardusca, en condiciones de relativa pobreza. Pero los periódicos volvieron a publicar extensas reseñas del viaje que me había llevado por tantos países, y no me fue fácil evitar a los cronistas en mi mezquina vivienda. La razón de todo este movimiento periodístico era que Joseph Urban acababa de terminar la Nueva Escuela de Investigación Social, y su presidente, el doctor Alvin Johnson, me había invitado a pronunciar las primeras tres conferencias en el nuevo auditorio, para probar su nueva acústica, digamos así. Entre mi paciente público se encontraba un hombre de cuerpo menudo y actitud muy atenta que, se comprobó después, era Joseph Hudnut, entonces decano de la Escuela de Arquitectura de Columbia. Escuchó las tres conferencias, miró todas las diapositivas y tal vez se formuló algunas preguntas. En todo caso, después de las conferencias expresó amablemente un juicio favorable. El que varios años después dirigiese una invitación a Walter Gropius, fue quizás en parte fruto de estas veladas.

Durante seis semanas había sido huésped de la Bauhaus, y me referí con entusiasmo a su período inicial y a la etapa posterior, así como a sus primeros maestros y a los más recientes. En general, la acogida fue favorable. Los periódicos prestaron más atención a la arquitectura moderna y comenzó a prepararse la primera exposición de este tipo de diseño arquitectónico en el Museo de Arte Moderno, precisamente en Nueva York, puerta de entrada de la importación cultural. Luego la exposición habría de recorrer varias ciudades, sorprendiendo a los observadores de todo el país.

En Europa a veces alguien me decía: "Anteayer pasó por aquí un gran automóvil norteamericano; en él viajaban un hombre de barba pelirroja y un joven de cabellos negros despeinados. Afirmaron que usted se encargaría del nuevo museo de Nueva York." En la ciudad más próxima, otro había conversado con los dos ocupantes del gran automóvil y había escuchado el mismo relato. El asunto me intrigó mucho. De todos modos era evidente que Philip Johnson y Rusell Hitchcock, que acababan de regresar de un viaje a Europa, habían entendido mal. Tal vez creyeron que se me ofrecía una oportunidad de trabajar en la nueva sede del Museo de Arte Moderno, pero el asunto de ningún modo tomó ese sesgo. De cualquier manera, les estoy agradecido porque un excelente modelo del plan de escuela circular, de mi cosecha de 1923, formó parte de la primera exposición norteamericana de arquitectura moderna organizada por el museo, y por mi parte colaboré todo lo posible en la organización de los traslados de la muestra de una costa a la otra. *En definitiva, esta escuela necesitaría treinta años más para hallar un lugar estable sobre la tierra.* Por mi parte, me temo que no era una persona demasiado emprendedora, y que no podía ofrecer el clisé de una fácil historia del éxito.

Pero casi simultáneamente el Museo de Ciencia e Industria me pidió una pequeña réplica, que después fue hecha en acero, de la Casa de la Salud; era, por así decirlo, una curiosidad aislada, y pagaron 600 dólares a Harwell Hamilton Harris, entonces fiel discípulo mío (según creo, un californiano de la tercera generación), que construyó el trabajoso modelo de acero. Lo hizo en un garaje de Pasadena, en un lapso de varios meses. Es indudable que trabajó mucho. La última vez que vi esta reproducción, indestructible y bien perfilada, estaba en el Museo del Centro Rockefeller, bastante olvidada por cierto.

En esta exposición científica e industrial, como en otras situaciones, se me había tenido por una suerte de mago de la ingeniería; no creían que el "arte" fuese uno de mis atributos. Mis escritos sobre la salud y la biología aparentemente nada tenían que hacer en una biblioteca de arquitectura, y acaso todavía hoy apenas se les reserva un lugar en ella.

Sea como fuere, me complace saber que ahora hay colegas en el Este: Loenberg Holm, Lescaze, Howe, que realizaron una labor paralela a la desarrollada esporádicamente en el Oeste, de San Diego a San Francisco.

Ahora hay excelentes estudios históricos, cuya exactitud sobrepasa holgadamente mis recuerdos de la secuencia de los hechos. En la actualidad el Este como el Medio Oeste ofrecen una gran constelación de proyectistas y arquitectos reconocidos por doquier. Durante mucho tiempo anhelé que llegase este momento.

Cierto día, cuando aún estaba en Nueva York, la dueña de la pensión donde me alojaba, y que vivía en el piso bajo, me comunicó que había un llamado telefónico para mí; salí apresuradamente de mi cuarto pobremente amueblado para sostener una conversación memorable. El hombre que estaba en el otro extremo de la línea afirmó ser Homer H. Johnson. Me preguntó si disponía de tiempo para almorzar con él en el Bankers Club, en el centro de la ciudad. Me quedé atónito. Me habló también de los amigos que estarían presentes en el almuerzo: Arthur Vining Davis, presidente de la Aluminum Corporation of America, y Jacob Gould Schurman, embajador de Estados Unidos en Alemania. Conteniendo la respiración murmuré, que como estaba un poco recargado de tareas, debía pensarlo un momento; en fin, dije que hallaría tiempo para almorzar con ellos el día siguiente.

A la hora señalada avancé sobre la gruesa alfombra del centro social de Wall Street, y el gerente del club me llevó al lugar donde esperaba mi anfitrión, un hombre de cabeza calva y actitud en extremo amistosa, el cual a su vez me presentó a sus amigos. El almuerzo fue magnífico, aunque psicológicamente se vio un tanto perturbado por mi creciente e inquieta curiosidad respecto del propósito de la entrevista. Por supuesto, hablamos mucho de mi viaje alrededor del mundo acerca del cual todos habían leído en los diarios, y de la gente que había conocido en Europa. Nada más se dijo mientras estuvieron allí los amigos de Johnson. Una vez solos, frente a una taza de café negro y con un gran cigarro en la mano, el señor Johnson explicó que Alcoa (Aluminum Corporation of America), en ese entonces una compañía de reciente creación, quizá participaría en la remodelación de los "pullmans de las Autopistas" para la muy conocida empresa White Motors Company, si se modificaba el chasis de manera de adaptarlo a este nuevo metal. Se trataba de saber si yo podía ir a Cleveland para considerar la situación, con todos los gastos pagos y un estipendio de 150 dólares diarios. Formuló su propuesta con mucha modestia, aparentemente temeroso de que yo la rechazara; era obvio que necesitaban un "hombre venido de afuera" para impulsar una línea progresista en la vieja "White". En realidad, se trataba de una retribución fantástica en esa época, especialmente para una persona que vivía de los honorarios obtenidos de sus conferencias, que no tenía mayores perspectivas y que se alojaba en una barata casa de pensión, cerca de la Tercera Avenida. Para darme tiempo de reaccionar, dije cautelosamente que aún debía pronunciar una conferencia la semana siguiente en el Auditorio de la Nueva Escuela; Johnson sugirió que entre tanto realizara por lo menos una visita inicial al directorio, con asiento en Cleveland. Querían que las cosas comenzaran a marchar.

Así, pues, dormí por primera vez en un compartimiento pullman privado, me instalé en el lujoso y digno Union Club (cuyos pisos también estaban cubiertos por una espesa alfombra), y realicé una presentación completamente exitosa ante el directorio de la White Motors. ¡El presidente de la empresa se había impuesto a su desconcertado director técnico, un hombre de tendencia conservadora, despachándome a la batalla como caballería ligera! Como me había ocurrido muchas otras veces, antes de haber comprendido el sentido de algunos movimientos ya estaba metido hasta el cuello en el asunto. Después de firmar un contrato parecido al de un director cinematográfico, regresé a la empresa y trabajé, con la colaboración de un plantel de ingenieros, en el diseño de los nuevos "Pullmans de la Autopista". Fue una espléndida práctica en el planeamiento de piezas prefabricadas, y *no sólo* de unidades sobre ruedas. También estudié la reorganización de la fábrica y una nueva distribución, para preparar su transición de la construcción de estructuras basadas en un conglomerado de maderas duras con nervaduras de acero, a la preparación de un chasis totalmente de aluminio.

Por las noches vestía un smoking que había alquilado apresuradamente, para alternar con la sociedad de Cleveland; pero a veces, cuando nadie me veía, retornaba a las viejas costumbres y me metía en un restaurante norteamericano para pedir una hamburguesa. Los Johnson, su bella hija Theodate, que era un excelente música, y todos los demás se mostraron sumamente amables. Puede decirse que Cleveland me ofreció las llaves de la ciudad, probablemente porque venía recomendado por tan altos anfitriones. Incluso puede afirmarse que me presentaron herederas elegibles. Afortunadamente, yo no era soltero y me mantuve libre de ataduras; pero la buena comida, hizo que aumentara diez kilogramos. Mi esposa apenas podía creer en el testimonio de una fotografía, que revelaba cómo mi delgadez era cosa del pasado.

Un miembro de la familia Johnson era Philip, en ese entonces joven y entusiasta promotor de la nueva arquitectura que ya he mencionado; más tarde habría de convertirse en un destacado arquitecto. Seguramente había hablado de mí a su padre.

Seis semanas más tarde, una vez cumplida mi misión, abordé un tren que se dirigía a Chicago, donde una tal señora Steele estaba organizando la promoción de una futura Escuela de Arte Industrial. Aunque había 150.000 dólares depositados en el banco —que era entonces mucho dinero—, parecía que el Instituto de Arte no miraba con buenos ojos el programa previsto de "enseñanza práctica". Mi misión era colaborar pronunciando conferencias acerca de lo que había visto en Asia y Europa.

En el hotel Blackstone los invitados, todos en traje de etiqueta, cenaron y pagaron, según creo, cinco dólares por escucharme en presencia de los dignatarios de la ciudad, mientras yo explicaba nuevamente una serie de cosas, entre ellas la Bauhaus. "Ha conmovido al público", me aseguraban la señora Steele y los demás organizadores. Hablé todo lo posible de Mies Van Der Rohe, con quien había estado en Dessau, en calidad de invitado, trabajando día y noche con sus alumnos; y muy probablemente fue la primera vez que su nombre resonó en una reunión multitudinaria en la ciudad de su destino posterior. Del mismo modo había exaltado la figura de Gropius ante el influyente Hudnut. Me complace pensar que pude representar este papel. En su primera visita a Estados Unidos, Walter Gropius había tenido la gentileza de viajar al Oeste con su esposa para hacerme una breve visita. Recuerdo con cariño su sorpresivo llamado telefónico en Los Ángeles. "Habla Gropius. No sé si usted recuerda mi nombre."

"Por Dios! ¿Cómo me pregunta si lo recuerdo? ¿Dónde está? Iré a buscarlo inmediatamente..."

Un momento fugaz puede tener una extraña trascendencia. Esta visita cordial en mi soledad me convirtió en propagandista del retorno de Gropius y en entusiasta de su participación en la actividad norteamericana.

En general, se interpretaba que la reunión en el Hotel Blackstone había sido un gran éxito, y parecía garantizada la organización de la Escuela de Chicago. Más aún, la junta de administradores me ofreció la dirección. Decliné cortésmente, pese a que no sabía muy bien qué haría cuando retornase a California. Pero por el momento deseaba ver nuevamente mi taller subtropical, orientado hacia la creación de una arquitectura próxima a la naturaleza.

Años después, tuve el placer de recibir a Mies cuando llegó a Nueva York, camino a Illinois. Sin pérdida de tiempo lo llevé a un teatro de Broadway para ver *Golden Boy*, de Clifford Odets, una pieza dramática recién estrenada sobre el problema de los inquilinatos; durante la representación murmuré fielmente en su oído las correspondientes traducciones, hasta que toda la gente que estaba alrededor me abrumó con sus chistidos. Hubiese deseado que viniera por lo menos una vez a la Costa Oeste, con su clima benigno, colmado de las sugerencias vitales que yo había utilizado para ayudar a mis clientes a vivir. La suma de las realizaciones fragmentarias que se habían desarrollado lentamente en el curso de muchos años podría haber formado una ciudad jardín. Los proyectos generales de vivienda, por muy cuidadosamente que los estudiase sobre la base de estas múltiples experiencias "concretas", nunca habían podido resolver los aspectos más delicados de la adaptación individual y la vivienda humana con la misma eficacia que los proyectos aislados.

Por lo menos traté de elaborar un vocabulario apropiado, una gramática y una sintaxis; pero convine sinceramente con Mies en la necesidad de dejar siempre un poco de espacio para la expresión personal.

La casa de Van der Leeuw

Mi segundo período, siete años después del primero, iniciado en 1923, reflejó casi la misma incertidumbre. Nuevamente mi esposa había quedado en Europa; también ahora mi espíritu se orientaba vigorosamente, pero como en el caso anterior, desde el punto de vista de la realización práctica aportaba bastante poco y, si bien parecía haber conquistado cierto prestigio en otros lugares, en California apenas se reconocían mis méritos.

Un mes después, me complació que C. H. van der Leeuw, el magnate holandés, me anunciase repentinamente, con un telegrama desde Nueva York, que viajaría en avión a Los Ángeles para verme. Estuvo sólo un día, y la Casa de la Salud fue la principal escala de su itinerario. La vio como era realmente, y la amó. Mientras la colmaba de elogios, yo lo llevaba en mi antiguo Chevrolet de tercera mano.

Cuando frené el automóvil frente a su hotel, y mientras nos despedíamos con un apretón de manos, me miró y me dijo: "¿Por qué no construye su propia casa?"

Sorprendido, respondí: "¡Oh!... este... no dispongo de dinero para una cosa así".

Extrajo una libreta de cheques y preguntó: "¿Cuánto necesita?" Experimenté ilimitada estupefacción, aferré el volante con una mano y extraje un pañuelo para enjugarme la frente. "No puedo aceptar este regalo", dije.

"Bien", contestó, "se lo prestaré sin interés. ¿No? Muy bien, págueme el tres por ciento y construya su casa. ¿Qué le parece?"

Finalmente oí mi propia voz diciendo que aceptaba y mencionando una cifra ridículamente reducida. Firmó el cheque; cerré la puerta del vehículo y lo vi entrar en el vestíbulo del hotel. La aparición se había desvanecido, y yo miraba un cheque un poco mojado por la transpiración y arrugado en mis manos sudorosas. Con mis propios ojos había visto uno de esos unicornios. Tenía el cuerno de la fortuna sobre la cabeza y ahora había dejado sus riquezas en mis manos. ¿O se trataba más bien de un crítico severo? Mis metáforas y mi mitología estaban un poco confundidas. Manipulé el cheque, lo guardé cuidadosamente en un bolsillo de la chaqueta y lo extraje otra vez. Sí, ahí estaba. Luego, en el camino hacia casa, detuve dos veces el automóvil. Pero el cheque continuaba en mi bolsillo, y yo sabía que no había bebido una gota. Llegué a la conclusión de que era un don de la fortuna. Sí, eso era. Parecía que se había abierto el bosque espeso que me cerraba el camino.

Durante un año cavilé acerca de mis próximos pasos. Las cartas del señor van der Leeuw me exhortaban a iniciar la construcción. Pero yo quería convertir la iniciativa en una experiencia de investigación integral. Aunque era un desconocido, muchos fabricantes de prestigio nacional se mostraron dispuestos a colaborar en la construcción de mi casa experimental, destinada a promover la salud y la comodidad del ser humano. Paulatinamente, cada cosa comenzó a ocupar su lugar. Indudablemente, mi idea era novedosa en 1931. Nadie pensaba en una casa de ese carácter, como lo demuestra fácilmente una ojeada a las publicaciones especializadas de aquellos años.

Uno de mis principales objetivos fue *demostrar que el hombre es un ser estable*, que *la nueva arquitectura no es una moda pasajera* y que, sin modificaciones de ninguna especie, puede conservar su validez una generación después, si se adapta bien a las respuestas humanas. Era *realmente* posible obtener un diseño *duradero* si se consideraban con amor y conocimiento clínico nuestros sentidos, cuya creación ha insumido millones de años: los ojos que perciben la luz, los oídos que oyen el sonido, las puntas de los dedos que representan el tacto, nuestra inclinación a temblar o a transpirar, y muchos otros aspectos orgánicos que a menudo subyacen bajo la conciencia. La constancia de estas necesidades debía imponerse a la moda simplemente pasajera.

De todos modos, o con frecuencia a causa de esas consideraciones más generales de carácter estable, pude utilizar diferentes tipos de materiales prefabricados de naturaleza estándar, así como accesorios y artefactos, y pese a todo, por extraño que parezca, pude crear un conjunto dotado de individualidad propia.

En *Wie Baut Amerika* había descrito los métodos de la industria norteamericana de la construcción y sus efectos sobre el diseño futuro; ahora utilizaba discretamente y realizaba en la práctica estas mismas observaciones, por ejemplo en el caso de los marcos de metal seleccionados en un catálogo y de las puertas plegadizas o deslizables de vidrio con marco de metal, ¡que según esperaba *se convertirían* en el futuro en elementos estándar!

Pero sobre todo quería demostrar que el futuro, representado por poblaciones cada vez más densas sobre la tierra que tendrían que ser albergadas atendiendo a la economía del espacio, podía exhibir un cabal sentido de la intimidad, interiores muy variados y una reconfortante riqueza de experiencias visuales cotidianas, todo ello en un espacio mínimo, por lo menos en una parcela desusadamente estrecha.

La estructura fundamental de la casa, en medio de la metrópoli, frente al lago Silver, destinada muy pronto a desarrollarse alrededor de un patio, se realizó con madera en una suerte de *marco aerostático* que debía suministrar elasticidad en el caso de terremotos. "Golpear sobre madera": nunca es posible anticipar del todo los terremotos, y desde entonces he llegado a conocer mucho mejor los problemas originados en las tensiones laterales. Pero treinta años de temblores californianos ni siquiera han resquebrajado el revestimiento de cemento. ¡Quizás ocurra este año!

Libby-Owens me suministró un sandwich de vidrio plano y aluminio, que yo había ideado. Lo utilicé como revestimiento y como material destinado a reflejar los rayos de calor y, aprovechando el calor de la ducha, a templar rápidamente el cuarto de baño. Se incorporaron a las paredes otros tipos de *novedosos espejos termales*, con el fin de economizar en invierno y obtener un ambiente más fresco en verano. El tipo de material aislante *variaba en cada costado* de la casa para adaptarse al sol, la radiación y la exposición, de modo que la vida de los ocupantes fuese más grata. *La luz exterior del techo ampliaba las habitaciones*, prolongándolas hacia un exterior suavemente iluminado; los elementos fotoscópicos o cromáticos penetraban en la oscuridad, donde la disminuida visión nocturna por sí sola habría mostrado únicamente negros y grises. Me convertí en oftalmólogo por inclinación práctica; he adherido a esa línea de pensamiento cada vez con más firmeza, y al fin, treinta años después, la utilicé para explicar a la Junta de Supervisores del condado la disposición del Salón de Archivos de Los Ángeles. Por extraño que parezca, conquisté la general aprobación con esos argumentos alusivos al bienestar del ocupante.

La *intimidad* detrás del gran frente de vidrio plano *estaba garantizada ópticamente* por el reflejo de esa iluminación exterior. Realicé un amplio uso, estudiado y discreto, de las *fuentes de iluminación indirecta;* conferían a la habitación mayor serenidad visual y también contribuían a *desdibujar la frontera entre lo interior y lo exterior*, cuando lo primero se reflejaba hacia adentro en horas de la noche desde los grandes ventanales y se combinaba misteriosamente con la luz que partía del techo exterior, que sobresalía en dirección a los espacios verdes, al aire libre. El objetivo principal de esta iluminación no era suministrar *luz* para leer el diario. La concebía más bien como un *estímulo emotivo*, un factor que modificaba las descargas endocrinas y la bioquímica.

En realidad, los seres humanos nunca hemos vivido bajo una luz estática e invariable y pronto anhelamos la declinación dinámica de los estímulos. La iluminación estática puede convertirse en una plaga.

Las superficies de metal esmaltado en el horno y las chapas de fibra prensada eran entonces objetos de excitante novedad al tacto y la vista, y la elasticidad de los pisos de corcho resultaba un hecho raro. Pero calculé acertadamente que el atractivo de estos materiales perduraría. Los jardines elevados, dominando el lago y las montañas, no eran comunes en una ciudad de techos de tejas "españolas" rojas; pero también las terrazas que permiten contemplar el paisaje se convirtieron en un aspecto positivo. La casa parecía mucho más espaciosa de lo que era en realidad, y para lograr tal efecto hacía falta planificar sutilmente esas cosas. Yo me decía que en los cien años siguientes de crecimiento demográfico *sería necesario estirar lo pequeño*. La cobertura de follaje aportaba la tan deseada intimidad en una parcela de dieciocho por veintiún metros: en realidad, una propiedad diminuta en cualquier ciudad norteamericana, sin hablar de las prolongaciones en mi "nuevo Sur".

Si todos ocupasen esas casas con patio o atrio, Los Ángeles tendría el 40 por ciento de su extensión, de sus postes de telégrafo, de sus líneas y de sus caminos interminables y costosos. Se reducirían a la mitad el tráfico que destroza los nervios y los gases de desecho que contaminan el cielo azul y los pulmones de sus habitantes. Era un sombrío pronóstico que habría de cumplirse.

La casa experimental Van der Leeuw, VDL, según la denominé en honor del hombre que respaldó la construcción, ocupaba un reducido espacio entre sus vecinas pequeñas y anticuadas, que a su vez apenas utilizaban sus propias parcelas. Ocupaban una posición embarazosa, bajo el nivel de la vereda y la calle que corrían a lo largo de mi apreciada costa del lago Silver. En realidad, traspasé los límites que legalmente me correspondían.

Nuestra casa fue la primera que permitió contemplar todo el panorama de ese bello espejo de agua. Desde las vigas prefabricadas de cemento producidas mediante un sistema eléctrico, implantadas en el sótano y que promoví con un fabricante nuevo, pasando por los prolongados y fracasados estudios del calor radiante, hasta el techo plano revestido de aluminio y la terraza que brindaba el panorama de la montaña, se convirtió en definitiva en una nueva muestra de economía de los materiales, la energía y el espacio, pero con una satisfactoria espaciosidad ampliada por los espejos.

Todo debía tener más de una aplicación, para que el uso fuese más amplio y elástico; así en el cuartito del desayuno la mesa se plegaba sobre un vertedero. La cocina tenía acceso a cajones que podían calentarse o enfriarse y que se abrían sobre los dos extremos, con el fin de servir directamente en las habitaciones refrigerios o comidas completas. Después se procedió a instalar el sistema eléctrico de manejo de las puertas dobles deslizables, y seis puestos de intercomunicación y un aparato de alta fidelidad en la cabecera de las camas; incluso más tarde, cuando se agravó seriamente mi cuadro cardíaco, también agregué un ascensor a mi dormitorio, basándome en la teoría de que era mejor tener en el ropero un ascensor y no un esqueleto*. Los intercomunicadores en la cabecera de mi cama aumentaron a nueve. Todo lo demás, y aun gran parte de los muebles, se ha mantenido sin modificaciones durante los últimos treinta años. La notable flexibilidad de la casa ha permitido recibir a colaboradores casados y a varios aprendices, y la estructura modificable permitió que cada habitante gozara de total intimidad; a veces más de una docena de miembros del plantel han trabajado y conversado conmigo en el dormitorio, donde los caballetes de dibujo que se pliegan sobre mi cuerpo y tres teléfonos complementan a los intercomunicadores. Los árboles se han convertido en bosques y se elevan sobre esta construcción experimental, la casa Van der Leeuw, de la cual ni nosotros ni nuestros amigos nos hemos cansado jamás, después de una generación consagrada a la educación de los hijos, a la vida, y más tarde sobre todo al trabajo.

En estas tres décadas la casa no ha mostrado signos de desvalorización o envejecimiento; en cambio, otras expresiones de la arquitectura residencial y comercial de esa época o de los años siguientes debieron soportar muchos cambios de opinión, aunque en definitiva aceptaron soluciones y conclusiones semejantes. Finalmente los hombres de inflexible sen-

---

* Alusión al dicho inglés acerca de "los esqueletos en el ropero de la familia" (*Skeleton in the closet*), o sea los secretos íntimos y embarazosos que no se desea divulgar. (*N. del T.*)

tido práctico parecieron convencerse; se había demostrado que era seguro invertir en los proyectos de la corriente arquitectónica contemporánea. Más aún, se trataba de una buena inversión, perfectamente realizable; los precios de venta diez, quince o veinte años después representaban un múltiplo de los costos originales. Se comprobó que las construcciones de ese estilo eran, en este mundo tan dinámico, un valor más estable que los más elogiados modelos de automóviles exhibidos en los estridentes anuncios de página entera. Los bancos, las compañías de construcciones y de préstamos, las aseguradoras —al principio con tremenda mala voluntad— comenzaron lentamente a facilitar la financiación de este tipo de proyecto, y aun a construir sus propias oficinas según el estilo contemporáneo.

El señor van der Leeuw había contribuido verdaderamente al cumplimiento de la profecía formulada mucho tiempo antes en *Wie Baut Amerika*, en el sentido de que un país de industria avanzada debía exhibir una interesante inclinación hacia las formas contemporáneas. Su ayuda fue decisiva porque permitió responder a este interrogante: ¿lo "contemporáneo" puede o debe ser una sucesión de modas pasajeras? Las modas de carácter estacional, por ejemplo las que afectan a los sombreros de las mujeres, ¿no van en desmedro de las obligaciones del asesor que aconseja sobre una inversión a largo plazo? Ese asesor es el arquitecto, a quien se confían todos los ahorros acumulados dificultosamente o los fondos obtenidos forzando el crédito, para pagar su profecía activa y un futuro feliz. La arquitectura famosa de tiempos pasados a menudo se interesaba en la eternidad y la incorporaba en mínima parte. También yo la deseaba.

Después de todo, en la especie humana hay elementos muy perdurables y que evolucionan muy lentamente. Los sistemas orgánicos como el nuestro mantienen un equilibrio estable, que cambia muy gradualmente. Cuando albergamos al hombre no debemos mostrarnos tacaños, ni hemos de intentar un zigzagueo sensacional cuando se trata de la vida.

Hasta cierto punto la casa es el sucesor de la matriz. Pero cuando se abandona esta última, comienza la interacción social; el "experto en los refugios que siguen a la matriz" no alberga sólo a un individuo, aunque se trate de un solterón, y jamás trabaja solo o con las manos desnudas.

En la narración precedente acerca de la eficaz perdurabilidad de mi propia casa "experimental", parecen prevalecer los nuevos materiales, los artefactos raros y las instalaciones especiales. Pero atribuir importancia a la obra exclusivamente a raíz de estas innovaciones sería no sólo inexacto y erróneo, sino definitivamente engañoso. La casa se ha mostrado inmune al envejecimiento, no porque se aplicara el método del armado mecánico o se utilizaran los nuevos accesorios de moda recomendados por la publicidad, sino más bien por su uso adecuado, incorporado a un *diseño total planeado con previsión y conocimiento hacia los seres humanos*, en actitud respetuosa hacia *la especie y también hacia el individuo*. Un surtido casual de novedades incorporadas al diseño en aras de la moda envejecería con la misma rapidez que la correspondiente tendencia del gusto popular. Pero si estas nuevas invenciones aportadas por el mercado técnico se fusionan con el diseño, se aplican con cabal comprensión a la más permanente naturaleza biológica del hombre y se orientan hacia la satisfacción de sus necesidades, la casa no sólo perdurará más allá de las tendencias circunstanciales del negocio de bienes raíces, sino que, lo que importa mucho más, también influirá por simpatía sobre la vida de sus ocupantes y visitantes, y les aportará beneficios permanentes.

Debemos recordar siempre que, bien o mal educado, en todo caso el arquitecto ejerce amplio poder. Rara vez se sospecha de él que sea un destructor en la misma medida en que es un benefactor. Responsable de la construcción, y por lo tanto de la forma que confiere a la vida de otros, a la existencia de toda la nación y la cultura, el arquitecto nos rodea inevitable e inexorablemente con su influjo o su negligencia: en las estaciones ferroviarias suburbanas saturadas de humo y en las salas de espera que deprimen las mañanas del hombre que se dirige a su trabajo en la ciudad; en las torres de oficinas con su clima artificial más o menos global, calculado con un método aritmético abreviado; en las calles congestionadas por el tráfico; y, cuando nos devuelve al "hogar", una casa en una hilera de construcciones iguales, diferenciadas únicamente por las puertas principales de distinto color. Pero su influencia se extiende mucho más allá de nuestra vida cotidiana inmediata; actúa sobre nosotros literalmente de la mañana a la noche, se ejerce "de la cuna a la tumba", de la sala de maternidad y la guardería infantil al recinto de la funeraria; no hay modo de evitarla...

Es provechoso recordar con frecuencia de dónde venimos.

Durante los nueve meses anteriores al nacimiento estamos alojados en un medio formativo ideal y milagroso, especialmente adaptado, en un lugar creado por la naturaleza con habilidad y sabiduría infinitas... el cuerpo de la futura madre, el útero materno. En las condiciones primitivas de este último se preforma con suavidad y eficacia el individuo humano, con el fin de que esté bien equipado para cumplir su rápido proceso de crecimiento en el curso de la niñez y la adolescencia, y alcanzar la madurez en la edad adulta. Por último, decaerá y se hundirá en la senilidad, y desaparecerá como individuo. El destino biológico se configura a partir de los factores genéricos esenciales; allí, en la paz uterina, *cobra forma, para actuar y funcionar* durante pocas o algunas décadas de vida. Los antiguos griegos habrían hablado del "juego de los dioses", y no del "maravilloso juego de la naturaleza". ¡Sea como fuere, es algo maravilloso!

El medio original se halla íntimamente fusionado con la estructura orgánica del individuo; no se da una independencia constrastante entre los dos. El embrión se desplaza hacia el nacimiento en un medio regido por un equilibrio bien condicionado. Esa condición me ha inducido a pensar siempre que en esta etapa previa de la vida no se afrontan pruebas súbitas de resistencia, pese a ser evidentemente un período de preparación para el momento posterior en que será necesario pasar por esas difíciles pruebas. Los ejercicios con vistas a esta futura y áspera realidad se llevan a cabo con la mayor suavidad. No hay choques motivados por los cambios de temperatura; la presión del medio líquido está distribuida tan parejamente que el oído interno —el sentido vestibular de aceleración y de cambio de la posición del cuerpo— a lo sumo recibe suaves estímulos. El vínculo con la atracción gravitatoria será en todos los instantes de nuestro viaje terrestre, una cuestión que nos afectará de la base a la cima, una influencia que se dejará sentir en la planta de nuestros pies, en nuestra estructura general y en la musculatura en permanente equilibrio; y no habrá lecho, silla ni suelo que nos sostenga tan suavemente como esta flotación incipiente. En nuestros sueños a menudo añoramos aquella condición.

La audición comienza lentamente y se limita a los ruidos apagados que llegan del mundo exterior. Aunque la madre esté manejando el automóvil en las calles del centro, el chirrido de los frenos y el retumbar de los camiones no llegan a esos oídos que después soportarán tantos abusos. Es posible que el gusto se vea estimulado cuando el feto acciona los músculos de la mandíbula y abre la boca para recibir un fluido salino; el olfato aún no está desarrollado. Los ojos se encuentran cerrados, pero se abrirán muy poco después del nacimiento. La vista, que es un sentido complejo y el más cerebral del hombre, muy pronto desarrolla intensa actividad con el fin de adquirir lentamente su compleja formación, por lo menos en algunas de sus partes componentes. Los gatitos pueden esperar antes de abrir los ojos, pero el hijo del hombre, que es mucho más cerebral, debe comenzar sin demora a sentir la profunda atracción de la luz diurna, las sombras y los colores. Desde el punto de vista biológico cabe dudar de que el nacimiento mismo sea en realidad un choque —un trauma, como suponía Rank—, pero la exposición súbita a un medio completamente distinto es por lo menos una situación grave para un organismo joven que todavía no se ha adaptado a aquél.

¿Qué ocurre después del nacimiento? Pocos minutos antes, el bebé estaba todavía en el medio uterino, oscuro y protector; ahora se halla acostado en la sala de maternidad con los ojos muy abiertos, contemplando el resplandor de cierto tipo de lámpara, anunciada en todo el territorio de Estados Unidos y recomendada para uso de los hospitales. Está protegido de los microbios por el barbijo de la enfermera, puesto que durante dos generaciones cumplimos este rito en homenaje a Pasteur. Pero otros cuarenta y cinco bebés se desgañitan, y el sonido de elevada frecuencia que prevalece en la sala resulta excesivo para los oídos del bebé. ¿Por qué gritan tan quejosamente? No hay otro animal superior que arroje una camada de cuarenta hijos en un nido que huele a medicamentos, ni que los alimente de acuerdo con el reloj, más que con el estómago; sobre todo, ningún animal quita los pañales húmedos a su cría para exponerla a los choques termales, en áspero contraste con muchos meses durante los cuales el embrión gozó de la tibieza permanente de la madre. Pero de aquí en adelante la vida se desarrolla en una habitación calefaccionada y aireada por el hombre.

Tan pronto nace, el bebé humano, junto a la enfermera y el obstetra, queda en manos del arquitecto del hospital, cuyo poder es tan vigoroso como considerable es su inocencia respecto de su ominosa e influyente práctica. Debemos recordarlo siempre: viene a reemplazar el cuidado infinitamente sutil de la naturaleza, de suerte que un ave construye y tapiza su nido para adaptarlo a todas las variaciones del microclima en el sitio particular elegido, en la bifurcación de dos ramas que tiene la exacta proporción de luz y sombra, donde el aire acariciará con prevista intensidad este milagro del hogar mínimo, construido reflexivamente. Gracias al automatismo de la naturaleza, los pájaros y las abejas, los peces y las aves, sobreviven más eficazmente que el hombre dotado de un gran cerebro y agobiado por él, el hombre vigilado, acicateado, perjudicado y auxiliado por un miembro de nuestra fraternidad de arquitectos.

Aún debemos elevarnos a la altura de la tarea asignada. Pero llegará el día en que lo lograremos y en que, fatigados del sensacionalismo, nos fascinarán los finos matices y los pasos intercalados entre la naturaleza y su perversión, entre el florecimiento y la decadencia de la vitalidad. Esa fascinación por lo vital incluye a toda la estética. *La forma es la utilidad secular, eterna.*

Al comienzo de su vida el individuo humano se ve rápidamente comprometido con el arquitecto, que dispone la sala de recepción de nuestra existencia externa y todos los demás elementos del medio físico. Es una interacción duradera, más amplia y más profunda que el nivel "materialista", mecánico y estilístico, de modo que exhibe una afinidad fundamental en una vinculación química y emocional con nuestros medios y semejantes. Nada hay más noble o superior desde el punto de vista religioso que percibir y honrar la naturaleza humana unitaria y homogénea. La división entre lo "bello" y lo "utilitario" no es un método que constituya una explicación convincente. En la naturaleza no hay nada por el estilo; tampoco en la naturaleza que nos rodea, ni en nosotros mismos. La manera como las abejas se distribuyen en su colmena y los alrededores, la distribución vital de las aves en sus roquedales, de los mandriles en sus árboles de las tierras de pastos altos de Africa Oriental, y la jirafa, con su cuello alargado que le permite ramonear en las copas de los árboles, son todos precedentes prehumanos del agrupamiento y la interacción orgánica y social viables de los individuos con la naturaleza, equilibrados en y alrededor de ellos. Pero cuanto más complejos son los cerebros humanos individuales, tanto más difícil es suministrarles un medio flexible en el cual continúe resonando el trasfondo de centenares de millares de años de formación, de los que nunca podemos separarnos.

La comprensión empática de las necesidades vitales viene a ser la base del trabajo del *arquitecto que prolonga las formas de adaptación de la naturaleza* en beneficio de la vida humana. En el arquitecto hay empatía no sólo en su comunidad de sentimientos con el cliente, sino también, como veremos, en la asociación con sus propios colaboradores. Las personas que ejecutan no quieren ser meras y frías colaboradoras de un "ejecutor". Además, nunca fueron tal cosa en todo el pasado de la gran arquitectura.

Por cierto, lo que llamamos arquitecto es en realidad, como lo será en el futuro, un grupo de personas, a menudo un grupo completo de especialistas, no sólo de diferentes cualidades, sino dotados de todas las particularidades emocionales, de emulación, de distintos ritmos de capacidad creadora y de una individualidad profundamente arraigada. Cada ser humano tiene miles de millones de células cerebrales que actúan en diferentes configuraciones y con velocidades que varían en fracciones de segundos. El equipo es el núcleo necesario del diseño integral eficaz, es el núcleo de todo nuestro desarrollo y futuro cultural, y su mejor cemento es el entusiasmo que supera lo meramente racional. Podría afirmarse que se trata de una bioquímica bien inducida y armonizada. La regimentaron y la intimidación son la alternativa más sombría del trabajo fundado en la colaboración espontánea.

Un joven arquitecto que quiere servir únicamente a clientes razonables y que se irrita ante la esposa irrazonable del propietario, justifica la actitud del espectador que se pregunta quién es en realidad menos razonable, si la esposa del propietario o el arquitecto que apenas puede contener su cólera. Los seres humanos son integralidades: muchos sentimientos con una parte de intelecto, todo inseparablemente fundido para formar una aleación.

La narración de estos fragmentos autobiográficos en definitiva bien puede conducirnos a una reflexión final: ¿existe una forma contemporánea de conocimiento que, mucho más claramente que antes, vea y aprecie *al individuo y su valor biológico?* Este conocimiento traspasa los límites del verbalismo y cala más hondo que todos los hechos concretos de carácter económico y fiscal que sirven superficialmente a las masas especificadas por el número de individuos. Podemos preguntarnos si el individuo se beneficia o se perjudica con la acción del creador de su vivienda, que debería conocer esa profundidad biológica presente en el trasfondo de todos los programas edilicios. La exploración de esta hondura nos llevará muy lejos, hacia el pasado antropológico, y aun al pasado animal. Parece seguro que el individuo, como siempre, tiene y conserva la posibilidad de variaciones futuras semejantes a las que originaron fundamentales mutaciones en los infinitos años de ese pasado orgánico.

Pero el individuo que hay en el hombre, el portador de un milagroso supercerebro, continúa siendo factor de esperanzado e interminable estímulo en nuestra sociedad cada vez más amplia y uniforme. Sus impulsos de comunicación poseen una fuerza de mediación y un alcance que le permitirán recorrer todos los espacios terrenales, quizá planetarios, y todos los períodos de la historia. Una nueva y fecunda formulación de la interdependencia individual puede armonizar ahora con nuestra época, caracterizada por la profundidad del detalle. Se trata de algo más trascendente que la imprecisa y bella metáfora poética de nuestro "compromiso con el universo". Esto último puede ser tan válido como siempre, pero debemos acrecentar paulatinamente nuestro saber acerca de un más cordial apareamiento de los individuos, de modo que sea posible concertar su reunión en un medio común apropiado.

Un alfarero puede llegar a ser filósofo mientras trabaja la arcilla, con su banco y su torno. Baruch Espinoza meditaba mientras pulía las lentes destinadas a los anteojos y telescopios.

Al principio el arquitecto aprende a ver el mundo a través de una fina lente que le ofrece una estrecha perspectiva y que aquí y allá le permite formar un largo séquito de confiados clientes. Las experiencias concretas pueden aportarle en definitiva cierto nivel de visión general. De aquí y de allá se desprenden conceptos que no se limitan a la lógica acerca de las calles y las plazas de la ciudad. En todo ello se manifiestan inclusive algunos de los sentimientos que el corazón del propio arquitecto puede haber abrigado en su esperanza de un futuro más feliz, como ocurre con todo aquel que planifica y construye, o para quien otro debe planear y construir.

Programas y problemas

En verdad, la profesión del arquitecto está maravillosamente vinculada con el alma y se halla condicionada tanto social como técnicamente. El historiador puede recordarnos con razón que el mundo de consumidores de arquitectura ha venido sufriendo cambios. En algunos de sus momentos culminantes, se construyeron palacios para monarcas que se gloriaban de los planos trazados por sus arquitectos esclavos. Estos hombres prestaban servicio toda la vida; también a ellos les parecía cosa notable tener un empleo estable y finalmente construir una tumba perenne para el potentado. A veces, y para mayor seguridad, los reyes ordenaban cortar la cabeza a uno de sus arquitectos, de modo que otros gobernantes no pudieren utilizar sus servicios. Se restringía así la difusión de la experiencia.

La recompensa que recibía ese arquitecto de un solo cliente estaba representada por una serie de gestos de aprobación del monarca, el mismo durante un lapso prolongado; los gastos se sufragaban, con el sudor de los súbditos y trabajadores del reino, de manera anónima, o quizá mediante contribuciones impuestas después de una guerra de rapiña. Los presupuestos no representaban un problema. La calidad se hallaba individualizada con bastante rigor y dependía del carácter arbitrario, tradicional o conservador del gobernante.

Por el contrario, el futuro será "lo mejor para la mayoría", quinientos millones de metros cuadrados cubiertos anualmente, en muchos niveles, uno sobre el otro. Tal vez cada cuadra de Brasilia, o los superbloques cuádruples de Stalingrado, o el sector de Johannesburg que crece velozmente, posean su propia y planificada "individualidad".

Tal vez desde el piso superior o desde un jardín de azotea especialmente destacado sea dable observar las nubes teñidas por la puesta del sol.

¡Cuánto mejor sería si comenzásemos a utilizar nuestra capacidad cerebral más desarrollada para conseguir que nuestro espacio más reducido fuera más soportable para los sentidos y más grato desde el punto de vista biológico! La naturaleza nos ha ofrecido sobrados precedentes de concentrada densidad que exhiben al mismo tiempo un notable equilibrio entre la necesidad y la satisfacción. Lo que ella logró mediante un infinito proceso de adaptación, nosotros lo haremos apelando a la concentración del diseño y a la ciencia aplicada sutilmente.

De lo contrario, ¿cuál será el destino de la individualidad de los muchos millones de hombres, *cada ser* viviendo personalmente en los quinientos millones de metros cuadrados anuales? Mientras el cerebro humano esté evolucionando, nunca se agotará su capacidad. Puede y debe hallarse una solución, y la encontraremos.

En todo caso, entre el Versalles creado otrora por un rey y la inevitable adaptación masiva del futuro, en la que un pequeño desvío o un error pueden bastar para que la mayoría no obtenga lo mejor, se me ha deparado, lo mismo que a todos nosotros, la felicidad que quizá nunca se repita, de vivir en un período de transición.

En Viena, la ciudad donde crecí, posiblemente un décimo del uno por ciento de la población correspondía a las familias que ocupaban su propio "hogar". La mayoría de la gente, como mis padres, eran habitantes nómades de casas de departamentos, que a su vez no eran en realidad "más bellas o mejores" que las que se habían construido antes. La "época liberal" que comenzó después de la revolución del medio siglo anterior había reunido amplias masas de buscadores de empleo en las ciudades industrializadas. Es menester ampliar constantemente la disponibilidad de viviendas. En la actualidad, un proyecto de vivienda en mi ciudad natal está constituido por construcciones de moderada altura. Creo que, de un modo o de otro, el apiñamiento nunca cesará: Tokio, diez millones; Buenos Aires, seis millones; y eso no es todo. Según me explicó Harrison Brown, llegará el momento, dentro de seiscientos años, en que se carezca de espacio simplemente para estar.

No imaginé jamás que alguna vez se me ofrecería una oportunidad casi apacible de construir para muchas familias individuales, de conocerlas directamente o de ahondar en el alma de cada una. Era una oportunidad esencial de profundizar mi percepción. Sus respuestas a mis diagnósticos y proposiciones provisorias, así como el entusiasmo con que las aprendí, se trocaron en impulsos creadores. Esta multitud de clientes, para quienes proyecté construcciones individuales que cubrían todas las actividades; los procesos de desarrollo de las respectivas familias; y los asentamientos originales, y a menudo incluso peculiares, que llegaron a ser lugares de anclaje constantemente variables en toda clase de paisajes amplios y limitados: todos estos elementos me llevaron a conocer a un enorme grupo de control, cuyos bienes, en dinero o en propiedades, eran cuando mucho muy moderados. Los norteamericanos de clase media que toman prestado y construyen, aun los más audaces que pertenecen a la baja clase media, por lo menos durante un breve período de la historia han sido consumidores personales de arquitectura. He llegado a conocer a mis clientes de un modo más íntimo y en situaciones más variadas que el arquitecto del faraón o del emperador romano del pasado, o que el arquitecto de las masas del futuro. Debido a las densidades demográficas del futuro, es particularmente necesario que estemos al tanto de las más menudas respuestas humanas y que no franqueemos desaprensivamente los límites de lo biológicamente admisible.

También yo he consagrado energías muy considerables al diseño de edificios destinados a servicios masivos en el campo de la educación desde la nursery a la universidad, grandes proyectos de vivienda, teatros y edificios para la comunidad, centros de actividad espiritual y deportiva, instituciones médicas, clínicas profilácticas, núcleos urbanos de carácter comercial, o tareas de planeamiento integral. Comparado con todos estos esfuerzos quizá más meritorios, lo que fue posiblemente la mejor parte de mi vida —la actividad para el individuo— bien puede representar y probablemente representa una fase transitoria. Supongamos que de eso se trata. También fue transitoria la época de los saurios, y es probable que mi pequeño legajo no dure tanto como la paleontología. Quizás en el futuro un número aún mayor de "hechos económicos" impondrá lo que denominamos nuestras "mejores soluciones", o tal vez sólo las que vienen en segundo lugar, y las topadoras continúen desempeñando, en general, un papel más importante aún que el actual. Muy a menudo he reflexionado acerca de este problema en relación con la obra que quise realizar. Lo mejor de esa obra está representado por los seres humanos que se sienten renovados, por los clientes sinceramente satisfechos y cuya bondad los indujo a recibirme con los brazos abiertos en cualquier fin de semana. Me complacía profundamente que me enviaran flores, y guardaba con cariño y coleccionaba cartas que casi eran de amor y que conservaba a menudo después de muchos años. Todo esto derivaba de un servicio muy personal prestado a alguien sobre la base de una comunidad de sentimientos. Cuando pienso en ello, me sonrojo lleno de alegría.

Pocas de esas cartas provienen de las construcciones múltiples o masivas, ni siquiera de las mejores, que he proyectado. Cierta vez Charlie Eames me escribió unas líneas conmovedoras, después de vivir siete años en un departamento que yo había proyectado. Pero se diría que, en general, en esos proyectos se da una relación menos íntima o instructiva de persona a persona. Pero al rememorar mi vida advierto que la experiencia que me dio auténtica felicidad ha sido precisamente ese crecimiento simultáneo con otros seres humanos reales, los clientes que me habían confiado la construcción de la casa individual.

Mi esperanza más sentida es dejar realizados estudios sobre el modo en que puede relacionarse la naturaleza exterior con la naturaleza íntima del hombre, estudios y realizaciones de esos *psicotopos*, puntos de satisfacción anímica de los seres humanos reconocidos y gratificados, no durante un momento, sino durante toda la vida de su grupo, o por lo menos durante el período de amortización del préstamo (¡si se trata de simular una conversación más concreta!). Por lo demás, estos últimos hechos, la financiación, los préstamos bancarios, el reembolso de las sumas adeudadas, los gravámenes y todas las complicaciones fiscales, registran sorprendentes diferencias en los diversos lugares donde he practicado mi profesión. Podemos olvidarlos pronto y olvidados quedarán durante mucho tiempo, mientras las vidas individuales continúan en la cosa concreta y real.

Un libro acerca de este esfuerzo individual y personalizado puede convertirse muy pronto en una colección de fósiles extraídos de un extraño mundo de "factores económicos" superados, que ahora se han convertido en desconcertantes reliquias. Pero el individuo, en cuanto *"informe de minoría acerca de las posibilidades"* y de la mutación, bien pueden influir permanentemente, y es probable que lo haga, en el infinito drama biológico de la evolución.

Tomar en serio al individuo puede aportarnos una visión perdurable. Una obra ilustrada de este tipo podría parecerse a una mina de material virgen, trabajada parcialmente, pero no bien explotada todavía. Sería útil analizarla para juzgar mis primeros intentos, probablemente inmaduros, de evaluación minuciosa de la *naturaleza como medio*, de correlación de la *naturaleza propia* de los seres humanos, todos dotados de vida individual e interrelacionados.

Por mi parte, puedo afirmar que en todos los proyectos ulteriores en gran escala logré aplicar mucho de lo que mis clientes individuales me enseñaron acerca del hombre, la mujer y el niño. Era y es una fuente inagotable de conocimientos. Y aquí sólo me resta agradecerles desde el fondo de mi corazón.

Las particularidades de mis clientes siempre fueron para mí una fuente de inspiración; lo principal de mi conocimiento de los seres humanos se origina en este contacto activo. Brota de mis clientes, y el conocimiento así adquirido beneficia a otros, pese a que son todos individualidades muy diferentes. Por supuesto, un hombre de negocios de espíritu concreto es muy distinto de un gran productor de filmes o de la estrella que es su esposa. El temperamento artístico pone alas en los pies de uno; en cambio, el otro camina pegado a la tierra, y a veces bajo el nivel del suelo.

Ante todo, los clientes son seres individuales; pero quizá podríamos describirlos, en beneficio de la simplificación, como tipos de fascinante variedad. Por lo menos provisoriamente podríamos caracterizarlos así: el imaginativo, el tímido, el conformista, el rebelde que se complace en la rebeldía contra los vecinos y la comunidad o el grupo en que vive, el economista áspero y concreto, el conservador que "ahorra por razones de principios" el especialista en mantenimiento que remilgadamente anticipa dificultades y menea la cabeza de antemano. Algunos alientan un sentimiento especial de ansiedad, o una simpatía específica y bien elaborada por la novedad. Un caso interesante es el hombre dado a las diversiones, a quien le gusta mucho representarse en el papel de individuo atrevido y emprendedor.

¡La cosa se complica aún más porque las esposas de todos estos individuos muy a menudo fueron elegidas o los eligieron *por contraste!* Por supuesto, de todos modos representan una parte intrínseca, y a menudo la principal del cliente, al que es necesario reconocer y servir como una personalidad grupal, trátese de un matrimonio o de un consejo de administración.

Tenemos también al angustiado innato, que por naturaleza siempre encuentra escrúpulos que lo agobian: es el hombre que puede posesionarse de la cosa sólo cuando ha colmado su cuota de angustia. La casa, o cualquier otra cosa que desee adquirir, no es suya hasta que no la ha pagado bien caro con esta tortura personal.

Tenemos también al "P. T." —así he designado a esta inclinación—, que se siente propietario únicamente gracias a una perpetua *participación técnica*. En su interés quizá menudo pero apasionado por las cuestiones técnicas, es posible que se olvide de *sí mismo*, de quien en realidad *debería* saber algo, y mucho más de lo que intenta conocer. Interviene en los pequeños y en los grandes detalles con más curiosidad que conocimiento, a menudo sin aptitudes naturales, pero siempre con intenso y sincero goce, una suerte de conmovedora participación infantil sólo "para acompañar a los adultos", en una época de catálogos y especialización de carácter técnico.

Además, encontramos a un pariente del aficionado a las diversiones, el vanidoso jugador que se las da de caballero de fortuna y que, sobre todo, se complace en creer que su vida no es un juego racional estudiado, sino una absurda y divertida posibilidad en un millón. Todo lo consigue por obra de la casualidad. Su dato muy reservado gana en las carreras. Le agrada contar que obtuvo el dato por mero accidente. Su Cadillac o su esbelto y magnífico Lancia parece realmente nuevo, lo consiguió cuando sólo había andado dos mil kilómetros; un coche magnífico que la suerte favorable puso en su camino. Se cree un tipo afortunado, en el estilo de un niño inocente, y "así son las cosas".

Así son las cosas, y todos tienen que envidiarlo. No se trata de que podría haber elegido a un arquitecto consagrado realmente a su profesión. El hecho importante es que "jamás se preocupó por la casa". El huésped está desconcertado, mientras observa el predominio de materiales y formas arbitrarios, y las diferentes incongruencias: parece un cono truncado, con un hogar hundido bajo el nivel del piso y un balcón flotante, encima de la línea media; además, hay otros dos medios conos, las habitaciones del dueño de casa y del invitado; parte del cielo raso está formado por láminas de vidrio fijas a cada extremo, y la pared es una manipostería estilo tronco de árbol petrificado. Sin duda, piensa el visitante que menea la cabeza, esto es fantásticamente atrevido. El propietario se complace en el asombro del visitante, y con una sonrisa visiblemente casual dice: "Expliqué al arquitecto que necesitábamos una sala de estar y un cuarto de huéspedes, además de nuestro dormitorio; fue a su estudio, y nos trajo esto: para nosotros es perfecto. La 'gran' revista envió un fotógrafo, que estuvo aquí una semana y tomó ciento doce fotografías en colores." Se ríe entre dientes y encoge los hombros, mirándonos por el rabillo del ojo para comprobar si nos desmayamos de asombro. Cada individuo es impresionante para sí mismo y quiere serlo, hasta cierto punto, para otros. Tal vez se trata de un rasgo prehumano y parte de nuestra estructura orgánica.

Continuemos. A modo de contraste, tenemos al hombre que firma contratos maravillosamente tramposos para aprovecharse lo mejor posible de los subcontratistas —el carpintero, el yesero, el techista y todos los demás—, gracias a su cultivada astucia o a su inteligencia admirable. No se deja engañar por nadie, y esto no sólo cuando se trata de construir la casa. Además, tiene aventuras envidiables con las mujeres —maravillosas criaturas—, aventuras bien controladas y muy poco costosas, no porque la suerte le sonría, sino porque es prudente y tiene capacidad de previsión. Sabe arreglárselas para salir bien parado. ¿Por qué tiene que permitir que otros se entrometan? Se las arregla muy bien, mientras los tontos reciben su merecido...

Después de todo, éstos no son más que papeles de la comedia de la vida, esbozados muy toscamente y a los que no debe atribuirse excesiva gravedad. Honorato de Balzac sabía de la existencia de una *Comedia Humana*. Es posible que el arquitecto se sienta intimidado por el público, pero durante la representación se ubica sobre todo a los costados del escenario y del tablero, para ayudar a la presentación de la obra, más que para provocar su fracaso a la vista del público.

La riqueza de las personalidades es mayor que cualquier posible exageración de un caricaturista. Las actitudes innatas o condicionadas exhiben una sorprendente variedad, por mucho que uno intente tipificarlas. Dos o tres personas han confiado en nosotros, todos son seres humanos, y a través y por debajo de su peculiar personalidad son dignos de amor, desde el más altivo y adinerado aristócrata de Nueva Inglaterra hasta el inmigrante reciente que espera llegar a algo pero que todavía tiene una mínima capacidad financiera. Al margen de su billetera, representan una maravillosa variedad de seres humanos y merecen toda nuestra simpatía por su confianza encantadora y sugestiva. Cuanto más intenso el sentimiento que evocan en nosotros, mayor la promesa de perdurable beneficio. Al mismo tiempo, conquistamos su simpatía atendiendo con sinceridad pero a la vez con alegría a la solución de sus problemas íntimos y revelando comprensión ante sus aspiraciones y particularidades. Por supuesto, no hace falta examinar si estas últimas poseen viabilidad real y equilibrio emocional combinados; además, a veces es necesario modificarlas con humildad y afecto.

Esta simpatía mutua se convierte en un capital de capacidad creadora, más precioso que cualquier otro tipo de aporte. Construir es un hecho fundamental en la vida de quien tiene la posibilidad de hacerlo. Un ser humano difícilmente puede sentirse satisfecho realizando una idea elaborada y adaptada a las condiciones de otra alma. En ciertos aspectos sutiles las personas son tan distintas, y es indudable que, cuando construyen su hogar, manifiestan sus diferencias, o por lo menos quieren hacerlo. Un arquitecto debe comprender ese hecho y conocer las almas si desea servirlas, salvarlas de la decepción desesperada que las abruma cuando deben soportar un medio que no se ajusta a ellas.

Con su fisonomía, cada ser humano dice mucho al clínico dotado de espíritu observador. Las expresiones habituales moldean minúsculos pero significativos y duraderos rasgos del rostro, y cuando éste se muestra activo y gesticula, manifiesta un amplio espectro de fatiga, temor o entusiasmo. La actitud del individuo que se sienta tranquilo o inquieto en una silla, cierto movimiento de los dedos, las manos y los brazos, una película de humedad que agrega brillo a los ojos, la aclaración vacilante de la garganta, todas las formas expresivas de la conducta, iluminan una conversación atenta si uno está dispuesto a ver y a oír. Sin mostrarse nunca del todo, las almas se exteriorizan, ofrecen su silueta. Se activan los sentidos, los músculos y las descargas glandulares, y advertimos mucho de todo esto sin que pueda hablarse de visión consciente. Aun la elección y el modo de usar la ropa son aspectos muy significativos; el atavío poco o nada disimula; por el contrario, revela.

Quien pretenda ayudar a los seres humanos durante décadas, quizá durante el resto de la vida del individuo, no debe desdeñar ciertos indicios, ni siquiera aquellos muy leves que pueda recoger, por ejemplo, en la discusión acerca de un proyecto de construcción. La expresión puramente verbal no siempre es el mejor modo de comunicación. Uno puede sentirse molesto o aun irritado en presencia de un oyente de técnica excesivamente depurada que es un inquisitivo discutidor y que trata de sorprendernos en falta.

Es muy posible que el arquitecto tenga que convertirse en físico aplicado, a semejanza de los ingenieros que colaboran con él; o en economista aplicado, como los agentes de bienes raíces y los tasadores de los bancos; pero, sobre todo, debe ser un fisiólogo aplicado y experto en otorgar a los nervios, las glándulas y los músculos los elementos exteriores que aquéllos necesitan permanentemente, porque a él le toca ofrecer un medio a los individuos o a los grupos de seres humanos. Tal es su función esencial.

He realizado con placer esta serie de experiencias con diferentes tipos de la sociedad norteamericana, pues preparé proyectos para maestros de escuelas, artesanos y secretarias —fueron los primeros que confiaron en mí, y por eso les guardo afecto— y para regentes de universidades, jefes de la marina, el ejército y el gobierno, o magnates del comercio, hombres de recursos mucho más ricos a quienes conocí años después. Todas las esperanzas humanas depositadas en proyectos de construcción, grandes o pequeños, tienen algo en común.

Todos los proyectos norteamericanos, aun los relativamente modestos, tienden a parecer opulentos a los extranjeros que los ven en ilustraciones. Durante muchos años la gente de Dinamarca o de Venezuela, sin hablar de la India pobre y sobrepoblada, inevitablemente debía enarcar el ceño cuando se informaba acerca de nuestras actividades arquitectónicas y nuestra extraña prosperidad. Ocurre a menudo que esta impresión se generaliza de un modo bastante erróneo. Pero suele ocurrir que cierto espíritu juguetón, humano e inocente, que en una aldea mexicana se agota en lo barato y colorido, adquiere perfiles innegablemente extravagantes en los clubes nocturnos de Manhattan, o detrás de los mostradores de las líneas aéreas, donde se venden pasajes a los turistas que van a países de pobreza pintoresca. ¡La extravagancia puede ser divertida, pero colorea siniestramente la escena norteamericana, donde las almas a menudo se elevan y luego vuelven a caer lamentablemente, en un perpetuo desequilibrio que se origina en el barómetro económico!

El presupuesto, espejo del destino

Hace muchos años un productor cinematográfico había tenido la gentileza de hablarme varias veces de un modo muy interesante, pero al mismo tiempo indefinido, de la casa que se proponía construir. Como dicen en los filmes: "Cualquier semejanza con personas y circunstancias reales es mera coincidencia". Un día telefoneó muy apurado. Fui a verlo en su gran despacho, en el amplio y atareado estudio, y dijo que ahora hablaba con absoluta seriedad. Estaba mortalmente fatigado de la cinematografía y deseaba consagrar todo su tiempo a construir su casita. Propuso un presupuesto, que aun entonces era muy modesto, que se elevaba a la cifra de 9200 dólares,

¡y que yo debía tener muy presente! "Ahora estoy ganando catorce mil por semana", dijo, "pero quiero abandonar esta condenada carrera de ratas para gozar de completa libertad y trabajar con usted, supervisando personalmente la casa".

Prudentemente sugerí que le convenía continuar por lo menos otras dos semanas en el estudio, pues el presupuesto parecía... en fin, un tanto reducido, sobre todo en vista de que inmediatamente empezó a hablar de la necesidad de construir un complicado taller anexo, donde él se dedicaría a crear y hornear cerámica en gran escala, arte que le atraía mucho, pero que ahora no tenía tiempo de practicar. Sugerí también que conocía a un hombre que posiblemente estaría dispuesto a supervisar la construcción por menos de 14.000 dólares semanales. Pero no quiso oír hablar del asunto. Anticipaba el placer que obtendría en la tarea. "Construir una casa es como bailar sobre un prado", dijo. "No es posible que otro lo haga por uno mismo."

En ese sentido yo compartía su punto de vista. Firmamos un contrato de construcción por 9200 dólares; creo que, como curiosidad, todavía tengo ese documento entre mis papeles viejos.

Hicimos la mayor economía posible: una sola mano de pintura sobre la pared exterior, suprimimos el gasto de 75 dólares en materiales aislantes, etc. Economizar a veces representa una satisfacción anímica; se calculó todo en el mínimo nivel posible, porque se trataba de un hombre que había renunciado a su empleo, carecía de ingresos y en realidad estaba fatigado del mundo, como San Antonio en Egipto. Yo lo admiraba, apreciaba y quería en esa actitud de resignación y en todo lo que siguió, con sus complicadas fluctuaciones y sus contradicciones muy humanas. Quizás estuviéramos dispuestos! a renunciad y retraernos, ¡pero no del todo! Para citar a Hugo von Hofmannsthal, un hombre dice mucho cuando pronuncia las palabras "Buenas noches".

Cuatro semanas después, con vacilaciones pero al mismo tiempo con entusiasmo, el productor retomó a la vida. ¡Esta le sonreía nuevamente! Había firmado contrato para rodar una historia de aventuras que se desarrollaba en la España moderna y contaba con la ayuda de un director maravilloso, hallazgo que lo enorgullecía mucho, y de un notable y versátil actor, especial para el papel protagónico. Y ahora que comenzaba su carrera de productor independiente, imaginaba la creación de obras memorables, veía prósperas taquillas en todos los países del mundo y, pensándolo mejor, nos apresuramos a agregar un par de ceros al presupuesto de la casa.

Durante las semanas siguientes continuó la filmación y al mismo tiempo se amplió rápidamente el proyecto arquitectónico. Llegó el día de la exhibición de las primeras "tomas"; a nuestro lado, en la oscuridad, una pareja de implacables expertos comerciales juzgaban el trabajo. Cuando se encendieron las luces, los rostros mostraban expresiones solemnes, la conversación era fría y por momentos insultante. Afirmaron que la película sería un fracaso, y comprobé consternado que gran parte de los nuevos gastos tendrían que salir de nuestros planes. De modo que el pobre y aturullado "yo" tuvo que trabajar como una abeja laboriosa; pero no se trataba de llenar el panal, sino de vaciarlo completamente en el curso de una noche dolorosa.

Pero al día siguiente, después que hube introducido los cambios, uno de los expertos concibió una serie de brillantes ideas acerca del filme. De pronto demostró casi tanto entusiasmo como el propio productor. Una vez que se decidió de qué modo el protagonista abriría la puerta que daba a un comedor con pérgola, con vista a un magnífico paisaje marino y a una puesta de sol, por donde la joven debía pasar en ese mismo instante llevando una caja de sombreros que contenía un millón de dólares en papel moneda, después de lo cual desarrollaría la bonita y conmovedora escena de amor que había sido aprobada de antemano por el censor, todo quedó arreglado y todos coincidieron; en verdad, el actor mostraba la capacidad genial que había inducido a elegirlo para el papel. Además, sé fotografiaría la puesta de sol con el tipo adecuado de filtro. También disponíamos del hombre más conveniente para realizar las tomas, una persona de muchísima experiencia con la cámara. ¡Todo encajaba bien! Allí mismo decidimos simular un pantano tropical sobre el techo del porche del frente de nuestra casa, "evidentemente anterior al último período glacial", y poblado por reptiles y un pez anfibio, vendido con descuento por el comerciante, pues el director del zoológico lo había rechazado poco antes. Ahora también se necesitaba crear lluvia artificial, que debía inundar una jungla instalada en el techo y acumularse en una estructura monolítica de mármol iridiscente; por la noche se obtenía un movimiento constante de sombras mediante un fascinante sistema de iluminación. La belleza era el mejor destinatario de nuestro poder adquisitivo, una vez que lo habíamos obtenido. La idea ya se le había ocurrido a Pericles y, por supuesto, había acertado, por lo menos mientras no se echaban a perder otros asuntos que atendía, por ejemplo la Guerra del Peloponeso. El dormitorio del amo estaba rodeado por una malla de acero inoxidable, en cuya invención trabajé mucho; reflejaba el calor, pero estaba tan finamente entretejida que resultaba casi transparente en cierto nivel de iluminación y ofrecía una imagen integral de las aguas de un foso de soberbia austeridad. Bastaba oprimir un botón, y la iluminación cambiaba, de modo que la malla, así como las láminas de polaroid que formaban las ventanas, adquirían un tono completamente opaco que el ojo no podía penetrar. Habría sido imposible obtener ese resultado con una cortina, aunque se hubiera utilizado el producto textil de más elevada calidad.

Por cierto, la propiedad distaba bastante de la ciudad, y el hombre que percibía una renta considerable, proveniente de un filme exitoso como el que estaba realizándose, fácilmente podía ser objeto de la atención de los secuestradores, que tal vez tratarían de cruzar el foso protegido por el oscurecimiento óptico durante la noche. También era evidente que este sistema medieval de protección hasta cierto punto constituía un medio primitivo y superado, y que convenía complementarlo con algunos artefactos electrónicos que liquidarían a los intrusos que entraron en el foso tan pronto como se humedeciesen los pies. Así, moviendo una llave en el complejo panel de control instalado sobre la mesita de noche del dormitorio, se aplicaba bruscamente una carga eléctrica al agua de esos canales protectores.

La idea era que mientras el productor, que ahora había retornado a su horario de muchas horas de trabajo nocturno, dormía hasta bien entrada la mañana, su chofer persa se ocuparía, antes del desayuno, de retirar del foso los cadáveres acumulados durante la noche, de modo que no contaminaran el aire cuando el sol bañase con sus cálidos rayos la amplia meseta montañosa, rodeada de grandes extensiones dispuestas en terrazas. Inicialmente la propiedad debía ser un refugio solitario; pero ahora era necesario tener en cuenta la seguridad. Una cosa lleva a la otra, y cuando uno dice A, tiene que decir B.

Fue preciso calcularlo todo hasta el último detalle, tarea inevitable del arquitecto que sirve a un ser humano de espíritu lábil y que es juguete del destino. Sin embargo, debo reconocer avergonzado que incurrimos en un importante gasto no calculado cuando comprobamos súbitamente que haría falta un incinerador eléctrico para quemar los cadáveres pescados en el foso. El detalle había pasado totalmente inadvertido.

Cierto día el productor descendió del coche y, bajando la ventanilla, me indicó hábilmente que inclinara y convirtiera en espejos los cielo rasos de su dormitorio, no tanto para ver el reflejo de su propia imagen deformada o multiplicada, por ejemplo cuando descansaba en el lecho, como para tener la ilusión de encontrarse en el fondo de uno de los Mares del Sur, rodeado de peces tropicales, que en efecto nadaban en el estanque-acuario construido más allá de la división de láminas de vidrio. Resolvimos enérgicamente este problema óptico; esta modificación, así como el revestimiento de cobalto del gran estanque suspendido, costaron tanto como la casa original.

Cuando presenté al propietario los planos del espléndido cuarto de baño, un aspecto me sorprendió al principio; pero el arquitecto que trabaja en el mundo exitoso de la libre empresa, o probablemente en cualquier otra empresa, no puede sorprenderse más que un chambelán de los Borgias pocos siglos antes. Tuve que coincidir con el hombre de mi viejo y querido Hollywood cuando expresó: "Quite todas las cerraduras de las puertas del baño", y con aire preocupado agregó: "De acuerdo con mi experiencia, en el baño siempre hay alguien que amenaza suicidarse e intenta extorsionarme, y la única solución es quitar las cerraduras". Me adapté sin demora a esta ansiedad natural del opulento productor de un filme destinado a conquistar el mundo. También comprendí que era indispensable instalar vidrios a prueba de balas en todas las ventanas, y que un hombre que había conseguido restaurar su fortuna necesitaba discretos emplazamientos de ametralladoras, distribuidos de modo que desde el interior de la casa el propietario pudiese cubrir todos los frentes sin que las balas rebotasen en las columnas o los postes levantados en posiciones inadecuadas. Felizmente la experiencia artillera y militar de mi juventud me ayudó a defender una causa justa.

Así, armonizando fielmente la forma y la distribución con la función, había conseguido adaptarme a determinado nivel del presupuesto, y en ese momento el filme se exhibió por primera vez en una localidad de Iowa. Con un sentimiento de terror me enteré de la llegada de informes fidedignos según los cuales el público había bostezado bastante. Vi al productor cuando retornó del aeropuerto en su limousina privada. (Debo explicar que estaba en movimiento casi constante en dirección al aeropuerto y de regreso del mismo, y que para ahorrar tiempo compraba talonarios de pasajes aéreos. Había elegido el lugar de residencia de modo que le fuese posible llegar sin demora a la Place de l'Opera, en París, calculando veinticinco minutos en un automóvil veloz, manejado por un auténtico persa, y el trasbordo en Burbank para dirigirse al viejo Le Bourget, que entonces era todavía *el* aeródromo, donde lo esperaba su chofer parisiense para llevarlo en cuarenta minutos al Café de la Paix. En verdad, podía realizar un cómodo viajecito a su lugar de trabajo.)

Y ahora, después del siniestro fracaso en la periférica Iowa, mi cliente ya no podía pensar en París, el brillante centro del mundo que él tanto deseaba tener al alcance de la mano. Parecía cansado, pálido y deprimido. Hicimos un llamado de larga distancia a la Mississippi Glass para postergar el pedido de los vidrios a prueba de balas.

A semejanza de la vida humana, el presupuesto tuvo altibajos durante todo el período de construcción. Hacia la terminación de los trabajos, el productor comenzó una obra frívola, con un actor de comedia musical que a mí me pareció tan divertido como a todos los demás. Fue un éxito tan considerable que a último momento trajimos de Chicago dos aviones cargados de láminas de aluminio estirado. Mejoraron la apariencia de todos los lugares bañados por la lluvia artificial y de la biblioteca de pornografía rara que se había instalado en el jardín de invierno, el cual parecía más amplio gracias a las superficies translúcidas y transparentes, y que en su prolongación se confundía con el dormitorio de soltero.

Como todos los grandes novelistas, Balzac amaba al hombre —banqueros, chambelanes, prestamistas, princesas, prostitutas— en sus momentos de esperanza y de caída, y con ellos escribió esa *Comédie Humaine*. Los sentimientos que abrigaba frente a mis clientes no eran distintos de los que experimentaba Honorato, que confiaba en sus humanos tanto cuando se elevaban sobre la cresta de la ola como cuando caían en las profundidades; en medio de la mayor pobreza, algunos mostraban la fertilidad de recursos necesaria para enriquecerse, y otros caían de la opulencia a un pintoresco paisaje de grotescas desilusiones. La fortuna es la antigua diosa del azar que antes y ahora, aquí o allá, embrolla emocionalmente la vida de las estrellas capitalistas o de los políticos comunistas, de las almas tímidas y de las audaces. Siempre está en eso, y probablemente la divierte. Nada de lo humano debe ser ajeno al arquitecto. Acaso aún más que el escritor, puede llegar a compartir los dramáticos altibajos de las almas que se manifiestan en una búsqueda muy concreta y en la esperanza de la felicidad, y que sufren ante sus ojos, en sus esfuerzos por atrapar a la fortuna cambiante. El arquitecto aprende a no ser un lógico racionalista en medio de los anhelos humanos, ni un predicador beato, sino tal vez el portador de la advertencia humilde y, además, el hombre que alienta aquellos aspectos de nuestras respuestas que pueden perdurar realmente. Mucho tiempo después volví a ver a mi cliente, que ya era un hombre de cabellos blancos y que visitaba aquella propiedad, vendida muchos años antes. Caminaba entre los grandes árboles. A todos los había plantado él mismo, después de extraerlos de los envases de hojalata. La suave corteza de otros tiempos había cambiado mucho. Pero él continuaba amándolos, y yo también, y aún más. Es posible exagerarlo todo, excepto la Naturaleza; es el polo seguro en la danza enloquecida de las ideas humanas.

Desde el comienzo mismo la vida se ha mostrado bondadosa conmigo, pues me enseñó lecciones informales, y en relación con la interacción humana me permitió realizar experiencias no demasiado difíciles. Esta afirmación se aplicaba sobre todo a la condición de individuo eternamente comprometido, por cierto algo que es "mucho más que un juego". Los miembros inmediatos de mi familia no peleaban, o por lo menos no lo hacían cuando yo, que era el menor, ingresé en el grupo. Antes, algunos tíos entrometidos habían molestado a mis hermanos, que eran mucho mayores; pero cierta disputa entre mis padres y mis tíos acerca de la independencia de mis hermanos surgía en el pasado como las leyendas de las batallas libradas alrededor de Troya. La familia, desembarazada de toda intrusión, respiraba un aire purificado. Mis padres, a quienes en adelante se dejó en paz, no practicaban la guerra fría, ni mucho menos; por el contrario, establecieron un maravilloso precedente de fusión humana. Sólo más tarde comprendí cabalmente cuánto me había favorecido esa situación.

Un arquitecto siempre está comprometido con otras personas. Si cree que su propia individualidad es incompatible con los seres humanos porque a raíz de su incapacidad o su excesivo orgullo no puede establecer una relación de empatía con sus clientes, sin duda puede considerárselo un fracasado y, aunque lo lamente, debe retirarse. Como el médico o el psiquiatra, el arquitecto nunca debe irritarse con sus pacientes, o con las quejas y los problemas que éstos formulan. Si estuviera en el lugar y en la situación de esa gente, probablemente su desempeño no sería superior. Más bien puede afirmarse que más allá del profesionalismo *técnico* debe estar preparado para comprender y aliviar las tensiones y las fricciones interminables. Si frente a él el marido y la mujer no coinciden del todo y viven en la vieja casa soportando un estado permanente de fricción, el arquitecto debe volver a casarlos en una nueva vivienda. Su gran tarea es reducir todo lo posible la tasa de divorcios.

Pero el matrimonio es sólo uno de los muy variados casos de agrupamiento útil de los individuos humanos que pueden beneficiarse con el medio. La disposición depresiva y friccional del medio puede acelerar la ruina del matrimonio. Ni siquiera el solterón se halla tan solo como podría creerse a primera vista. El arquitecto debe concebir a los seres humanos en un compromiso permanente con otros seres humanos, aun cuando estos últimos guarden silencio en las sesiones del Consejo de Programación de la Vivienda, o se trate de niños que no solicitan préstamos bancarios. De todos modos, durante el período de amortización nacerán hijos, que luego abandonarán la casa y formarán su propia familia, y que exhibirán en su personalidad las virtudes o las heridas resultantes de las condiciones de la casa natal. Durante toda la vida estos ecos son controles lejanos que ejercen su influencia sobre prolongados períodos de tiempo.

Dolor a pesar del éxito

Un fino equilibrio entre la atención que presta a la expresión vociferada y al leve murmullo del monosílabo ayudará al arquitecto a diagnosticar las relaciones entre la mujer y el marido, o entre el marido y la esposa. Tal vez la costumbre social induzca a un esposo alemán o español a decir lo que jamás oiríamos de labios de un marido norteamericano: "¡Mi esposa no participará en la conversación, está de acuerdo conmigo!" No debemos creerle, ¡ni siquiera si se tratara de un musulmán casado con cuatro esposas! Más vale tirar abajo la puerta del harén y conversar con cada una de las cuatro; sin duda, será una experiencia muy satisfactoria e instructiva. Sospecho de la unanimidad, que será socavada por el prolongado e inconmovible futuro de una construcción de uso cotidiano, hasta que al fin sobrevenga el derrumbe psicológico.

Me habría gustado cosechar una sucesión ininterrumpida de éxitos, pero es necesario satisfacerse con lo que yo denominaría un buen promedio, por el cual, además, estoy agradecido. Me complacería creer que lo anterior representa una subestimación de la suerte que me acompañó realmente. Pero quizá pueda afirmarse que el relato de uno de mis fracasos constituye una anécdota adecuada e instructiva. Puedo afirmar que el episodio casi me destrozó el corazón. Sin entrar en mayores explicaciones de carácter especial y técnico, puede relatarse sencillamente la historia de un proyecto de vivienda; el caso revelará los efectos que la empresa pueda tener sobre los seres humanos, que a mi juicio configuran el verdadero problema de fondo.

El señor y la señora O. —él comerciante, ella madre de cinco hijos— compraron un huerto de naranjas de unas cinco hectáreas en una colina de California, abierta hacia el sudoeste con una vista maravillosa hacia un amplio valle. El tenía la convicción notoria y ostentosamente manifestada de que dedicarse a la producción de frutas era una idea excelente para todos los interesados. En el curso de nuestras primeras conversaciones se mostró absolutamente optimista, sobre todo en relación con el presupuesto; y la casa que deseaba levantar en ese terreno muy espacioso era proporcionalmente amplia y debía construirse con materiales costosos.

Dediqué muchos momentos a prevenirlo acerca del costo y a señalar especialmente la soledad del lugar y la distancia que lo separaba de las fuentes de materiales y los subcontratistas, del plomero al yesero. El señor O., que no era un hombre rico ni mucho menos, mantuvo su optimismo consecuente, y por su parte la señora O. parecía indecisa y a cada momento cambiaba de opinión. Pero mi principal inquietud, que llegó a ser casi una obsesión, era el peligro de que una vez completados los planos no fuese posible construir la obra con el dinero asignado o en todo caso disponible. Aun durante las últimas etapas de preparación de los planos, cuando todo debía estar resuelto y aprobado previamente, se realizaron cambios y agregados fundamentales, de modo que nuestro trabajo se triplicó y cuadruplicó.

Lo que era peor, parecía que todos los cambios aumentarían el costo, y no se observaba que las advertencias mejorasen la situación. Finalmente, cuando nos disponíamos a iniciar los trabajos sobre la colina, en medio de los altos árboles, la señora O. afirmó de pronto que en realidad no había entendido los planos, explicados tantas veces. Era como si por timidez instintivamente hubiese querido demorar el comienzo de la construcción. En todo caso, el marido exigió que satisficiésemos sus deseos de que modificara fundamentalmente el plano, y así continuamos.

De ningún modo cabe afirmar que la señora O. tuviera una actitud dominante; de hecho era una persona dotada de encanto femenino. Pero a mi juicio tenía un carácter un poco quejoso. A pesar de algunos interludios ásperos, el marido la quería, y podía decirse que formaban una buena pareja. Siempre me complace ver que la gente se lleva bien, e instintivamente hago todo lo posible para ayudarla. Simpaticé con ellos a pesar de la voz un poco quejumbrosa y de la permanente e indefinida decepción de la mujer. Sin estos rasgos podría haber sido un ser humano muy atractivo, aunque quizá se la veía un tanto agobiada por sus obligaciones de madre y ama de casa de vitalidad prematuramente disminuida.

Cuando al fin fue necesario elegir un constructor, el señor O. dijo que conocía a una persona dispuesta a trabajar, no con un contrato por una suma global, sino por hora. La cosa me parecía peligrosa. Pedí conocer al hombre, explicarle los planos y verificar que todo quedase bien entendido antes de concluir un acuerdo tan poco preciso. El señor O. logró impedir que yo conociera al constructor; aparentemente, se trataba de un amigo que vivía en otra localidad. A pesar de todos mis pedidos, fue imposible celebrar conversaciones para aclarar los problemas. Nuestros planos, perfectamente documentados y detallados, pasaron a manos de un hombre a quien yo desconocía por completo, situación que, desde luego, provocó mi más viva ansiedad.

Los trabajos de construcción se prolongaron interminablemente y, aunque no se nos pagaba el trabajo de supervisión, viajé con frecuencia al emplazamiento de la obra, por cierto muy alejada de mi estudio. Casi en secreto, y prácticamente en la actitud de conspirador, logré conocer al hombre que trabajaba allí. Sin permiso del propietario, el constructor me comunicó todos los cambios que iban introduciéndose a medida que se realizaban los trabajos, y que contribuían a demorar la obra.

También en esta etapa la señora O. era quien frenaba el progreso de los trabajos y formulaba exigencias, a menudo basadas en sus ideas desconcertantes de personalísima estética; en cada caso yo debía realizar frenéticos esfuerzos para asimilar estos cambios y tratar de armonizar las partes adyacentes con las que habían sido modificadas. En muchas experiencias anteriores había comprobado que la *inspiración* apasionada, *no el desconcierto*, proveniente de otra individualidad —si yo sabía interpretarla— me permitirían conferir a la construcción una individualidad renovada y distinta, aun cuando utilizara un vocabulario formal corriente y comprensible y me abstuviera de introducir mi propio y arbitrario expresionismo. Prácticamente ése era mi credo, y había quedado demostrada su eficacia durante muchos años.

Aunque nadie me lo pidió, ni mucho menos, procuré que el constructor me ayudase a salvar todo lo posible la unidad de diseño original, alcanzada con tanto esfuerzo, a pesar de las formas repetidas interminablemente. Quería conservar el valor inicial de la idea en beneficio de los propietarios, que inocentemente tendían a crear un remiendo de ideas heterogéneas. Por supuesto, no ignoraba que cuando uno no ha previsto claramente las cosas, siempre queda la posibilidad de la reflexión a posteriori. ¿O quizá *no hay* pensamientos originales, y sí únicamente reflexiones a posteriori?

Pero en este punto todos mis ayudantes se habían desinteresado de la tarea que parecía adaptarse como un camaleón a la variación de ciertas invisibles escenas psicológicas internas, al mismo tiempo que el paisaje exterior, sobre los verdes árboles, conservaba su permanente belleza. Sin ayuda, procuré salvar el proyecto. Mis premoniciones con respecto al costo (dadas las actitudes de la esposa del propietario, de su marido y ahora de las mías propias, pues yo intentaba conservar parte de la armonía original, en beneficio de quienes inicialmente me habían otorgado su confianza) me inquietaban mucho. Nuevamente comencé a lidiar telefónicamente con el propietario, pidiéndole que modificase su actitud irrazonable. Deseoso de mostrarme justo, procuré recordar que todos somos criaturas complejas, y no simplemente seres "razonables".

Por momentos el propietario apreciaba mi buena voluntad y por lo menos atendía mis explicaciones acerca del perjuicio infligido al proyecto y de lo que era necesario salvar. Sin mala intención, siempre es fácil aprovecharse de un hombre consagrado a su profesión, que obedece a la conciencia de una misión, más que a la letra del contrato.

Apenas veía a la señora O. y rara vez hablé con ella; y, cosa rara, parecía resentida e indiferente a todos los esfuerzos que yo realizaba para materializar el proyecto. Parecía desear, no que la obra concluyese cuanto antes, sino que se demorase todo lo posible.

Tras un año de lento progreso de los trabajos, y de los zigzaguees e indecisiones más notables que he visto jamás, se acercó el momento del traslado de los propietarios, aunque parecía que las tareas de construcción nunca concluirían definitivamente. En este punto, el marido parecía completamente agotado por los cambios y postergaciones; pero, rechinando los dientes, seguía adelante.

Con placer y feliz sorpresa comprobé que el trabajo de un constructor, que inicialmente era para mí una incógnita, mostraba cualidades de verdadera excelencia, de suerte que todos mis temores en tal sentido resultaban completamente injustificados. Pocas veces había visto tan espléndido trabajo de carpintería, en madera basta y pulida; y el costoso labrado de la piedra, realizado bajo su supervisión para la pared del frente y el hogar, era sencillamente irreprochable. Comencé a simpatizar con aquel hombre y su capacidad artesanal.

En semejante situación, cierto día me encontré por casualidad con la señora O. en el lugar de la obra y amablemente discutí con ella la pintura y los colores. La mujer no podía interpretar erróneamente mi simpatía, de modo que se mostró bastante cordial y pareció más complacida que nunca. Yo también me sentí reconfortado y feliz, pues ahora veía que los frutos del trabajo, obstinadamente verdes durante tanto tiempo, comenzaban a cambiar de color. Concordamos totalmente en los colores de la pintura que debía aplicarse. Durante una hora nos entendimos y trabajamos juntos en la misma tarea. Le estreché la mano, agradecido por la sensación de alivio que me procuraba. Con un hondo suspiro descendí en mi automóvil la hermosa colina que durante tanto tiempo había sido para mí una suerte de Calvario.

Unas seis semanas después, cuando confiaba en que todos estarían cómodamente instalados, llamé por teléfono a la señora O. para decirle que me proponía visitarla en su nueva casa. Quedé atónito ante su respuesta, particularmente resentida e inesperada. Esta mujer, que había decidido la forma de la casa en interminables y extensas conversaciones con el constructor y el marido, y que prácticamente me había ignorado hasta esa última reunión, me informaba ahora bruscamente que, salvo los colores, la casa era un fracaso total, y que lamentaba haber iniciado jamás ese proyecto.

Cuando le pedí que me explicase su actitud, describió los cambios que ella misma había sugerido y opinó que ahora le parecían insatisfactorios y odiosos; y la misma opinión le merecían todas las modificaciones que me había impuesto en las etapas posteriores y a las que yo me había sometido. Al principio no supe qué contestar, y luego traté de explicarle que, al introducir todas esas reformas que ella había exigido y que para mí eran tan costosas, sólo me había movido el propósito de complacerla.

Replicó que si yo hubiera sido un arquitecto tan bueno como afirmaba mi reputación, ella jamás habría debido ofrecerme sugerencias; por el contrario, yo hubiera debido tener argumentos válidos y convincentes que la orientasen, en lugar de permitirle aplicar su propio criterio o sufrir las consecuencias de sus errores. Aseguró que yo tenía la culpa de todas las vacilaciones en que había incurrido por la falta de ayuda. No era una interpretación veraz, ni mucho menos. A menudo yo había intentado, aunque siempre en vano, adaptar mi consejo a su tendencia al zigzagueo; y después de esta conversación telefónica me sentí verdaderamente desesperado. Es verdad que un médico no debe permitir que el paciente se medique. Pero, ¿no debe aplicar su oído al suelo, es decir, al pecho del paciente para escuchar aun las más tenues reverberaciones que le ayuden a formular un diagnóstico?

Sí, casi desesperé de mi antigua convicción de que mi verdadera y más rigurosa inspiración debía nacer de las constelaciones del "universo interior" de las personas para quienes yo creaba un medio que habría de durar muchos años. En este caso era evidente que yo había reflejado equivocadamente esos profundos impulsos motivadores.

Continuaba preguntándome qué había ocurrido desde el día en que vi a la señora O. tan contenta ante el muestrario de colores, en la vivienda casi terminada. Durante el año de construcción, ella la había observado en las diferentes etapas, centenares de veces. Y ahora decía que le era imposible habitarla. Había que cambiar radicalmente las habitaciones más importantes, asignándoles lugares distintos y creando diferentes relaciones mutuas. La cocina totalmente equipada, con sus cañerías, debía pasar al lado opuesto, donde estaban las habitaciones de los dueños de casa; y era indispensable realizar ahora mismo esas absurdas transformaciones. Parecía un frenético esfuerzo de último momento para deshacerlo todo, para volver atrás el reloj. Derribar las paredes estructurales y cambiar las cañerías era una tarea fantástica. Nos amenazaba otro período de construcción de un año. La pobre mujer parecía casi enloquecida, como un paciente en una sala de psicópatas, que lucha para que no lo metan en el cuarto de tratamiento. Recordé su amabilidad la última vez que la había visto en la casa, absorta en armonías meramente visuales. Se me ocurrió que las impresiones visuales inmediatas, y especialmente el influjo de los colores, pueden seducir a las personas sensibles, al extremo de que otros conflictos anímicos ocultos resulten superados, por lo menos momentáneamente. Reuní todas mis fuerzas y le pedí que nos viésemos para conversar tranquilamente sobre el asunto.

Aunque afirmó que no quería volver a verme nunca más, sobre todo después de aquella ocasión en que la había sobornado por los colores, decidí ir a la colina y por lo menos extraer algunas conclusiones respecto de mi propio fracaso. Después de todo, me dije, esta casa estaba realmente muy bien construida y en el lugar más bello que nadie pudiera desear.

Entretanto, me comuniqué telefónicamente con el constructor, con quien no había tenido relaciones en muchas semanas. Me comunicó que acababa de regresar de un sanatorio, adonde había ido para recuperarse de un colapso nervioso. Afirmó que de ningún modo y en ningún caso realizaría esos cambios, y que éstos eran totalmente absurdos. Su desaliento y falta de voluntad me perturbaron aún más. Había trabajado con los esposos O. durante más de un año, y también el señor O. era presa de la mayor desesperación. En realidad, todos estábamos iguales.

Por mi parte, continuaba sospechando que se había excedido holgadamente el presupuesto de costos. Cuando pregunté, el constructor me ofreció un informe completo. Me dejó atónito. A pesar de la conducta irracional de los propietarios, el costo era inferior al presupuesto. Ese constructor era una joya..., pero ahora tenía los nervios destrozados.

Nuevamente atravesé el huerto de árboles frutales y encontré a la señora O. sola en la casa. Puede decirse que se negó a ver y a oír, y nuevamente demostró el más vivo resentimiento. Insistía en que la casa, y yo con mi actitud de consentimiento, la habíamos destrozado. A pesar de mi profunda depresión, la escuché. Continuó explicando que era imposible dirigir la casa y el huerto, ambos de proporciones descomunales. Como ignoraba las cosas del campo, necesitaba ayuda. Uno de sus hijos era todavía un niño de brazos. ¿Cómo podía mantener limpio aquel lugar, en la cima de la montaña, adonde el viento llevaba grandes masas de polvo de la excavación inconclusa y la plantación, si una doncella tras otra la abandonaban, a pesar de los buenos salarios, porque los cinematógrafos y la posibilidad de salir con jóvenes eran cosas tan lejanas? Así estaba ella, sola con sus hijitos, tratando de administrar una propiedad enorme en medio del campo. Yo la había obligado y engañado, a ella, una dulce e inocente niña. Esa casa no era para una mujer como ella, incapaz de manejar una situación tan novedosa y difícil.

Mencioné mansamente que el marido había querido precisamente esto y que a menudo había elogiado mis planos. Pero al oír estas palabras, la mujer fue presa de un auténtico acceso de furia.

"¡Sí, así son ustedes los hombres! El elogia sus planos, pero todas las mañanas se va en el auto a la oficina y me deja en la estacada, siempre sola... siempre", y volvió el rostro para no mostrar el temor y la desesperación que la dominaban.

Ahora hablaba como una mujer que se levanta contra los hombres incomprensivos; yo era uno de ellos y compartía con el marido la responsabilidad de su sufrimiento. Me sentí profundamente conmovido y, disipada mi propia cólera, experimenté un sentimiento de simpatía hacia los seres humanos torturados, desorientados y mal aconsejados. De pronto lo comprendí todo. Vi que en cierto modo ella tenía razón y que se sentía real y verdaderamente infeliz. No se trataba de esa representación de la cólera que observamos en una persona que quizá no quiere conceder a otros el mérito y la retribución que le corresponden, o que aun se siente más segura si critica al prójimo. Aquí, en este lugar tan bello tenía ante mí a una de las personas más auténticamente desgraciadas que jamás hubiese conocido. Y era indudable que yo había contribuido a su infelicidad, preocupándome por problemas que no venían al caso, como los gastos, e ignorando el verdadero problema; y confortándome con la idea de que entretanto complacía a esa mujer siguiendo sus directivas y lo que había interpretado erróneamente como meros caprichos.

En ese mismo instante comencé a ver el problema en una perspectiva totalmente distinta. Durante un año la señora O. había tratado de evitar su destino. No lo había logrado. En verdad, el esposo le había hecho un flaco servicio con su superficial pretensión de vivir como un caballero rural sobre una colina, en una amplísima y suntuosa casa, ridículamente espaciosa e inaccesible tanto para el servicio doméstico como para los vecinos de buena voluntad. Había realizado eficazmente su erróneo plan con un constructor-artesano de primera categoría, que en definitiva había tenido que acudir a una clínica psiquiátrica. El constructor había terminado una casa muy espaciosa a un precio muy razonable y con exquisita habilidad. Por lo cual me había sorprendido, haciendo que mis advertencias pareciesen ridículas y mal concebidas. La posibilidad de un fracaso en este aspecto, cosa que nunca ocurrió, había monopolizado mi atención.

Pero en un plano completamente distinto, el matrimonio de este hombre estaba arruinado, no porque él hubiese fracasado en su plan técnico y financiero, sino *porque había tenido éxito*.

Por mi parte, no había advertido dónde estaban las verdaderas asechanzas y había concentrado la atención en los problemas de ejecución, concibiendo falsos temores que nunca se materializaron. Por eso mismo ignoré totalmente el problema humano y no formulé las advertencias indispensables; debía haber prestado atención a la ansiedad de la mujer, un sentimiento subconsciente pero cada vez más acentuado que, según se comprobó después, era totalmente justificado. Como me había interesado excesivamente en los problemas financieros y técnicos de la construcción, me pasó inadvertida la inadaptación humana de la señora O. a todo el proyecto; y ahora veía que allí estaba la causa de su indecisión y sus insomnios. Todos estábamos comprometidos en un plan erróneo que lamentablemente había tenido éxito. Un matrimonio que antes era feliz marchaba de hecho hacia un fracaso espectacular. Plantar y trasplantar es casi un acto de culto en la antropología, que no reclama perfiles mecanicistas.

Yo rezaba, rogando que el tiempo suavizase un tanto la situación de esta mujer. Pero ¡cómo podía ocurrir tal cosa, si todas las esperanzas estaban depositadas en una gran residencia insalvable, un hogar que tenía atractivo suficiente para que ella lo amase y que, sin embargo representaba una amenaza tan grave a su confianza en sí misma que la impulsaba a odiar la casa misma! Todo el dinero y el crédito del matrimonio estaban invertidos ahora en la casa. En mi cabeza daba vueltas y más vueltas al problema, como atado a una crujiente rueda de molino.

En una ojeada retrospectiva veía ahora que la señora O. a menudo había mostrado vacilaciones; pero yo ni siquiera por aproximación había llegado a interpretar el asunto, ni había intentado aliviar sus bien fundados sentimientos de ansiedad aconsejando al marido, para que éste a su vez pudiera resolver el problema. En cambio, me había dedicado a colaborar con la ambiciosa locura del hombre y me había lanzado en persecución de algunos espectros, mientras otros peligros más evidentes y reales pasaban inadvertidos. Ahora no podía lavarme las manos, de manera que enfrenté directamente el problema.

La señora O. se ablandó al advertir mi propia angustia y se echó a llorar. Yo también casi lo hago. En verdad, este hermoso sueño masculino había concluido en la pesadilla de una mujer.

El que yo pudiera demostrar que había hecho mucho más de lo que me había comprometido a realizar, nunca me ha tranquilizado. No era difícil imaginar cuánto sufrirían los niños en esa situación de roce entre los padres, en una casa que era demasiado para una esposa histérica, una mujer de la ciudad de pronto lanzada a representar el papel de esposa de un caballero rural, pero que carecía de la fibra o los medios adecuados, y que en actitud defensiva y desesperada apelaba a las quejas y regaños cotidianos. El matrimonio O. había retornado a la naturaleza, pero no podían ser nobles salvajes o primitivos románticos, ni tampoco poseían el indispensable equilibrio anímico. Ya no vivíamos en los tiempos de Jean-Jacques Rousseau, Pablo y Virginia, o Chateaubriand. Se necesitaba un garaje para tres automóviles si se quería vivir allí, sin quedar sepultado entre las malezas.

Recordé lejanamente la colonia de viviendas rurales que había proyectado cuarenta años antes en Europa, los irritados habitantes de la urbe apenas convertidos en aldeanos, y toda la arquitectura que puede favorecer el desaliento y la destrucción de los matrimonios. En tales ocasiones los seres humanos se culpan mutuamente y no imputan la responsabilidad al medio, que a menudo es la base real de la tensión, la irritación y la fatiga. La interacción humana depende tanto del ambiente, bien o mal diseñado.

¿Qué es el futuro? Estoy seguro de que con nuestra artificial densidad demográfica, cada vez más elevada, debemos encontrar el modo de comprender cada vez mejor la naturaleza y adaptarnos a ella y guardarle fidelidad. La "gran propiedad" quizá no nos acerque al objetivo, y en la práctica es una forma cada vez más difícil.

Yo no había servido de mucho. Juntos, pero desunidos, habíamos perseguido un objetivo erróneo. Sin superar el costo estimado, con un diseño espléndidamente ejecutado y un arquitecto cuyos esfuerzos están mal encauzados, un proyecto inocente que cristaliza en una realidad estática puede perjudicar y destruir la vida de los individuos, las familias, los claustros universitarios o las comunidades —todo lo que se planeó con sentido de esperanza—, si se interpretan erróneamente los problemas humanos importantes y profundos, o si éstos escapan a la sensibilidad del proyectista. Así, esto último puede ser una peste, una plaga de la humanidad.

Para mí resultaba muy reconfortante la posibilidad de recordar por lo menos muchos otros casos de comprensión más feliz, en los que la gente proyectaba su ser, gracias a la nueva estructura, en su propio futuro, con optimismo y al mismo tiempo con inquietud. Sin duda, ésta es la ocasión, el momento en que necesitamos un amigo y un profesional de buena voluntad y penetración, capaz de conocer la vida más allá del simple profesionalismo del especialista. Debe ser un ser humano consciente, como un buen médico que conoce la vitalidad y las debilidades humanas. Debe conocer los anhelos y el modo de encauzar con eficacia lo que se anhela. ¡He visto mucho en cuarenta años de crecimiento, pero nunca lo he visto todo!

Ni el cliente individual, como los Jones que de un modo muy personal quieren un hogar, ni el cliente colectivo, la comunidad, como la ciudad de Atenas, que construye su santuario sagrado —el Partenón—, pueden expresar racional o claramente en palabras las necesidades del lo que se proyectará. El proyectista debe zambullirse en los conceptos manifestados con palabras para alcanzar profundidades biorreales a menudo envueltas todavía en sombras.

El arquitecto no es un "hombre que satisface reclamos"; más bien puede afirmarse que, gracias a su actitud creadora, los programas se desarrollan y cristalizan.

Como si esto fuera poco, ante todo y siempre debe actuar con devoción en una pequeña escala individual, lo mismo que el médico de la familia. Si en determinado caso diagnostica el programa corriente, no se apresurará a aceptarlo por su valor aparente. No hará tal cosa, lo mismo que un médico escrupuloso no se enfrascará inconsultamente en el informe subjetivo de un enfermo, que también se preocupa de su vida futura, en lugar de aceptarla tal como ésta se le ofrece. ¡Uno espera que mire con afecto humano y también con profundidad a la persona que confía en él y que felizmente no está completamente sola en el amplio campo de la experiencia clínica de la humanidad en general. De ese modo el arquitecto aprende y adquiere una penetración especial, para consagrarla después a ulteriores y más amplias tareas humanas, a "la unión más global", y progresa para contemplar perspectivas más amplias e integrales. Quizás en definitiva pueda servir a una nación entera, o a la humanidad misma, más allá de todas las divisiones, a menudo imaginarias y sin embargo tan peligrosas, contribuyendo así a una feliz armonía.

Lo que tenemos en común unos con otros podemos sentirlo mejor emotivamente, "sobre la marcha". *Lo que nos diferencia* alimenta nuestra capacidad física. Digo "alimenta", porque es característico que los cerebros humanos se complazcan en la crítica.

Todos tendemos a complacernos y enorgullecernos exageradamente de nuestras peculiaridades, de las distinciones étnicas, de los credos sutilmente diversificados y las distancias geográficas que nos separan de la isla más próxima, o del otro costado de las vías del ferrocarril. Se trata de un rasgo constitucional, que alimenta la autoafirmación y se profundiza con los permanentes condicionamientos y clisés sociales. Es un estado de cosas que perjudica gravemente las posibilidades de la paz mundial y menoscaba el problema más amplio: advertir la continuidad y la unidad ecológicas de todo el bosque.

Si algo interrumpe la homogeneidad humana, no es tanto la nacionalidad —japoneses, esquimales y zulúes norteños o sureños— como la individualidad biológica, aun en el ámbito de una sola familia, con sus estómagos de volumen, forma y posición muy distintos, y las tráqueas de diámetro notablemente variado, y las muchas rarezas que nos separan. La unión solía ser eficaz sólo por obra de una antigua tradición o de la fuerza esclavizadora. Pero la feliz y armónica reunión de los individuos mediante el conocimiento más profundo de su significado y esencia puede ser, en efecto, la principal tarea del futuro, después que el "renacimiento" de la búsqueda individual ya no sea una alternativa viable, como no lo son las pequeñas soberanías en el enfrentamiento de la guerra.

En lugar de considerar pacíficamente la posibilidad de una unión más amplia, continuamos preocupándonos y guerreando sobre los derechos de los estados y la liberación de naciones de las que incluso puede afirmarse que están conformadas caprichosamente. Los derechos humanos poseen una base mucho más biológica e individual. Este humanismo de lo que incorporamos a la escena terrenal ocupa paulatinamente una posición estratégica. En todo el globo, en la calle Mayor y en nuestro propio hogar, la expresión arquitectónica debe abandonar las congeladas formas del conflicto para convertirse en monumento de promisoria cohesión.

De un antiguo campo de batalla a una escena cosmopolita

¡Qué extraños caminos nos conducen, atravesando estériles desiertos, hacia proyectos inesperados, promisorios y complejos, y a programas que se desarrollan de un modo amplio y sorprendente más allá de su ámbito inicial! Un programa es la primera y pequeña simiente, en apariencia inerte, o el capullo tal vez un tanto descolorido, del cual surge bruscamente esa fantástica mariposa que es el espíritu de una construcción. Lo he comprobado en el curso de toda mi vida, desde mis tiempos de principiante hasta hoy.

Cierto verano, cuando ya había alcanzado un relativo éxito, se me invitó a pronunciar el discurso principal en un seminario industrial de la Universidad de Arizona, en Tucson. En verdad, me parecía que prestar toda la ayuda posible a uno de nuestros proyectos de desarrollo constituía un grato privilegio. Estaban presentes intendentes y gobernantes, reunidos allí para promover el desarrollo industrial del Estado.

Mis observaciones acerca de que la gente y la naturaleza eran también aspectos estrechamente relacionados con la esencia de la cuestión fueron recibidas muy favorablemente; uno de los periodistas que asistieron al acto, John Riddick, del *Daily Citizen* de Tucson, nos invitó cortésmente a mi esposa y a mí a realizar una excursión por el desierto, en dirección a la frontera con México.

Era domingo y las circunstancias me impidieron contestar, antes de salir de Tucson, un llamado telefónico procedente de Washington.

Mientras el automóvil se deslizaba entre los cactos saguaro, el señor Riddick, un joven inteligente, me habló mucho de sí mismo y sus antecedentes; se había graduado en la Universidad de Virginia y luego se había especializado en la Escuela de Periodismo de Columbia. Interrumpí una interesante conversación y mencioné que necesitaba responder al llamado telefónico de la Costa Oriental, en el supuesto de que fuese posible hacer tal cosa en medio de aquel dilatado y árido desierto. El señor Riddick recordó que varios años antes un vaquero texano se había instalado a varios kilómetros de distancia del camino que estábamos siguiendo, y había establecido un rancho, comunicado con la civilización mediante un solitario cable telefónico. Se llamaba Kingsley, y ése era también el nombre que la empresa telefónica había asignado a aquella instalación aislada. Abandonamos el camino y pronto hallamos al ranchero, tocado con un amplio sombrero texano de ala ancha. El señor Kingsley, que mascaba impasible su tabaco, me guió hacia el teléfono. Mientras él bebía un gin con el señor Riddick, y la señora Neutra sorbía un brebaje más femenino —una bebida sin alcohol, helada—, hablé con Washington, a casi cinco mil kilómetros de distancia, y me enteré ahí mismo, sorprendido y conteniendo el aliento, de que estaba considerándose mi candidatura como arquitecto del Lincoln Memorial Museum, en Gettysburg, el campo de batalla donde el gran estadista había pronunciado su grandiosa, breve, reflexiva y profética alocución. Como en un relámpago, evoqué toda la humanidad de ese hombre a menudo triste, que pronto habría de morir por la mano de un asesino, y al punto se me ocurrió que no debía erigirse un monumento a la batalla, sino un santuario de la nación norteamericana.

Cuando me aparté del teléfono, sentí que flotaba en el aire; puse un brazo alrededor de los hombros de Riddick y murmuré, con voz entrecortada: "¡Qué me dicen! Me comunican de Washington que posiblemente nos encarguen el Monumento a Lincoln, en el campo de batalla de Pennsylvania que todavía conserva su recuerdo; y aquí estoy yo, venido de Los Ángeles —en realidad, debiera decir de Viena—, en medio de los cactos saguaro de Arizona. ¡Imagínese, un Monumento a Lincoln en Gettysburg!"

Esperaba que el señor Riddick, y posiblemente el señor Kingsley, me besaran en ambas mejillas, sin hablar de mi esposa; pero pronto me enfrié. El hombre del *Daily Citizen* me miró de arriba abajo y luego habló gravemente: "¿Quiere decir que vamos a gastar el dinero de los contribuyentes para conmemorar la derrota de la Confederación?"

Por un instante creí que bromeaba, pero en realidad hablaba con mortal seriedad, y recordé repentinamente que él era virginiano.

Había oído decir que los sureños todavía estaban librando las batallas de la Guerra Civil; pero éste era un pulcro joven de la Universidad de Columbia, no un coronel de blanco mostacho.

"¡La derrota de la Confederación!" A mí no me habían dicho nada por el estilo. En la conversación telefónica me habían explicado que debía diseñar un monumento a Abraham Lincoln, en un bosquecillo consagrado de viejos árboles, un museo y un centro de recepción para los muchos visitantes de uno de los parques nacionales norteamericanos. Ante mis ojos se alzaba la alta figura del Honesto Abe, de quien había oído hablar a

Cari Sandburg en Taliesin, el hombre que había llevado sobre sus delgados hombros el peso de tantas preocupaciones. No se me había ocurrido la idea de que en este proyecto hubiese algo explosivo; y, por cierto, creía que Lincoln era un tema seguro y glorioso en su propio país. De pronto comprendí que el asunto podía tener un aspecto completamente distinto. Quizás una cuarta parte de la nación se oponía, y muchos probablemente eran personas menos serenas, educadas y cosmopolitas que aquel joven entristecido que tenía frente a mí y con quien —lo mismo que con muchos sureños anteriormente— había llegado simpatizar. ¡Cuántas y cuán cambiantes imágenes había entrevisto en los últimos cinco minutos, desde el momento en que recibí el mensaje telefónico!

El señor Riddick preguntó con voz colérica qué me proponía conmemorar. Comenzó a hablar del genio militar y sobre todo de la caballerosidad de Robert E. Lee, todo lo que mi joven amigo de Virginia había aprendido en el colegio secundario acerca de las brillantes proezas estratégicas de este héroe. Según entendí, *a él* debía consagrarse el monumento. Recordé que un arquitecto debe respetar la dinámica cerebral e interpretar los viejos signos inscritos en un alma. En este caso el cliente era una nación entera, que durante mucho tiempo había llevado la palabra "Unidos" en su nombre; y creyéndolo así acababa de tropezar al comienzo mismo de mi proyecto, pocos minutos después de habérseme encargado la tarea.

Entretanto, el señor Kingsley continuó mascando su tabaco, y en su condición de miembro del moderno imperio texano, adoptó una postura neutral, al mismo tiempo que contemplaba al señor Riddick, que tenía un aspecto tan deprimido, y varias veces pareció dispuesto a rechinar los dientes. Tuve un impulso de solidaridad con el doliente y, pasándole el brazo sobre los hombros, dije: "Subamos al auto y sigamos camino".

Recordé los lujuriosos y bellos paisajes sureños.

Recorrimos el desierto pacífico y silencioso. Hacía mucho que estaba allí, mucho antes que cualquier Guerra Civil, y muy lejos del estrépito de la batalla librada en Pennsylvania, en el otro extremo del continente. Es extraño cómo todo, aun lo más distante, se agrupa en un cerebro humano. Traté de idear un modo de calmar al señor Riddick, que manejaba abrumado por el dolor y la cólera. De pronto yo también experimenté un sentimiento de melancolía, pues comprendí que mis 180 millones de clientes no profesaban la misma opinión. ¡En el comienzo mismo de mi tarea, un verdadero problema! Sin duda, el señor Riddick no constituía una rareza. Además, ningún cliente puede representar una rareza para un arquitecto. En el fondo de mi corazón sentía que, a pesar del valor de los oficiales y los hombres del general Lee, Gettysburg no había sido para él mismo una exhibición de buena estrategia. Recuerdo mi propia experiencia militar, y se me ocurrió entonces que debía ser muy difícil tomar por asalto una colina en las primeras horas de una tarde de julio, mientras trescientas piezas de artillería escupen fuego sobre uno desde un sitio más alto. Y recordé que un ejército invasor siempre tiene muchos casos de disentería, y retortijones y dolores de vientre después de beber el agua de los pozos que encuentra en su camino, y de vivir del país, lo que a menudo significa ingerir alimentos a los cuales no se está acostumbrado. Había oído decir que cierta vez, en una visita conjunta a Gettysburg, Eisenhower y Montgomery habían dudado de que los generales que comandaron las tropas en aquel día fatídico hubiesen merecido la gloria por su plan. No podía concentrar mi pensamiento en los héroes, sino más bien en los muchos hombres que en el desorden de aquella batalla, librada tanto tiempo atrás, estaban condenados a la muerte y el desastre. ¿Qué quedaba de todo eso? Las botas y las pistolas de los soldados fueron desenterradas del campo de batalla y puestas en un museo consagrado a su valor.

No dije nada de todo esto al señor Riddick. Es posible que los sureños hayan peleado como leones, pero desde hacía largo tiempo y desde muchos sectores se les había ofrecido magnánimamente el soborno de la condición heroica, para que soportaran con más elegancia una derrota caballeresca.

A mi juicio, todo esto era un clisé mojigato, y por mi parte quería concebir algo distinto y superior, que con criterio más moderno hablase en su favor. Se justificaría así una verdad histórica, en honor de la cual yo pretendía proyectar un monumento. Dije al señor Riddick: "Creo que conozco el Sur... Quiero decir, las cosas más evidentes. He viajado mucho con sureños. También he tenido el honor de ser el principal orador en diferentes celebraciones de esta región. En realidad, hablé ante un nutrido grupo de ciudadanos de los estados del Golfo, apenas a un tiro de piedra de la última residencia de Jefferson Davies en Biloxi, y en verdad me ayudaron mucho. Gente extraordinariamente buena." El señor Riddick seguía sin pronunciar palabra.

"No hablemos de héroes", continué. "No soy militarista, y en realidad una guerra civil, sea cual fuere el modo de hacerla, me hiere profundamente y por partida doble. En el futuro todas las guerras tendrán que librarse bajo el apretado manto de una civilización que cobija a sujetos muy distintos. Pero, mirando la cosa de cerca, será una lucha de hermano contra hermano. Vea, creo que Estados Unidos perdió algo muy precioso cuando el general Sherman invadió el territorio de los "rebeldes" y sus famosas botas aplastaron tanto a los seres vivos como el pasado mismo de la Tierra. Veamos cómo podría explicarle lo que siento. En realidad, yo debería ser un hombre ajeno a todo esto, porque nací en la lejana Viena. De todos modos, Viena fue otrora la capital de lo que era casi un mundo donde no se ponía el sol, y aquí me siento como en mi casa cuando mi profesión me lleva a México, a Manila, a Lima, a Bruselas y a Madrid, para trabajar en una construcción u ofrecer consejo o ideas de planificación. Como usted sabe, en el fondo los vieneses somos seres cosmopolitas, y creo que también se nos conoce por cierto sentido de la cortesía que nos facilita la aclimatación y la rápida asimilación, a pesar de cierto acento que siempre nos queda. No olvide que se necesitaron muchas nacionalidades, muchas disputas y conciliaciones para forjar a los vieneses.

"Creo que esos viejos sureños tenían también un peculiar poder de asimilación, y no poca capacidad de afecto, que quizá se manifestaba con los forasteros y los salvajes que llegaban, presas de la desesperación y encadenados después de un viaje realizado en terribles condiciones. Hace poco vi la isla La Gorée, frente a la costa de Senegal. Dibujé bocetos de los embarcaderos usados por los esclavistas, de cuyas mazmorras los capitanes yanquis retiraban la miserable carga negra para meterla en sus bodegas e iniciar el doloroso viaje a Charleston, ahora una escala tan bella para otro tipo de turista. Tiempo después los yanquis se mostraron terriblemente hostiles a ese tráfico negro; y los hijos y los nietos de sus asociados, los crueles árabes que se dedicaban a la caza de esclavos en Africa, también ahora muestran considerable desprecio hacia la "penetración comercial imperialista". La libertad ha encontrado muchos defensores peculiares. Los cruzados de la historia mundial a veces eran gente de dudosa calaña."

El señor Riddick mantenía los ojos fijos en el camino y apretaba el acelerador.

Me interrumpí, y luego continué hablando. "Le diré algo que se me ha ocurrido. Cuando tenía seis años, mi madre me leyó un cuento de un libro ilustrado, una edición infantil de *La cabaña del tío Tom*. Me impresionó profundamente y me enamoré de sus personajes. En verdad, parecía que los malos eran apenas unos pocos. Había personas malas y buenas, como en cualquier otro país. Muchas de estas escenas —la negra Eliza, cruzando el río helado, con los pies desnudos sangrantes— quedaron grabadas en mi memoria, lo mismo que una maravillosa niña blanca que murió, destrozando el corazón de los esclavos negros de su padre. Lloré mientras mi madre me leía este relato.

"Ahora, hace unos pocos meses, viajaba en automóvil por el desierto de Colorado, bastante parecido a éste, y cuando me detuve en un monte, al anochecer, y bostezando comencé a desvestirme, vi un par de libros en un estante. Abrí uno de ellos, y ahí estaba... *La cabaña del tío Tom*. Han pasado sesenta años desde que mi madre me leyó la historia en un libro ilustrado en alemán. Esta vez era el texto original en inglés. Comencé la primera página con la curiosidad de comprobar cuánto recordaba, y de pronto me maravilló advertir que había interpretado erróneamente muchas cosas esenciales." El relato comenzaba con cierto señor Selby, un propietario de plantaciones que se encuentra en dificultades económicas y debe vender parte de sus esclavos para afrontar la situación. Conversa con un tratante de esclavos y describe a un negro, el tío Tom, de quien afirma que es un trabajador maravilloso, leal, digno de confianza y muy útil. Además, ya es también un buen cristiano, pese a que han transcurrido sólo tres años desde el día en que abandonó la selva.

Aquí interrumpí bruscamente la lectura. Durante todos aquellos años en Estados Unidos había alimentado subconscientemente mi lejano recuerdo del "tío Tom"; la primera vez que vi a un amable y sonriente guarda de un coche Pullman, en el Ferrocarril de Pennsylvania, se me ocurrió que era el propio tío Tom; y la imagen permaneció en mi espíritu. Había olvidado totalmente que el "tío Tom" no había sido un miembro del personal del Pullman, sino un "salvaje" o en todo caso un hombre llegado de muy lejos, separado del ton-ton original sólo por un lapso de tres años, y que ya se había convertido, con increíble velocidad, en un buen sureño y, hasta cierto punto, en un occidental. Comprendí repentinamente el milagro de la asimilación que ese Sur de las residencias y las plantaciones —como tenían que reconocerlo los amargos escritores norteños de espíritu crítico— realizaba a lo largo del Mississippi, en Louisiana y a lo largo del río James de Virginia en mi condición de arquitecto, aunque seguramente un arquitecto sin ninguna inclinación particular al clasicismo añejo, había percibido inmediatamente el extraño poder de convicción, la capacidad de asimilación de las escenas del Vieux Carré de Nueva Orleáns, un panorama tan distinto del que hallamos en Detroit, adonde ahora los hombre y las mujeres de color, liberados hace mucho tiempo, pueden ir a vivir, pero sin que jamás logren sentirse realmente "nativos del lugar". ¿Por qué era diferente la experiencia de estos negros arrancados a la selva para convertirlos en esclavos de una civilización lejana, en un país extranjero? ¿Por qué para estos absolutos extranjeros era mucho más fácil arraigar en el Sur que en el Norte "libre"?

"Sí, perdimos algo en esa Guerra Civil: el Sur, y también el Norte", dije al señor Riddick. "Y sobre todo ahora debemos prestar atención a esa cualidad, porque en este momento queremos asumir la dirección del mundo libre, y la necesitamos particularmente. El poder de asimilación, esa cualidad que nos permite lograr que los extranjeros se sientan próximos a nosotros, es exactamente lo que debemos tener. Puede afirmarse que incluso un gran norteño, un pensador sensible como David Thoreau, que vivió hace un siglo, no sentía una cálida adhesión a su propia y nueva civilización natal, y así trata de escapar a Walden Pond. ¿Quizá nuestra premiosa e informe civilización ha mejorado después, o sólo ha adquirido mayor opulencia gracias a sus planes en cuotas? El individuo es libre, pero ¿dónde hallará la posibilidad de aposentar libremente su alma? Otrora Estados Unidos alentaba una tradición en este sentido, pero creo que esa veta era más viva en el Sur."

El automóvil avanzaba entre los cactos saguaro, y el señor Riddick guardaba silencio. Continué: "Ahora necesitamos especialmente tener *calidez suficiente para asimilar*, como esa vieja Viena, capital del Viejo Mundo, donde los checos, los polacos, los croatas, los rumanos, así como los tiroleses y los estirios de habla alemana, se sentían cómodos alrededor de la catedral de San Esteban y entre esas magníficas muestras de arquitectura humana, aunque palaciega, quizá propiedad de unos pocos, pero amadas por todos, porque eran parte de su ciudad natal. Aquí disponemos de la riqueza y tratamos de ejercer influencia, y hasta cierto punto de dirigir a todo el mundo libre. Deberíamos poseer también los elementos que nos permitan asimilar a las almas de áreas muy primitivas —los países en proceso de desarrollo— y también a los de muchos otros sectores muy cultivados. No es posible alcanzar tales objetivos apelando exclusivamente a la fuerza o a los dólares. "¿Qué clase de mundo nos ofrecemos a nosotros mismos? ¿Qué aspecto ofrece a los demás? He visitado muchos lugares de este planeta. ¿Y sabe cómo nos miran? *¡Nos miran exactamente como los sureños miraban a los yanquis!* Para la mayoría, para los periódicos críticos, o revolucionarios y humorísticos, somos los traficantes siempre extraños al medio, ridículos y toscos. Me estremezco cuando pienso en el asunto. Nada saben de los muchos norteamericanos espléndidamente educados, sensibles y cultivados que tenemos en este país. Sólo ven nuestros pies sobre el escritorio y una ignorancia brutal, atenta sólo a la ganancia y desprovista de sentimiento y actitud cultural. Quizá les prestemos dinero o les facilitemos cheques de viajero, pero por lo demás: ¡Vuélvanse a casa! Yo sé, y usted, ex alumno de un lugar tan erudito como la Universidad de Columbia, usted también sabe que no nos hacen justicia. Pero aquí no estamos hablando de verdades ocultas y de cualidades ignoradas. Nos referimos al modo como nos ven los demás y a lo mucho que les alegra simplificar aún más sus ásperas caricaturas. Es lamentable hallar de Caracas a Copenhague, y de allí a Corea, que los que dudan de nosotros son más que aquéllos que nos tienden la mano."

El señor Riddick levantó los ojos del volante y asintió gravemente cuando repetí: "Sí, perdimos algo cuando Sherman marchó hacia el mar: Para el mundo exterior, todos nos convertimos en yanquis ... Incluido usted."

"Hubiera sido necesario llevar las cosas a una conclusión más conciliatoria y cosmopolita. El resultado de la Guerra Civil y de Gettysburg parece más que nunca un momento crítico y una situación de peligro si se lo contempla en la perspectiva que se nos ofrece cien años después, cuando, según se afirma, 'América yanqui' domina al mundo, y la más cordial y más cálida mezcla sureña de antaño se ha disipado o reducido a la condición de una actitud defensiva. El regionalismo sureño posiblemente ha quedado reducido a una molesta y odiosa actitud de introversión, que alimenta un odio de razas que poco tiene que ver con los auténticos recuerdos del Sur. Por lo demás, en medio de todo el posible progreso industrial moderno, la conciencia sureña lleva una existencia muy limitada en los negocios de antigüedades.

"Tenemos aquí algo que es necesario mostrar al mundo. Estados Unidos es maravillosamente multilateral y multifacético, y en lo hondo de su ser tiene más posibilidades y tributarios que lo que pueden exhibir los extranjeros, limitados por sus cuatro paredes. Nuestro país, cuya población proviene de tantas fuentes, a menudo humildes, muy bien puede manifestar la más profunda empatía y el más cálido sentimiento comunitario.

"Creo que Lincoln experimentaba ese sentimiento. Si alienta en un individuo, éste puede haber nacido en una cabaña de troncos, al borde de un bosquecillo de la pradera, y pese a todo adaptarse bien a la Casa Blanca, a orillas del Potomac. Hay muchos modos diferentes de vivir, y sobre la tierra muchas viviendas que ofrecen menos protección que una cabaña de troncos, y es necesario que uno pueda sentir su propio ser en ellas si quiere hacer el bien y obtener algo. Es extraño que una escritora norteña experimentase ese sentimiento familiar aun en la choza sureña del tío Tom, traído no mucho tiempo antes bajo el puente de un barco negrero de Boston. ¿Qué cree usted? ¿Qué sé yo? También yo soy extranjero."

"Sí", contestó el señor Riddick, "pero usted no es yanqui." Respiró hondo. "En todo caso, usted debe proyectar ese monumento pensando en la reunificación y exaltándola." Me miró con expresión muy seria, pero al mismo tiempo complacida.

"Le agradezco de todo corazón que también usted me encomiende esta tarea, o que la acepte de buena gana", dije. Volviendo los ojos al desierto de cactos espinosos, agregué con aire reflexivo: "En verdad, sé tan poco de estos hechos históricos. Quizá mis conjeturas sean totalmente erradas. En definitiva, Lincoln ganó una guerra, pero no creo que se sintiese como un vencedor, con una gran V mayúscula. En el futuro nadie volvió a ser un vencedor absoluto y total. La experiencia de Lincoln fue un precedente de sabia humildad, válido para todo el futuro y para este mundo dividido que tanto necesita de la unión. Quizás un arquitecto y un proyecto realizado nos ayuden a expresar las necesidades históricas multinacionales del mundo en un planeta cuya extensión ha disminuido.

"Quisiera que la secuencia de objetos del museo culminara en una tribuna de la voz profética, sombría y al mismo tiempo solemnemente iluminada, que pueda ser vista desde el auditorio que construiremos y desde el espacio exterior destinado a las reuniones, amplísimo y que al mismo tiempo se eleve suavemente, a la sombra del Bosque de Ziegler, hacia los históricos robledales de Cemetery Ridge. Nuestro edificio se prolongará hasta un segundo plano, detrás de un estanque que refleje el cielo eterno sobre nuestras cabezas, y no exhibirá nada que atraiga la atención sobre la novedad o el pasado.

"Todos los años podría invitarse a hablar allí a un gran estadista de una de las naciones de la tierra. Seguramente también las naciones que nos hacen la guerra fría deben tener hombres a quienes valga la pena escuchar. Mientras sea necesario aliviar las tensiones, un invitado de cualquier país, con la única condición de que represente lo mejor que tiene la humanidad, debe hablar ante treinta mil personas. Sobre ese suelo los hermanos se asesinaron unos a otros, y el orador hablará acerca de 'Lo que no perecerá sobre la tierra'. Las palabras de Lincoln no eran frases vacías. Podrían ser el punto de partida de una extensa serie de discursos graves y al mismo tiempo promisorios, pronunciados a lo largo de siglos. Podría ser huésped de honor el vicepresidente de la India, el filósofo Radakrishnan, que conversó bondadosamente conmigo en su casa de Delhi; podría ser Chou En-lai, si se eriza menos que de costumbre, o un hombre como el doctor Heuss, ex presidente de Alemania Occidental y cordial protector de los arquitectos al servicio de la humanidad —lo conozco bien, se diría que siempre encuentra el tono justo y el pensamiento conciliador—, o podría tratarse de alguien que todavía no ha nacido. Prolongado es el futuro, y así debe ser para que podamos fusionar y armonizar a los seres humanos.

"Como usted sabe, somos la especie que tiene el extremo inferior dividido, y sobre esas divisiones solíamos recorrer el paisaje antes de que nos hubiésemos motorizado; pero también tenemos un extremo superior dividido, con cierto toque de esquizofrenia: el grupo de mayores dotes y agobios cerebrales, la pandilla más tendenciosa que jamás pisó la tierra, una especie muy necesitada de unificación y de paz interior.

"Necesitamos urgentemente ocasiones festivas para concertar la paz y celebrar ostentosamente la unión. Podemos encargar a un arquitecto que nos suministre el marco y el ambiente de estas celebraciones. Hablaré del asunto con el Secretario del Interior de Estados Unidos, de quien depende este proyecto. Quizá su intervención sea provechosa para nuestras relaciones internacionales, sobre todo en los casos en que, a veces, nuestro Secretario de Estado poco puede hacer para calmar la agitación." Más tarde, en efecto, utilicé exactamente las mismas palabras cuando hablé con el Secretario; y él me escuchó cortésmente, como lo habían hecho nuestros clientes que nos guiaban en las recorridas por los parques nacionales, que reunidos representan un aspecto de indudable interés para la humanidad.

"No tenemos dinero suficiente para acomodar a treinta mil personas en sillones de felpa, pero pueden permanecer de pie en un auditorio natural, bellamente diseñado, algo semejante al patio solemne de los santuarios shinto de Ise, Japón. Los visitantes pueden permanecer de pie un minuto y cuarenta segundos. Lincoln no necesitó más tiempo. De pie pueden escuchar un mensaje de trece oraciones, como el suyo, acerca de los ideales perdurables de la humanidad. La humanidad es la Unión General que debe preservarse, por encima de la soberanía de cualquier área política, trátese ahora de Indonesia, o Katanga, o como entonces de Maine o Virginia. No debe admitirse ninguna división, que desencadenará el desastre y será causa de la destrucción de la humanidad.

Entre los hombres puede prevalecer el profundo interés común. Si quiere sobrevivir, la humanidad debe promover el fin de las armas, cuya fuerza cada vez más terrorífica colma de horror el futuro y determina que este antiguo campo de batalla sea en comparación cosa minúscula, e inútil el heroísmo. La Unión General ha cobrado aún mayor significado en este planeta cuya extensión se ha reducido. Afrontamos el mismo problema, y probablemente así continuaremos durante varias generaciones. Lincoln no pronunció un discurso de la victoria; fue un profeta, y su texto continúa resonando en nuestros oídos."

Había hablado por demás, pero mi anfitrión y chofer me dirigió una mirada amistosa mientras el vehículo se acercaba a los guardias de la frontera mexicana.

Una semana después, el señor Riddick me escribió. Mostré la significativa carta de ese patriota sureño, ahora mucho más reconfortado, al director de nuestro Servicio de Parques Nacionales y al Secretario del Interior en Washington, a quien quería prestar un servicio en un sentido más profundo: la posibilidad de convocar a un público amplio y cosmopolita. Más allá de la mecánica externa, en el mundo de la arquitectura el factor emocional es el factor que al mismo tiempo impulsa y guía. Mediante la erección de un grupo arquitectónico monumental en un campo de batalla, y gracias a su nueva consagración, el triste recuerdo de una división interna todavía dolorosa podía conmemorar lo que la humanidad debe conservar como objetivo armónico común. Sentí que ahora el proyecto se había convertido en tarea casi sagrada, y no en simple rememoración del pasado.

La arquitectura es demasiado perdurable, y por eso mismo no puede conmemorar la hostilidad sombría y la estrecha ignorancia del hecho de que estamos en el mismo bote, rolando y cabeceando hasta alcanzar un puerto seguro. La arquitectura pertenece al mundo de la *terra firma*, está destinada a ayudarnos, puede ayudarnos a hallar, en un medio bien conformado, un equilibrio perdurable de las almas humanas, individuales, en grupos y en grandes masas. Tal es el concepto principal y lo que debemos conmemorar cuando construimos algo.

En el futuro, cuando sea posible trazar programas de construcción mediante el estudio de la "función" y la "operación", y suministrando ecuaciones a una computadora electrónica, también podremos observar y considerar una multitud de parámetros variables en él campo de la bioquímica endocrina. Si consideramos únicamente los determinantes externos, no podremos hallar respuesta. La arquitectura se origina en lo más profundo del ser.

Nuestro fatídico medio

Las ciudades humanas

Durante años Estados Unidos ha sido proverbialmente el país del conocimiento industrial y tecnológico, y una gran parte del mismo puede aplicarse a la organización comunitaria. Por lo menos, los intendentes, los administradores de las ciudades y los concejales cobran conciencia de esta sesuda sabiduría, y es posible que vean —con cierto beneficio para los contribuyentes— los artículos informativos que sobre tantos temas "prácticos" publican mes tras mes *The American City* y otras revistas. En la voluminosa sección de "anuncios" se destacan sobre todo la utilidad y la economía de mantenimiento. A veces es posible que se mencione también la belleza de un farol callejero, un puente o una planta de tratamiento de aguas servidas, o el diseño de un campo de juego.

Sin embargo, en general nuestras ciudades no son un éxito. Su atracción es contradictoria; lo que pueden ofrecernos nos confunde. Es posible que aporten "satisfacción anímica" en unos pocos sectores verdes, o en la periferia, pero no se trata de una característica general; ¡y a veces la periferia es lo peor!

He sugerido desde hace mucho tiempo que nos guiemos por lo que es "biológicamente soportable", o lo que es posible mantener, aun en el centro o el subsuelo de nuestra civilización metropolitana, donde es posible que, en el curso de unas pocas décadas, debamos huir de la ofensiva supersónica de un tráfico aéreo cada vez más denso. Por cierto, son determinantes biológicos positivos las cosas toleradas por los nervios y que poseen forma y estructura.

La naturaleza es el precedente del hombre, el punto de donde partió y de donde, en el curso de decenas de millares de años, primero mediante la simple adaptación y después apelando a modificaciones más complejas, trató de extraer la forma y el núcleo actuales de su existencia.

Deberíamos haber obtenido mejores resultados, especialmente durante estas últimas generaciones, pues parte de nuestra mejor labor científica se ha consagrado a la investigación definida y sistemática del importante tema de la estructura orgánica humana. Pero el biólogo no es aún el vocero más influyente, ni siquiera en los grandes y singulares proyectos urbanos, como Chandigarh, de Le Corbusier, o Brasilia, de Costa-Niemeyer, creados por decisión de estadistas visionarios, con las máquinas excavadoras que vi rodar velozmente sobre el suelo verde. En efecto, estas nuevas ciudades exhiben una súbita y colosal voluntad de forma. Es posible que aquí estén los "singulares momentos de transformación" que ya hemos mencionado.

Quizás otrora las ciudades de forma renovada contrastasen con las secuelas de situaciones perdurables. Ahora se alzan en medio de la tediosa matemática de probabilidades de un aecidentalismo cada vez más acelerado. Pero la naturaleza —mal podemos ignorarla, y sin embargo apenas hemos llegado a comprenderla— posee formas sorprendentes y su funcionamiento no encierra lo casual e incongruente.

De los infusorios a las mariposas, en todos los grupos orgánicos, hay formas. Hoy sabemos mucho más que cualquiera de las generaciones anteriores acerca de esta intrínseca cualidad de la naturaleza relacionada con la forma conspicua y consecuente, y por lo tanto debemos temer lo que pueda chocar violentamente con su función frecuente y no obstante misteriosa.

En su examen de esta escena urbana, los fisiólogos del cerebro piensan en esa carga de múltiples conflictos cuando se refieren más específicamente a la "inervación arrítmica". El doctor N. Ischlondsky, perteneciente a la tradición pavloviana un tanto debilitada aquí, ha recopilado y publicado sorprendentes tablas acerca del sufrimiento y el "deterioro de la civilización" que nos reservan las irritaciones cotidianas de la vida urbana amorfa. El aforamiento y la oclusión de las arterias coronarias y la circulación interna parecen relacionarse directamente con los embotellamientos y la confusión del tráfico externo.

Durante mucho tiempo se ha reconocido que el caos es el enemigo del hombre, en oposición al *cosmos*, palabra griega que se refiere a la existencia de la forma universal. Lo que hemos denominado sencilla o imprecisamente tensión nerviosa es más que nada producto de la falta de definición formal, de forma y configuración, fenómeno muy general en nuestra existencia urbanizada, no sólo en la vida de la megalópolis. Nuestra civilización y la indiferencia frente a la forma, así como su subestimación, se han impuesto a la llanura, a los refugios de la montaña y a la costa, y probablemente penetrarán bajo la superficie de los mares. Ya casi no existe refugio en ningún sitio. Como un desarrollo canceroso en la última etapa, tiende a una maligna ubicuidad a través de la metástasis.

La ausencia de forma representa el peligro. Me han convencido de ello una vida de salud y enfermedad, las fluctuaciones de su vitalidad y medio siglo consagrado a mirar las cosas con interés profesional.

De todos modos, poco hacemos para modificar la situación, en favor de la "buena" razón —no sea que amenacemos las emisiones de bonos —aun cuando en todo ello esté implicado el objetivo que es mantener intacto lo orgánico. Las inversiones anteriores representan una economía más "práctica", y así el embrollo cotidiano conserva su carácter sacrosanto.

Sí, nuestro razonamiento debe ser formidable y visiblemente "práctico" para convencer a los votantes. Pero nada hay más práctico que la vida misma, nada más impráctico y costoso que el deterioro de la vitalidad. Los desórdenes nerviosos son las enfermedades más insidiosas y cuyo disimulo resulta más caro, por lo menos hasta que se identifica, se aísla y se interna al paciente. Lo cual es costoso, pero más barato que dejarlo librado a su propia iniciativa. Quizás existen muchas razones por las cuales catorce millones de norteamericanos —¿o son dieciséis?— anualmente calman sus nervios excitados en los consultorios psiquiátricos. ¡Uno llega a preguntarse dónde estacionaron el automóvil!

¡Pero quizá de eso se trata! No hallaron un sitio donde estacionar el auto, o el alma; en todo caso, no tienen un lugar donde aposentarse ellos mismos.

El mundo moderno, la complicada forma o ausencia de forma de la ciudad tiene sin duda su parte de culpa en este problema. Anfitrión canibalesco de todos sus continentes, cotidianamente invita a comer un número cada vez más elevado de huéspedes. Es posible que los seres humanos se alimenten, pero también se ven consumidos por el apremio, la confusión y el estrépito, y por el choque de colores de las luces de neón —un choque sintético, inquieto y antiorgánico, que traza sus garabatos sobre el fondo natural de sombras nocturnas; y durante el día, por una aturdida red de cables que se extienden en medio del pálido *smog*. Otrora el cielo azul y el horizonte distante, casi al alcance de la mano, eran nuestra confortación diaria.

Escribo estas líneas en Los Ángeles, pero podría tratarse de San Pablo, o de la zona industrial de Hong Kong, o de cualquier otro sitio, desde una cómoda mesa en la avenida de un café parisiense, cerca de la parada del ómnibus envuelta en una tenue y acre bruma azulina, hasta el suburbio donde prevalecen los calefactores de petróleo, dondequiera que las moléculas de los gases de desecho de esos aparatos de "control climático" mal concebidos se instalan en nuestro tejido pulmonar y elevan las cifras de cancerosos. El profesor Paul Vogler de la Universidad Humboldt, que vive bajo los pinos de Grunewald, dispone de todos los datos pertinentes, pero los profesionales a menudo se interesan en otras cosas y no pueden prestar atención.

Las "estadísticas del progreso" serenan y enturbian nuestra mente con sus datos sobre la reducción de la mortalidad infantil, el aumento de la longevidad, el impresionante incremento de la población y la concentración cada vez más densa de la humanidad en las ciudades y sobre el planeta. Pero, ¿cuáles son los parámetros y los determinantes exactos de la vitalidad? ¿Cuál es el factor que mantiene la vida y la capacidad creadora de la humanidad, y que la protege del desgaste de sus elementos esenciales, o de su total fosilización?

¿Por qué algunos lugares como Ahmadabad, con su industrialización textil, o algunas de las ciudades europeas reconstruidas con milagrosa rapidez, o la nueva Tokio —quién sabe cuántos millares tiene— son tan evidentemente amorfas al ojo desnudo? Es la palabra más adecuada para lo que uno ve cuando el automóvil nos acerca desde el aeropuerto, dejando atrás interminables señales de tráfico, y nos introduce casi en cualquier ciudad. Aunque se llegue al costado de una inquietante "autopista", con sus accesos taponados, ¿por qué lo amorfo, cristalizado o dinámico, origina un sentimiento de desesperanza?

Una y otra vez dijimos nuestro mensaje. El hombre ha vivido entre formas claramente ordenadas o desarrolladas, ha utilizado la *Gestalt* y la imaginería para expresarse y transmitir mensajes, mucho antes que supiera contar hasta tres. Debemos hacer lo posible para recordarlo siempre. Aún ahora algunos habitantes de las islas de los Estrechos tropiezan con dificultades para utilizar los números, pero se desenvuelven perfectamente con las imágenes. Su aldea tiene forma, aunque carezca de estadísticas de población y no sea capaz de enumerar acertadamente sus pertenencias.

Lamentablemente, existe un aspecto que a menudo me llamó la atención y sobre el cual me he expresado varias veces: en inglés la palabra *figure* significa *dos cosas*: "número" y "forma". La forma es un antiguo valor, de necesidad largamente demostrada, pero a veces casi olvidada. Es prehumana, primaria y eterna. Sin embargo, ahora a menudo se la desecha en favor de los números impresionantes, y especialmente de los de gran magnitud.

Cada diez años la vida humana absorberá a muchos millones más de seres vivos, suponiendo que todavía pueda llamarse vida a todo esto, como solía ocurrir otrora. Se tendrán entonces las cantidades correspondientes de automóviles, de intersecciones, de comunicaciones entre autopistas, y las toneladas de material de desecho que contaminan el aire, en el cual se alzan millones de metros cuadrados de espacio "utilizable", alquilado a los seres humanos. Miles de millones de dólares y de rublos pagan todo esto y "compensan" todo lo que no se había contemplado antes. Interminables hileras de orgullosas cifras caracterizan a nuestra civilización metropolitana signada por la multiplicación gloriosa y la progresión geométrica: muchos "datos y cifras" de carácter concreto, cada vez más impresionantes, de un año fiscal a otro. Los norteamericanos y los rusos, con sus respectivos satélites, se sienten inspirados y atraídos por los grandes números. Sin embargo, como esencialmente escapan a la aprehensión individual, en ellos se manifiesta un factor depresivo.

En lugar de ofrecer una embarazosa e incontrolable acumulación y baraúnda de cosas, la biología complace, como se lo ha destacado en estas páginas, con sus formas y configuraciones, y exhibe fenómenos morfológicos memorables y a menudo recordados fácilmente en un contexto morfogenético de formas y funciones que con frecuencia abarcamos de una ojeada. Ciertas partes del cerebro, quizá no las "frontales", *se movilizan una fracción de segundo antes y activan manipulaciones, conceptos y números más allá de ese lóbulo frontal de la "estrategia mental" consciente.* Pero, por supuesto, cabe afirmar que todas las partes de esta enorme caja de resonancia de miles de millones de células actúan simultáneamente, mientras en nosotros mismos se desarrolla lo que podríamos denominar sencillamente nuestra vida emocional, en general nuestro aspecto más sensible y, por añadidura, el más trascendente. Es el que confiere su unidad, el tono adecuado y el verdadero timbre a la caja de resonancia.

Aun —o debería decir especialmente— los famosos "hechos económicos" desde ese punto de vista de los biofenómenos parecen menos "duros" y casi tan flexibles como el tejido cerebral. Esos hechos fluctúan no menos que otras ocurrencias orgánicas muy dinámicas que se manifiestan en nosotros y que acompañan a todos los fenómenos cerebrales relacionados con la evaluación de los hechos y la motivación. Esta última palabra —motivación— significa claramente que la lógica es hasta cierto punto un juego y que de ningún modo goza del monopolio. Por cierto, así debemos interpretar la situación si atendemos a los progresos en materia de edificios que hacemos o que dejamos de hacer, permitiendo que las deterioradas antiguallas, perduren indefinidamente entre deslumbrantes expresiones de nuestro orgullo.

La *forma* no es refinamiento, sino factor elemental. Es necesario reconocerla nuevamente en su relación con el impulso emotivo esencial, de probado valor como cimiento de la vida humana, revalorado y jerarquizado. El diseño del medio creado por el hombre no puede basarse, ni se basará, en una fórmula presuntamente utilitaria, como la idea de que "la forma se ajusta a la función", como si la forma o la configuración fuesen valores subordinados, secuelas, algo estático, un vehículo rígido detrás de un caballo dinámico y vivo. Nada de eso. Ya lo hemos rechazado muchas veces.

En la naturaleza, ¿qué *precede* a otra cosa? En realidad, no existe una causalidad lineal, de modo que una cosa proviene de la otra.

Lo que ha llegado a ser el clisé de la "causa" a lo sumo ocupa el segundo lugar en la observación cotidiana, por no decir sistemática, del investigador. La forma posee su propio y acentuado dinamismo, que todos pueden ver, tocar, oír y seguir.

Una luciérnaga que zigzaguea sobre el prado nocturno de ningún modo es una forma estática. Su movimiento constituye una forma; como en una danza, hay una forma locomotriz, enriquecida por la luz parpadeante e íntimamente fusionada con ésta. Esa iluminación de ningún modo es utilitaria, como los focos cuya luz se refleja sobre el camino que recorre el automóvil. Es un mensaje definido y excitante que recibe la hembra. Los dos insectos se reúnen y acoplan, y es característico que en ese momento la luz se apaga. La forma, la *Gestalt*, es lo que ha determinado la función más vital de las luciérnagas: la propagación y la supervivencia de los insectos. Las explicaciones utilitarias de los llamados de las aves, con sus formas auditivas, o de las alas de las mariposas, con su encanto visual, son antiguallas del siglo XIX. En esos tiempos los orgullosos fanáticos de lo utilitario afirmaban conocer el sentido de todo cuanto existe.

Sabemos ahora que en el largo futuro que se abre ante nosotros simplemente debemos hallar un sentido distinto, y que *en nuestras ciudades en ningún caso debemos dejarnos sofocar por el caótico desorden sensorial*, que representa un desvío tan obvio y perverso respecto de la naturaleza y lo natural. Es un fenómeno biológicamente intolerable y no debe abatirse sobre nosotros. Aunque técnicamente viable o explotable desde el punto de vista comercial, el medio creado por la máquina no aporta la garantía automática de que, desde el punto de vista de la forma o en cualquier otro sentido, haya de ser también tolerable biológicamente. Cuando se lo logra, aquí y allá, es un resultado simplemente accidental; y es más frecuente que no se lo consiga.

Puede demostrarse fácilmente que el hombre consigue sobrevivir si carece de formas. Los experimentos de laboratorio pueden demostrarlo, y ese "gran grupo de control" de la existencia humana pasada ha demostrado que en el curso de la historia y la prehistoria tanto los componentes como la amplia composición del habitat del hombre se caracterizaban por la forma integral. En realidad, en la naturaleza orgánica la forma precedió al hombre mismo en varios miles de millones de años; repitámoslo, no se trata simplemente del superficial capricho de un esteta. Más aún, en este asunto la historia representa una comprobación, y debería ser una advertencia.

Cuando tratamos de convencer al "hombre práctico", sería mejor que no aludiéramos a un tema tan indefinido como la belleza. También el jurista se encogerá de hombros si le proponemos elaborar o aplicar leyes destinadas a crear o proteger la belleza en la comunidad. Ni la ley, ni el legislador, ni el hombre de negocios, ni el censor o el miembro de un jurado artístico, ni el politburó salvarán al hombre, a menos que presten atención al *naturalista*, bien instruido en los conceptos contemporáneos, pero al mismo tiempo capaz de traducir al lenguaje de aquéllos los factores elementales. No olvidemos que la bondad que serena el resentimiento se origina en una percepción satisfactoria y grata de la naturaleza de las cosas humanas.

Otrora se atribuyeron al hombre cinco sentidos. En las últimas décadas la fisiología moderna estuvo muy atareada descubriendo nuevos elementos y receptores sensoriales; hemos hablado del asunto, ahora se los conoce por millones, pero el "sentido de la belleza" fue siempre algo revelado. Debemos destacarlo otra vez. Se trata simplemente de una figura del lenguaje. Es algo indefinido e indemostrable. Quizá con razón, no convence y nunca convencerá a esos adversarios prácticos y miopes que ven un bosque de postes telefónicos desnudos en lugar de árboles, o que se apresuran en su intento de extraer un poco más de ganancia de cada metro cuadrado de terreno. Asimismo, la miopía es una condición fisiológica que debemos comprender, y la comprensión simpática parece casi un equivalente del perdón cristiano. Pero más allá de estos límites es posible que hagan falta otras medidas constructivas. Así lo entendí antes de llegar a la mitad de mi vida.

Algunos de estos pensamientos ya se habían desarrollado en ese momento y volvían a mi espíritu una y otra vez. La división convencional de la humanidad en personas "dotadas de gusto" y "movidas por un propósito" tiene escaso sentido en la esfera fisiológica. Aun en nosotros mismos la división es ficticia.

Vale la pena repetirlo: por naturaleza somos seres íntegros, no entes divididos en distintos "departamentos". Lo mismo puede decirse del precedente natural que nos rodea. Sería difícil determinar en qué punto un árbol deja de ser "utilitario", "funcional" u "operativo", y dónde comienza a ser bello. El problema mismo parece ridículo.

Cuando intentamos oponer la belleza a la utilidad, o viceversa, simplemente creamos un falso problema, una errónea "estrategia" de enfoque de las cosas. Y si oponemos estas dos ideas abstractas del "lóbulo frontal", con ello no hacemos más que mantenemos precariamente alejados del realismo biológico y de una realidad natural mucho más *fundida en una pieza*. Este tipo de visión dualista de lo que es la unidad tiene un carácter antinatural, y en definitiva nos conduce a un callejón sin salida de clisés trillados o perniciosos. Es mejor apartarse de esos infecundos hábitos de pensamiento y regresar a nosotros mismos, a lo que en nosotros es esencial y más perdurable.

Una "comisión especial de embellecimiento", como de costumbre designada por el intendente, una comisión de arte desprovista prácticamente de fondos, nada significarán para los departamentos importantes de la administración municipal que deben producir trabajos prescritos y "tangibles". Están reglamentariamente obligados a proceder así, pero ninguna cláusula legal inteligible los autoriza a "despilfarrar el dinero de los contribuyentes en absurdas ideas de intelectuales". Sobre todo, no pueden retribuir a nadie que esté en condiciones de sugerir o aplicar bellas ideas con la posible esperanza de obtener resultados convincentes. Por ejemplo, una comisión portuaria creada en una ciudad que es puerto de mar, como Hamburgo, San Pedro, Vancouver o Atenas, asume la responsabilidad de construir instalaciones para facilitar la navegación comercial, aumentar el tonelaje bruto anual exportado e importado, trasladarlo de las naves a los trenes, mantener satisfechos a los estibadores y los armadores —por lo menos en la medida suficiente para que no perturben la actividad mediante conflictos o disputas excesivamente agrios— y permitir el traslado eficiente de las bodegas a los vagones, y de los vagones a las bodegas. Si alguien reclamase que la comisión debería dedicar parte de su tiempo a concebir o simbolizar el puerto como la bulliciosa y monumental puerta de acceso de una ciudad o un país —o como en la nueva Ciudad del Cabo, la antesala de una nueva y colosal área continental consagrada a una afiebrada labor comercial— y pidiese que se gastara cierta suma en amplias obras de "embellecimiento", o siquiera en algunos detalles, los comisionados y el jefe del puerto dificultosamente ahogarían una exclamación de asombro. Después de todo, los contribuyentes se encolerizarían con razón si los ingenieros del puerto se dedicasen a costosos perfeccionamientos estéticos, de los cuales, en definitiva, nada entenderían. No se instruye a los ingenieros para esas cosas; son especialistas, y muy orgullosos de serlo. Y los especialistas son el signo distintivo de nuestra "época científica".

Si una ciudad es propietaria de sus fuentes de energía y agua..., pues bien, su propósito es evidentemente suministrar fluido y agua a una tarifa muy reducida. El departamento en cuestión contará con un plantel de ingenieros que han aprobado los exámenes de ingreso en la burocracia para demostrar su competencia en el diseño de conductores y de tanques de agua. ¿Cómo es posible que ese departamento se permita atenuar la "fealdad" de los postes que sostienen los cables, o pensar en la posibilidad de transformar los recipientes construidos frente a las ventanas de un dormitorio o una sala de estar, en otra cosa que objetos sólidos y eficaces?

Que una gran extensión abierta de agua en una ciudad densamente poblada constituye un inestimable tesoro de espacio libre sobre un espejo infinitamente valioso, donde se reflejan las nubes, las colinas y los árboles, les parece a algunos cosa baladí. En el cumplimiento de sus obligaciones, el departamento de obras sanitarias es un organismo que, como quien cumple una obligación ratificada por vía administrativa, incluye en su elenco un superintendente de viveros y un experto en plantas. Debe cubrir con plantas, a poco costo, el suelo de las laderas, a fin de consolidar la superficie y reducir en todo lo posible la erosión. Un millón de automóviles pasan frente al "lago" el depósito de agua, y sus ocupantes se complacen en una breve contemplación durante esa tediosa e irritante hora del viaje cotidiano entre el hogar y el lugar de trabajo. Quisieran renovarse un momento, con este espectáculo, pero difícilmente —salvo como una idea de último momento, extraña y hasta absurda— la oficina municipal hará lo necesario para complacerlos. Con aletas o sin ellas, cada uno de los automóviles norteamericanos que recorren ese camino del lago fue proyectado por un diseñador industrial de elevada jerarquía, retribuido con cuantiosos honorarios. En cambio, los ingenieros que atienden el sistema de aguas corrientes y de energía eléctrica carecen de un presupuesto legítimo para resolver problemas estéticos. Aunque se entienda que este depósito de agua no es más que "un aspecto del sistema de cañerías", instalado en el corazón de la ciudad o de un distrito residencial, la compensación que se paga por el talento invertido en su diseño es minúscula comparada con lo que nuestros fabricantes de instalaciones sanitarias pagan a los proyectistas de sus lujosos sanitarios, con el fin de que puedan producir un cuarto de baño más elegante que el de la competencia. El costo de un anuncio en colores a toda página, destinado a atraer a los compradores, supera con mucho a lo que puede hacerse estéticamente en beneficio de los contribuyentes, que no saben qué pueden reclamar realmente, a qué "tienen derecho". Y ahora apenas podemos depender de los reyes y los zares, o aun de los dictadores, para conseguir que se construyan ciudades habitables, satisfactorias para todos los sentidos individuales. Debemos aprender a luchar por todo lo que es saludable y grato en un medio democrático.

Podríamos recorrer toda la línea y referirnos a los departamentos y los organismos municipales, desde las obras públicas a las juntas escolares de distrito, que aportan alumnos-horas en elevado número, pero durante años han sido incapaces de comprar tres latas de pintura de diferente color para obtener una pequeña variación cromática; más de un color es sencillamente muy complicado e "innecesario", y lo mismo cabe decir de la labor de conservación de los árboles, o del aumento de los gastos en auxiliares si el asfalto se ve interrumpido por el césped que, para complacer a la naturaleza, debería continuar creciendo. Cuando las aves dejan caer algo sobre el techo de los automóviles estacionados por los maestros, puede resolverse el problema de un modo fácil y radical cortando los árboles donde las aves se encaraman. Todo esto fue para mí una experiencia real y dolorosa; es una realidad de pesadilla. Cierta vez amenacé con mi propio suicidio a una junta escolar, en caso de que cumpliese su propósito de talar los últimos árboles, y afirmé que provocaría un escándalo público, pues me proponía dejar una carta explicativa dirigida a los periódicos. Dio buen resultado: los árboles continúan allí y también los pájaros.

En cambio, las unidades de pupitres escolares son objetos mucho más "pulidos" y hermosos que antes. Sin embargo, es posible que su declive no admita modificaciones, que los pequeños asientos fijos "próximos al pupitre" no giren y que los dos ojos no puedan ajustarse bien al papel inclinado, ni escribir sin esfuerzo, de modo que los niños a veces rechinan los dientes por verse obligados a adoptar malas posiciones. Pero para resolver esto último tenemos un odontólogo escolar que se ocupa de revisarlos y compilar estadísticas, al mismo tiempo que se desentiende de las causas.*

Si hay un dualismo y una duplicidad en la utilidad y la belleza, es indudable que esta última ocupa un segundo puesto, y ninguna comisión artística podrá evitarlo. Pero vale la pena criar a los niños en ambientes psicológicamente satisfactorios, evitar su deformación a causa de la privación sensorial, la confusión y la irritación del ojo, el oído, la nariz o los sentidos

* Véase también Richard J. Neutra, *Survival through Design*, libro en que el autor cita a Darryl B. Harmon, en cuya Comisión de Investigación del Diseño Escolar el señor Neutra fue invitado a actuar junto a conocidos hombres de ciencia de una nación que tropieza con dificultades constantes para financiar estas investigaciones sin el subsidio de industrias interesadas en el asunto.

corporales internos, vinculados en un haz de funciones orgánicas íntimamente afines cuando ellos sentados en sus bancos escolares. Ofrecerles un suelo cubierto de césped o un panorama de verde follaje, o la posibilidad de jugar a la sombra de los árboles durante los recreos, en lugar de que la junta gaste dinero en las tan publicitadas persianas de aluminio o en los toldos controlados electrónicamente, después de talar los árboles y de aplicar asfalto de bajo costo, o una deslumbrante capa de cemento donde antes había pasto que debía ser regado de tanto en tanto. Todas estas inquietudes no son mero "idealismo". Es algo sumamente práctico. ¡El problema es *demostrarlo!* Sin embargo, la ciencia ha realizado pruebas de fantástica dificultad; sólo se necesita la convicción de que habrá de inaugurarse una perspectiva completamente nueva tan pronto como la prueba reemplace a la opinión o inclusive a la hipótesis.

En lugar de analizar un contraste entre lo práctico y lo estético, debemos apoyar lo natural, y, por lo tanto, lo fidedignamente durable. ¿Puede afirmarse que el arte es provechoso para el hombre en general, y no una interferencia caprichosa en el trabajo de una computadora? ¿Es algo rescatable por hallarse consustanciado con nosotros? Aun en medio del estrépito de mil cajas registradoras podemos distinguir el acento de la naturaleza. Continúa siendo fundamentalmente necesario, y debemos oírlo.

El hombre ha sido condicionado para la forma y forjado por una naturaleza plasmada en consonancia durante un millón de años. Si se mira bien la cosa, las administraciones municipales aportan la regulación de estas condiciones biológicamente soportables en beneficio de los ciudadanos, jóvenes y viejos. Se trata en sí de una reflexión sumamente práctica. Nada hay más práctico que todo esto, y no debemos cansarnos de afirmarlo una y otra vez, para nuestro beneficio y el de nuestro prójimo.

Lo he denominado *realismo biológico*, o para abreviar, *biorrealismo*. Es razonable, y también "una necesidad imperativa", tratar de alcanzar y aprovechar en el diseño toda la información científica actual, así como sus aplicaciones reales. Por ejemplo, ¿un programa de austeridad puede oponerse a un programa basado en nuestras "*necesidades naturales de forma*", que ha sido fundado científicamente? Basta un paseo por los bosques o la contemplación de la "vida silvestre" para demostrar que ella encierra infinitos precedentes anteriores a nuestra existencia. Lo verdaderamente "silvestre" no está allí, ni mucho menos, sino en el centro de nuestras ciudades, taponadas por el más absurdo desorden. Como he vivido en medio del "progreso", después de haber nacido en el "*fin de siecle*", al término del siglo XIX —periodo de grandioso progreso en Estados Unidos— he llegado a las siguientes conclusiones:

Primero, debemos convenir y repetirnos que nada hay más práctico o realista que la vida sana, y que para alcanzar una realización perfecta debemos aliviar sustancialmente nuestras actuales cargas sensoriales y nerviosas, defendiéndolas de la irritación y el choque. *Coûte que coûte*, cualquier precio resultará ventajoso en este caso. Lo que absorbemos debe estar razonablemente filtrado. Las leyes sobre drogas y alimentos sólo nos protegen de peligros que nos amenazan cuando introducimos algo en la boca y tragamos; pero tenemos una enorme multitud de orificios en nuestros millones de receptores sensoriales, y un peligro insidioso se acerca a nosotros recorriendo innumerables canales. Se filtra constantemente en nuestro ser. Los movimientos de la energía y las sustancias penetran a través de nuestra piel y nuestras membranas mucosas, que no son simplemente barreras y que también poseen permeabilidad. ¡Y es indudable que hay cosas que nos entran por los ojos! ¡Cualquiera puede verlo! Las "barreras selectoras" que la naturaleza ha creado más esencialmente en nosotros ceden ante la presión de una avalancha de horrores visuales.

Segundo, cuando se nos concede el derecho de voto, no debemos esquivar una cuestión esencial, dejándola en manos de una impotente "comisión de arte". ¿Cómo podemos permitir que "ellos se ocupen del asunto", si "ellos" a lo sumo poseen una información superficial, cuando no una ignorancia total acerca de los hechos de la vida? Más allá de toda la bacteriología fue menester un tremendo esfuerzo de propaganda para conseguir que se abriesen los pozos negros lejos de los que suministraban agua. ¡Por supuesto, si se los combinaba la excavación habría resultado menos costosa!

Tercero, todas las oficinas municipales pueden obtener el apoyo de los ciudadanos en favor de las manifestaciones de su actividad, si ésta es convincente. La ciudadanía debe otorgar su aprobación no sólo sobre la base de un balance de los resultados, sino como consecuencia de un desempeño aceptable para los sentidos y los nervios. Apelando a este método en una ciudad, a menudo se promueven las relaciones públicas mucho más eficazmente que mediante las grandes realizaciones técnicas, que por desgracia sólo son comprensibles para unos pocos expertos. La *dinámica cerebral de la comunicación de necesidades* se halla detrás y en la base de toda acción democrática. Así mismo, fuera de los límites de la ciudad, el prestigio nacional y cosmopolita que puede conquistarse y el impulso emotivo concomitante beneficiarán a la ciudad; véanse, como ejemplo, las terminales de los acueductos de Manila y Ciudad de México, magnífico trabajo artístico terminado recientemente en dos municipios cuya riqueza *per capita* es mucho menor que la que hallamos en las ciudades norteamericanas de magnitud semejante. Todo lo que se produce debe también impresionar desde el punto de vista de la forma. El hombre de negocios norteamericano ahora está perfectamente convertido de ello; pero esa convicción falta miserablemente en el *ciudadano* norteamericano.

Cuarto, después de entendernos con el intendente y el concejo, debemos tener una conversación detallada con el fiscal del municipio, a fin de hallar el modo de reformar las obligaciones jurídicas, las autorizaciones y los reglamentos de todas las oficinas municipales, de suerte que formen un cuerpo "válido" a los ojos del turista; debemos hallar el modo de esclarecer a los contribuyentes y a los votantes qué es lo que realmente les "conviene". ¿O tal vez deba considerarse la posibilidad de que los votantes eduquen a la legislatura? ¿Qué viene primero... la gallina o el huevo?

Entre los objetivos de la revitalización de las ciudades figura la satisfacción psicológica de los habitantes, que podrá obtenerse como una consecuencia final claramente identificable del "perfeccionamiento" físico preestablecido, de modo que la naturaleza humana no se vea menoscabada como un hijastro olvidado. En verdad, es nuestro auténtico y legítimo hijo preferido.

La formulación del problema en el ámbito de la legislación municipal debe ser clara, lógica y capaz de ejercer atracción universal, no comprensible sólo para unos pocos. Debe interesar a los muchos que forman una mayoría. Y la satisfacción anticipada comenzará a merecer confianza, primero en importantes y elementales aspectos sensoriales que pueden demostrarse con la mayor facilidad, como he dicho, y a menudo en experimentos de laboratorio que simulan las condiciones propuestas.

Podemos luego crear técnicas detalladas para comprobar las repercusiones internas más complejas de los aspectos externos de la planificación urbana. Tenemos ante nosotros una interesante gama de expresivos factores fisiológicos y una evaluación de distintos determinantes, en este esfuerzo por comprobar y asegurar en el futuro lo que en otro caso podría menospreciarse como un diseño "meramente" intuitivo. Se diría que en la mayoría de las tareas arquitectónicas las variables y sus categorías en nuestro ser íntimo merecen menos atención que los elementos externos. Importa modificar esta situación.

Todas las condiciones que nos rodean sufren modificaciones caleidoscópicas, pero nuestra capacidad de adaptación está siempre rezagada. Debemos complementar con el diseño su mensurable lentitud. Debe ser posible identificar al individuo que crece y respira, y es menester hacerlo en medio de las artificialidades y los sintéticos abstractos y concretos.

Resulta más fácil convivir con un bosque dilatado o con una extensa multitud, que con los rebaños metálicos estacionados alrededor de un estadio de fútbol.

La relación "cara a cara" es notoriamente distinta de la que se mantiene "de una vereda a la otra". La primera relación se halla respaldada antropológicamente por un período condicionante de centenares de miles de años, y "ontogenéticamente" es la primera experiencia social del infante a quien su madre sonríe, TENEMOS ROSTROS Y CUERDAS VOCALES PORQUE EL CONTACTO SUPERINDIVIDUAL ES PARTE INTEGRAL DE NUESTRA VIDA COMO INDIVIDUOS.

La búsqueda de factores ambientales de carácter elemental (interconectados con los de carácter social), a los que un organismo humano ya se ha adaptado durante mucho tiempo, y el ajuste de los mismos a nuestro diseño, con la consiguiente aplicación de todo el conocimiento del biólogo, son nuestro principio y nuestro enfoque más seguros.

Este libro se ha convertido también en la autobiografía de una idea, no cabal y desarrollada como la del gran Sullivan, sino quizá más bien un apretado manojo de ideas y observaciones que crecieron juntas. Comenzó con el niño en el piso del departamento, entregado a una sucesión de experiencias primarias que siempre habrán de ser evocadas, aunque sólo sea en tono menor, en las regiones más expresivas de la sinfonía de la vida humana.

Especialmente cuando afrontamos situaciones complejas y novedosas —cuyo número y velocidad crecen paulatinamente— en nuestro entusiasmo por lo nuevo y también por lo que tiene "coherencia lógica", no debemos desdeñar el tesoro de senderos elementales de nuestra memoria, ni las adaptaciones que, bien atendidas y utilizadas, pueden fundar el diseño con más eficacia que la mera racionalidad.

En todo esto la moda y las novedades poco cuentan. Comparadas con ellas, todas las ciudades son eternas.

Repitámoslo —nunca podríamos afirmarlo con excesiva frecuencia—, la forma y la organización estructurada son más que caprichos. El naturalista ha reconocido que constituye un elemento de la supervivencia, y ningún estudioso de la vida animal duda ahora de tal hecho. Tenemos la certeza de que sería absurdo enviar pilotos a la Luna u hombres a una plataforma espacial sin comprobar previamente las influencias sensoriales y los nuevos problemas de la adaptación orgánica a las diferentes condiciones. En *Izvest* un ingeniero soviético explicó largamente la necesidad de la tripulación de llevar consigo una planta de lila a la plataforma espacial o al interior del cohete, para contar con un ambiente más hogareño, y resolvió los problemas de la circulación de la savia en esas extrañas circunstancias creadas por la falta de gravitación, de modo que se demorase la muerte del vegetal. En un universo estéril y anorgánico no sólo estamos adheridos sentimentalmente a lo que es orgánico, sino que nosotros mismos somos sus representantes más vigorosos y también más frágiles. Así, en los viajes espaciales es necesario tener esa rama florida que traemos de nuestra amada y vieja Tierra, y también preservar en el camino otras cosas orgánicas.

Por cierto, existen sobrados motivos para suponer que las satisfacciones, los beneficios internos y las tensiones y fricciones provocadas en un ser humano no necesitan asumir proporciones espectaculares para ser significativos; pueden exhibir un carácter particularmente insidioso y sutil, y actuar por vía de acumulación. Los padecimientos de los seres humanos que todos los días se cuelgan del pasamanos en los ómnibus, que toman la curva a gran velocidad y frenan bruscamente, tienen algo que ver con la respuesta orgánica total, desencadenada en el oído interno por nuestro sentido de aceleración, denominado también sentido vestibular de la gravedad. Estas influencias se manifiestan en nuestra totalidad indivisible. El receptor especial, el órgano cortical, no es más que el punto de partida de una complicada acción en cadena, que se ramifica hasta que alguien que posee "vías enteroceptivas" o nervios intestinales gravemente perturbados debe ceder, y aun quizá se vea forzado a vomitar.

El mismo órgano sensorial de los pasajeros que acuden a las pesadas labores cotidianas en un metropolitano colmado de gente, se ve afectado de modo muy distinto y menos grave por la desaceleración y la aceleración mucho más graduales, así como por la fuerza centrífuga menor que caracteriza a un tren eléctrico, con sus vías cuidadosamente calculadas y las curvaturas de gran radio. (Por supuesto, en ambos casos el aire que respira una muchedumbre humana se encuentra un tanto contaminado, y este hecho provoca otra serie de consecuencias.)

Aunque se trate de un edificio de oficinas de sesenta pisos, el ascensor nos dispensa un tratamiento aún más benigno, siempre que no se detenga en un número muy elevado de pisos. Nuestro peso, con el cual estamos tan familiarizados —nosotros y nuestros sentidos internos— aumenta cada vez que el ascensor arranca, y disminuye cuando el artefacto se detiene bruscamente.

En todo esto hay mucho más de lo que perciben el ojo o el oído. Muchas cosas ocurren en el oído externo. Por supuesto, los influjos visuales que nos rodean pueden ser más evidentemente significativos y también patogénicos que lo que estamos dispuestos a reconocer.

Son pocos los que inician por la mañana un viaje a la Luna, pero muchos millones se dirigen al centro de la ciudad. No sería impropio controlar los peligros orgánicos que afrontan y comprender que, aun desde el punto de vista del realismo de los pesos y los centavos, en definitiva resultaría provechoso comprender claramente cuán fantásticas son las pérdidas que soportamos a raíz de estas costosas irritaciones y esas fatigas prematuras.

Sin embargo, el efecto acumulativo de los progresos glorificados por la ignorancia, que chocan unos contra otros y provocan ese cotidiano atascamiento de la vida orgánica, en realidad no puede medirse en dinero. De todos modos, el desgaste biológico provoca una disminución de la capacidad productiva y soportamos abrumadores costos de mantenimiento en éstas nuestras metrópolis de la técnica y en las viejas ciudades modernizadas, cuyo diseño a menudo revela que no tenemos conciencia de las amenazas esenciales a la vitalidad. Podríamos demostrar esta afirmación con numerosos ejemplos de esos conocidos sentimientos subjetivos que nos dominan cuando llegamos a la conclusión de que estamos hartos y fatigados de todo.

Partiendo de lo elemental deberíamos avanzar hacia la investigación de lo más complejo. Los gustos y las antipatías de los hombres influyentes de la ciudad, los intereses de los propietarios o los contribuyentes, no son más que algunas de las influencias que el proyectista urbano debe considerar; lamentablemente, son las que más fácilmente se movilizan y organizan para oponerse a las medidas más previsoras. ¡Son tantos los factores que escapan a la atención pública!

Ya lo hemos sugerido: primero fue necesario descubrir la existencia de los microbios, de modo que la ansiedad facilitase la asignación de fondos para las grandes instalaciones de eliminación de aguas servidas. Hoy se invierten millones de dólares en estas instalaciones milagrosas; al verlas, abrigo la esperanza de que el temor nos impulse a aceptar otras cosas científicamente necesarias, aunque cuesten dinero. Parece que necesitamos que se difundan esos temores, a fin de que la biología humana se imponga a la política financiera y fiscal. De hecho, las estadísticas que sirven de base a una complaciente confianza no afirman la vitalidad. A lo sumo crean una amenazadora pasividad en problemas que reclaman acción urgente. Los criterios artísticos acerca de la forma carecen de valor efectivo; pese a todo, el diseño artístico de nuestro medio puede aportarnos serenidad en medio del torbellino, en el foco de la escena urbana de nuestra civilización. El progreso del conocimiento biológico puede llegar a convencer al ciudadano que vota y orientarlo hacia decisiones más apropiadas.

En el curso de mi vida he visto que generalmente debemos afrontar una prolongada lucha contra la corriente en medio de una mentalidad provinciana, anticuada, pringosa, lenta, influida aún por los conceptos del siglo XIX. La ciencia moderna ha identificado muchas necesidades vitales desconocidas por esa antigua, tosca y limitada tendencia del materialista mecanicista. Por cierto, rendimos homenaje a la impetuosa vanguardia que actuó hace un siglo. Pero hoy los investigadores nos han obligado a aceptar un concepto menos pedestre de lo que otrora se denominaba simplemente "materia". Marchar a la cabeza de este proceso y tomar la iniciativa de abordar el problema con la debida y experta circunspección sería un mérito considerable. Cada mínimo paso adelante influye; un individuo que está en el lugar justo y en el momento apropiado puede significar mucho más de lo que se creería probable.

El intendente y el director de casi todas las secciones de la administración municipal tendrán que incorporarse lentamente a nuestro tiempo, en su realidad orgánica, no simplemente desde el punto de vista técnico.

En todo esto resulta decisiva la aceptación popular de una actitud. Las relaciones públicas y el apoyo publicitario son siempre factores indispensables y se relacionan con la satisfacción anímica de los votantes movilizados democráticamente: esos votantes que, en último análisis, son personas y evidentemente sienten necesidades humanas de forma y configuración. Mahoma, un exitoso político realista, si es que alguna vez hubo uno, dijo cierta vez: "Si tuviese dos mantos (¡en Estados Unidos abundan más que en la Meca!), vendería uno y compraría jacintos blancos para mi alma". Mahoma gastaba una larga barba. Dícese que era de color castaño rojizo, matiz que armoniza muy bien con las flores blancas. Pero ese hombre práctico seguramente pensaba en algo más que en un simple color decorativo. En su época demostró claramente que sabía qué es lo que moviliza el entusiasmo de una comunidad humana y le permite, en afiebrado movimiento, iniciar una amplia y constructiva acción cultural contra los superficiales intereses comerciales y un *statu quo* que ha llegado a ser insoportable aun para la propia población. En la vieja Meca y en otros lugares aun los seres prácticos debieron coincidir: el mejor cliente es el que vive, el que logra sobrevivir vigorosamente.

La vida en un espacio vacío es letalmente solitaria, pero también puede darse cierta vacancia orgánica en medio de las multitudes del futuro. Ninguna automatización permitirá que los seres humanos sobrevivan al estrépito y al torbellino de un "progreso" cada vez más dinámico y heterogéneo, indiferente a la forma, la configuración, la pauta y la armonización. Por el contrario, se necesitan una actitud y conocimientos básicos y coordinados que alimenten la vida en medio de estas artificialidades cada vez más influyentes. Depositamos nuestra esperanza en el diseño *psicosomático*, en una comprensión consagrada y unitaria de lo orgánico sutil que reside en nosotros, *complementado* por la áspera técnica que nos rodea, pero no desplazado por ésta.

La palabra *fisiología* fue utilizada inicialmente hace cuatrocientos años por un renacentista, Jean Fernel, médico de Enrique II de Francia. Afirmó entonces que era necesario interpretarla como fenómeno normal, si se quería combatir la enfermedad en sus inicios mismos.

Creo que el París de alrededor de 1550, en que vivió el doctor Fernel, era más sereno y menos patogénico que la actual Manhattan. Si queremos prepararnos para el siglo XXI, necesitamos urgentemente una actitud regida por bioprincipios válidos y más prudentemente adaptados a las circunstancias peligrosas que se van creando.

La exposición de los problemas de reglamentación urbana ha de ser muy clara y capaz de ejercer atracción general. No debe ser comprensible sólo para unos pocos; por el contrario, debe despertar el apoyo y los sentimientos de la mayoría. De ese modo merecerá la confianza general. Ahora y siempre debemos vivir también en una "Era de fe". Esa fe, esos sentimientos pueden expresarse en pautas básicas de acción, que admiten una comprobación práctica de carácter previo. Eso es lo que hoy merece nuestra fe —y también, la circunstancia de que mucho puede comprobarse aún en el laboratorio.

Estos experimentos instructivos tendrían que aislar ciertos *principios*, con lo que adquirirían automáticamente poder de convicción y partidarios en la vida cotidiana. Puede imitarse de un modo simplificado el conflicto de situaciones sensoriales e investigarse algunas repercusiones internas de tales o cuales iniciativas, mediante la observación de gran número de "sujetos" expuestos al influjo de la disposición y las formas externas sobre el funcionamiento interior de los individuos.

Así mismo, podría consultarse la *opinión* de los sujetos humanos, para conocer y depurar los elementos útiles que pueden incorporarse a la propia escena externa.

Por lo menos en el caso de ambientes cuidadosamente seleccionados, podría simularse la realidad en medida suficiente, de modo que no se cometiesen luego groseros errores, origen de las pérdidas reales sufridas en el curso de grandes inversiones.

Los factores fisiológicos pertinentes y la evaluación de los cambios sobrevenidos en los determinantes eficaces que actúan sobre aquéllos desde fuera, deben ser objeto de demostración. Así será posible en el futuro complementar y controlar la planificación intuitiva. Las variables existentes en nuestro propio ser hasta aquí, y en relación con la mayoría de los proyectos de planificación de esta naturaleza, aparentemente merecen mucha menos atención que el llamado problema externo, *que carece de importancia si se lo concibe al margen de nuestra actitud frente al modo de solución.**

En lugar de afirmar que el tránsito de la ciudad irrita a la gente, podemos realizar pruebas con un hombre puesto frente al volante de su automóvil, podríamos organizar experimentos muy exactos y esclarecedores. Pediríamos la colaboración de hombres y mujeres en nutridos grupos, por eso mismo fidedignos, y comprobaríamos las reacciones de toda

---

* Durante el análisis de un programa de investigación de la "Fundación Richard J. Neutra", A. E. Parr, uno de los principales hombres de ciencia del Museo Norteamericano de Historia Natural le explicó al autor, mientras este libro se hallaba en prensa, su idea acerca del uso de la amplia pantalla cinematográfica para confrontar visualmente algunos temas de constelaciones ambientales simples y complejas, y para llegar a ciertas conclusiones sobre la base de nutridos grupos de control.

la gama, desde los adolescentes que tripulan coches especialmente preparados hasta los ciudadanos maduros de actitudes ponderadas.

Podríamos efectuar comprobaciones cuantitativas y medir el ritmo de la respiración y el pulso, la presión sanguínea, los incrementos porcentuales del contenido de azúcar en sangre y muchas secreciones endocrinas. Parte de la encuesta podría realizarse segundo por segundo, mientras el conejillo de Indias motorizado se acerca a un viraje y experimenta un sentimiento de "ansiedad" subconsciente o incluso consciente, y luego, cuando realmente se abre camino en medio del tráfico.

En una salida para hacer compras, en medio del desconcertante tráfico del centro de la ciudad, alguien busca desalentado un lugar para estacionar; o bien, colmado de impaciencia y decepción se ve obligado a desaprovechar una vez tras otra la luz verde del semáforo. Todo, especialmente el deterioro interno acumulativo que sufrimos, es un "problema urbano", y lo mismo cabe decir de la investigación bioquímica y biofísica del futuro. ¿De qué otro modo podría procederse racionalmente si queremos demoler y reconstruir por completo todo nuestro panorama urbano, en el cual están comprometidos miles de millones de dólares del dinero de los contribuyentes? ¿No estamos dispuestos a realizar experimentos y a descubrir previamente cuál será el destino fisiológico del ser humano que ocupe esa distante plataforma espacial?

Nuestros antepasados soportaron con relativa serenidad los accidentes de la vida en la jungla. Actuaron con una sensibilidad finamente equilibrada, desarrollada o evolucionada gracias a decenas de miles de años de *mneme*, la experiencia profunda que se autoconserva durante prolongados períodos y alcanza ese equilibrio interior. Lo que también nosotros necesitamos es equilibrio y serenidad, pero no los obtendremos porque sí; por el contrario, ¡cada día que pasa son menores! No sobreviviremos, si continuamos esperando que lleguen a nosotros como una gracia en medio de este problema creado por el hombre. Mahoma tuvo que acercarse a la montaña, poner manos a la obra y recibir la revelación que lo iluminó. Es probable que haya recibido un indicio bastante firme antes de ponerse en marcha. Tenemos que hacer frente a la masiva aceleración de nuestra civilización anorgánica, tratar de entretejer en su trama y diseñar en ella lo que, según se haya comprobado, resulte soportable orgánicamente. En todo esto, lo único automático es nuestra destrucción si nos limitamos a esperar.

Todas las condiciones que el hombre mismo ha creado cambian velozmente de manera caleidoscópica, pero nuestra capacidad de adaptación marcha lentamente a la zaga.

Informarse, anticipar y proponerse objetivos son actividades que intrínsecamente corresponden a la estructura humana. Todo esto representa las dotes que nos permiten sobrevivir. La acción desordenada, la simple y prolífica inventiva nos destruirá.

Ciertas palabras como *misión* y *conversión* tienen acentos morales; pero poseen un evidente "substrato" fisiológico, que puede y merece renovarse periódicamente, después de una inspección, y cuyo núcleo reclama una evaluación permanente.

No basta concebir con inteligencia las misiones, es menester perfilarlas claramente para facilitar su comprensión. Hoy, dondequiera que se transplantan el esfuerzo cultural y la rutina cotidiana, y especialmente donde se transfieren a nuevas áreas estructuras construidas y planificadas, *ese esfuerzo siempre afecta a los seres humanos*. Su "humus" debe ser cultivado e "introducido" con la mayor cautela y sin apremio, y no arrojado o perturbado con descuido; de lo contrario, no producirá buenos efectos. Gracias a mi encuentro con la naturaleza humana, y aun al servicio que le presté en lugares distantes y en diferentes lenguajes, obtuve una medida considerable de aprendizaje incidental.

Para aducir ejemplos extraídos de mi propia vida, evoco en este momento el método de construcción de colonias de viviendas para millares de familias. Pienso en los proyectos cuyo desarrollo ulterior tuve que anticipar, a tal punto que debí sumergirme todo lo posible en una creación que implicaba un pronóstico. Las situaciones fueron muy diferentes en los cuatro proyectos realizados en España, desde Sevilla a Zaragoza, y en otros realizados en Boise, Idaho, en el centro y sur de California, en Arizona, en Italia, en Guam de los Mares del Sur y en Alemania.

Algunos de estos proyectos de vivienda perseguían una reubicación *permanente* promovida por un organismo interesado en la solución del problema social. Otros estaban destinados a las fuerzas armadas; en ciertos casos especiales el objetivo no era promover cierto arraigo financiero o biológico, sino la ubicación más o menos temporaria de *transeúntes estables*, por así decirlo, sector que en nuestro mundo generalmente es mucho más característico que el de los arraigados permanentemente en un sitio.

De todos modos, siempre es imprescindible resolver el problema de las condiciones anímicas, que nunca tienen que ver sólo con lo transitorio; por el contrario, exhiben una prolongación mnémica en el curso de la vida. El alma de los niños crece bastante en los dos o tres años durante los cuales su padre, un suboficial, presta servicio en una base naval y vive con su familia cerca de una escuela elemental auspiciada por una junta escolar civil que, como ocurrió hace poco, tuvo la cortesía de asignar mi modesto nombre, escrito con hermosos caracteres, a esa institución educacional para alumnos de promisorio futuro. Esto me conmovió en lo más hondo. Sí, seguramente soy una figura modesta como patrono de una escuela y presunto educador; en todo caso hago todo lo posible para reconocer la profunda responsabilidad del arquitecto en estos asuntos, por lo menos como factor que influye en el ambiente inmediato y próximo de los niños durante un importante período de su crecimiento. En todo caso, *la escuela se convierte en el nexo de unión con los antiguos habitantes del vecindario* y, en esta ocasión, en vínculo entre los militares y los civiles. Se trata de una cosa muy necesaria; de lo contrario, se desarrolla muy fácilmente un estado de división y resentimiento mutuo, que se refleja en la mente de los niños.

Puede afirmarse que el personal militar "recibe órdenes" y directivas, y que en definitiva es trasladado a un punto cualquiera de la geografía mundial. El hombre tiene que ir, porque se ha comprometido a obedecer; su mujer, no. En cierta medida ella es una voluntaria. Conoció a su marido ataviado con un elegante uniforme y se casó ignorando adonde diablos debería acompañarlo. A ninguno de los dos le agrada particularmente el lugar; es un destacamento militar, y es un destino que deben aceptar. El hombre pilota un bombardero que realiza vuelos regulares a Tokio, mientras en el hogar el polvo se mete en la sala de estar. Los ingenieros militares, con su sencillo y geométrico plan, insistieron tal vez en la regularidad euclidiana del sistema de calles, con su trazado y nivelación esquemáticos destinados a albergar de manera económica todos los servicios instalados como un apéndice en el subsuelo. En realidad, aunque todo el asunto fue concebido con sencillez y aun de un modo simplista, todavía suscita controversias entre los guardianes del dinero de los contribuyentes; y, por cierto, no logra obtener una aprobación fácil de la correspondiente comisión de asignaciones del Congreso, allá en la lejana Washington, D. C., que rezuma austeridad utilitaria. Las topadoras han arruinado dócilmente la capa de tierra, ahora inútil para todos los fenómenos orgánicos. Se necesitarán años antes que este suelo produzca un grato verdor; entretanto, la mujer que se casó con el oficial elegantemente ataviado, trabaja todos los días de Dios procurando tener limpio su salón. Se siente desalentada, emocionalmente enferma, y mal podría causarnos extrañeza el que las fuerzas armadas afrontasen un elevado índice de divorcios. En mi condición de proyectista de la comunidad, debo y quiero luchar precisamente contra todo esto: el índice de divorcios, las fricciones familiares, la depresión. Creo que en un caso de tensión matrimonial, un hombre no es el mismo durante meses y meses. En ese estado no debe confiársele el manejo en vuelo de un equipo que cuesta millones de dólares ¡atención, contribuyentes! Pero la economía de los ingenieros continúa entretanto lanzando sus topadoras, acaso sobre las tumbas de los matrimonios, asunto que de ningún modo es tan privado como podría creerse. La inquietud individual generalizada se convierte en tema de interés público. Cuando vuelven los ojos hacia el otro lado de la cortina política, algunos observadores creen que, en última instancia, puede ser el factor decisivo en la guerra fría que afecta al mundo.

Aun así, me he sentido profundamente feliz en medio de todas estas frustraciones las veces que vi cómo las jóvenes parejas y las familias reunidas para la ceremonia avanzaban con los ojos realmente brillantes, después que el almirante había pronunciado su discurso para la televisión y cortado la cinta en la inauguración de un nuevo proyecto de viviendas. Siempre reconforta ver que se realiza algo por los seres humanos, aunque sea un poco al por mayor.

En nuestro carácter de "constructores de viviendas", se nos ofreció la posibilidad de estudiar un tipo completamente distinto y desusado de población transitoria, cuando trabajábamos en el norte de Arizona proyectando las viviendas de los empleados del Servicio de Parques Nacionales, en los parques gemelos del Desierto Pintado y el Bosque Petrificado. Como siempre, nos familiarizamos con las necesidades de las mujeres y los niños que vivirían en feliz soledad cerca de estos parques naturales. Esta gente ama el lugar donde vive. El hombre ha elegido esta profesión y esta vida en medio de la naturaleza virgen; aquí pasará *voluntariamente* muchos años. Sin duda, su ingreso no es tan elevado que los induzca a permanecer aquí, si este género de vida no les gusta. Por consiguiente, son clientes ideales para un arquitecto que también se siente vinculado a la naturaleza; y los hijos, niños pequeños y otros más crecidos, también son clientes ideales. Hay una gran diferencia con respecto a las "poblaciones obligadas", que también merecen profunda simpatía, pero que necesitan otro tipo de ayuda.

Sobre este interesante erial, cercano al Desierto Pintado, sopla el viento con una velocidad de cincuenta kilómetros por hora, y a veces más. Me alegró hallar en las cercanías una alentadora "muestra" arqueológica y antropológica, una aldea prehistórica de aborígenes desaparecidos hace mucho tiempo, que mil años atrás realizaron la experiencia de este mismo clima y consiguieron dominarlo. Los visitantes, entre ellos yo en particular, contemplamos con aire reflexivo el emplazamiento de la aldea, ahora y desde hace mucho tiempo vacante. Esas extrañas y al mismo tiempo elocuentes reliquias son conmovedoras, desde Uxmal en el país de los mayas hasta Angqor Vat, o la enorme ciudad mogola abandonada, Fatehpur Sikri, otrora mucho más imponente y cuatrocientos años anterior a Pompeya, aunque tan humanamente ambiciosa como Brasilia o Chandigarh de nuestro tiempo.

Los indios *puerco* habían vivido aquí primeramente bajo tierra, al parecer por causa del viento. Supongo que cuando se importaron la agricultura y el maíz, comenzaron ellos a emerger de la tierra y a construir sus toscos muros de mampostería de piedra lo suficientemente altos como para que el asiento circular protegiese del viento una pequeña parcela cultivada con maíz, evitando así la evaporación y la dispersión instantánea del agua de regadío. A resguardo del viento, reducido el movimiento de aire, no toda la humedad desaparecía. Y bien que la necesitaban.

Solamente el "kiva", la habitación donde sesionaban los ancianos, permaneció bajo tierra, tal vez en recuerdo del modo de vida de los antepasados, pero quizá también porque la quietud absoluta del aire es más apropiada para pensar y debatir. Por lo demás, ¡también en el caso de nuestro futuro signado por la bomba de material fisionable, la reflexión serena acerca de los próximos pasos que daremos sobre la superficie de la tierra se desarrollará mejor en la fresca sombra de un profundo subterráneo!

Este estilo denso de instalación en un medio que confiere protección mutua, con patios interiores que retienen el agua destinada a las plantas, se convirtió en el prototipo de nuestra idea arquitectónica, tomada en préstamo del desierto prehistórico para beneficio del tan solicitado desierto moderno. Se convirtió en un proyecto que demostró que, más de mil años después, el clima podría guiar a los hombres hacia ideas semejantes y parecidos estilos de vida y vivienda: un sorprendente ejemplo de la constancia humana, de la constancia natural del hombre. Y aquí, como era justo que ocurriese, todo sucedió en una reserva natural destinada a la conservación del paisaje nacional.

Se trataba de una cuestión muy distinta de la psicología de la especulación en bienes raíces, que en esta época de superpoblación en todo el mundo empuja a un número cada vez más elevado de supernumerarios o excedentes humanos a regiones cada vez más áridas: el norte de Perú, Mesopotamia, el noroeste de India y aun Kalahari Gobi. Por doquier los contingentes de población afluyen a lugares que el ser humano no había pisado antes. Siempre, especialmente en las regiones áridas del Oeste norteamericano, "la amplia parcela que puede comprarse por poco precio" se convierte en el señuelo que impulsa a los hombres a ocupar los amplios espacios abiertos. Es muy natural que ésta sea la experiencia de los emigrantes hambrientos de tierra, que vienen de los "viejos países", fértiles pero al mismo tiempo densos y apretados. Sin embargo, no será sencillo organizar la existencia de la nueva vida con los cultivos basados en la irrigación. Aunque comprada con avidez, tres cuartas partes de la tierra permanecen baldías, a menudo abandonadas a los estériles montones de corrosivos juguetes infantiles, herramientas de jardinería y envases con plantas traídos del vivero que nunca crecieron.

Esto significa también que va desapareciendo o que se desaprovecha la oportunidad de modificar el clima mediante el diseño y el cuidado del paisaje. Si aunáramos fuerzas, podría alcanzarse lentamente este objetivo; pero ello nunca ocurrirá si se distribuye caprichosamente la tierra y se la trata desconsiderablemente o sin un conocimiento eficaz de lo que conviene hacer.

Cuando llegué a California, sólo estaba poblada la faja verde que se extiende a lo largo de la costa del Pacífico. El desierto interior, el "erial", era un mundo ultraterreno. Ahora se ha incorporado al dominio del agente de bienes raíces. Este dilatado territorio abunda en instalaciones industriales y militares, campos de prueba de cohetes y que sé yo cuántas cosas más; y las amas de casa se han resignado a seguir a sus hombres que vienen a trabajar en esta tierra desértica. Cada familia posee dos automóviles que, lustrosos primero y luego descoloridos, aparecen estacionados al rayo del sol. Y papá, mamá y los chicos se aferran a un teléfono más su respectivo poste, que se recorta contra el cielo como un insulto, de modo que desde su extensa propiedad pueden charlar con otros dueños de grandes propiedades —un cuarto de hectárea, poco más o menos— de descuidado terreno.

Otra vez la gente que se distribuye absurdamente sobre el territorio, sólo que aquí el problema aparece agravado.

Nuestra colonia en el Bosque Petrificado de Arizona estaba concebida y motivada de distinta manera. Una plaza protegida del viento, rodeada por la escuela, el salón de múltiples servicios y el centro de visitantes, determinaba una inmovilidad del aire tan acentuada que yo hubiera podido cubrir parcialmente el suelo con agua... ¡exactamente como hace sesenta millones de años!

Fue posible plantar nuevamente algunos pequeños parientes de los belchos gigantes, que otrora alcanzaban gran altura, y ahora aparecen petrificados para provocar nuestra maravilla, junto a ciertos licopodios que en otros tiempos crecían aquí mismo. En un estanque había un pez pulmón vivo, de suerte que uno podía mostrarlo a los visitantes y darles la oportunidad de comprender lo que había sido esta región largo tiempo atrás.

El tiempo meteorológico es un buen punto de apoyo cuando intentamos vincular nuestra realidad actual con todo el ayer. A mi juicio, el clima que prevalecía mucho antes y después de las glaciaciones se convirtió, en este asentamiento y en el territorio del Parque Nacional, en el denominador común de la explicación y la interpretación. Los ignorantes "antinaturales" que llegan de la ciudad para hacer una visita, no comprenden fácilmente el carácter de un parque natural. Tal vez uno pueda interesarlos respecto de cómo la vida orgánica se ha adaptado y asimilado a los cambios de clima, o en general respecto de cómo todo concuerda con la naturaleza. La ecología —el equilibrio o contrapeso de la escena natural— es para nosotros una cosa instructiva y extraña a la vez. Es una experiencia extrañamente satisfactoria para quien viene del amplio y desequilibrado urbanismo de nuestra civilización tan zarandeada. Llega de visita; y ahora que ha empezado a creer que el caos es el destino del mundo, se le devuelve la salud.

Siempre hay, o debería haber, una nueva colonia en las proximidades del antiguo asentamiento; un grupo que intenta recuperar lo natural, superar lo perverso que fue el origen de esas ciudades pecaminosas, mencionadas por primera vez en la literatura mundial, después que la Creación naufragó en las rocas del urbanismo y debió ser reconstruida totalmente por el valeroso Noé. Según este relato, la perversidad fue la razón que determinó la destrucción de todas aquellas ciudades y de sus habitantes, que no merecieron gracia ni compasión, pese a todas las negociaciones y regateos del patriarca bien intencionado que quiso salvarlas. Contra lo perverso, la Creación venció. Había que preservarla.

Ahora acabamos de redescubrir esas ciudades del pecado, y sobre sus más elevadas torres hay abundante agua salada. Podemos suponer que aun Manhattan, con tres o cuatro metros de agua salada sobre la cima del Empire State Building, sería un lugar sosegado y pacífico.

Quizá pueda lograrse lo mismo sin utilizar el agua salada, pero todavía no hemos aprendido a hacerlo.

La colonia de viviendas para el Estado de Hesse, en Alemania "Occidental —uno de los tres proyectos amplios pero interrelacionados que yo había concebido para la "Bewobau"— fue proyectada desde lejos, en California, aunque adaptándola al bosque de pinos y hayas que se encuentran a diez minutos de automóvil al sur de Fráncfurt, principal aeropuerto de Europa. Posee todos los elementos, en el mejor y más eficaz de los sentidos, que permiten integrarse en el mercado ocupacional de una ciudad metropolitana y de una región industrial de permanente dinamismo. Se experimenta el urticante deseo de huir de la vida urbana y las presiones masivas, para acercarse a las reservas naturales. Al mismo tiempo, estas reservas se ven amenazadas por una sobrepoblación que, a medida que pasan los años, se torna cada vez menos evitable. Todo ello parece ser parte integral del paisaje que rodea a esa obra arquitectónica. En el ferrocarril que va desde Fráncfurt a Darmstadt, centenares de trenes, mañana y noche, trasladan a pasajeros que se dirigen a los centros urbanos o que salen de éstos.

La Bewobau, una compañía de construcciones y fiduciaria de Hamburgo, compró muchas hectáreas de esta región boscosa entre la gran autopista y las vías del ferrocarril suburbano, y concibió la idea de enviar a sus directores para que me visitaran en Los Ángeles. Yo debía ofrecer a los alemanes, que se iban agrupando en este nuevo mercado de trabajo y que acudían de todas partes, después de haber huido de Alemania Oriental o de otros lugares, un proyecto perfeccionado y más bien moderno. Debía dar el ejemplo a este triángulo de dinámico desarrollo industrial y demográfico del Rin y el Meno. Cada parcela de terreno razonablemente justipreciada, más la casa, debía costar un total de 25.000 dólares; el proyecto contemplaba la instalación de cuatrocientas familias. Pero las cifras en dinero son muy dudosas a la distancia. Las perspectivas vitales, asimiladas lentamente, pueden significar mucho.

Desde Brandemburgo hasta Schleswig - Holstein y Hesse, lugares donde trabajé simultáneamente, me encontré con alemanes que no eran ni más ni menos conservadores que otros seres humanos. En este sentido resulta muy difícil clasificar los grupos étnicos, pero el condicionamiento mnémico se manifiesta de manera más o menos similar en todos los cerebros humanos. La misma intensidad, pero sentido contrario, tiene su curiosidad, que ya se expresó en el paraíso y luego iluminó incluso la salida, donde un ángel que esgrimía una espada llameante vigilaba la partida y el comienzo de un viaje hacia el mundo exterior desconocido y áspero, abierto a los buscadores de curiosidades.

La vida urbana de Fráncfurt se vuelca primero en dirección a los montes Taunus, y también allí, en mi condición de extranjero procedente del otro extremo del globo, pude trazar los planos de una casa erigida frente a un grato paisaje montañés. Pero al sur de Fráncfurt no hay un amplio paisaje abierto sobre hermosos valles, sino que el suelo se eleva para convertirse en un paraguas verde formado por las copas de los pinos, que filtran los zumbidos y ronroneos de los aviones de chorro que se elevan del aeropuerto y ponen proa a todos los rincones del mundo, adonde llegarán en pocas horas. Pero es también una cortina que filtra los escasos rayos solares del sudoeste o, para el caso, los que vienen de cualquier dirección. La luz diurna se filtra, pero debido al predominio de la sombra, la orientación de las casas hacia el sur es una costumbre más o menos desprovista de sentido. Para obtener las vitaminas necesarias no bastan unas pocas e imaginarias "ventanas de sol"; hay que aprovechar la escasa luz diurna a través de muchas y amplias aberturas. De todos modos, no es costumbre hacerlo.

Y quizá con esto hemos llegado al tema principal. *A priori* —digamos, en principio— todos tienen derecho a sus propios hábitos. Frente al volante del vehículo, exactamente bajo la pared craneana, no está el juicio, sino el hábito, o más bien el prejuicio, la preferencia, la *parcialidad*, algo que los observadores científicos tendrán que localizar un poco más abajo, en los centros subcorticales, en el "diencéfalo", que con razón se halla a mitad de camino en nuestro espeso cráneo. Es necesario desorganizar suavemente esta preferencia y transformarla lentamente, cada vez que un plan intenta reemplazar lo viejo por lo nuevo.

La prensa alemana decidió publicar artículos rimbombantes como si yo hubiese sido un importador de bendiciones y magias, de la sabiduría tecnológica norteamericana, de asombrosas economías y simplificaciones. Por supuesto, yo podía hacer todo esto en un abrir y cerrar de ojos. Se trataba sin duda de una actitud bien intencionada y halagadora, y en verdad me complacía ver que se interpretase así el valor del encargo y de la tarea asignada; pero, en realidad, las cosas eran muy distintas.

Yo no había ido a Hamburgo o a Fráncfurt porque pudiese demostrar que los norteamericanos eran diferentes y mejores que los alemanes, que estaban dispuestos a aprender de aquéllos por mi intermedio. Por el contrario, había llegado porque, al margen de algunos aspectos secundarios, los alemanes, como los seres humanos en general, son más bien y en muchos aspectos exactamente iguales a los norteamericanos. Podía viajar con cierta esperanza de éxito porque había aprendido en Estados Unidos, mediante un prolongado esfuerzo, el modo de *superar las mismas preferencias prejuiciosas*, y de *convertirlas en una actitud más moderna*.

Cuando representé un papel precursor, hace cuarenta años, en California meridional, y después en tantas partes de los diferentes estados, los agentes de bienes raíces, siempre ansiosos e inquietos, hablaban más o menos el mismo lenguaje que sus hermanos de Wiesbaden o de Walldorf. Allí, dos siglos y medio después de la persecución de los valdenses, todavía viven unos ciento ochenta "Cézannes" y unos doscientos cincuenta "Jourdains"; ya no saben hablar francés, pero están orgullosos de sus antecesores. Y tendrían que afrontar la tarea de aceptar a los nuevos vecinos. Cualquiera hubiese dicho que a ellos les resultaba cosa fácil y que les bastaba apelar a su propia experiencia, o a la de sus antepasados; aceptar a los nuevos es un problema secular. Acompaña al transplante, del mismo modo que el sol se pone todos los días, después de cada jornada de duro trabajo.

El verdadero valor que llevé conmigo a Hesse, a Africa del Sur, a Pakistán, a Brasilia, o para el caso a cualquier lugar de la tierra, consistió simplemente en que había aprendido antes a conocer a los seres humanos en su proceso de lenta transmutación. Este conocimiento y esa experiencia son también los factores que pueden aplicarse en la región que se extiende al sur del aeropuerto de Francfort. Lo repito: mi servicio, mi utilidad, no derivan del hecho de que los norteamericanos sean mentalmente distintos, sino por el contrario del hecho de que los seres humanos tenemos una estructura orgánica similar, y por lo tanto somos *similares unos a otros en nuestros procesos de crecimiento y en los obstáculos que les oponemos*.

Decían los californianos hace cuarenta años: "No podemos vivir sin sótano; usted comprende, uno tiene tantas cosas viejas, alimentos para guardar, y cajones de Coca-Cola, y qué sé yo cuantas cosas mas ..."

Y los habitantes de Hesse dicen hoy: "También necesitamos guardar las cosas de comer: papas, frutas conservadas, carbón y coque".

"¿Carbón y coque? ¿No tienen calefactores alimentados con petróleo?"

"Claro, pero ¿qué haremos en una situación de emergencia? Creo haberle dicho que queremos que reserve lugar para una cocina de leña, al lado de la nueva. Quizá no sea necesaria la cocina misma, pero por lo menos queremos tener lugar ¡uno nunca sabe!"

La afectuosa comprensión, no la actitud de quien menea la cabeza, me permitió entender a los californianos que querían sótanos, o a los habitantes de los bosques alemanes.

Durante mis primeros años de residencia visité muchos sótanos en California, así como después conocí los de Hesse. Algunos estaban descuidados, otros limpios, la mayoría vacíos la mitad o las tres cuartes partes, o colmados de polvorientos trastos viejos. En tales casos la señora de la casa procuraba disculparse.

Pues bien, por el momento acepto los sótanos como algo inevitable, aunque ahora es muy posible instalar artefactos de calefacción a nivel del suelo. Pero por lo menos nunca les diré a esos simpatizantes de los sótanos: "En todo caso, un sótano nada cuesta". Por el contrario, tanto en Estados Unidos como en Europa traté de que comprendieran cuánto costaba; por supuesto, absolutamente en vano.

Abrimos luego la puerta de entrada y, por cierto, "hace falta" un *Windfang*, un espacio amplio antes de una segunda puerta de entrada. Pero he construido en el frío clima de Montana y en Iowa septentrional (para que los canadienses pudiesen verlo), y también ellos prescindían de la segunda puerta de entrada. Pero aquí, en la Fráncfurt del clima benigno, de nada serviría, dice el vencedor de propiedades meneando la cabeza. El asunto evidentemente está en el espíritu de la gente, no en el clima.

Luego, continuamos con nuestra empatía y vemos un vestíbulo de entrada, que naturalmente no es muy amplio y que se reduce aún más porque hay que dedicar demasiado espacio a la entrada con sus dos puertas y a la escalera que baja al sótano, "que debe estar cerrada, porque ofende la vista". Y también, desde luego, robando otro poco de espacio, se alzan una pared y una puerta entre el vestíbulo de entrada y la sala de estar.

Primero era el viento de los primeros años de mi estada en California, y después en Hesse, así como en Schleswig-Holstein e incluso en Ticino, Suiza, al sur de los Alpes, donde "en invierno realmente hace mucho frío, como usted sabe". (¿Y no hace frío en Montana o en Spokane, donde también he construido? Así cavilaba, sin decirlo, para no suscitar dudas acerca de mi buena voluntad.)

Pero además uno también quiere y necesita intimidad en una sala de estar, de manera que no todos los que lleguen hasta la puerta —por ejemplo el lechero, o cualquier repartidor— puedan oír sin dificultad lo que se dice en la sala. Debo recordar que durante el régimen de Hitler mucha gente dijo lo que no debía en la sala, el lechero oyó los comentarios y las personas en cuestión acabaron en un campo de concentración. En el campo de la arquitectura, asentir es mucho mejor que menear la cabeza, si uno tiende a la reforma y la ambiciona, y posee las correspondientes dotes, aun cuando ello sea con ciertos matices un tanto psiquiátricos. *Tout comme chez nous* es una expresión más eficaz que una actitud de asombro. El desarrollo de la adaptación mental por naturaleza no acepta la pereza o el apremio.

Entonces, ¿cómo se difunde el progreso? Es necesario planificarlo pacientemente sobre la base de la investigación cerebral. En este campo necesitamos información válida. Un estratega conoce su teatro de operaciones, las vías de acceso abiertas y las que están bloqueadas. Y un cirujano del cerebro sabe dónde y cómo puede cortar sin infligir grave daño, y dónde no puede hacerlo.

Expliqué el procedimiento al agente de bienes raíces y a sus ayudantes. Ante todo, en el modelo básico eliminemos todo lo que valga la pena eliminar, todo lo que deba desecharse; pero luego, en algunos casos, cedamos hasta que al fin se compruebe exactamente la magnitud de la resistencia general o se conquiste cierto grado de aceptabilidad. *La comparación con la experiencia similar de otros lugares* es lo más parecido al don profético canalizado por la gracia, que desciende desde lo alto sobre el vidente. Sí, la comparación de los seres humanos que habitan el globo es lo más cercano al "conocimiento de las cosas futuras".

Luego ensayemos por ejemplo suprimir el *Windfang*, después de haber colocado la puerta de entrada del lado de sotavento, o bajo el alero de una entrante. Intentémoslo ahora mismo, pero para dar apoyo al vendedor de propiedades tengamos un *Windfang*, una estructura de dos puertas *perfectamente prefabricadas* y una muestra preparada, de suerte que el adquirente pueda ver la cosa en el salón de ventas como muestra de nuestras buenas intenciones. Por supuesto, ostentará el precio claramente escrito. Se convierte en un artefacto opcional. Si ustedes, damas y caballeros, así lo desean, se trata de un "accesorio"; también va de acuerdo con el precio. Para obtenerlo, no hay más que pedirlo. Nada impedirá la venta. El promotor no puede permitirse ese lujo; ni siquiera cierta demora en las operaciones, pues diariamente paga elevados intereses por las sumas que tomó prestadas.

Ahora bien, este vestíbulo de entrada, por lo menos en la casa modelo, se abre directamente sobre la sala de estar —¿qué me dice de eso, señor *Inmobilienexpert?* Así llaman en Alemania al ayudante del vendedor de propiedades. Se le enseña a abrir una atractiva cortina bellamente tejida, y entonces el visitante descubre un panorama aún más hermoso: el espacioso sector consagrado a la vida social, y más allá, pasando las amplias puertas deslizables de vidrio, se le ofrece un patio-jardín con plantas verdes y hermosas especies de flores perennes. Todo exhibe una grata armonía cromática con la cortina.

"Muy bonito, pero, como usted sabe, queremos cierta intimidad." Perfecto. "Aquí tienen el tabique prefabricado, con su correspondiente puerta; exactamente lo que ustedes desean. Pueden hacer el pedido ahora mismo; plazo de entrega, cuatro días; precio, mil seiscientos marcos." Nadie podrá espiar el interior de la vivienda... por lo menos ahora.

Naturalmente, el sótano no puede entregarse después; eso no funcionaría y ya hemos reconocido que no es posible poner en peligro la venta de la casa porque falte algo que no pueda agregarse rápidamente. De modo que aquí está el sótano. Pero la escalera que baja al sótano no es un artefacto de cemento, disimulado, frío, sinuoso y utilitario. Es una escalera de roble, amplia, atractiva y destacada, con barandillas bajas de fresno terciado de colores claros, y no hay por qué disimularla. Por el contrario, posee una encantadora sugestión y parece descender hacia un salón de juegos o un bar. Un espejo que cubre toda la pared amplía el vestíbulo de entrada, por lo menos en la casa modelo. Todo esto constituye un intento deliberado de convertir el espíritu a la buena causa, seduciendo amistosamente a los sentidos, que son sus tentáculos externos.

San Ignacio de Loyola era el gran reflexólogo o conocedor del alma en el siglo xvi, y un experto de la tarea misionera.

"Realmente, muy bonito; pero como quiera que sea, del sótano pueden venir corrientes de aire frío."

"Por supuesto, aquí tienen también una pared y una puerta prefabricadas para cerrar la escalera. Precio: mil cuatrocientos marcos. ¡Vea, de ese modo se separa la escalera del vestíbulo de entrada! Por así decirlo, se la quita de la vista. Es decir, se la aísla. Bien, personalmente estoy por la integración, si es posible. Realmente, no recomiendo la separación, pero usted puede conseguirla fácilmente si está tan acostumbrado a ese tipo de fea escalera y a taparla. Si uno quiere tener las orejas sucias, por supuesto es mejor disimularlas. Como ya he dicho, mil cuatrocientos marcos más; plazo de entrega, tres días, cuando usted quiera.

"Y debo explicarle que puede tener en el sótano una habitación principal maravillosamente cómoda. Vea esta iluminación indirecta y los paneles de madera. Desde luego, es una casa modelo, pero, como usted sabe, puede pedir después todas estas cosas; encajarán perfectamente. De ese modo el sótano puede ser realmente útil. De acuerdo con nuestros planes, éste debe ser el sector de expansión. En realidad, uno vive mucho tiempo en una casa.

"El cuarto principal del sótano puede cerrarse muy bien; es posible instalar luces y amueblarlo. Detrás de esos estantes que se arman fácilmente y reciben iluminación indirecta no se ven las cañerías de la calefacción. Y esa escalera directa que viene de la planta baja realmente está muy bien y tiene un aspecto excelente. Dígame, ¿de veras quiere taparla? ¿Está seguro? ¿Y gastará otros mil cuatrocientos marcos? ¿No podríamos darle un destino mejor a ese dinero?" Ahí está luego el garaje, abierto hacia los bosques.

"¡Oh, no! Tenemos un Volkswagen nuevo. Queremos que el coche esté mejor protegido." Los alemanes se han motorizado mucho después que los norteamericanos, que ya son veteranos en la materia y le prestan mucha menos atención.

"En los últimos años, los norteamericanos..."

"No, realmente quiero un garaje cerrado."

"Bien, como usted ve, las paredes del frente y el fondo del garaje están prefabricadas; agréguele la puerta plegadiza. Podemos suministrar todo inmediatamente, pero, claro está, por un costo adicional. Aquí lo tiene, en nuestro catálogo, página 14: Frentes de Garaje. Estamos bien preparados para atender estos pedidos especiales."

Y así, el ámbito "subcortical", el desván emocional del nativo de Hesse o del silesiano emigrado reacciona exactamente como en cualquier otro ser humano de nuestro viejo planeta, sea cual fuere el medio lingüístico, de comunicación, aquí o allá. Nuestra disposición a atender las aspiraciones y los sentimientos individuales de ansiedad, la simpatía que demostramos hacia su personalidad, todo esto despierta en él una profunda satisfacción. En general, se trata del sentimiento de simpatía hacia los temores y los deseos, innatos o simplemente consuetudinarios, actitud que tiende un puente a la cooperación de los seres humanos.

Digamos que el 70 por ciento de los presuntos compradores no pueden desembarazarse de todos esos temores al primer asalto que significa la contemplación de lo nuevo. Preferirían pagar este o aquel suplemento, pero aquí o allá los pagos complementarios comienzan a realizar su labor educadora, de destrucción de los hábitos, y, por lo tanto, comienzan a ser verdaderamente eficaces.

En la venta de automóviles norteamericanos es bastante común cobrar suplementos similares por un accesorio; se trata de mantener bajo el precio básico del automóvil expuesto, por lo menos en la primera conversación, y en la siguiente media hora se lo eleva paulatinamente. Se proponen los accesorios, primero con suavidad, y luego apremiantemente, en proporción a los recursos del comprador. Se explica, se expone, se muestra y se elogia un artefacto tras otro, con el fin de aumentar la ganancia. En nuestro caso utilizamos el mismo método de incorporación de accesorios, *pero exactamente en dirección contraria*. Se exponen todos los accesorios, pero sin elogiarlos, y se utilizan las sumas suplementarias como disuasores...; ¡con el fin de conseguir que el comprador *no* compre! El propósito de este ejercicio es el siguiente: mantener incólume el diseño original.

Así, supongamos que el 30 por ciento no pueda resistir la antigua costumbre de mantener el vestíbulo de entrada totalmente separado de la sala de estar. Es una actitud perfectamente humana; por lo tanto, fácil de anticipar. Pero también es humano que estas personas se transformen psicológicamente durante el período de treinta años de amortización de la casa.

Mientras están pagando, se relacionan con sus vecinos, los Meyer, que han aceptado de primera intención el diseño de espacios abiertos. En cada visita la casa de los Meyer les parece más amplia. Nuestro hombre se preocupa y piensa que probablemente cometió un error. Finalmente, al cabo de tres años, advierte también que los Schmidt han eliminado sin dificultad el tabique prefabricado y la estructura que cubría la escalera que baja al sótano; según afirman, les agrada el espacio más amplio que han conseguido. Dos años después nuestro hombre decide intentarlo también; así son las cosas del mundo.

Uno de los tabiques retirados por los Schmidt desempeña la función de mesa de juego en el sótano; allí los niños pueden sentarse solos, o a veces lo utilizan como una mesa baja en un rincón cómodo, grato y apartado, donde se puede descansar o charlar agradablemente, lejos de los formalismos del piso superior. Basta con descender los peldaños de esa hermosa escalera, que ciertamente da categoría a la casa. Es sorprendente lo que los Schmidt han logrado con su sótano. Veamos..., quizá también nosotros podamos hacerlo.

Y así por el estilo. "Una cosa después de la otra", es la pauta completamente natural del cerebro y de los sistemas orgánicos en general. Se adaptan lentamente a las cosas nuevas, pero resisten con violencia las transformaciones súbitas. Así lo he aprendido en mi profesión, que consiste en proponer cosas nuevas, y vale la pena que lo entiendan todos, no sólo los neurólogos experimentales.

Conviene siempre suministrar y dejar espacio en los ambientes concebidos para servir los próximos treinta años, espacio para las ideas que brotarán lentamente. En realidad, uno puede planificar discretamente las cosas, *exactamente como un auténtico jardinero, que debe conocer la estructura preestablecida y el desarrollo futuro de un árbol* que planta en medio del conjunto. Tiene que anticipar muchos procesos de desarrollo.

Los "trucos de venta" se utilizan sólo como elementos de orientación financiera de los que quieren poseer una casa nueva. No son verdaderos trucos, sino un amistoso camuflaje de esta seria tarea orgánica que consiste en cambiar de hábitos. La conversión depende de este sistema con más frecuencia que de la revelación mágica. En sí misma, esta manipulación de los candidatos a una nueva vida trasciende las frivolidades superficiales. Implica una entusiasta compenetración con el problema.

La flexibilidad del concepto arquitectónico facilita la adaptación equilibrada a velocidad reducida y un ritmo cómodo que permite adoptar decisiones y modificar actitudes. Aquí la música suave sigue prudentemente al bailarín. Sin embargo, muchas y bellas danzas se han desarrollado bajo los árboles a cuya sombra me gusta erigir construcciones duraderas. Todo está dispuesto para servir a la persona, al individuo, evitando el *trauma de lo que orgánicamente es demasiado repentino*. Esta actitud refleja respeto a la naturaleza, deseo de concederle libertad de crecimiento.

Tanto en la casa como en el jardín deben contemplarse todas las posibilidades de transformación parcial, todas las posibilidades de evitar choques. También aquí, "una cosa después de la otra" es el programa necesario y promisorio. Alrededor del jardín y el patio se utilizan paneles divisorios prefabricados, de textura, color y material diferentes; en su carácter de elementos de división y creadores de espacios, contribuyen a la intimidad y a evitar la molestia visual. Unidos a las diferentes plantas y a los distintos modos de distribuirlas, se convierten, aun en el espacio más reducido, en instrumentos de expresión individual.

Esto es precisamente lo que representa y ofrece una satisfacción fisiológicamente válida y probada, como se observa ya en los prehumanos, en la conducta animal. En ese ámbito, el hallazgo del lugar que corresponde a cada individuo ya exhibe ciertos antecedentes muy característicos.

Personalmente, sí, aun el espacio más reducido parece más dilatado desde el punto de vista de nuestra "persona", de nuestra alma. No corresponde al patrón de medida de los metros y los centímetros decidir la dimensión de las cosas vivientes.

Por encima de las divisiones de dos metros que rodean el patiojardín, es posible dirigir la vista al sesgo hacia las copas verdes de los altos y densos pinos. En todo caso, ésa es la única imagen lejana en estos bosques, donde frente a uno sólo se ve un camino abierto entre los troncos rectos de la segunda generación de árboles, y sobre el camino el automóvil pintado "al duco" de un vecino.

Quien desee llegar a ser arquitecto debe honrar a los árboles, atento a su reconfortante verde; a los costados, detrás o extendiéndose sobre el techo de una casa, se muestran honrosamente perdurables y vivificantes. Destruirlos es cosa triste, y aquí, afortunadamente, ya extienden sus ramas sobre las futuras casas.

Cuando era joven, en 1917, mientras muchos hombres de mi edad morían en la guerra, escribí en mi diario algo que encontré hace poco entre viejos papeles. Aquí están esas líneas, garabateadas rápidamente:

"Hoy, al anochecer, vi sobre el borde de nuestro claro un abeto de unos cincuenta años. El propio árbol contempla por última vez este anochecer y la luna entre las colinas que se alzan allá lejos, porque ya está gravemente herido; a más tardar, mañana por la mañana caerá al suelo. Mide unos treinta metros y es uno de los últimos. Sus camaradas yacen, descortezados y pálidos, como espárragos gigantes distribuidos sobre la ladera. Hace mucho que este abeto está aquí, y ahora intenta vanamente elevar su savia. La corteza externa e interna, y buena parte del tronco, han sido cortados. Casi se diría que un leve golpe de viento puede quebrar el árbol colosal y arrojarlo sobre mí. Advierto que la simpatía hacia este árbol, durante el breve lapso que precede a la ejecución, me ablanda el corazón. Por la mañana llegan los leñadores y el coloso cae a tierra. La copa y los vástagos sisean y silban al atravesar el aire, las ramas crujen y estallan, como la arboladura de mástil de la nave derribada por el huracán. Aquí no se trata de un huracán, pero de pronto uno vuelve los ojos, desconcertado, hacia el lugar vacío que estuvo cincuenta años ocupado por un cono verde, y el ruido de la caída nos llega como la ligera detonación de un *howitzer*; todo ha terminado".

En esa época los *howitzers* detonaban con frecuencia (era durante la Primera Guerra Mundial) y la artillería modificaba y destruía muchos paisajes naturales y muchas formas de vida. Pero este comentario fundado en una observación aguda, que encontré tiempo para anotar en el lecho de muerte del organismo asesinado en medio de una época asesina, cuando vuelvo a verlo por accidente, se me antoja característico de mí mismo; cuarenta años antes había concebido la idea de escribir en una cama de hospital una obrita acerca del "misterio y las realidades del lugar".

El espacio y el tiempo que nos rodean están medidos por el individuo, que con su naturaleza interior actúa en ellos a cada instante de la vida. El agrimensor con sus artefactos de medición aparece un poco antes de que el propio y abstracto Euclides se pasee sobre la Tierra; el reloj pulsera que consulta es un artefacto más reciente que su estómago, que le anuncia la hora de almorzar.

El hogar dotado de espacio, concebido también sin atender a consideraciones de corto alcance, por una parte, y por otra *la personalidad consagrada a un espacio estrecho,* a pesar de la multitud masiva que la rodea: tal es el proyecto urgente de un futuro densamente poblado.

Pero no hallamos en la época actual formas o medios subordinados a la individualidad biológica; la afirmación vale aunque todos aceptemos las ideas del último número de la revista de arquitectura y decoración del hogar que goza de nuestra preferencia, después de recorrer rápidamente sus páginas, impresionados sin duda por las atractivas sugerencias que encontramos en ellas. El próximo número aparecerá el mes que viene, y sin duda será aún más sugestivo. Y la variación de los colores del ripio sintético —entre el verde y un rosado novedoso— está muy por debajo de lo que un futuro concebido con sutil atención a lo biológico puede hacer por el individuo y su estructura específica. Ese futuro otorgará a sus sentidos una renovación dinámica y variable también en los pequeños espacios. Debemos contemplar seriamente esta posibilidad: desde el punto de vista técnico, será menos difícil realizar este objetivo y demostrar elasticidad en lo que ofrecemos.

La actitud y los pensamientos sobre la naturaleza del hombre, concebida y dilucidada con amor, me han acompañado en el curso de una larga vida consagrada a una profesión en la cual, según suele creerse, la artificialidad es la característica y el pan de todos los días. Pero albergar a los seres vivos no implica una actitud cristalizada e inmutable, sino todo lo contrario. Exige trascender siempre lo rígido, lo mecánico y lo artificial, en busca de lo que es mudable en la naturaleza.

En los seres humanos que se apiñan cotidianamente en los "metropolitanos", los ómnibus colmados, los ascensores repletos a la hora del cierre, uno advierte cómo pueden relajarse aun en medio de esa apremiante situación en la cual es difícil respirar y acomodarse. Por lo menos durante unos instantes parecen aliviados bruscamente de la mecánica pura, casi purificados y hasta cierto punto *incorporados al ambiente natural de rostros humanos expresivos*. Frente a los seres humanos vistos de cerca, adoptan una actitud contemplativa y comienzan a interesarse minuciosamente en la fisonomía de los compañeros de viaje. Es maravillosa la posibilidad de evitar toda la restante acumulación física incorporando un rostro humano a nuestra propia alma. Es un fragmento de naturaleza por encima de la corbata de colores sintéticos o de la blusa escotada.

Epílogo para un preludio

El gran tema de nuestro futuro es el *individuo*: no liquidado, ni perdido en la agitación, ni regimentado, a pesar de todas las matemáticas de la probabilidad. Los biólogos lo denominan el fenotipo individual, el espécimen que se manifiesta aisladamente y que de ningún modo es un informe de minoría desprovisto de importancia.

En la biología, especialmente en los sistemas cada vez más complejos que culminan en el cerebro humano, la voz individual desviada puede ser trascendente. Sin ella resultaría difícil explicar la variación orgánica y gran parte de sus consecuencias, y toda la evolución se interrumpiría repentinamente.

Por lo tanto, *uno* es algo más que el menos importante de los números.

Por otra parte, con todas sus características específicas y su selectividad particular, el individuo es inconcebible fuera de su especie y nunca existe en un vacío. Ningún hombre puede desenvolverse solo. Aunque habite una isla desierta y hable consigo mismo veinte años seguidos, se dirige a un ser de su propia especie. Si es necesario, apela al "antropomorfismo", humaniza a los animales próximos, para contar con una compañía estimulada y estimulante. Para crear un "compañero" necesita emoción. La "comprensión" se acentúa en cierto grado si cuenta con el apoyo de la emoción.

Es también nuestra experiencia, en la misma medida en que los seres humanos se agrupan y en que se van enriqueciendo gracias a una mutua vitalización. Es la experiencia de los músicos de un cuarteto o una orquesta, que con diferencias mínimas ajustan su desempeño para formar un grupo cohesivo y espontáneo. Para describir este fenómeno, la palabra *equipo*, que nos recuerda algunas tareas relativamente poco creadoras, no es más que un término esquematizado.

Pero en ese género de combinación autoimpuesta, las fuerzas del alma y la mente, aportadas por los diferentes movimientos cerebrales de cada cráneo individual, se desgastarán menos en la fricción y la interferencia. A veces bastan algunos segundos para obtener un acto creador. En una especie bisexual como la nuestra, no es raro que una preciosa unión de individuos perdure muchos años.

Ocurre simplemente que no contamos con una dotación nerviosa tan sencilla como la que tienen las abejas, ni con centenares de millones de años de experiencia de la colmena, elaborada en la reflexividad. En nuestro caso, es inútil envidiar a las abejas o entonar loas a su ejemplo moral. Es una actitud romántica que sobre todo el arquitecto debe evitar, si quiere aplicar un criterio realista a la vivienda de los seres humanos, no de las abejas.

A medida que aumenta nuestro conocimiento de la dinámica nerviosa y el carácter multifacético de la "individualidad biológica", *¿podrán* los individuos armonizar mejor? Gracias al estudio de todos los elementos concurrentes, ¿será posible ayudarlos a obtener una satisfacción subjetiva y mutua? No deben dejarse al azar los vínculos y las defensas naturales del individuo en su grupo y en un medio artificial. Debemos volver a conocerlos, con un conocimiento mejor que el antiguo, basado en la memoria; y el arquitecto que crea el medio puede facilitar decisivamente este proceso. ¡Qué tarea para un largo futuro, que sin duda debe resolverse en nuestra época más que en ninguna de las anteriores! Afrontamos y afrontaremos movimientos cada día más acentuadamente masivos y multipersonales, especialmente en la creación del medio humano. Todo esto significa arquitectura, ramificación, diseño, en proporciones cada vez mayores. No podremos sobrevivir sin diseño; sólo sobreviviremos a *través* de éste.

Ante todo es necesario aceptar sin rodeos una tarea total como ésta, más allá de todos los errores representados por los progresos heterogéneos y fragmentarios, aunque pretensiosos; es decir, una tarea que implica honrar el apremio de la salud vigorosamente proporcionada. Luego, día tras día, se desarrollará la acción y obtendremos los resultados.

Convencerse es un fenómeno emocional. Al igual que los sabios pieles rojas de Estados Unidos, en su De *Anima* Aristóteles también se inclinó por el corazón como asiento de la convicción. En esto contradijo a sus contemporáneos y predecesores, los cuales la remitían al cerebro. Es probable que, en definitiva, todos tuviesen razón. ¡Sea como fuere, siempre es cosa difícil localizar el alma! Está *en todo* nuestro ser.

El regocijo en la "comunidad de sentimientos con otros" la empatía, representa una auténtica promesa de solución personal. Todas las soluciones de un arquitecto parten de aquí, precisamente de esta capacidad.

Además de esta desconcertante capacidad innata y semiintrospectiva, tenemos también la observación exterior definida. Si cada individuo observa con atención, a medida que identifica sus propias y ajustadas pautas nerviosas dinámicas, su lugar y su misión en la vida, y también su tipo de "contenido emocional" viable, facilitará el que cada cual siga el camino que le corresponde y ocupe el lugar que le permita participar en la interacción. Si no hay goce, nada de lo que se haga —absolutamente nada— resultará bien.

En la ciencia clínica de la observación con simpatía —la empatía intentada con entusiasmo— los especímenes individuales de carne y hueso serán útiles, trátese de individuos corrientes o aun de seres exóticos. Son lo que el arquitecto necesita saber para perfeccionar su propio desempeño.

Como siempre, los grandes "grupos de control" completarán la experiencia general en muchos individuos, a medida que éstos se manifiesten en situaciones de cooperación y en una actitud de confianza. Puede contribuirse a esta *realización colectiva de las cosas* mediante los experimentos concebidos reflexivamente en el laboratorio; ya lo hemos dicho. Hace mucho que aliento esperanzas en tal sentido: una ciencia de y para la promoción pacífica del trabajo mental en colaboración, con más realimentación que fricción mutua. La base de sustentación de todo esto está representada por los centros subcorticales, donde arraigan las emociones, mucho antes que aparezcan siquiera "conceptos claros".

El estudio atento de todos estos fenómenos corresponde a la tendencia de los tiempos. Ignorar las tendencias sistemáticas en este sentido representaría, en efecto, una actitud nihilista. Pero es necesario vigilar cuidadosamente las estadísticas que son resultado de las observaciones, no permitiendo jamás que escapen al control humano, para perderse en la especulación abstracta, alejada de la vida, o en las matemáticas autosatisfechas y manipuladas electrónicamente.

Los abstraccionistas artificiales, así como los economistas, financistas que conciben la arquitectura como un problema de dólares y centavos, no deben dominar la escena que el planificador y el arquitecto —en cuanto biorrealista instruido— debe organizar, en una tarea infinita, para beneficio de la vida humana orgánica en la ciudad y el habitat. Su obra debe insertarse sensitivamente en la naturaleza, pero sin apartarse de nuestra herencia primaria e inimitable: la naturaleza, interna y externa. No podemos tolerar su pérdida, porque entonces estaremos perdidos. Toda la experiencia de una vida como la mía respalda totalmente este credo.

Desde el emperador Diocleciano, que autorizó y materializó los mismos proyectos en Siria y Dalmacia, y cuyo arquitecto fue un esclavo semejante a los que trabajaron en los palacios imperiales y de los califas, hasta el rey que personificó a Francia, y en cuyo séquito un arquitecto trabajaba ininterrumpidamente treinta y cinco años, y de aquí en adelante, hasta llegar a un estado de cosas previsto en que será necesario construir anualmente quinientos millones de metros cuadrados de viviendas para millones de ocupantes (y al año siguiente habrá que elevar esa cifra a setecientos cincuenta millones de metros cuadrados, y reducir en un 8 por ciento el precio de las unidades, a pesar del aumento de dos conexiones eléctricas por cocina) ¡cómo se ha transformado mi profesión! También se ha pasado de una imaginería cada vez más profunda a otra estandarización por una parte, y por otra, como compensación, a breves períodos de predominio de la moda. Y la numerología estadística ha pasado al frente. La IBM afirma que los números son nuestras luces "rojas" y "verdes"; pero yo creo que el asunto tal vez no termina ahí.

Teniendo presente todo esto, parecería que mi vida transcurrió durante un "período intermedio". No atendí a un solo cliente, o por lo menos a un tipo de cliente. Tampoco actué en relación con un gran regimiento de activos lectores de boletines oficiales, en cuyas páginas una comisión de empinados sabios explica lo que es "mejor para la mayoría" este año o el próximo, enterándome yo de estas cosas "mejores" y del carácter de la "mayoría" sólo por ciertas cifras redondas transmitidas en comunicaciones internas, y quizá mediante algunas esperanzadas y resumidas especulaciones que habría incorporado clandestinamente. ¿Dónde está el hombre como *individuo*? ¿Se ha perdido en este progreso de lo numérico, alojado en alguna parte de nuestro lóbulo frontal? ¿Es en realidad un progreso el ignorarlo prácticamente, o implica tal vez un alejamiento respecto de la vida total?

Además de los proyectos para la Autoridad de la Vivienda Pública de Estados Unidos, la Marina y la Fuerza Aérea, he tenido la fortuna de conocer a ese nutrido grupo norteamericano de control formado individualmente por: maestras de escuela, secretarias, músicos de orquesta, comerciantes chinos americanizados, oculistas nipo-norteamericanos, profesionales de escasa importancia, así como todos los tipos de personas de las ciudades norteamericanas y de lejanos países en proceso de desarrollo que amablemente me otorgaron su confianza, más un reducido número de gente dotada de medios independientes —quiero decir, independientes respecto de los planes de préstamo y pago en cuotas—, todos ellos parte de heterogénea sociedad del "mundo libre". Son los que conformaron la historia de mi vida como clínico arquitectónico de este momento quizá transitorio. Fue sobre todo una abigarrada procesión de muy diferentes características, con muchos individuos de Montana, Connecticut, Suiza, Ohio, Munich,

Guam, Düsseldorf, Hamburgo y Caracas. Todos tenían derecho a una atención personal que ningún arquitecto de la antigüedad podía dispensar cuando construía una tumba para el faraón o para Polícrates.

¿Dónde o cómo el arquitecto del futuro realizará individualmente semejante experiencia? Mi buena fortuna me permitió realizarla durante estas pocas décadas "intermedias". Acaso me haya favorecido uno de esos interesantes insterticios de la historia, aunque no fuese la edad de oro de *un* Pericles que fascinó a toda una *politia* de espíritu crítico, y la indujo a realizar grandes gastos para asombrar aun a las generaciones extranjeras varios miles de años después.

Mientras duró este período, en el curso de mis experiencias recogí mucha información clínica. La obtuve de un abigarrado conjunto de pequeños clientes, diagnosticados y pronosticados individualmente, en una tarea cotidiana e inmediata semejante a la de Hipócrates, que juró ser bueno, pero aún no disponía de laboratorios médicos, electrocardiogramas o rayos X.

La psicología individual, familiar y después en grupos cada vez más amplios, pudo suministrarse al principio sólo en pequeña escala, en relación con cada caso, aplicando el método del médico de la familia. Así lo entendía yo. Entretanto, en el centro de la ciudad se elevaban las enormes e impersonales jaulas de paredes de acero, aprisionando entre ellas el movimiento de los vehículos deslumbrantes fabricados en Detroit —inteligentes objetos de arte aplicados sobre ruedas—, que confluyen aquí desde los suburbios o del paisaje exterior, desde las viviendas situadas fuera de la ciudad, más baratas y un poco más individuales; pues allá, a veces un refugio individual aún puede tener su ámbito y sus amigos particulares.

Una cosa semejante apenas existía en mi antigua y nativa Viena. También es posible que en el futuro no haya nada semejante, salvo quizás unas pocas *dachas* destinadas a las estrellas del ballet en el Moscú de la época que vendrá después de Jruschov. El mío fue un instructivo período crepuscular de una cultura, intercalada entre otras culturas, unas anteriores y otras en formación.

Pero al margen del natural interés nostálgico, quiero creer que en el esfuerzo de esta vida puede hallarse una expresiva colección documental de individuos o familias individuales, afirmadas en parcelas individuales de un paisaje que todavía y a menudo resulta identificable, con "psicotopos" que los confortan. Algunos estudiosos de la conducta animal, como mi amigo el doctor Hediger, de Zurich, utilizan este término para indicar el "lugar que satisface el alma", o sitio de arraigo del alma. Un animal busca y defiende sus lugares para anidar, criar y comer, y aun para jugar. ¿Puede afirmarse que el lugar destroza al animal, como si fuese una mala inversión?

Tal vez la acomodación masiva es la necesidad y la lógica del futuro; es posible que la inseminación artificial, con todos los parámetros genéticos controlados, permita en el futuro encauzar con acierto los problemas demográficos y de propagación del magnífico o grave mundo nuevo. Pero las historias de amor de la literatura de antaño —y también la planificación intuitiva y sagaz de las moradas individuales, unas veces en un valle, otras en la cresta de un paisaje ondulado— por lo menos retrospectivamente pueden encerrar cierto interés, y quizá más que eso. Los relatos imbuidos de simpatía son sugerentes, porque aún pueden recordarnos la relación de la personalidad en el estado biológico original. Fue una era de más acentuada escasez humana y de arraigo en un lugar.

La individualidad es prehumana. Pero es indudable que beneficia y también perturba mucho más a los seres humanos. Rara vez hay equilibrio en nuestro techo cerebral, como lo llama Sherrington. Debajo de él hay un desván que escucha la lluvia que repiquetea arriba, y reacciona frente a ella con particular sensibilidad. De Esculapio a Sherrington, nadie sabe realmente dónde se asienta y trabaja el alma sensitiva, pero nuestro equilibrio cerebral tan precario nos mantiene, por así decirlo, en nuestro propio círculo mágico. Es inminentemente humano, pero de ningún modo impenetrable, y a menudo aquello que lo penetra lo conmueve.

Pero el Hombre también queda aislado, especialmente en los momentos críticos de la depresión y la creatividad. Por supuesto, el individuo humano ofrece los ejemplos más famosos de supremacía cerebral con características personales. Ni siquiera una abeja reina cobra un significado tan peculiar, ni tiene una historia tan dolorosa.

Arquímedes quiso mantener intactos sus círculos, precisamente cuando el ceñudo legionario romano avanzó hacia él, ignorante de la geometría y la ciencia maravillosamente elaboradas, para aplastar en un instante una de las mejores cabezas que el mundo conoció jamás. Esta triste historia ha ilustrado durante mucho tiempo el problema solitario y las interferencias reservadas a un genio distraído cuya obra se mantiene lejana y desconcertante. No puede interrumpir su labor; está atareado consigo mismo y con sus propios procesos mentales, mucho más veloces que el habla. Ni amigos ni enemigos se entienden; sólo la publicidad favorable, dispensada por alguna razón extraña al asunto, puede legitimar a veces al hombre, para que se lo tolere fuera de una institución, de la sociedad... o de la tumba.

No ha provocado ningún resentimiento real, excepto la hostilidad refleja tan frecuente del enjambre, la manada, el rebaño, capaz de reabsorber pero también de repeler, una hostilidad que a menudo se dirige contra quien es distinto, por deficiencia o por una fatídica peculiaridad "excesiva". Y esta afirmación resulta doblemente válida si el genio carece de los signos inmediatos y obvios del liderazgo exitoso. Aquí deseamos destacar únicamente la *diferencia* un tanto misteriosa, cualidad que no es necesariamente superioridad.

Frank Lloyd Wright me relató, creo que intencionadamente, y no una sino dos veces, la historia de un mono en Malasia. Un plantador lo atrapó, le pasó una cuerda alrededor de la cintura y lo ató a un poste de su porche techado. Durante la noche el mono masticó la cuerda del poste, abrió un boquete en la malla de alambre y huyó a la jungla, donde se reunió con sus semejantes. Pero éstos ya no eran los semejantes de un mono que tenía una peculiaridad: una cuerda alrededor del vientre. Lo miraban con hostilidad porque era distinto, "y lo destrozaron, arrancándole un miembro tras otro". Todavía recuerdo la voz sonora, casi temblorosa del señor Wright mientras me contaba esta historia, y su risa de barítono que concluía con una sonrisa amarga. Frank Lloyd Wright simplemente no llevaba una extraña cuerda alrededor del vientre —¿por qué relacionaba la historia con su propia persona? ¿Qué caracteriza realmente la relación con otros del hombre destacado, concebido simplemente como el caso extremo de un individuo vital? ¿Es una tragedia —no sólo necesidad— que el individuo, aun el mejor, el más vital, carezca realmente de eficacia y de vida en el vacío? Siempre demasiado pronto, más tarde o más temprano, debe comprometerse con otros.

El gran hombre, el de más alto cociente de inteligencia, ¿*dirige* al de menor cociente de inteligencia? Es fácil interpretar mal o por lo menos esquematizar este problema. Puede ocurrir que la limitación de un individuo le permita dirigir a otro menos limitado.

En cierta ocasión, mientras me llevaba al aeropuerto Joseph Koestner, director del Museo de Historia Natural que proyectamos en Dayton, Ohio, me habló de un experimento de laboratorio con tres ratas. Una rata tenía que apoyarse en una palanca; entonces aparecía un pedazo de alimento. El pedal estaba cerca del sugestivo alimento. Una tras otra, las tres ratas aprendieron a saltar sobre el pedal para alimentarse. Según interpreté el caso, eran y continuaban siendo tres individuos autónomos, pese a que se hallaban en un espacio limitado, hecho que en sí mismo no las había convertido en un *grupo* de funciones combinadas. La mera proximidad física no produce ese resultado; no es todavía un auténtico factor de organización grupal.

Pero luego se modificó el experimento. Se puso el alimento en un extremo de la jaula, y el pedal que lo liberaba en el extremo opuesto. Dos de las ratas no tuvieron inteligencia suficiente para vincular los dos hechos separados: apretar el pedal aquí y obtener alimento allá. La tercera rata tenía la inteligencia necesaria, y, en razón de la deficiencia de sus compañeras, ejercía cierto "liderazgo" mental. Apretaba el pedal, pero, como es natural los otros dos animales siempre estaban un poco más cerca del alimento cuando éste aparecía en el otro extremo de la jaula. De modo que lo devoraban antes que el "sabio líder" de las ratas pudiera beneficiarse con su propio esfuerzo inteligente. Luego, impulsada por la necesidad, esta rata mostró mayor inteligencia aún. Apretaba dos veces el pedal, en rápida sucesión, y mientras los otros dos miembros del grupo estaban atareados masticando sus alimentos, se apresuraba a apretar por tercera vez el pedal; así, sin que nadie la molestase, podía obtener su recompensa.

Este relato carece de moral o de justificación. Es simplemente una situación experimental, en la que el animal dotado de cualidades superiores alimenta a los menos inteligentes y se ve obligado a trabajar más que nadie para sostenerse y sobrevivir. Pero la extraña importancia de este episodio es que ahora los tres individuos, impulsados por circunstancias internas y externas, se han relacionado casi automáticamente en una suerte de acción grupal. Aun la inteligencia, como muchos de los beneficios del cerebro inferior, no promueve la independencia sino la interdependencia, y a menudo de un modo sorprendente.

Pero en el caso de los seres humanos, que son más cerebrales, todo el problema se complica lamentablemente a causa de las descargas glandulares "inducidas por el pensamiento", y también por la acción de las engañosas emociones. En los grupos humanos a menudo se alcanza el nivel de la tragedia a causa del resentimiento mutuo. El resentimiento puede madurar dondequiera que los aportes individuales sean distintos. Mal podrían ser "iguales", porque en realidad la diversificación es condición indispensable de una combinación eficaz. El hecho es importante en el caso de un equipo de trabajo, el estudio de un arquitecto o una sesión del consejo municipal que discute un plan regional o cualquier otro tema importante. De todos modos, yo diría que un grupo humano entero, organizado por la percepción sagaz de modo de manifestar las extraordinarias cualidades de un equipo eficaz, e instruido previamente en la escuela nursery, bien *puede* alcanzar el éxito y la recompensa individuales. Puede obtener la fusión de sus individuos y aportar felicidad a cada uno; en ese caso, encierra la posibilidad de creación de cosas útiles. Es la esperanza que alentó en mí toda la vida. Y durante algunos períodos, que no pueden medirse con el reloj, las personas que cooperaban se sentían felices. Un arquitecto es un coordinador de muchas personas; por eso mismo vive comprometido y nunca ensaya el monólogo solitario.

En esta época de empresas colosales cada vez más amplias, el individuo que está solo en la masa de colaboradores interconectados ha llegado a convertirse en un ser solitario, a quien se le deparan satisfacciones cada vez más escasas. Pero si no existiera esa emoción positiva, nuestro mundo se detendría. No está formado por computadoras calculadas matemáticamente. En su propia emotividad, la satisfacción es necesaria y constituye un objetivo de los seres vivos.

Cuando concebimos los lineamientos de un mundo futuro, conviene que evitemos la esquematización y nos protejamos de ella. Así, deberíamos incorporar ciertas secuencias de pensamiento, para iluminar los factores que representan bloqueos emocionales de la individualidad humana, sea ésta "grande" o pequeña. (El caso del genio es conspicuo sólo hasta cierto punto.)

La ley de la vida dice: ningún individuo es, sino que *deviene*. Cambia mientras uno lo contempla o trata de adaptarse a sus fases y posiciones siempre cambiantes. Para viajar con él, describir órbitas alrededor de su persona, es posible que el futuro tenga que desarrollar tantas aptitudes como en el caso de la navegación interplanetaria. El tráfico cada vez más denso de individuos requiere, por así decirlo, sus reglamentos y los exámenes de conductor, basados en una percepción más profunda. La atmósfera que rodea a los individuos desviados, peculiares, avanzados o específicamente valiosos tiene sus propios bolsones de aire. Suele ocurrir que estos mismos individuos se caracterizan por sus gráficos peculiarmente acentuados, sus curvas y sus velocidades de fluctuación de la vitalidad. Debido a estas aceleraciones extrañas y desusadamente expresivas, a estas transiciones de las sombras deprimidas a la exaltación de la luz, es difícil seguir o comprender el mecanismo que los desencadena. No resulta fácil convivir con esta gente, según lo comprueban los compañeros de reclusión en una sala para psicópatas, o en el torbellino del mundo exterior los contemporáneos que hasta cierto punto les reconocen una sorprendente actividad de determinado tipo. Nada de esto ocurre en el caso de las ratas, o a lo sumo se manifiesta de un modo rudimentario. En resumen, solemos decir muy expresivamente que el Hombre tiene *alma*.

En el caso de los complejos seres humanos, lo desusado fisiológico fácilmente puede alcanzar el nivel de la incompatibilidad. La "dureza grupal" con que se trata a los individuos superdotados a menudo se acentúa e intensifica a causa de las desconcertadas reacciones mutuas, o de temibles episodios de fricción.

Ver que cierto día un hombre camina por los aires, a la altura del cielo, y que al siguiente —cuando esperamos de él no sólo la misma altura fantástica, sino también la culminación de la auténtica eficacia— está súbitamente deprimido, en el abismo más profundo de la ineficacia concreta y la desesperación, es socialmente indigerible, aun para su amante esposa, si ha logrado retenerla a su lado. También un "caso benigno de Mozart", como lo he denominado en broma, puede crear un problema social. La vida es precisamente un amplio manojo de procesos rítmicos y de otros que se *desarrollan* y que encierran sorpresas tanto para el hombre como para la mujer y el niño, sin hablar de las que afronta el arquitecto en medio de todos estos sucesos. Desde una segura y saludable distancia geográfica e histórica todo lo humano, incluida la arquitectura, puede parecer serenamente equilibrado. Las continuas adaptaciones ya no son necesarias; las vidas del pasado —las grandes y las pequeñas— pierden sus perfiles y conquistan aceptabilidad. La biología se serena cuando se fosiliza, y entonces a menudo se torna venerable pero poco excitante. Había más movimiento cuando los saurios de diferentes clases tropezaban unos con otros y disputaban fuera del museo.

La atenta *observación de la vida en proceso de desarrollo*, en acción, y muy especialmente en la interacción de una individualidad biológica con otras, puede todavía revelarnos maravillas. Puede llegar a ser la salvación de seres supercerebrales como éstos que forman nuestra fascinante especie, que desde hace tanto tiempo y aún ahora está constituyéndose.

En realidad, dado el crecimiento de las multitudes humanas nuestras posibilidades de mutación pueden aumentar de un modo inaudito, y acelerarse la evolución. ¡Es muy posible que los cambios biológicos no concuerden fácilmente con la economía política! Y ciertamente reclamarán su derecho de paso.

Es posible que ahora, en presencia del aumento de la población, el hombre ya no pueda sobrevivir sin algunas formas de adaptación, concebidas sutilmente en relación con el contexto biológico. Pero podemos abrigar la esperanza de que, puesto que cuenta con miles de millones de células cerebrales, saldrá adelante, con un *dominio cada vez más acentuado* de sus propias necesidades naturales. La fórmula "conócete a ti mismo" conserva su validez. Pero ahora, sobre una base científica, debe conducirnos a la supervivencia mediante el diseño. Vivir y dejar vivir, albergados en tolerable comodidad de edificios y ciudades: tal es *nuestra* indispensable forma de supervivencia.

Es una tarea sobrecogedora. Si queremos perdurar y permanecer sobre la tierra, debemos realizarla sin inquietas deformaciones ni menoscabo de la vitalidad individual. No debe representar la derrota mutua ni el grave deterioro del paisaje orgánico: debe venir de fuera y de dentro de nuestra piel.

* * *

Bibliografía

BOOKS BY RICHARD NEUTRA:
Amerika: Die Stilbildung des neuen Bauens in den Vereiningten Staaten. Anton Schroll Verlag, Vienna, 1930.
Architecture of Social Concern in Regions of Mild Climate. Gerth Todtmann, São Paulo, 1948.
Bauen und die Sinneswelt. Verlag der Kunst, Dresden, 1977.
Bauen und die Sinneswelt. Parey Verlag, Berlin, 1980. By Richard and Dion Neutra.
Life and Human Habitat. Alexander Koch Verlag, Stuttgart, 1956.
———. German translation: *Mensch und Wohnen.* Alexander Koch Verlag, Stuttgart, 1956.
Life and Shape. Appleton-Century-Crofts, New York, 1962.
———. German translation: *Auftrag für Morgen.* Claasen Verlag, Hamburg, 1962.
———. Spanish translation: *Vida y forma.* Foreword by Dion Neutra. Marymar (Arquitectura y Urbanismo), Buenos Aires, 1972.
Mystery and Realities of the Site. Willard Morgan, Scarsdale, 1951.
Nature Near: The Late Essays of Richard Neutra. Capra Press, Santa Barbara, 1989.
Naturnahes Bauen. Alexander Koch Verlag, Stuttgart, 1970.
———. English translation: *Building With Nature.* Universe Books, New York, 1971.
Pflanzen Wasser Steine Licht. Parey Verlag, Berlin, 1974. By Richard and Dion Neutra.
Realismo Biológico: Un Nuevo Renacimiento humanístico en arquitectura. Nueva Visión, Buenos Aires, 1958.

Survival Through Design. Oxford University Press, New York, 1954.
——. French translation: *Construire pour survivre.* Casterman, Paris, 1971.
——. German translation: *Wenn wir weiterleben wollen.* Claasen Verlag, Hamburg, 1955.
——. Italian translation: *Progettare per sopravvivere.* Edizioni di Communita, Milan, 1956.
——. Spanish translation: *Planificar para sobrevivir.* Fondo de Cultura, Mexico City, 1957.
Welt und Wohnung. Alexander Koch Verlag, Stuttgart, 1961.
Wie Baut Amerika? Hoffman Verlag, Stuttgart, 1926.
——. Russian translation: *Kak stroit Amerika?* Makiz, Moscow, 1929.
World and Dwelling. Universe Books, New York, 1962.

BOOKS ABOUT RICHARD NEUTRA:

BOESIGER, WILLY. *Richard Neutra: Buildings and Projects.* Girsberger Verlag, Zurich, 1950.
——. *Richard Neutra: Buildings and Projects. 1950-1960*, Girsberger Verlag, Zurich, 1959.
——. *Richard Neutra: Buildings and Projects. 1961-1966*, Girsberger Verlag, Zurich, 1966.
DREXLER, ARTHUR, AND THOMAS S. HINES. *The Architecture of Richard Neutra. From International Style to California Modern.* The Museum of Modern Art, New York, 1982.
FORD, EDWARD R. *The Details of Modern Architecture, vol. 2, 1928-1988.* The MIT Press, Cambridge, MA, 1996.
HINES, THOMAS S. *Richard Neutra and the Search for Modern Architecture: A Biography and History.* Oxford University Press, New York, 1982.
——. Rizzoli, New York, 2006.
KOEPER, FREDERICK. *The Richard and Dion Neutra VDL Research House I and II.* California State Polytechnic University, Pomona, 1985.
KOKUSAI-KENTIKU. *Richard Neutra.* Bijutsu Shuppansha, Tokyo, 1953.
LAMPRECHT, BARBARA. *Richard Neutra: Complete Works.* Taschen Publications, Cologne, 2000.
LAMPRECHT, BARBARA. *Richard Neutra.* Taschen Publications, Cologne, 2009.

Leet, Stephen. *Richard Neutra's Miller House*. Princeton Architectural Press, New York, 2004.

McCoy, Esther. *Richard Neutra*, "Masters of World Architecture." George Braziller, New York, 1960.

———. Italian translation. Mondadori, Milan, 1961.

———. German translation. Otto Mayer Verlag, Ravensburg, 1962.

McCoy, Esther. *Vienna to Los Angeles: Two Journeys: Letters between R.M. Schindler and Richard Neutra*. Arts + Architecture Press, Santa Monica, 1979.

Neumann, Dietrich (ed.). *Richard Neutra's Windshield House*. Yale University Press, New Haven, 2001.

Neutra, Dion. *The Neutras, Then & Later, Vol. 1*. Triton Publishing, Barcelona, 2012.

Neutra, Dione. *Richard Neutra: Promise and Fulfillment, 1919-1932*. Southern Illinois University Press, Carbondale, 1986.

Sack, Manfred. *Richard Neutra*. Foreword by Dion Neutra. Artemis Verlag, Zurich, 1992.

Vela Castillo, José. *Richard Neutra: Un lugar para el orden*. Universidad de Sevilla/Junta de Andalucía, Sevilla, 2003.

Warschavchik, Gregory. *Neutra*. Museu de Arte, São Paulo, Brazil, 1950.

Wight, Frederick Stallknecht. *Richard Neutra: Is Planning Possible?* University of California, Los Angeles, 1958.

Zevi, Bruno. *Richard Neutra*. Il Balcone, Milan, 1954.